Fronteiras de tensão

FUNDAÇÃO EDITORA DA UNESP

Presidente do Conselho Curador
Mário Sérgio Vasconcelos

Diretor-Presidente
Jézio Hernani Bomfim Gutierre

Superintendente Administrativo e Financeiro
William de Souza Agostinho

Conselho Editorial Acadêmico
Carlos Magno Castelo Branco Fortaleza
Henrique Nunes de Oliveira
João Francisco Galera Monico
João Luís Cardoso Tápias Ceccantini
José Leonardo do Nascimento
Lourenço Chacon Jurado Filho
Paula da Cruz Landim
Rogério Rosenfeld
Rosa Maria Feiteiro Cavalari

Editores-Assistentes
Anderson Nobara
Leandro Rodrigues

GABRIEL DE SANTIS FELTRAN

Fronteiras de tensão

Política e violência nas periferias de São Paulo

Prêmio de melhor tese de doutorado no Concurso
Anpocs de Obras Científicas e Teses Universitárias
em Ciências Sociais – Edição 2009

© 2011 Editora Unesp

Fundação Editora da UNESP (FEU)

Praça da Sé, 108
01001-900 – São Paulo – SP
Tel.: (0xx11) 3242-7171
Fax: (0xx11) 3242-7172
www.editoraunesp.com.br
www.livrariaunesp.com.br
feu@editora.unesp.br

Centro de Estudos da Metrópole
Rua Morgado de Mateus, 615
04015-902 – São Paulo – SP
Tel.: (0xx11) 5574-0399
Fax: (0xx11) 5574-5928
www.centrodametropole.org.br

CIP – Brasil. Catalogação na fonte
Sindicato Nacional dos Editores de Livros, RJ

F374f

Feltran, Gabriel de Santis

Fronteiras de tensão : política e violência nas periferias de São Paulo / Gabriel de Santis Feltran. – São Paulo : Editora Unesp : CEM : Cebrap, 2011.

376 p.

Inclui bibliografia

ISBN 978-85-393-0134-8

1. Ciências sociais. 2. Urbanização. 3. Violência urbana – São Paulo, Região Metropolitana de (SP). 4. Favelas – São Paulo, Região Metropolitana de (SP). 5. Movimentos sociais – São Paulo, Região Metropolitana de (SP). 6. Espaços públicos. – Aspectos sociais – São Paulo, Região Metropolitana de (SP). 7. Participação política – São Paulo, Região Metropolitana de (SP). 8. Participação social – São Paulo, Região Metropolitana de (SP). I. Centro de Estudos da Metrópole. II. Centro Brasileiro de Análise e Planejamento. III. Título.

11-3270.
CDD: 307.76098161
CDU: 316.334.56(815.6)

Editora afiliada:

Para Léo e Iara

fronteira. *fron.tei.ra sf (fronte+eira) 1. Zona de um país que confina com outra do país vizinho. 2. Limite ou linha divisória entre dois países, dois Estados etc. 3. Raia; linde. 4. Marco, baliza. 5. Confins, extremos.* **F. artificial**: *a que não atende aos acidentes topográficos (geralmente com predomínio das linhas retas).* **F. de acumulação**: *fronteira viva.* **F. de tensão**: *fronteira viva.* **F. esboçada**: *tipo de fronteira delineada sobre um mapa, sem que o seu traçado corresponda a uma gradual adaptação passiva do homem ao meio, nem a uma adaptação ativa do Estado, ao qual ela pertence.* **F. morta**: *fronteira que passou da condição de viva à situação de linha tranquila, cessadas as causas que originavam tensão.* **F. natural**: *a que acompanha um acidente topográfico, rio, montanha etc.* **F. viva**: *tipo de fronteira que é fruto da paulatina evolução histórica, e fixada através de choques ou de lutas armadas. [Dicionário Brasileiro da Língua Portuguesa]*

Sumário

Apresentação   1
Introdução   11

Parte I: A expansão do *mundo do crime*   65
As fronteiras do *mundo do crime*   67
De operários a trabalhadores   93
De trabalhadores a bandidos   117
Bandidos e trabalhadores: coexistência   135
Periferias no público: figurações   159

Parte II: As margens da política   189
Movimentos, entidades: o Cedeca Sapopemba   191
O atendimento   213
A entidade social   247
Ação política   281

Notas finais: política, gestão e violência nas fronteiras urbanas   315
Anexo – Perfis dos entrevistados e personagens citados   339
Referências   347
Lista de sites consultados   359

APRESENTAÇÃO

No Brasil contemporâneo, as periferias urbanas têm sido objeto de intensa tematização pública. Cinemas, jornais e programas televisivos falam sobre elas todos os dias. A discussão sobre esses territórios e sua população é muito marcada, como se sabe, pela preocupação com a *violência urbana*. Homicídios, tráfico de drogas, assaltos, ocupações de morros, guerras com a polícia e adolescentes armados são tematizados em associação direta com periferias e favelas, figuradas, então, como territórios conflagrados, em que grassa uma violência *banal*. Seriam espaços apartados do funcionamento *normal* da sociedade, na qual pais de família tocariam sua vida honesta. A partir dessas figurações, edificam-se condomínios fechados e sofisticam-se os sistemas de vigilância; ao atravessar a rua, redobra-se a atenção frente a um menino negro, de boné e bermuda, que vem em sua direção. Em outra escala, elaboram-se os discursos reformistas, expandem-se os programas assistenciais e ampliam-se as taxas de encarceramento. Em quaisquer desses planos, entretanto, não faz muita diferença se fala-se de São Paulo, do Rio de Janeiro, de Salvador, de Belo Horizonte ou de qualquer outra grande cidade — os personagens dessas periferias seriam internamente homogêneos, em toda parte, e representariam sempre o mesmo problema: com eles por perto, é difícil ficar tranquilo.

Este livro segue em outra direção. Tento escapar, em cada página, das generalizações midiáticas e da formulação polarizada que compreende as periferias urbanas como submundos homogêneos e apartados das esferas sociais legítimas, como a família, o trabalho, a religião, a moral e o Estado. Mais que isso, tento afastar-me do olhar externo sobre elas e elaborar outra perspectiva de observação. Ao mergulhar em um território específico da zona Leste de São Paulo, ouvindo histórias de seus moradores e descrevendo situações vividas junto a eles, em pesquisa de campo, proponho-me a suspender as categorias bipolares de nomeação, geralmente estéreis para analisar qualquer coisa em profundidade, e a descrever as *relações* que se constroem nas dinâmicas sociais e políticas ensejadas pelas periferias da cidade contemporânea. Para tanto, já durante a pesquisa verifiquei ser preciso desconstruir o conjunto de referências cognitivas sobre as quais se assentam os estereótipos e as figurações dominantes das periferias no debate público. Não porque essas polaridades sejam pouco relevantes ou inteligíveis nas práticas sociais – bastaria olhar para o par conceitual *trabalhador/ bandido* para verificá-lo – mas porque, a partir dessas referências, torna-se impossível compreender, de modo consistente, as dinâmicas sociais e o conflito político que emerge desses territórios.

As periferias de São Paulo têm sido palco de transformações intensas nas últimas décadas. Os pilares da dinâmica social de ocupação desses territórios – a migração, o trabalho fabril, a família operária, a teologia católica e a expectativa de mobilidade ascendente – se deslocaram radicalmente desde os anos 1970. De lá para cá, duas gerações nasceram e cresceram no mundo urbano. Esses novos habitantes da cidade já não são migrantes, como seus pais e avós, nem esperam ser operários; seus arranjos familiares, percursos de vida e modos de inscrição produtiva são hoje extremamente heterogêneos; entre eles a escolaridade, o acesso à infraestrutura urbana e à capacidade de consumo cresceram tão significativa quanto desigualmente. O pano de fundo sobre o qual esses sujeitos inscreveram suas trajetórias foi marcado, portanto, por paradoxos constitutivos: a consolidação da democracia formal foi coetânea à reestruturação produtiva; a ampliação do acesso ao crédito popular foi simultânea à limitação da contrapartida social do assalariamento; o declínio da representatividade dos movimentos populares ocorreu enquanto crescia o acesso às políticas sociais; o trânsito religioso rumo ao pentecostalismo ocorreu junto à consolidação da infraestrutura urbana dos territórios de periferia e, finalmente, a emergência do *mundo do crime* – e do Primeiro Comando da Capital (PCC) – ocorreu ao mesmo tempo em que se sofisticavam as políticas de segurança em todo o País, e se ampliava o encarceramento em São Paulo.

Este livro – originalmente uma tese de doutorado – pretende lançar alguma luz sobre esses paradoxos, a partir de um estudo sobre as formas usuais de expressão do conflito social que emerge nas margens das cidades. Crime e violência, bem como as formas políticas e gerenciais que se arvoram a regulá-los, contê-los ou controlá-los, ganham, na etnografia apresentada a seguir, uma perspectiva específica de tratamento analítico. Parto de histórias de jovens moradores de bairros periféricos de São Paulo, suas famílias e seus amigos, além das trajetórias das associações locais, movimentos, entidades e políticas sociais criadas para atendê-los. Nas tensões que marcam essas histórias, tento compreender o sentido político das transformações que dão contexto ao conflito social inscrito nas periferias da cidade.

Os capítulos deste livro são resultado de cinco anos de pesquisa de campo, realizada entre 2005 e 2010, em três bairros contíguos do distrito de Sapopemba, zona Leste da cidade de São Paulo. Ainda que o percurso da pesquisa tenha sido relativamente longo, é preciso dizer que a reflexão lançada nas páginas que seguem é inteiramente experimental. Tanto porque não é simples estudar cenários que se modificam intensamente quanto, e sobretudo, porque a etnografia desses anos implodiu minhas certezas políticas, teóricas e analíticas. A escrita deste livro é marcada pela descrição de situações e percursos que, para mim, abrem possibilidades múltiplas de análise, interpretação e compreensão. Até por isso, estar em campo, estudar e escrever foram atividades marcadas, nesses anos, por curiosidade intensa e reflexão aberta.

Sapopemba, um dos 96 distritos do município de São Paulo, é um território heterogêneo em que viviam, em 2010, mais de 300 mil pessoas. A paisagem do distrito se modificou intensamente nas últimas décadas: a desolação das grandes áreas livres e empoeiradas de terrenos na fronteira de crescimento da cidade, nos anos 1970, cedeu espaço para uma urbanização consolidada, iniciada por loteamentos populares autoconstruídos e, posteriormente, por conjuntos habitacionais, equipamentos públicos e favelas. O território obedece à lógica da distribuição também heterogênea da infraestrutura urbana, de comércio e serviços de toda a periferia metropolitana. A transição do regime político, também vivida nesse período, contribuiu ainda para uma mudança significativa do associativismo local, cuja ênfase original nos sindicatos, comunidades de base, movimentos reivindicativos e partidos de esquerda foi substituída, paulatinamente, por um grande número de associações locais profissionalizadas, que estabelecem convênios com diferentes esferas dos governos, Organizações Não Governamentais (ONGs), fundações e empresas.

Argumento aqui que o *mundo do crime* em Sapopemba não pode ser compreendido exceto se captado analiticamente em sintonia a essas transformações, e a partir das relações que trava com as dinâmicas sociais consideradas legais e legítimas. Pois a sociabilidade e os jogos de força estruturados ali, em torno de mercados altamente lucrativos como o tráfico de drogas, o roubo de carros e a realização de assaltos especializados, têm sido regulados por um conjunto de relações cotidianas, e conflitivas, entre pessoas que usualmente conhecemos como *bandidos* e *policiais*, mas também por muitos daqueles que conhecemos como *pais de família, religiosos* ou *agentes do Estado*, que, no entanto, em Sapopemba, são chamados pelo seus nomes próprios. Todos esses indivíduos também possuem inscrições locais, diferentemente do que pressupõe o senso comum, em universos familiares, religiosos, produtivos e simbólicos dos mais legitimados socialmente. Todos eles são, também, agentes e constructos das transformações descritas até aqui, e seu estar no mundo é produto do que conseguem fazer nas situações que se lhes apresentaram em seus percursos. O modo como vivem, entretanto, nada tem de aleatório ou *desorganizado*; as práticas que se rotinizam nas periferias das cidades estruturam-se cotidianamente e tornam-se, ao mesmo tempo, objeto de discurso que as significa, o que permite a elaboração da reflexividade dos próprios sujeitos e, ao longo do tempo, sua constante transformação. Na trilha aberta por essa possibilidade de significação, que é captada em campo nas histórias que seguem, é que aposto ser possível descrever, de modo relacional, as dinâmicas sociais e políticas contemporâneas das periferias da cidade.

Antes de convidar o leitor a conhecer Sapopemba e sua gente, entretanto, devo agradecer àqueles que me acompanham nestes anos de pesquisa, de perto ou de longe. Os seis anos deste trabalho foram tempo de inúmeras viagens, e igual número de voltas para casa. Nesses périplos tive, por sorte, a companhia de muita gente. Em primeiro lugar, de Evelina Dagnino, sempre pelo mundo e sempre por perto, orientadora da tese de doutorado defendida no Instituto de Filosofia e Ciências Humanas da Universidade Estadual de Campinas (IFCH/Unicamp), também de meu mestrado, e da vida toda. A clareza, o rigor e o carinho de Evelina deixam marcas indeléveis em minha formação. Daniel Cefaï orientou minha temporada acadêmica em Paris e me ensinou que erudição rima com simplicidade, que sensibilidade etnográfica combina com companheirismo, rigor com bom humor. Ronaldo Almeida contribuiu com inteligência, bom senso, dedicação e amizade para o que segue. Tornamo-nos muito próximos ao longo desses anos. Vera Telles apoiou de perto meu percurso e segue uma excelente parceira de reflexão. Cibele Rizek me auxilia com carinho nas interfaces entre trabalho, família e cidades. Maria Celia Paoli participou da formulação das questões que apresento aqui. Michel Misse e Luiz Antonio Machado da Silva acompanharam estes últimos anos com generosidade ímpar, e ao diálogo com eles, bem como com Alba Zaluar e Sérgio Adorno, devo muito do amadurecimento de minhas análises nesses anos. Lívia de Tommasi e Neiva Vieira se juntaram à caminhada, com amizade e afinidade raras. Suely Kofes marcou profundamente minha reflexão teórico-metodológica. Ernesto Isunza acompanhou passo a passo o desenrolar deste trabalho, com muita leveza e amizade. Adrian Gurza Lavalle e Eduardo Marques foram referências fortes na minha formação e, junto de Nadya Araújo Guimarães e Marta Arretche, acolheram-me no pós-doutorado no Centro de Estudos da Metrópole (CEM), entre 2008 e 2009. Agradeço a todos os pesquisadores e amigos do CEM e do Centro Brasileiro de Análise e Planejamento (Cebrap), especialmente Mariza Nunes, Daniel De Lucca, Isabel Georges, Taniele Rui, Maurício Fiore, Fábio Mallart e Juliana Oliveira, que, com Ronaldo Almeida, compartilham comigo essa jornada.

Tive o Centro de Defesa dos Direitos da Criança e do Adolescente (Cedeca) Mônica Paião Trevisan como ponto de gravitação de minha pesquisa de campo, e ele foi sempre lugar de acolhida alegre em Sapopemba. Ouvir Valdênia falar é um privilégio; acompanhar sua trajetória nesses anos foi central para o trabalho. Empresto dela, também, algumas das análises do texto. Agradeço também à Sueli, Ivone, Ilda, Bete, Amanda, Valéria e Ana Lúcia, que abriram as portas dos projetos para minhas perguntas infinitas. Altair, João, Sidnei, Daniela, Lucelia, Rafael e, especialmente, Ana Paula, foram excelentes embaixadores nos bairros estudados, além de companheiros dos melhores. Nayara e Michelle sempre me mostraram os caminhos a seguir. Leandro, Paulinha, Adriana, Valquíria, Roseli e Miriam tiveram muita paciência para me contar suas rotinas; Peixe, Cris, Ricardo, Juliane e Dora ofereceram-me olhares entusiasmados sobre o que víamos; Renato Lanfranchi contribuiu decisivamente para a reflexão deste livro, e me cedeu seu arquivo fotográfico de Sapopemba. Ao envolvimento deles e dos demais colaboradores do Cedeca devo o gosto com que fui – e sigo indo – a campo nesses anos. Agradeço também ao Centro de Direitos Humanos de Sapopemba (CDHS) e a sua equipe, bem como às equipes do Instituto Daniel Comboni, do Cantinho da Esperança, do Pró-Morar, do antigo Arte e Movimento e do Centro Comunitário da Viela Santa Ângela (Cecovisa), espaços de convivência e trabalho pelos bairros.

Ainda em Sapopemba, devo agradecer às famílias e adolescentes com quem estive nesses anos, e que se tornaram parte de meu círculo de afetos. Cláudia e a família Diroli concederam-me entrevistas longas em visitas plenas de simpatia. Visitar a casa de Irene foi sempre um prazer, e certamente ali vivi os momentos mais intensos de minha vida de pesquisador. Agradeço igualmente a Miriam e Lúcia, e à Dona Nazinha, que abriram suas casas às visitas sequenciais, sempre com a mesma disposição para me contar histórias. Aos adolescentes e jovens que conheci por lá devo parte significativa dos câmbios em minha forma de olhar a vida. Acompanhei as trajetórias de Popó, João Paulo, William, Wellington, Mauro, Maurício, Ivonete, Marcelo, Marcela, Maicon, Adriano, André e Érica pelos últimos anos. Jones e Miguel se tornaram personagens do trabalho mesmo sem estarem mais presentes na época da pesquisa. Dionísio foi assassinado em 2009, depois de já ter virado personagem deste material. Adriano morreu um ano depois. A experiência radical que conforma as histórias de vida desses meninos e meninas ainda está longe de ser adequadamente compreendida.

Ao longo de toda a pesquisa, parte das histórias que conheci em Sapopemba circulou por artigos e foi discutida em eventos acadêmicos. Tive a felicidade de receber comentários de excelentes debatedores como Laurent Thevenot, Pedro García Sanchez, John Clarke, Arlene Renk, Catherine Neveu, Paul Lichterman, João Marcos Lopes, Cláudia Fonseca, Numa Mürard e Aldo Panfichi, além das contribuições decisivas de Ronaldo Almeida. Cursei ainda as disciplinas de Suely Kofes, Bela Feldman-Bianco, Omar Thomaz, Renato Ortiz, Wolfgang Leo Maar, Cibele Rizek, Michel Agier, Marc Bessin e de Daniel Cefaï. Bruno Latour abriu a discussão sobre sua produção em uma semana inteira em Cerisy, e conhecer de perto seu trabalho foi uma vivência ímpar. Em cada debate ou curso, meu universo entrava em crise e outro se mostrava mais claro.

Ana Paula Galdeano Cruz foi parceira de campo e amiga do dia a dia da elaboração da pesquisa. Com ela e Marcos Toffoli tive companhia de trabalho regada a cerveja e risada ampla; andamos juntos por favelas de São Paulo e Belo Horizonte, e ali se delinearam as questões centrais deste trabalho. Marta Jardim leu e comentou versões preliminares dos textos de qualificação e da tese de doutorado; Robert Cabanes e Isabel Georges me fizeram companhia por periferias e reuniões desses anos. O contato com diversos pesquisadores de campo de contextos políticos marcados por violência, como Omar Ribeiro Thomaz, Karina Biondi, Adalton Marques, Daniel Hirata, Camila Nunes, Jorge Villela, Ana Cláudia Marques, Daniel De Lucca e Antonio Rafael Barbosa espantou a insegurança comum nesse tipo de pesquisa. Paula Miraglia debateu com propriedade argumentos centrais desse texto.

Na Unicamp, encontrei sempre amizade e boa discussão associadas. Agradeço muitíssimo ao Grupo de Estudos sobre a Construção Democrática (GECD), espaço de debates fundamentais para mim. Agradeço à Gilvani e, muito especialmente, à querida Maria Rita, da Secretaria de Pós-Graduação. Tudo o que poderia ter sido complicado foi fácil com sua acolhida. Luis Hernan de Almeida Prado, David Chaigne e Chloe Furnival traduziram artigos preliminares ao francês e inglês. Vinícius Ortiz me concedeu entrevista sobre sua experiência como agente penitenciário e Renata Klimke me auxiliou a compreender os fluxos de pastas, processos e corpos dos adolescentes da Defensoria Pública de São Paulo. Denise Ferreira Costa transcreveu boa parte das entrevistas gravadas e Cristina Maher me auxiliou em outras tantas.

Este livro fica pronto depois de dois anos de vivência no Departamento de Sociologia da Universidade Federal de São Carlos (UFSCar). Devo agradecer a recepção que tive dos meus colegas, e dizer que o convívio intenso com Jacob Lima, Jacqueline Sinhoretto, Rodrigo Constante, Valter Silverio, Ana Bertolo, Gloria Bonelli, Inês Mancuso, Jorge Leite, Richard Miskolci, Norma Valêncio e André Souza, além de Luciane, têm me dado muito prazer. São anos de aprendizado intenso, compartilhado com os estudantes do Grupo de Estudos em Violência e Administração de Conflitos (Gevac) e, muito especialmente, meus orientandos e pesquisadores do NaMargem – Núcleo de Pesquisas Urbanas.

Estar mais tempo em São Carlos não impediu que as viagens seguissem intensas. As idas, as voltas. O que seriam desses anos sem a conversa frequente com os amigos de longe e a rotina de encontros com os de perto? Humberto Meza e Ernesto Isunza estiveram sempre ao lado. Thaís e Daniel, Du e Bianca, Maju e Edu, Renata e Aldo, Mariano e Lu, Tiago e Lis, Marcel e Alê, João e Magá, Paulina, Lud, Cris, Paulão, Patrícia, Sapo e Fernanda. Amizade cotidiana, um turbilhão de crianças lindas correndo a nosso redor, um privilégio estar com eles. Em Paris, agradeço ao Daniel, a Alex e Sarah, a David e Glória, a Robert e Suzane, a Fabinho e Lete, ao Werneck, a Ronaldo, Artionka e Antonio, a Marcus e Ju, a Iara e Malu. Lá em Belleville, no Café Chéri(e), foi que este livro começou a ganhar corpo, e lá bem perto o Léo nasceu. Viajar é voltar. Este livro deve muito à retaguarda de meus pais Toninho e Rege e de minhas irmãs, Renata e Luciana, meu lugar no mundo. Também de meus tios e primos. Luciana e Paulo abrigaram-me em especial nesses anos de pesquisa, material e simbolicamente. Maria, Shimbo, Julia e Jonas sempre me acolheram, e Clarice foi vital para o cotidiano deste trabalho, que fica pronto treze anos depois de Lúcia e eu termos nos encontrado. Só esse encontro teria bastado, mas Iara e Léo ainda vieram alegrar a festa, ambos durante essa pesquisa. Algo de muito profundo acontece, como se sabe. Ambos são pessoas incríveis. Anos repletos de gente crescendo, providências infinitas, casa ensolarada e brincadeira. A gente vira família e o mundo ganha perenidade. A eles não apenas este livro deve muito. A eles devo minha existência recente.

Agradeço ao Conselho Nacional de Desenvolvimento Científico e Tecnológico (CNPq) pela bolsa de doutorado no Brasil e à publicação deste livro; à Coordenação de Aperfeiçoamento de Pessoal de Nível Superior (Capes) pela bolsa-sanduíche que proporcionou minha temporada acadêmica no exterior e à Fundação de Amparo à Pesquisa do Estado de São Paulo (Fapesp) pela bolsa de pós-doutorado que permitiu a continuidade da pesquisa em Sapopemba. Da mesma forma, agradeço ao Programa de Doutorado em Ciências Sociais da Unicamp, ao Institut Marcel Mauss/Centre d'Étude des Mouvements Sociaux (CEMS-EHESS), ao CEM, ao Cebrap e a meus queridos amigos do Departamento de Sociologia e do Programa de Pós-Graduação em Sociologia da UFSCar, pelos espaços institucionais, acolhedores e substantivos, nos quais esse trabalho se desenrolou.

Agradeço finalmente à Associação Nacional de Pesquisa e Pós-Graduação em Ciências Sociais (Anpocs), que me concedeu a honra do Prêmio de Melhor Tese de Doutorado, em 2009; ao CNPq e à Fapesp, que por intermédio de Eduardo Marques, Nadya Guimarães e Marta Arretche, do CEM, foram especialmente generosos ao estimular e apoiar a publicação deste livro. A todos, muitíssimo obrigado.

junho de 2011

INTRODUÇÃO

24 de maio de 2006, seis e quarenta, estou no ônibus voltando de Sapopemba, vou até o Ibirapuera. Da janela, um mar de autoconstrução. Me sinto assimilando um golpe. Bianca me contou a vida dela, reencontrei a Clarice e a Ivonete. "Foda-se a polícia" pichado no muro, uma pracinha, uma escola. "Paulo Fiorilo" pintado no muro. É um vereador do PT [Partido dos Trabalhadores]. Uma mulher com uma criança, um velho e um cachorro na laje. Um monte de grade com um carro dentro. Mais uma rua torta, o ônibus barulhento, mais uma estrela do PT no muro. Bianca cuida de três filhos e cinco irmãos mais novos, tem 23 anos. Contorno a favela do Jardim Elba. Sofreu abuso sexual, pelo padrasto, dos 13 aos 15 anos. A mãe a culpava. Um homem vendendo vassouras. Jeová, loja bíblica. Casa de Carnes Serena. Produtos de limpeza em garrafas PET e um bar de sinuca, intercalados por moradias cheias de grade. Mais uma mãe com a menina de mãos dadas. O filho da Ivonete se chama Vitor, tem doze anos, já repetiu duas séries, "tem vezes que tem aula uma vez por semana, só". Favela, favela, e mais favela agora, do lado esquerdo do ônibus. Logo um supermercado, referência no Parque Santa Madalena, o Nagumo. Centrinho comercial. O Vitor não sai com os tios que são "do crime", "só com os trabalhadores". Um fusca inteiro depenado. Mais fliperama e mesa de sinuca. Quatro adolescentes na esquina, um barzinho. Casas de frente pequena que têm até três andares. Clarice fez Psicologia na PUC (Pontifícia Universidade Católica), contou apaixonada de um caso que ela atendia no Cedeca [Centro de Defesa dos Direitos da Criança e do Adolescente]. Um menino de 18, viciado em crack, *que estava jurado de morte, mas que até hoje não morreu. Mais uma mulher e uma criança no colo. Mais um ponto de ônibus e um anúncio de conserto de fogão, panela. Mais um escadão. Muita favela agora, bem consolidada, e mais dois meninos de bicicleta na esquina. Trabalhador chegando em casa, um orelhão na mercearia, posto de saúde. [diário de campo, ditado ao gravador.]*

Apresentação, categorias utilizadas

Este livro trata, de um modo específico, da relação contemporânea entre as periferias de São Paulo e a política. Específico, em primeiro lugar, porque situado no espaço e no tempo: a análise parte de uma etnografia do distrito de Sapopemba, zona Leste da cidade de São Paulo, empreendida entre os anos de 2005 e 2010. Mas específico, sobretudo, porque entre as muitas aproximações possíveis da relação entre periferias e política, opto por uma única: parto aqui das tensões, mediadas por muitos sujeitos, que emergem do contato entre a população jovem de Sapopemba e o mundo público. Convém então, desde logo, explicitar a noção de política que estrutura esta relação: política é o jogo de conflitos desencadeados na conformação da cena pública, em sua manutenção e transformação[1]. Ao pensar a relação entre as periferias

---

[1] Em sociedades com grande assimetria na repartição do poder, a política não se resume, portanto, à disputa de poder em terrenos institucionais, mas pressupõe além dela um conflito *anterior*, aquele que se trava pela conformação mesma dos critérios pelos quais se institui um mundo público (entendido então como um espaço de disputa de poder que diz respeito a todos, embora nem todos façam parte dele). Logo, não se trata apenas das disputas entre atores constituídos sobre um terreno dado, mas *também* da disputa subjacente à própria instituição desses terrenos e atores. Esta formulação leva diretamente em conta a formulação de Jacques Rancière, embora seja mais ampla que ela: "Proponho agora reservar o nome de política a uma atividade bem determinada [...]: a que rompe a configuração sensível na qual se definem

FRONTEIRAS DE TENSÃO 13

urbanas e o mundo público,[2] em uma sociedade muito hierárquica, é preciso imediatamente lidar com uma série de polaridades: o descompasso entre a norma igualitária e a desigualdade social, o paradoxo entre os modos de vida popular e sua figuração pública, a contradição entre a lógica do direito e a repressão da polícia, a distância entre a pretensão normativa de pluralismo e os bloqueios seletivos no acesso à legitimidade social. Independentemente do tema específico em questão, nessa relação saltam divisões aos olhos do analista. Até por isso, a literatura específica é marcada pelos debates sobre a exclusão e a segregação das periferias das cidades e seus moradores[3].

---

as parcelas e as partes ou sua ausência a partir de um pressuposto que por definição não tem cabimento ali: a de uma parcela dos sem-parcela". (Rancière, 1996a, p.42). Para o autor, a política se institui por um dissenso, ou desentendimento. "É isso o que chamo de dissenso: não um conflito de pontos de vista nem mesmo um conflito pelo reconhecimento, mas um conflito sobre a constituição mesma do mundo comum. [...] O dissenso não é a guerra de todos contra todos. Ele dá ensejo a situações de conflito ordenadas, a situações de discussão e de argumentação. Mas essas discussões e argumentações são de um tipo particular. Não podem ser a confrontação de parceiros já constituídos sobre a aplicação de uma regra geral a um caso particular. Com efeito, devem primeiro constituir o mundo no qual elas são argumentações". Rancière (1996b, p.374). Trabalhei com mais detalhe sobre essa definição de política, remetendo à expressão arendtiana do "direito a ter direitos" e o que ela exige em termos analíticos, em Feltran (2005).

[2] A noção de *mundo público* designa aqui um espaço de visibilidade, circulação e confronto de discursos, em que se disputa e exerce poder. Espaço construído por atores concretos, segundo suas interações e os constrangimentos de toda ordem que lhes são impostos (ver Cefaï, 1996, 2002, 2007, Cefaï; Pasquier, 2003 e Gusfield, 2006). Os debates do mundo público têm relação direta com a política porque são fundados por ela, embora esta também se construa fora dele, pois em sociedades muito hierárquicas e desiguais, estão representados no público apenas uma parte dos atores e dos interesses presentes no mundo social. As referências para pensar esse mundo público, em minha formação, vêm do confronto cotidiano entre a leitura de Hannah Arendt (1999, 2001c, 2001d, 2003) e minhas pesquisas de campo, centradas nas relações entre periferias urbanas, sociedade civil e Estado, em São Paulo – confronto para o qual foram referências Dagnino 1994, 2002; Paoli, 1995 e Telles 1994, 2001. A partir desses pressupostos é que li, atentamente, a sociologia pragmatista dos problemas públicos e sua tentativa de construí-los pela etnografia, nas pistas de Isaac Joseph (2007; ver também Cefaï & Saturno, 2007), Laurent Thevenot (2006) e Daniel Cefaï (1996, 2002, 2006).

[3] As noções de exclusão e segregação, embora evidenciem as privações sociais, econômicas e políticas de parte da população, parecem-me ter o efeito colateral de restringir, demasiadamente, as noções de cidade e sociedade: os setores *excluídos* estariam *fora* delas, o que conduz com frequência à bipolaridade entre a cidade legal (ou formal) *versus* a cidade ilegal (ou informal), incluídos *versus* excluídos e segregados etc. Uma crítica a essas abordagens do urbano foi formulada por Rosa (2006). A noção de mundo social utilizada neste livro procura escapar dessa limitação, incluindo tais clivagens em seu interior. Não há neste livro, portanto, nada fora do mundo social.

Efetivamente, tomada a relação entre sociedade e política em sua dimensão normativa, o que supõe a existência de igualdade individual no acesso ao direito, é bastante claro que algo aparta os indivíduos das periferias do todo social (o que termina por segregar as próprias periferias).[4] O argumento pode ser radicalizado quando se lida com o setor jovem dessas periferias, submetidos a índices elevados de encarceramento e homicídio.

Entretanto, se há segregação, há *partilha*. Nos termos de Rancière, se algo aparta as periferias do todo social, simultaneamente algo as conecta a ele.[5] A literatura sugere, então, que uma série de processos sociais pouco comentados, ao mesmo tempo que segrega social e espacialmente e diminui o acesso ao direito, conecta de modo específico os setores populares urbanos ao centro dos mundos social e político.[6] Não é difícil notar essas conexões. A indústria do entretenimento, as Casas Bahia, os telefones celulares, o terceiro setor, os trabalhos doméstico e industrial, a televisão, a construção civil, o mercado eleitoral e religioso, o narcotráfico, os mercados informais, a indústria de material reciclado e de armamentos, entre incontáveis outros circuitos, têm ramos claramente fincados nas periferias urbanas. Entretanto, nenhum desses circuitos e mercados se esgota nelas. Ao contrário, ramificam-se para muito além das periferias, atingindo, por vezes, o centro do poder político e econômico. É preciso, portanto, qualificar, em termos analíticos mais precisos, as *mediações* entre as periferias das cidades e outras dimensões do social, que incluem sua dimensão pública e política.

Este livro se filia a essas tentativas, e dessa filiação surge sua questão central: etnografar as mediações, ou mais precisamente, as fronteiras – densamente políticas – que se conformam, hoje, entre as periferias da cidade de

---

[4] Uma revisão crítica da literatura sobre cidades, periferias e favelas, que repassa a literatura sobre *segregação* e propõe uma noção muito mais relacional para usos contemporâneos é feita em Marques; Torres (2005).

[5] "Partilha significa duas coisas: a participação em um conjunto comum e, inversamente, a separação, a distribuição em quinhões" (Rancière, 1995, p.7). Em Rancière (1996a, 1996b), a noção de partilha já está subjacente a sua definição de política; a mesma ideia (a de formular as polaridades como relação) já era utilizada em Rancière (2002, 2005a). O autor admite influência tanto do pensamento marxista quanto da filosofia política de Hannah Arendt em sua produção. Pensar participação e separação simultaneamente é também (a melhor) parte do argumento de Debord (2004).

[6] Penso especialmente em Telles; Cabanes (2006) e Telles; Hirata (2007), mas também em Zaluar (2004).

São Paulo e o mundo público.[7] A categoria fronteira é mobilizada por preservar o sentido de divisão, de demarcação, e por ser também, e sobretudo, uma norma de regulação dos fluxos que atravessam e, portanto, conectam aquilo que se divide. Fronteiras se estabelecem justamente para regular os canais de contato existentes entre grupos sociais, separados por elas, mas que obrigatoriamente se relacionam. Onde há fronteira, há comunicação, de um tipo desigual e controlado. Se há fronteira, é justamente para controlar a comunicação entre as partes. Olhar para as conexões, portanto, exige desnaturalizar o "dever ser" do todo social, bem como de sua divisão constitutiva. A intenção da descrição das situações de campo, apresentadas neste texto, é a de desvelar o funcionamento das fronteiras entre as periferias urbanas e a política; iluminar seus fluxos e tensões mais frequentes, os interesses e significados em disputa, os atores que as controlam.

Onde há fronteira, há conflito. Ainda que latente. Se a fronteira pode ser disputada é comum, sobretudo em sociedades muito hierárquicas e desiguais, que a latência ceda lugar à violência. No Brasil contemporâneo, já não é mais possível compreender as fronteiras entre as periferias e o público sem situar a violência – e os modos como vem sendo gerenciada nas periferias da cidade – no centro do debate. Em São Paulo, como em Sapopemba, nessas fronteiras coexistem soluções políticas e saídas violentas. Tratar desse território exige, portanto, discutir as relações entre política e violência.

O par de categorias, presente no título deste livro, foi parar ali por caminhos muito distintos. A *violência* – compreendida aqui simplesmente como o uso da força, ou a ameaça de usá-la – se impôs como tema do trabalho no curso da pesquisa de campo. Atravessou as trajetórias pessoais, familiares e de ações coletivas do distrito de modo explícito, transbordou

---

[7] Optei por seguir utilizando o termo *periferias*, mesmo reconhecendo seus problemas (sobretudo o de remeter, por vezes, à divisão estanque entre *centro* e *periferia* e, a depender do contexto, a uma série de estigmas sociais). Fiz essa opção, sobretudo, porque esta me parece ser a categoria mais inteligível para destacar o conjunto de dinâmicas sociais às quais me refiro no texto. Pobres urbanos, setores trabalhadores ou classes populares, camadas de baixa renda ou conceitos correlatos pareciam funcionar pior, relativamente, ao transitar entre a descrição etnográfica e a conformação dos debates públicos. Quando falo sobre as *periferias* de São Paulo, portanto, refiro-me a ambientes situados no tempo e no espaço, em que as pessoas se relacionam entre si e com outras esferas do mundo social, de modo plural e heterogêneo. Por outro lado, e simultaneamente, o termo *periferias* ajuda a reconhecer as regularidades que se desenham nessas regiões da cidade e que demandam investimento analítico comparativo.

dos depoimentos e os constituiu, por vezes, como elemento explicativo central. As inflexões nas trajetórias estudadas, com raras exceções, passam por histórias marcadas por diversas modalidades de violência. A *política* foi, desde o início da pesquisa, imposta como temática relevante por mim, que há alguns anos tenho como questão pensar sobre o assunto nas periferias de São Paulo. Em suma, eu realizava uma pesquisa etnográfica centrada nas formas como a política pode ser pensada a partir das margens do social, e a violência se interpôs como uma categoria da qual eu não poderia escapar para pensá-la. Tendo aparecido já em relação estreita, com o passar do tempo, o par conceitual política e violência passou a fazer parte de um mesmo diagrama analítico.

Evidentemente, não foi por acaso que essas categorias se encontraram; política e violência são temas relacionados não apenas nas periferias urbanas mas, de modos distintos, em toda a história e o pensamento modernos. Desde Weber e Clausewitz até Hannah Arendt e Foucault, a relação entre política e violência tem estatuto central na análise da modernidade;[8] nada menos que o debate sobre a noção de poder as articula. Política e violência são temas que também atravessam as fronteiras disciplinares: marcam as "etnografias políticas" de Erving Goffman, que servem a estudiosos de todas as Ciências Sociais, assim como a "antropologia política" de Eric Wolf, que pode inspirar tanto cientistas políticos quanto sociólogos, antropólogos e historiadores.[9] Mesmo a Etnologia situou política e violência como dimensões fundamentais da constituição do social, por exemplo, com Pierre Clastres, em sua crítica à modernidade ocidental a partir do estudo do poder em sociedades indígenas da América do Sul (Clastres, 2003; 2004). Contemporaneamente, análises como as de Mahmood Mandani sobre a África oriental, que incluem uma interpretação decisiva do genocídio em Ruanda (Mamdani, 2001), as de Stephane Beaud e Michel Pialoux sobre as periferias francesas,[10] além de trabalhos como os de Gabriel Kessler e Javier Auyero sobre a Argentina recente[11] demonstram a premência de abordagens interdisciplinares das relações entre política e violência, para

---

[8] Ver Weber (1972), Clausewitz (1968), Arendt (2000b, 2001a) e Foucault (1987, 2000, 2004).

[9] Ver, por exemplo, Goffman (1988, 2003) ou Wolf (2003).

[10] Ver, por exemplo, Beaud; Pialoux (2003).

[11] Como Kessler (2004, 2006) e Auyero (2001 e 2004).

FRONTEIRAS DE TENSÃO 17

uma compreensão mais aguçada dos processos sociais que contextualizam sua emergência como categorias de análise.

Nos estudos específicos sobre as periferias urbanas e os setores populares em São Paulo, entretanto, política e violência têm se desencontrado tanto pelas divisões entre os campos disciplinares das ciências sociais quanto pelos processos políticos sobre os quais esses campos se firmaram nas últimas décadas. Na literatura paulista, desde os anos 1970 e principalmente após a crítica ao economicismo estruturalista, política e violência apareceram alternadamente, e solitárias, como as *chaves da história* que explicariam as dinâmicas sociais das periferias.[12] Nos anos 1980, boa parte dos analistas da política foi forçada a olhar para as periferias das metrópoles e para a *politização dos cotidianos*, já que a aparição pública dos movimentos populares, efetivamente, renovava a cena nacional de disputas pelo poder, inclusive pelo poder do Estado. O discurso desses analistas contribuiu para nomear os atores populares nascentes: surgiam nas periferias os novos *sujeitos políticos*; dos movimentos sociais brotava a promessa de democratização social.[13] Naquele período, a violência não aparecia como categoria central nas análises das periferias, embora tanto a repressão policial ilegal quanto os grupos de extermínio e o narcotráfico já marcassem presença por ali.[14]

Nos últimos anos, o cenário se inverteu. Os movimentos sociais das periferias se inseriram na institucionalidade estatal, como previsto; duas décadas de democracia institucional se passaram e hoje é a crueza da violência, tanto

---

[12] Apoio-me aqui na noção de ideologia em Arendt, definida como o pensamento que emprega uma única categoria como explicação central para o funcionamento de uma sociedade. (Arendt, 2000a.)

[13] Referência fundamental dessa literatura é o trabalho de Sader (1988). As primeiras páginas de Caldeira (1984) refletem criticamente sobre esse fenômeno. Para boas revisões e interpretações do debate imenso – e repleto de clivagens – do período, ver Paoli (1995), Doimo (1995) ou Dagnino (2000).

[14] Talvez até porque essa violência, considerada subproduto direto da desigualdade, deveria ser suplantada pela democratização da cena política, que estava em pauta. Uma exceção importante neste quadro são os trabalhos de Paulo Sérgio Pinheiro (desde Pinheiro, 1982 até Pinheiro,1997) e Sérgio Adorno (Adorno, 1995, 1996 e Adorno; Cárdia, 1997), centrais para que a produção do Núcleo de Estudos da Violência trabalhasse, de modo específico, as interfaces entre política e violência (por exemplo em NEV, 1999). No Rio de Janeiro, sob contexto social local distinto, essas correlações foram bastante difundidas na literatura – Luiz Antonio Machado da Silva, Alba Zaluar e Michel Misse, entre outros, estão, há bastante tempo, atentos às correlações entre organização social e política, periferias urbanas e violência (ver Machado da Silva, 1993; Zaluar, 1983, 1985, 1994; e Misse, 1995, 2006c).

policial quanto àquela ligada ao tráfico de drogas, o que chama a atenção dos analistas – e do senso comum – para as periferias urbanas.[15] Os bairros e conjuntos habitacionais populares, mais especificamente as favelas, seriam agora o lugar da barbárie, materializada como estatística no descalabro dos índices de assassinatos de adolescentes, como imagem de massa nas narrativas cinematográficas à_la Cidade de Deus (ou Tropa de Elite, ou quaisquer outras), e como ameaça efetiva nos ataques de facções criminosas às forças do Estado. A distinção entre *cidadãos de bem* e *bandidos* no debate sobre o desarmamento civil ou sobre os ataques do Primeiro Comando da Capital (PCC), a criminalização dos *motoboys* e o medo que a favela produz na classe média são sintomas de um mesmo fenômeno: a clareza de que é preciso se isolar das *classes perigosas*, demarcando as fronteiras entre favelas e periferias e o mundo social habitável.[16] Nesse cenário de guerra entre *cidadãos* e *bandidos*, já não seria possível buscar pela política nas periferias urbanas. A violência seria a explicação primeira (e última) de suas dinâmicas internas e de suas relações com a sociedade.

Relacionar as periferias urbanas aos temas da política e da violência parece especialmente justificável nesse contexto. Se as figurações das periferias de São Paulo, no senso comum, são cada vez mais centradas em um estereótipo que combina homogeneidade, incivilidade e violência, ou seja, o avesso da política democrática, os percursos estudados aqui parecem revelar tanto a heterogeneidade profunda dessas regiões quanto os sentidos especificamente políticos da violência que as atinge. Este livro apresenta uma etnografia que se move entre diversas trajetórias de adolescentes e jovens,

---

[15] Para boas caracterizações específicas das dinâmicas violentas na periferia de São Paulo, a referência é a produção do Núcleo de Estudos da Violência da Universidade de São Paulo (NEV-USP). Os trabalhos etnográficos de Ferreira (2002; 2003) revelam transformações recentes nas dinâmicas da periferia desde a ruptura dos anos 1990. A ênfase na questão da violência e da juventude está presente também em publicações recentes de grande circulação, como Barcellos (2004); Soares; Mv Bill; Athayde (2005), Bill; Athayde (2006, 2007); Soares; Batista; Pimentel (2006). Emergiu ainda recentemente um gênero literário centrado nessa experiência: a *literatura marginal*, cujos expoentes são Ferréz (2000), em São Paulo, e Lins (1997), no Rio de Janeiro.

[16] Sobre os *ataques do PCC*, ver Justiça Global (2011), além do Capítulo "Periferias no público: figurações" deste livro e de Adorno; Salla (2007). Sobre a questão dos *motoboys* (quase sempre jovens das periferias), ver *Veja São Paulo* (2008), lançada após manifestação pública da categoria em São Paulo. Sobre a origem do uso da expressão *classes perigosas*, ver Chalhoub (1996), autor central para uma perspectiva histórica do conflito entre setores populares urbanos e mundo público-político no Brasil.

de suas famílias e de ações coletivas que os atendem, sobretudo o Cedeca Mônica Paião Trevisan, uma organização civil fundada por militantes católicos que, tendo por base suas *lutas* nos anos 1980, fundam um Centro de Defesa em 1991, com a finalidade de prestar atendimento jurídico, assistencial e psicológico a adolescentes de Sapopemba, com ênfase àqueles autores de infrações à Lei.[17]

Quando o foco da etnografia está no tecido social local, em que vivem os adolescentes e famílias do distrito, argumento pela ressignificação recente das categorias fundadoras do território, como família, trabalho, religião e projeto de ascensão social, são os novos significados dos arranjos entre essas categorias, nas disputas cotidianas pela legitimidade, que nutrem nas últimas décadas aquilo que chamo aqui *expansão do mundo do crime*.[18] Em seguida, quando minha etnografia migra para o Cedeca e, portanto, para a mediação entre as dimensões mais capilares da sociabilidade das periferias urbanas e o mundo público, dedico-me a delinear as fronteiras e tensões entre elas. A expansão das tentativas de *gestão do mundo social*, mais marcante na última década, aparece então atuando no mesmo registro e, portanto, passa a competir diretamente com as ações coletivas de caráter propriamente político. No final do texto, apresento dois argumentos de síntese da argumentação. O primeiro se funda na análise combinada da expansão do *mundo do crime* e da expansão da gestão do social nas periferias urbanas; o segundo emerge da relação entre as diversas modalidades de violência que transbordam das trajetórias sociais dos *jovens* e *famílias* estudados, e a violência, propriamente política, que conforma as trajetórias das *lideranças* do bairro, sempre que agem publicamente.

---

[17] A literatura sobre adolescentes e jovens autores de infrações nas grandes cidades é vasta. Ver Kessler (2004, 2006) na Argentina; Wacquant (1997) ou Bourgois (2006) sobre os Estados Unidos; Beaud; Pialoux (2003, 2005) e Mucchielli (2002) na França; Rodgers (2006) sobre a Nicarágua; Thieroldt (2003) no Peru; Fernandez (2004) no Chile, entre outros. No Brasil, há uma excelente produção etnográfica recente, como os trabalhos de Malvasi (2011) e Rifiotis, Vieira e Dassi (2010), Vieira (2011), entre outros.

[18] O *mundo do crime*, neste livro, é uma noção tomada em sua acepção usual nas periferias da cidade e, por isso, mantenho o uso sempre em itálico. Trata-se de expressão que designa o conjunto de códigos sociais, sociabilidades, relações objetivas e discursivas que se estabelecem, prioritariamente, no âmbito local, em torno dos negócios ilícitos do narcotráfico, dos roubos, assaltos e furtos. Mais especificamente, essas relações são estudadas aqui desde a perspectiva dos adolescentes e jovens das periferias urbanas. Não tratamos, portanto, de todo e qualquer ambiente ilegal, ilícito ou criminal, nem de suas dimensões como *negócio* para além dos bairros estudados, ou de suas ramificações para além dos circuitos dos adolescentes e jovens do local.

Organização do texto

Este livro está organizado em duas partes, acrescidas de introdução, conclusão, referências e anexos. Na Introdução, traço um mapa das questões e categorias centrais percorridas ao longo do texto e passo, telegraficamente, por seus contextos de elaboração, que remontam, especialmente, a pesquisas anteriores e aos debates com os grupos de pesquisadores de interlocução mais próxima. Ainda nessa seção, apresento, com detalhe, a pesquisa realizada em Sapopemba, nos bairros Jardim Planalto, Parque Santa Madalena e Jardim Elba, seus pressupostos teórico-metodológicos e algumas características do território estudado.

Na Parte I, "A expansão do *mundo do crime*", conto histórias individuais e familiares que, em comparação, desenham parte da heterogeneidade das periferias de São Paulo e de suas transformações recentes. Destaco, nessas transformações, a presença cada vez mais próxima do *mundo do crime* na trajetória de adolescentes e jovens de Sapopemba.[19] No Capítulo "As fronteiras do *mundo do crime*", o desenho dos limites desse *mundo* no universo social local é visto na perspectiva de Pedro, um jovem morador de Sapopemba, seguindo seu relato de circulação por esses ambientes. Nos três capítulos seguintes, algumas trajetórias de envolvimento de adolescentes do distrito com o crime, muito distintas entre si, são visualizadas agora a partir da perspectiva de suas famílias. Em cada capítulo está em questão um percurso familiar, e o contraste entre eles demonstra tanto a heterogeneidade das periferias urbanas, quanto a necessidade premente de considerá-la analiticamente. O conjunto de narrativas parte de uma história familiar cuja dinâmica remonta àquela que a bibliografia chamou *família operária* (Capítulo "De operários a trabalhadores");[20] em seguida, dedico-me a uma família de arranjo centrado na representação discursiva do *trabalhador* e na dificuldade de mantê-la na virada para os anos 2000 (Capítulo "De trabalhadores a bandidos") para, finalmente, chegar à trajetória de uma família moradora de favela (Capítulo "Bandidos e trabalhadores: coexistência"). Na comparação entre essas perspectivas familiares, cuja síntese aparece no Capítulo "Periferias no público:

---

[19] Para caracterizações do perfil das crianças e jovens que se inserem no narcotráfico, ver Dowdney (2004, 2005), no Rio de Janeiro, e Fefferman (2004), em São Paulo.

[20] Para estudos sobre famílias das periferias de São Paulo, desde os anos 1970, ver Durham (1973, 1980).

FRONTEIRAS DE TENSÃO **21**

figurações", desenham-se padrões distintos de transformação interna dos arranjos familiares a partir da presença do *crime* na trajetória dos filhos. Nessas histórias, aparece com nitidez a intensidade com que a passagem de geração ressignificou os fundamentos da organização social das periferias da cidade – ou suas *matrizes discursivas* – notadamente a representação de um projeto de ascensão social plausível pelo nexo entre migração, família, trabalho industrial e religião. Se era esse o projeto que possibilitava a organização pública e política das periferias em movimentos sociais, nos anos 1970 e 1980, seu deslocamento radical nas últimas décadas já oferece à nova geração (nascida ali, a partir dos anos 1990) um ambiente de relações com o mundo público muito diferente do anterior; nos novos cenários, a presença marcante do *mundo do crime* nas dinâmicas sociais cotidianas, em múltiplos sentidos, é a principal novidade.[21]

Na Parte II, "As margens da política", a etnografia passa a focar o contexto das ações coletivas dos bairros estudados. Trata-se, então, de estudar o Cedeca Sapopemba em suas múltiplas relações. Um histórico da organização, que sucede um resumo dos contextos que levam à criação da figura jurídica dos Cedecas, é apresentado no Capítulo "Movimentos, entidades: o Cedeca Sapopemba". Agindo no espaço de mediação *entre* as favelas de Sapopemba e o mundo público, o Cedeca permite que a análise se situe também no transitar entre histórias individuais das periferias e instâncias de formulação das pautas dos debates políticos. O Cedeca aparece exercendo seu papel de *mediador* entre o universo dos adolescentes e a cena pública, em três registros distintos. Inicialmente, na militância política, expressa nas trajetórias de seus principais quadros e, em seguida, tanto pelo inchaço das rotinas de gestão de seus atendimentos (descritas em detalhe no Capítulo "O atendimento"), quanto pelos limites impostos, no plano local, pelo *mundo do crime*. Verifica-se, no Capítulo "A entidade social", que, no decorrer dos anos, é a dimensão de gestão da entidade que cresce, e como essa expansão passa a competir diretamente com as atividades de ação propriamente

---

[21] Apesar disso, a presença de facções criminosas em São Paulo, e especialmente a emergência do PCC mereceu muito pouco destaque na bibliografia, até muito recentemente. Amorim (2003) citava o PCC no título de seu livro, mas não apresentava pesquisa original. Um dossiê sobre o crime organizado (Estudos Avançados, 2007) também percebeu a relevância do tema, mas foi apenas a partir do trabalho precursor de Biondi (2010) que a bibliografia específica pôde discutir o tema substantivamente.

política (aquelas que visam à pautar interesses dos adolescentes atendidos no debate público). A expansão da gestão nas entidades sociais das periferias, contemporaneamente, é tão evidente e inescapável, e tão corrente entre organizações similares, que o grupo de militantes fundador do Cedeca se sente pressionado a criar outra entidade, sem convênios públicos de atendimento, para conseguir escapar à lógica gestionária e reiniciar um ciclo de protestos locais (Capítulo "Ação política"). O Cedeca cede seus principais militantes para o Centro de Direitos Humanos de Sapopemba (CDHS), encarregado de agir como um movimento reivindicativo. Descrevo então os tipos de ação política empreendidos no período, e sua consequência imediata: surge na trajetória do Cedeca e do CDHS uma nova dimensão da violência nas periferias. Como reação a essas ações propriamente políticas, iniciadas em 2001, sobrevém uma sequência de ameaças e retaliações aos dirigentes da organização, especialmente à Valdênia, uma ativista que nos últimos anos alternou períodos de trabalho nas periferias e temporadas no exterior, sempre protegida por programas especiais de proteção de testemunhas e defensores de direitos humanos. Nas tentativas de agir politicamente, o Cedeca e o CDHS passam a viver, então, no *fio da navalha* entre os acordos precários com o *mundo do crime* local e a violência política.

Nas "Notas finais: política, gestão e violência nas fronteiras urbanas", sintetizo os três principais argumentos extraídos da etnografia, e discuto suas consequências políticas mais evidentes. O primeiro é o que se verifica na Parte I, "A expansão do *mundo do crime*", e o segundo, relacionado a ele, é o da *expansão da gestão do social* nas periferias, mostrada na Parte II, "As margens da política". O terceiro argumento é o que emerge da relação entre as diversas modalidades de violência que transbordam das trajetórias de indivíduos e famílias e a violência, de motivação propriamente política, que se apresenta às trajetórias das lideranças do Cedeca. Em seguida, comparo esses argumentos, propondo a coexistência de diferentes ordenamentos sociais legítimos, embora contem com lógicas internas distintas, por vezes opostas, nas periferias urbanas. Distinguo ao menos dois deles: o primeiro é o código universalista da política, e o segundo é o código instrumental da violência, os quais têm sido, simultaneamente, constitutivos e necessários para a reprodução de um modelo de funcionamento institucional e social caracterizado pela consolidação de um mundo público formalmente democrático, marcado, no entanto, por uma dinâmica de distribuição dos lugares sociais extremamente hierárquica e desigual. Nesse cenário, o conflito social e político ensejado pelas periferias urbanas tem novo estatuto – não se espera mais integração social ou qualquer universalismo. A nova ordem é a *gestão* das fronteiras que delineiam aquilo que se imagina ser a *periferia*.

Contexto das relações entre as periferias e o mundo público em São Paulo

A literatura interessada nas periferias urbanas é enorme e clivada em diversas vertentes.[22] Apenas sobre São Paulo, há, pelo menos, trinta anos de produção acadêmica geral e específica sobre o tema. As referências partem de trabalhos clássicos do período de maior expansão urbana, centrados nas tentativas de explicação estrutural de sua configuração socioespacial,[23] e chegam a trabalhos recentes, desde os que ensaiam argumentos de maior envergadura[24] até os mais específicos sobre um ou outro aspecto de sua vida social ou conformação espacial. Diversas linhas teóricas e analíticas se cruzaram no estudo das periferias da cidade, além de muitas disciplinas acadêmicas: urbanismo, economia e ciências sociais, além de história, psicologia e serviço social. A cidade e suas periferias interessam a muita gente. Parte (pequena) dessa literatura, mais próxima dos temas deste livro, é percorrida ao longo dos capítulos que compõem o corpo da argumentação. O crivo na eleição das referências utilizadas foi estrito, centrado na relevância de cada referência para o desenvolvimento da argumentação e da descrição etnográfica.

---

[22] Algumas das referências centrais para pensar as periferias urbanas, nos países do Norte, têm vindo de Mike Davis (1993; 2006) e Wacquant (por exemplo, 2001; 2006). A Sociologia urbana contemporânea traz centralmente, ainda, heranças da Escola de Chicago (ver compilação de textos fundamentais em Grafmeyer; Joseph, 2004), reivindicadas diretamente por autores como Joseph (1981; 1998; 2007); Cefaï (2006); ou Breviglieri; Trom (2003). Em outro campo, a antropologia de Agier (por exemplo, 1999, 2009) ensaia interpretações generalizantes sobre as periferias de diversas cidades do mundo.

[23] Deste *São Paulo 1975: Crescimento e Pobreza* (Camargo et al., 1975) até Caldeira (2000), passando por trabalhos fundamentais como Kowarick (1975) ou Oliveira (1982) na Sociologia; ou Bonduki; Rolnik (1982) no urbanismo. As críticas de Eunice Durham (compiladas em Durham, 2005, especialmente nos capítulos 7 a 10) e outros antropólogos auxiliaram o refinamento das análises estruturais e reafirmaram a relevância dos estudos etnográficos das periferias.

[24] Como Villaça (2001), Caldeira (2000), Marques; Torres (2005) e Telles; Cabanes (2006).

Ainda assim, convém situar, minimamente, o olhar que lanço aqui sobre a literatura de interesse direto deste livro, especificamente pautada na política nas margens da cidade, e suas principais inflexões temáticas ao longo das últimas décadas. Tais inflexões seguem na linha do tempo, quase sempre, deslocamentos nas relações sociais entre periferias e mundo público, e, portanto, fazem interagir análise e processo social. O trecho que segue tem a dupla tarefa de descrever, em linhas gerais, os principais deslocamentos dessas relações, nas últimas três décadas, acompanhado das modificações da literatura específica que os analisou.

A periferia *trabalhadora* e o público: a trajetória dos *movimentos sociais*

Durante o regime militar, havia no Brasil uma fronteira nítida que distinguia os grupos sociais oficialmente legítimos daqueles a serem banidos da convivência pública. Cabia ao Estado legislar sobre essa distinção e à repressão oficial manter essa fronteira ativa, impedindo que a pluralidade da sociedade fosse representada politicamente. O bloqueio seletivo do acesso à legitimidade pública – legitimidade que garante o "direito a ter direitos"[25] – desenhava a face autoritária do sistema político. Por esse motivo, inclusive, foi só na decadência do regime militar que alguns dos segmentos sociais pouco representados puderam se articular, ainda que fossem muito distintos entre si, em torno da reivindicação comum de espaços de expressão política. Os principais atores populares dessa reivindicação foram chamados de "novos movimentos sociais".[26]

---

[25] A formulação original dessa expressão é de Arendt (2000a, p.330): "Só conseguimos perceber a existência de um direito a ter direitos (e isto significa viver em uma estrutura onde se é julgado pelas ações e opiniões) e de um direito de pertencer a algum tipo de comunidade organizada, quando surgiram milhões de pessoas que haviam perdido esses direitos e não podiam recuperá-los." A autora se referia aos *povos sem Estado* do entreguerras europeu, que perdiam a proteção mínima e fundamental que a cidadania nacional garantia. Sem esses direitos, como demonstra a autora, a própria noção de direitos humanos perdia qualquer validade. A reflexão sobre o *direito a ter direitos* para pensar as transformações da cidadania no Brasil já foi feita por Telles (1994), Dagnino (1994), entre outros.

[26] Paoli (1995) capta com muita sensibilidade esse sentido propriamente político da aparição dos movimentos sociais populares do período.

FRONTEIRAS DE TENSÃO   25

Caberia aos movimentos sociais o papel de instituir vetores de publici-zação dos interesses das populações que inchavam as periferias das cidades (atraídas no período, como se sabe, pela oferta de emprego industrial). Desde os anos 1970, os movimentos sociais foram considerados os atores por excelência da mediação dos interesses das periferias urbanas ao mundo público. O contexto de transição do regime viu nascer, das periferias de São Paulo, uma série de vozes marcadas por essa responsabilidade. Cabia a eles reivindicar publicamente os direitos dos *trabalhadores*.

É sabido que, em São Paulo, esses movimentos se nutriram da aparição conjunta, na cena pública, dos seguintes segmentos sociais: i) grupos pau-perizados das periferias urbanas, reivindicando melhorias sociais objetivas, organizados por vertentes da Igreja Católica inspiradas pela teologia da libertação e organizações de esquerda; ii) grupos de sindicalistas que reno-vavam o ideário socialista-operário do período, na esteira das mobilizações dos metalúrgicos do ABC (região de tradição metalúrgica, composta dos municípios de Santo André, São Bernardo do Campo e São Caetano); iii) setores jovens da classe média e das elites intelectuais que, nas universida-des, haviam conhecido o marxismo e os movimentos libertários do Norte.[27] Assim, no interior desse campo de movimentos, legitimado também por frações minoritárias das elites e da imprensa,[28] articulavam-se grupos tão díspares quanto favelados e feministas, operários, estudantes trotskistas e jovens negros, militantes da pastoral da juventude, além de homossexuais, ambientalistas e lideranças políticas recém-chegadas do exílio.

As disputas privadas entre esses setores eram conhecidas internamente, mas a aliança conjuntural entre eles, marcante na leitura pública, explicava--se em negativo: todos os grupos viviam a condição comum de baixíssima representatividade durante a ditadura e percebiam na ação conjunta uma possibilidade de expressar publicamente suas identidades e seus interesses. As falas desses atores, aproveitando-se dos vazios discursivos próprios das

---

[27] Para além da renovação das matrizes discursivas centrais para essas mobilizações (católica, sindical e marxista – ver o trabalho paradigmático de Sader, 1988), esses setores intelectuali-zados traziam a influência cultural das transformações americana e europeia, que se seguiram à aparição dos movimentos de direitos civis nos Estados Unidos e de maio de 1968 na França.

[28] Como a Ordem dos Advogados do Brasil (OAB), grandes jornais da imprensa escrita paulis-tana etc. A grande mobilização pelas Diretas Já!, por exemplo, já seria um marco dessa aliança, inteiramente conjuntural, criada pela existência, naquele momento, de um inimigo comum determinado.

26   GABRIEL DE SANTIS FELTRAN

transições de poder, permitiram mesmo que se conformasse no País uma espécie de "contraesfera pública"[29] que, paralela à transição institucional "lenta, segura e gradual" posta em marcha pelos militares, abriu espaços renovados de discussão pública sobre os parâmetros da construção democrática a seguir.

Essa esfera pública nascente ofereceu uma caixa de ressonância fundamental para os novos movimentos sociais, em particular os de caráter popular, que puderam então ser lidos como os "novos personagens" da cena política brasileira:[30] as periferias urbanas, nesse período. Puderam então ser *representadas* por todo um campo de atores, que embora nunca tenham sido hegemônicos, foram aceitos na cena pública como portadores de interesses legítimos. Ora, se esses movimentos interferiam, efetivamente, na discussão pública, estando fora das mediações institucionais constituídas; constatou-se, ainda, o alargamento da política para além dos marcos institucionais,[31] e a elaboração em curso de uma "nova noção de cidadania" concebida como uma estratégia de democratização conjunta do Estado e das relações sociais (Dagnino, 1994).

As periferias trabalhadoras apareciam como novos sujeitos legítimos do espaço público, o que forçava uma revisão nos termos de nomeação dos setores populares, historicamente marcados pela noção de *classes perigosas* e pela, assim chamada, *teoria da marginalidade*. Foi essa leitura eminentemente *política* dos movimentos populares do período que elevou as periferias urbanas, nas análises acadêmicas e nas disputas de poder efetivas, a um

---

[29] Evidentemente, empresto aqui a expressão de Habermas (1990), que, de algum modo, já antecipa a crítica que Fraser (1995) elaboraria a sua noção de espaço público dos anos 1960. Na Literatura brasileira, Costa (1997) já usou a noção habermasiana de *contraesfera pública* ou *esfera pública alternativa* para pensar a transição de regime.

[30] Utilizando-me da expressão que dá título ao trabalho de Sader (1988). Para excelentes revisões e classificações da imensa bibliografia sobre os movimentos sociais de até meados dos anos 1990, segundo diferentes perspectivas analíticas, ver Baierle (1992), Doimo (1995) e Paoli (1995).

[31] Diversos trabalhos de referência para a literatura do período caminham claramente nessa direção. Para citar alguns, Sader (1988, p.312) cita a *ampliação* da política a partir da criação de "uma nova concepção da política, constituída a partir das questões da vida cotidiana e da direta intervenção dos interessados"; Evers (1984, p.12-13) comenta que "os esforços das ditaduras militares para suprimir a participação política [...] tiveram o efeito exatamente oposto de politizar as primeiras manifestações sociais por moradia, consumo, cultura popular e religião"; Santos (1994, p.225) argumenta que "a novidade dos novos movimentos sociais não reside na recusa da política mas, pelo contrário, no alargamento da política para além do marco liberal da dicotomia entre Estado e Sociedade Civil".

estatuto central para a construção democrática. Militantes e boa parte dos analistas empenhados no aprofundamento democrático concordaram que esses atores expressavam publicamente os interesses dos setores populares, até então alijados da política pela tradição autoritária brasileira.[32] Daí viria seu impacto democratizante. Ao reivindicarem bens sociais publicamente, sendo representantes naturais das periferias trabalhadoras, os movimentos populares forjariam não apenas ações específicas de superação de suas carências imediatas, mas uma ruptura com o autoritarismo político. Era preciso reconhecer direitos: e os direitos renovados que eles pautavam seriam ancorados tanto nas leis quanto na construção de uma *cultura* mais democrática.[33]

Nesse contexto, estudar as periferias urbanas era também estudar a cena política brasileira. Não se podia ignorar o papel dos movimentos sociais que tinham nelas seus celeiros. Antropólogos, sociólogos e cientistas políticos se interessaram por esses territórios da cidade, e as análises mesmo de suas dimensões mais cotidianas incluíram, inevitavelmente, um olhar sobre a política. Instituía-se, então, tanto na disputa política quanto na análise, um nexo normativo bastante forte entre as noções de democracia e de justiça social, com foco privilegiado nas periferias urbanas, que permaneceu durante as décadas seguintes como um pressuposto, quase naturalizado, de grande parte das análises sobre a democratização brasileira. A construção da democracia, centro de elaboração do projeto político em pauta nas esquerdas do País, deveria levar à inclusão social dessas periferias, rumo à igualdade.

Entretanto, o caminho de mais de duas décadas percorrido desde a aparição dessa *contraesfera pública*, também chamada esfera pública *alternativa*, retirou, paulatinamente, as periferias urbanas do centro do debate público. A primeira migração temática foi do estudo das periferias trabalhadoras para o dos movimentos sociais. Se os movimentos sociais, que as representariam,

---

[32] Vale dizer que a literatura sobre os movimentos sociais nunca foi consensual, inclusive nesse aspecto. As revisões citadas demonstram claramente essa característica.

[33] Telles (1994, p.91-92) explicita a ruptura em jogo naquele contexto: "Não se trata aqui, é preciso esclarecer, de negar a importância da ordem legal e da armadura institucional garantidora da cidadania e da democracia. A questão é outra. O que se propõe é pensar a questão dos direitos em outro registro. Pois, pelo ângulo da dinâmica societária, os direitos dizem respeito, antes de mais nada, ao modo como as relações sociais se estruturam. [...] Seria possível dizer que, na medida em que são reconhecidos, os direitos estabelecem uma forma de sociabilidade regida pelo reconhecimento do outro como sujeito de interesses válidos, valores pertinentes e demandas legítimas."

28   GABRIEL DE SANTIS FELTRAN

já faziam sua inserção institucional apostando na ação conjunta entre sociedade civil e Estado, era preciso também investigar esses ambientes. Nos anos 1990, grande parte da literatura da Ciência Política e da Sociologia se deslocou dos movimentos para o conjunto de parcerias, conselhos e relações entre sociedade civil e governos, que instituíam mecanismos de participação social nas políticas públicas.[34] É exemplar dessa passagem a enorme produção de pesquisas sobre os orçamentos participativos e os Conselhos Gestores, simultânea ao sumiço do tema *movimentos sociais* da pauta acadêmica. (Ottman, 1995)

Nas relações entre sociedade e Estado, foram ao menos três os deslocamentos estruturais, ocorridos nos anos 1990, que limitaram a presença e a centralidade dos movimentos sociais (em especial os urbanos) como atores de representação, ainda que informal, dos interesses das periferias urbanas na cena pública: i) com a ampliação dos convênios com governos para o atendimento direto, em contexto de reforma do Estado,[35] a sociedade civil movimentista se tornou progressivamente menos reivindicativa e mais profissionalizada e viu chegar cada vez mais perto o marco discursivo do *terceiro setor* empresarial; ii) os partidos políticos de esquerda, mediadores por excelência entre movimentos sociais e Estado, com a consolidação do sistema político e de sua posição, passaram basicamente a mediar o fluxo contrário, tomando as associações de base (que se mantiveram sob influência) como braços subalternos de sua organização; iii) os governos instituídos por essa *contraesfera pública*, atores centrais no campo político e já submetidos à reforma estatal, passaram a impor às organizações de base sua lógica de gerir a questão social, que é radicalmente distinta da lógica movimentista de tipo reivindicativo.[36]

Em meados dos anos 1990, a tecnificação e a profissionalização das organizações sociais e populares já era uma tendência da estrutura associativa da sociedade civil brasileira. Nessa passagem, a *contraesfera pública* movimentista dos anos 1970 e 1980 também se inseriu institucionalmente, e seus atores passaram a fazer parte do jogo político instituído. Todo o campo dos

---

[34] Ver especialmente Dagnino (2002), Dagnino; Olvera; Panfichi (2006), Carvalho (1997), Paoli; Telles (2000), Oliveira; Paoli (2000); Avritzer; Navarro (2003) ou Ribeiro; Grazia (2003).

[35] Para um debate sobre a Reforma do Estado brasileiro, ver Paes de Paula (2005b), bem como a réplica de Bresser Pereira (2005) e a tréplica da autora (Paes de Paula, 2005c).

[36] Esses três deslocamentos são discutidos, em detalhe, a partir da reflexão e das trajetórias de militantes políticos que atuaram desde a década de 1970 até hoje, em Feltran (2006).

movimentos populares de São Paulo fez um esforço enorme de reestruturação, interna e externamente, para atuar com os governos, alinhado aos marcos político-partidários e às necessidades da gestão de políticas públicas, que já havia chegado até eles.[37] Os movimentos sociais surgidos nos anos 1980, que contavam com a presença mais pública a depender da existência de lideranças de base mais aguerridas, sentiram na pele as contradições inerentes a esses deslocamentos. Como atores políticos instituídos, os critérios de relevância no campo eram outros. No plano da institucionalidade não era a combatividade, mas a capacidade de administrar e se articular politicamente o que importava. Além disso, esses atores encontravam ambientes públicos cada vez mais estáveis para atuar: o campo político-institucional se consolidava, os marcos legais acompanhavam suas reivindicações (a Constituição Federal, o Estatuto da Criança e do Adolescente – ECA, a Lei Orgânica da Assistência Social, a Lei de Diretrizes e Bases da Educação, o Estatuto da Cidade etc.), e os canais de relação com o Estado eram mais numerosos e mais bem instituídos (os Conselhos de Direitos, os Fóruns de Políticas Públicas, os Conselhos Gestores, os orçamentos participativos, as políticas de convênio e ação conjunta entre Estado e sociedade etc.). Apareciam, com isso, possibilidades reais de participação efetiva na formulação de políticas públicas setoriais. O sistema político, contando com os movimentos sociais inseridos nele, tornou-se também mais capilar.

Paradoxalmente, a capilaridade era simultânea à percepção, por parte desses movimentos, de que sua capacidade de interferir nas *pautas* da discussão pública diminuíam significativamente. Contradição: inseridos institucionalmente, os atores populares ocupavam posição muito menos central, no debate público, do que quando agiam por fora dos mecanismos institucionais. A entrada dos anos 2000 já é marcada, inclusive na literatura, pelo questionamento acerca da possibilidade de tais atores serem figurados como sujeitos sociais representativos dos interesses dos setores populares.[38] A própria categorização das associações de periferia como

---

[37] Chegado rapidamente, inclusive, porque, em 1988, havia sido eleita a prefeita Luiza Erundina, pelo PT, graças as suas bases nos movimentos sociais das periferias, e em uma conjuntura eleitoral muito específica. Estudei com mais detalhe esse cenário em Feltran (2005, 2006).

[38] Uma discussão sobre a representatividade recente dos movimentos sociais é feita em Feltran (2007), e uma compilação de textos sobre as múltiplas equações entre representatividade e legitimidade no sistema político aparecem em Gurza Lavalle; Houtzager; Castello (2006).

movimentos sociais passa a ser questionada: essas associações e entidades de bairro, centradas no atendimento direto à população, passariam a ser, sobretudo, sujeitos sociais consolidados em temas e debates setoriais, dependentes para sua manutenção da relação com os governos, partidos e órgãos de financiamento de políticas sociais. A grande maioria das entidades de periferia, cujo histórico remete ao campo movimentista, hoje poderiam ser lidas como sujeitos consolidados da interface entre sociedade e Estado. Mais que isso, como sujeitos *subalternos* aos atores centrais do campo político instituído.[39]

O vetor da atuação política das organizações locais nas periferias de São Paulo, na interface entre sociedade e Estado, majoritariamente se inverte nas últimas décadas: as ações coletivas diminuíram seu papel de mediar o acesso *ascendente* das demandas sociais populares ao mundo público, como fizeram os movimentos sociais, e passaram majoritariamente a intermediar o contrário, o acesso *descendente* dos atores relevantes na esfera política aos setores populares (então vistos como público-alvo).[40]. Em um sistema político que se consolida, como o brasileiro, há aí duas novidades comparativas, notadamente no cenário latino-americano pós-autoritário. Em primeiro lugar, a presença de organizações das periferias urbanas inseridas institucionalmente, ainda que de modo subalterno, sinaliza para a consolidação de um sistema de participação social no Estado que conta com a presença de um conjunto extenso de organizações sociais.[41] Em segundo lugar, esse sistema de participação das organizações das periferias no mundo político sinaliza uma maior capilaridade social das políticas públicas, o que é comprovado

---

[39] Evidentemente, no plano das estratégias políticas que visam à construção democrática, é possível a partir daqui lançar a discussão sobre as positividades e negatividades das diversas posições ocupadas pelos movimentos sociais ao longo dos anos. Essa é uma discussão que considero central para o debate, e sobre a qual trato em Feltran (2005, 2006). Aqui, a intenção é apenas marcar essa passagem para chegar, no plano analítico, aos contextos atuais de relação entre periferias urbanas e mundo público.

[40] O uso das expressões *ascendente* e *descendente,* aqui e ao longo do livro, é meramente ilustrativo. Essa visão esquemática é utilizada apenas para facilitar a comunicação da ideia de inversão de fluxos, em questão no argumento.

[41] A comparação entre as transições democráticas na América Latina invariavelmente destaca a positividade do caso brasileiro, que efetivamente construiu inúmeros mecanismos formais e informais, ainda em desenvolvimento, de relações entre os setores sociais organizados e o Estado.

na ampliação do acesso aos serviços públicos nas periferias de São Paulo.[42] Escolas, creches, postos de saúde, centros de lazer, telefones públicos etc. são hoje muito mais presentes nos arredores das favelas atendidas por essas organizações do que quando os movimentos nasceram, o que representa também um incremento substancial no potencial de acesso a direitos sociais.

Entretanto, nessa passagem há um deslocamento substantivo importante: o vetor ascendente de circulação de demandas, que sairia das periferias e caminharia ao mundo público, torna-se menos operante. Assim, cai a capacidade de os moradores das periferias utilizarem essas associações como canais de expressão política. Em um mundo social que se transformou com a radicalidade do que ocorreu nas periferias paulistanas nas últimas décadas, a demanda por novas formas de representação e expressão de identidades e interesses permanece significativa.[43] Essa demanda efetivamente reprimida passa a tensionar o conjunto dos canais de relação entre esses setores sociais e o Estado, e parece também estar envolvida na necessidade de elaboração de outras formas de sociabilidade, menos públicas ou políticas, para dar conta de sua resolução. Se a *viração* e as estratégias de sobrevivência baseadas na informalidade é característica há muito marcante dos setores populares, ela ganha novos contornos na metrópole paulistana nas últimas décadas.

Na quebra da geração: emergência normativa do *mundo do crime*

Entre 1998 e 2004, meu trabalho de pesquisa esteve centrado na escuta de uma geração de militantes que tentava representar, politicamente, a população migrante que ocupou as periferias de São Paulo para trabalhar na indústria, especialmente a partir dos anos 1960, forçando sua urbanização (por expansão dessas periferias). Eu tratava com ativistas de movimentos populares urbanos, que em contexto específico, articulados a um campo discursivo heterogêneo, obtiveram um estatuto de locução pública relevante (Feltran, 2005). Na época, me acostumei a entrevistar e conviver com

---

[42] Como demonstra a produção criteriosa do CEM, sediado no Centro Brasileiro de Análise e Planejamento (CEM-Cebrap), compilada, por exemplo, em Marques; Torres (2005).

[43] Silva (2003) já trabalhava essas questões a partir da experiência de Porto Alegre.

moradores de bairros distantes do centro, sempre com idade entre 45 e 65 anos, que invariavelmente narravam uma vida de luta. A chegada a São Paulo, as carências materiais, o trabalho, a organização da população para reivindicar melhorias, os sindicatos, os padres, os partidos, a comunidade, as conquistas coletivas de bens e direitos sociais.

Em seguida, também era muito comum que me narrassem suas frustrações recentes, as disputas internas ao bairro, ao movimento, ao partido, o cansaço, os problemas com os filhos, as mudanças recentes na vida, as dificuldades para arrumar trabalho e, quase sempre, a emergência da violência e do tráfico organizado de drogas. Eu – e a maioria da literatura paulista – atentava mais para a primeira parte das narrativas. Em meu caso, havia ainda o interesse em recompor as trajetórias de militância, pensar como elas impactaram a cena política mais ampla.

Periferias eram então, para mim, territórios onde viviam lideranças comunitárias, dos movimentos sociais e das associações de bairro, que organizavam donas de casa, operários e trabalhadores (autônomos, aposentados, desempregados) para reivindicações de melhorias sociais. *Periferias* eram ainda, nessa figuração, espaços de relações sociais estruturadas pelo valor e pela categoria do trabalho, apesar do desemprego crescente;[44] pela presença de ações coletivas populares, embora sua representatividade fosse mais e mais decadente (Feltran, 2007); pela dominância da moral popular católica, apesar do crescimento dos evangélicos neopentecostais; pela centralidade da família e pela manutenção da perspectiva de ascensão social da família, apesar da desigualdade e da recomposição familiar depois da migração à cidade. Todas essas esferas da vida social (o trabalho, a família, a religião, a perspectiva de ascensão) mantinham sua coesão interna e eram portas de legitimação da ação política popular, até por confrontarem-se nitidamente com os processos sociais marcados pela presença da violência e do crime.

Em suma, até esse período, eu li as dinâmicas sociais das periferias a partir de arranjos diferenciados entre essas categorias e, sobretudo, a partir

---

[44] Dados da Pesquisa Emprego e Desemprego (PED) – Convênio Seade-Dieese na Região Metropolitana de São Paulo indicavam Taxa de Desemprego Total de 9,6% em 1986, com pico de mais de 20% em vários meses entre 2002 e 2005 e declínio a partir de 2006, chegando a cerca de 11% em 2010. A pesquisa indica ainda uma diminuição significativa nos rendimentos reais dos trabalhadores empregados, no período democrático, apesar da significativa recuperação visualizada nos últimos anos.

de sua *crise*: a crise do emprego formal, do trabalho, do projeto de ascensão social, dos movimentos sociais, da família, todas vinculadas, em negativo, ao crescimento da criminalidade violenta. Conforme os anos passavam, mais as crises se acirravam, e mais o mundo social parecia se desviar dos interesses dessa geração militante e do projeto normativo-analítico que as interpretava. Conforme os relatos avançavam para a década de 1990, e mais claramente nos anos 2000, aumentava a necessidade de confrontar esse marco discursivo com outro conjunto de discursos em expansão no plano da sociabilidade, que se propagava nas periferias urbanas a partir do *mundo do crime* local (definido anteriormente como uma representação).[45] Conforme as narrativas de vida avançavam, notava-se que também nas relações cotidianas dessas periferias a disputa pela legitimidade entre esses marcos discursivos se fazia notar.

Foi então que a geração dos filhos dos militantes começou a participar mais ativamente de minhas investigações e isso alterou significativamente minha forma de compreender as periferias de São Paulo. Para quem nasceu e cresceu ali nos anos 1990, todas essas crises já são elementos constitutivos do estar no mundo.[46] Os modos de vida da nova geração já são, majoritariamente, conformados pela permanência dessas crises e de sua inescapabilidade. Para eles, portanto, esses processos deixam de ser vividos como crises, e novos diagramas se compõem. Fui me dando conta de que uma nova camada de tecido social se assentava sobre os processos fundadores do universo social mais tradicional das periferias da cidade. Para os mais jovens, o projeto de ascensão do grupo familiar, especialmente centrada no modelo operário do trabalho estável, não é sequer pensável. O projeto de ascensão torna-se menos realizável e, sobretudo, se individualiza. Essa geração não é mais, tampouco, migrante ou católica como a anterior. Os mais jovens já nasceram e cresceram na periferia e ali as regras são bem menos estáveis do que entre os operários. Há que misturar empreendedorismo e competição para conseguir um trabalho, que permanece como um valor central. Mas seus significados já não são os mesmos, e na percepção adolescente há outras alternativas individuais; se não há trabalho para todos, é possível parcelar a compra dos objetos de

---

[45] Até aqui, o argumento conflui para as pistas interpretativas centrais de Machado da Silva (2004).

[46] "Aquilo que são 'questões' para nós está 'embutido na carne e no sangue dos jovens'." ((Spender, 1969, p.179 apud Arendt, 2001a, p.22).

consumo, e é possível arriscar ainda um lance de sorte: ser modelo ou músico, jogador de futebol ou artista de televisão.[47] O novo projeto se casa com a teologia neopentecostal, bastante conectada às transformações recentes, que também se expande marcadamente nas últimas décadas.[48] Dinamismo e inflexão radical na biografia a partir de uma conversão, em um só golpe.

Sobretudo para aqueles com possibilidades de trabalhar mais distantes, e que a sorte não têm ajudado, figura a alternativa de obter renda com atividades criminais, entre as quais, em Sapopemba, destacam-se o narcotráfico, o roubo de carros e os assaltos. O ingresso no universo ilícito do tráfico de drogas ou das subcontratações para assaltos propicia, de imediato aos adolescentes, o que o trabalho traria: renda, possibilidade de consumo e ampliação do *status* individual no grupo. Para o analista das periferias, migra-se de um ambiente em que se encontrava um padrão estável de organização (familiar, social e político, centrado no projeto operário e em seus desdobramentos diretos) para uma experiência social em que esse padrão, em crise, cede espaço e coexiste, às vezes na mesma casa, com alternativas de vida muito mais individualizadas e heterogêneas.

Os parâmetros da análise também são forçados a se deslocar, dadas as transformações. Não é à toa que, no período recente, há tantas tentativas renovadas de interpretação das periferias urbanas. Da releitura da Escola de Chicago à Antropologia Simétrica de Bruno Latour, da Psicologia Social à Filosofia Política, passando pela Ciência Política das pesquisas de opinião e pela sociologia das redes sociais, além de análises georreferenciadas. Há, portanto, toda uma gama de referências novas mobilizadas na interpretação desses espaços. O modo de proceder aqui, constatadas essas transformações, foi radicalizar o interesse acerca do que diziam os *adolescentes* e *jovens* dessas periferias, muitas vezes tendo como intermediários seus pais, educadores e amigos.[49] Tive de levar a sério o que eles diziam, pois de seus depoimentos é que emergiam, para mim de modo mais claro, as novidades e regularidades das dinâmicas sociais dos bairros estudados. Este livro está, portanto,

---

[47] Televisão, aliás, repleta de exemplos de ascensão meteórica individual de jovens moradores das periferias e favelas, especialmente nos domínios do esporte e da música popular.

[48] Para excelente caracterização da expansão das igrejas neopentecostais, em especial nas periferias de São Paulo, ver Almeida (2004).

[49] Notadamente jovens de algumas regiões específicas da Região Metropolitana de São Paulo, mas também de Belo Horizonte (Ver Cruz; Feltran; Silva, 2005a, 2005b).

atravessado pela história de ampliação do escopo e estatuto das investigações de campo, bem como pelos deslocamentos na análise sociológica que dela advém.

A pesquisa

Fomos com o carro da Ana Paula, tentando achar o caminho. Logo bem cedo saímos da Aclimação, zona Sul, e seguimos rumo Leste passando pelo centro antigo da cidade. Dali, atravessamos o Ipiranga e tomamos a Avenida do Estado, depois a Anhaia Melo até o final. Mais de um quilômetro cheio de revendas de carros usados: de importados de alto luxo a peruas Kombi dos anos 1970. Quando a Anhaia Melo deságua na Avenida Sapopemba, já estávamos lá. Foi fácil, chegamos quase uma hora antes do combinado. Para passar o tempo paramos numa padaria na esquina da Avenida Sapopemba. O balcão estava cheio, nos sentamos numa mesa. Coca--Cola. Um menino de uns 15 anos entrou, e nos pediu dinheiro. Ou que comprássemos um litro de leite para ele, ou um marmitex, ele insistia. A balconista já gritou alto: "você já sabe o que eu penso de você pedir aqui dentro ...". Era um "noia", ninguém respeita os "noias". Ele saiu. Mas o homem no balcão aproveitou a deixa. Que não sustentássemos a miséria dele etc. Viu que comentamos o que ele dizia, se animou e começou a falar mais alto. Que o Governo deveria taxar por filho. Que ele pagava o mesmo imposto de alguém que tinha muitos filhos, que enquanto quem não tivesse muitos não pagasse por filho – para parar de ter – não teria jeito. "Aí ninguém pode nem parar no farol sossegado". Dali o cara começou a falar na proliferação dos genes "deles", e não parava mais. Saímos. O menino nos aguardou lá fora, esperando pela promessa de algum real. Sobrou uma moeda de 25 centavos, eu dei pra ele, e seguimos para o Cedeca. [diário de campo]

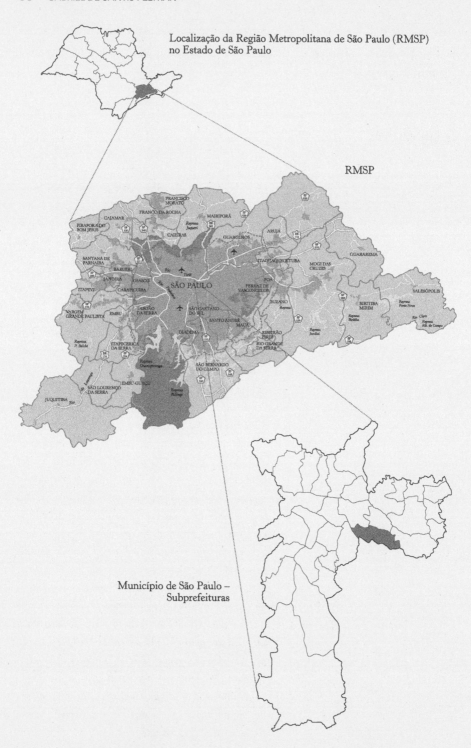

Localização da Região Metropolitana de São Paulo (RMSP) no Estado de São Paulo

RMSP

Município de São Paulo – Subprefeituras

FRONTEIRAS DE TENSÃO 37

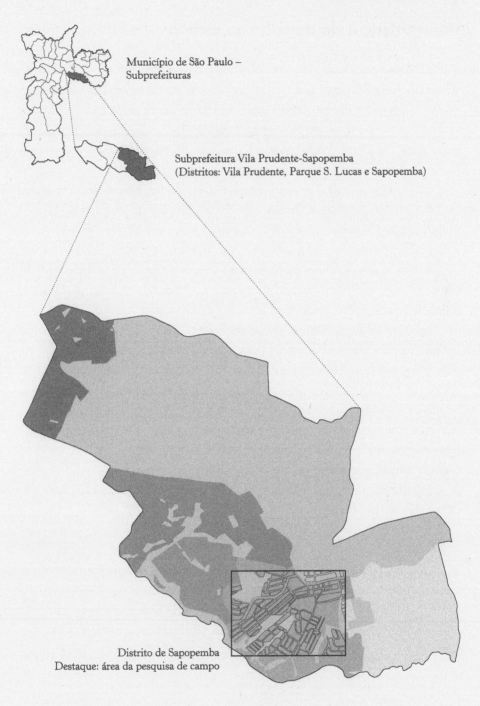

Características do trabalho de campo

Valdênia se emocionou ao pronunciar a palavra "solidão". A dedicação integral à militância pelos direitos humanos teve consequências graves em sua vida privada: ela sofria ameaças de morte havia anos, que já haviam forçado três exílios no exterior em plena virada de século; por medida de segurança, enquanto vivia em São Paulo não podia revelar seu endereço a ninguém, nem guardar fotos de seus familiares em casa.

Nos primeiros minutos de sua primeira entrevista, Maria também levou as mãos à cabeça e chorou; relatava as circunstâncias em que seu filho mais velho fora assassinado, havia cinco anos. O mais novo também foi morto, o do meio estava preso. Marcela não chorou, olhou em meus olhos o tempo todo e contou seu percurso em tom firme: *crack*, prisão, favela, internações, prostituição; eu a escutei muito atentamente, fiz perguntas, fui para casa e, ouvindo seu depoimento no gravador, foi minha vez de chorar.

Alguns anos depois de ter me deparado com essas histórias, tendo encontrando várias outras vezes essas personagens, a intensidade emocional de nossas conversas arrefeceu, e cedeu lugar às inquietações mais propriamente analíticas. Cinco anos depois, lendo meus primeiros diários de campo acerca desses primeiros encontros, sinto algo estranho, algo próximo de um constrangimento, quase vergonha. É como se eu não fosse mais o mesmo que escreveu aquilo, pensam-se coisas diferentes a depender da situação. Esse percurso, do impacto pessoal e político – fortíssimo – à assunção de um olhar preocupado em compreender tem sido recorrente nas etnografias que fiz, desde o final dos anos 1990.

Minha pesquisa em Sapopemba começou com um telefonema para Valdênia, no começo de 2005. Eu a havia conhecido seis anos antes,[50] lembrava-me muito de suas palavras combativas, e nos anos seguintes havia lido algumas coisas sobre sua trajetória no jornal das manhãs. Apresentei-me ao telefone de um jeito formal (ela não se lembraria de mim) e as solicitações de praxe foram bem acolhidas: Valdênia se dispôs a ajudar minha pesquisa de campo e isso era, sem dúvida, um passo decisivo para viabilizá-la.

---

[50] Quando, recém-formado, fui funcionário de uma organização do terceiro setor paulista, justamente em um projeto que financiava o atendimento de medidas socioeducativas em meio aberto, tocado já naquela época pelo Cedeca Sapopemba.

Mesmo tendo nascido e vivido a maior parte de minha vida em São Paulo, eu praticamente não conhecia Sapopemba. Ter bons intermediários locais era, então, imprescindível para a investigação. Quinze dias depois, fizemos uma primeira reunião na sede do Cedeca. Fui com minha colega Ana Paula Galdeano, com quem compartilhei toda a primeira fase da investigação de campo.[51] Nessa reunião expusemos com mais detalhe nossos projetos de pesquisa e conseguimos as primeiras sugestões dos caminhos a seguir para iniciar o trabalho. A ideia geral, naquele momento, era conhecer alguns casos de adolescentes e jovens da região, de diferentes perfis, para, em seguida, chegarmos a suas famílias, outras instituições do bairro etc. Tentaríamos, assim, reconstituir seus principais circuitos, interesses e suas histórias.

Os educadores se estimularam com a possibilidade de nos apresentar alguns casos, também para eles instigantes. Selecionaram em cinco minutos sete histórias de adolescentes e jovens, seis meninos e uma menina, segundo o critério, já em si interessante, de suas diferentes vinculações com o *mundo do crime*. Esse critério seria um bom demonstrativo da heterogeneidade do perfil dos adolescentes e jovens do bairro e, ao mesmo tempo, nos mostraria a realidade que vivem esses meninos. Os casos, telegraficamente, eram os seguintes: Neto, 21 anos, um jovem *protagonista* (um dos termos preferidos da chamada *área da infância*), então professor de capoeira no Cedeca, sem nenhum envolvimento com a criminalidade. Douglas, 17 anos, vulnerável à entrada no crime por sua condição familiar, mas ainda não envolvido. Aline, uma menina de 13 anos que começava a usar drogas pelas favelas e era explorada sexualmente pelos traficantes. Pedro, 22, um jovem que havia passado por internações na Fundação Estadual para o Bem-Estar do Menor (Febem),[52] mas tinha se recuperado e assumido um posto de trabalho em uma entidade social vizinha. Allan, 18 anos, um rapaz que trabalharia como *boy* do tráfico, depois de nada menos que 12 internações na Febem. Por fim, na conversa, foram selecionadas também histórias

---

[51] De maio a dezembro de 2005. Nesse momento, atuávamos também juntos em um projeto de pesquisa do Cebrap, coordenado por Omar Ribeiro Thomaz.

[52] A Febem mudou de nome em dezembro de 2006 e passou a se chamar Fundação Casa (Centro de Atendimento Socioeducativo ao Adolescente), embora se mantivesse como um organismo ligado ao Governo Estadual, e responsável pelo atendimento de medidas socioeducativas. Durante todo o texto, mantenho o termo Febem quando trato de situações de pesquisa anteriores à sua extinção.

de dois adolescentes, irmãos, que *trabalhavam no crime* e foram assassinados aos 17 anos de idade, em 2001 e 2003. Eu conheceria sua família e os educadores que os acompanharam, para reconstruir suas trajetórias.[53]

Valdênia auxiliou a seleção dos casos com intimidade, conhecia bem cada um deles; pediu-nos um contrato por escrito que garantisse a confidencialidade dos dados de pesquisa e a devolução de seus resultados após a análise. Por isso, todos os nomes próprios citados, exceto o de ocupantes de cargos públicos e o dela própria (cuja trajetória tem grau de publicidade elevado, e que me autorizou a fazê-lo), são fictícios. Saímos dessa primeira conversa estimulados pela acolhida e pelo que tínhamos ouvido das histórias, que realmente pareciam abrir a investigação para muitas questões. No dia seguinte, acordei ainda de madrugada, ansioso pelas visitas, e às 8h da manhã já estava acompanhado de uma educadora, que me levou para conhecer a primeira história. Dali para frente, já se vão quase cinco anos de contato próximo com o Cedeca, com essas e muitas outras histórias dos bairros onde ele atua, em especial o Parque Santa Madalena, o Jardim Elba e o Jardim Planalto.

Entre maio de 2005 e setembro de 2006, procurei permanecer em campo ao menos uma semana por mês. As visitas aos bairros separadas por semanas eram, então, sempre momentos de revisitar histórias, pessoas e famílias estudadas, saber das novidades. Sempre muita coisa havia acontecido de uma visita para outra – conhecidos tinham arrumado outro trabalho, sido presos ou saído da cadeia; militantes acabavam de chegar de uma rebelião na Febem; dirigentes me informavam que o convênio com a prefeitura havia sido rompido, a coordenadora já não era mais a coordenadora, o missionário enviado da Itália já havia ido embora etc. Quando estive no campo, basicamente centrei minhas observações nas caminhadas pelo bairro e visitas domiciliares. Fiz entrevistas com pessoas e famílias em busca de suas trajetórias pessoais, familiares, profissionais e militantes.[54] Participei

---

[53] Em suma, portanto, dos sete casos escolhidos havia três de envolvimento com o crime, um de exploração sexual por aproximação dos circuitos do crime e três atualmente não *envolvidos*. Depois dos casos conhecidos, deparamo-nos com sete histórias de relação *direta* com o *mundo do crime*. Essa constatação foi parâmetro relevante para que esse *mundo, o do crime*, começasse a ser pensado por mim como ambiente de sociabilidade. Resultados preliminares dessas tentativas estão em Silva; Feltran; Cruz (2006).

[54] Os termos "trajetórias" e "histórias de vida" praticamente aparecem aqui como sinônimos, pois, apesar das distinções relevantes existentes na extensa bibliografia sobre o "método biográfico" (especificamente, tende-se a considerar que as "histórias de vida" pressupõem a

FRONTEIRAS DE TENSÃO **41**

também de reuniões e eventos do bairro, acompanhei as rotinas de famílias e funcionários do Cedeca, além de atos, audiências e manifestações públicas da entidade. Esses procedimentos foram complementados por coleta de documentos de interesse nas famílias, no Cedeca e via internet e jornais.

Quase sempre me locomovi a pé pelos bairros, contíguos, mas, às vezes, de carona com algum funcionário, ou de ônibus. Estive várias vezes nas favelas do Madalena e do Jardim Elba, subi e desci os escadões e vielas, circulei pelas avenidas centrais em dias de semana e finais de semana, durante o dia e à noite. No início, quase sempre que descia às favelas solicitava que algum morador me acompanhasse; tanto para ter mais segurança quanto para que não errasse os caminhos, minha orientação espacial é terrível. Por vezes isso não foi possível, e a depender do horário ou da necessidade da visita, decidia entre adentrar as favelas sozinho ou suspender a empreitada. Com o tempo, passei a andar mais sozinho; sobretudo no Madalena há alguns anos locomovo-me entre as casas e a favela com desenvoltura que nunca imaginei alcançar há alguns anos.

Entre 2005 e 2006, em duas incursões ao campo, dormi algumas noites em uma casa de acolhida de propriedade do Cedeca, mobiliada para receber visitantes estrangeiros. A partir do final de 2007, até 2009, hospedei-me algumas vezes, algumas semanas em um seminário católico, dos Combonianos. A imersão oferece, sem dúvida, olhares muito diferentes daqueles obtidos por visitas e, sobretudo, cria outros laços de pesquisa. Os dias inteiros no bairro, estando com pessoas e famílias de moradores também à noite, mostraram-me algumas nuances dos modos de vida que não se percebe durante o dia. A aura da violência e o medo de circular pelo bairro, sobretudo, é um fenômeno prioritariamente noturno, cresce muito depois que o sol se põe. As ruas ficam quase desertas durante a noite, e só se vê nelas o trânsito de estudantes e trabalhadores, com signos bem marcados, em horários específicos e conhecidos. Fora desses horários, adolescentes e jovens homens são os únicos que circulam com mais desenvoltura, ainda assim poucos deles sozinhos. Nas primeiras vezes em que dormi em Sapopemba, fui convidado a jantar com conhecidos e, além do prazer da companhia, a

---

narração em encontro etnográfico, ao contrário das "trajetórias"), os dois termos me parecem satisfazer as pretensões da pesquisa. Para uma discussão sobre o método biográfico, ver Kofes (2004).

convivência mais calma com os militantes e profissionais do Cedeca permitiu conhecer algumas das fofocas, clivagens nas concepções de mundo e olhares externos sobre a ação coletiva que eu começava a estudar.[55]

Entre outubro de 2006 e agosto de 2007, a pesquisa de campo foi interrompida para uma temporada acadêmica em Paris, com uma bolsa de pesquisa. Durante esse período, tive raros contatos virtuais com alguns interlocutores da pesquisa. A partir de setembro de 2007, retomei os contatos com o bairro e, entre julho de 2008 e agosto de 2009, realizei um pós-doutorado no Centro de Estudos da Metrópole (CEM) que me propiciou a continuidade do trabalho de campo, em diversas imersões aprofundadas nos bairros, em períodos intervalados às vezes por mais de um mês. Esse período me rendeu diversas novas reflexões, muitas delas ainda não presentes neste texto, que mantém a forma original da tese, apenas atualizada com uma ou outra informação. No entanto, as imersões do pós-doutorado foram fundamentais para oferecer mais segurança e consistência aos argumentos aqui defendidos. Escrever a tese foi um período, evidentemente, de muito aprendizado, com algumas tentativas de síntese demasiadamente experimentais. Permanecer no campo por períodos longos, nos dois anos seguintes à tese, permitiu-me assentar as análises originais em patamares mais sólidos.

A partir do segundo semestre de 2009, assumi meu posto de professor do Departamento de Sociologia da UFSCar, em São Carlos, e estive menos vezes em campo. Ainda assim, em 2010 e início de 2011 realizei algumas visitas e caminhadas por lá. Na mais significativa delas, discuti os argumentos centrais deste texto com quase quarenta funcionários do Cedeca, boa parte deles interlocutores privilegiados desse trabalho. Essa discussão de uma tarde, em que os argumentos deste livro foram submetidos ao crivo de meus pares, foi, para mim, talvez a mais memorável de minha trajetória acadêmica.

No balanço final das atividades desses anos, acumulei sete cadernos com notas de campo e reflexões de pesquisa, centenas de páginas de diários de campo digitadas, muitos arquivos de áudio e fotografias, diversas pastas com documentos coletados no campo e recortes de jornal de interesse, além de mais de 1500 páginas de transcrições, das trinta e duas entrevistas gravadas

---

[55] A reflexão de Fonseca (2000) situa a fofoca como uma das categorias centrais da organização social popular, a partir de etnografia rigorosa entre famílias de bairros de periferia.

em áudio (de um total de mais de 70 entrevistas realizadas, a grande maioria delas entre 2005 e 2006, fase inicial da pesquisa). A primeira parte do material foi transcrita por mim e por Ana Paula. Em um segundo momento, contei com outras duas colegas para auxiliar a transcrição. A compilação de todo o material transcrito foi processada inicialmente no Brasil, mas especialmente durante a temporada em Paris. No Café Chérie, em Belleville, li tantas vezes as entrevistas e notas de campo que decorei diversos de seus trechos. Dali, separei temas e categorias analíticas centrais, que foram desenvolvidas no restante da pesquisa, sobretudo na redação das provas e versões preliminares dos capítulos. Nos trechos citados a partir de transcrições, foram mantidas todas as expressões, gírias e frases originais, exceto as muito típicas da linguagem oral, como "eh", "né", "aí", "tá" etc., quando elas não interferiam no sentido enunciado. Além disso, nos trechos citados foram corrigidos os "erros" também típicos da linguagem oral, como ausências de plural, em alguns casos de concordância verbal etc. Longas pausas ou gestos realizados durante as entrevistas, que interferiam na compreensão do que se enunciava, foram mantidos entre colchetes. A opção por essas medidas se justifica por duas razões: a primeira é a intenção de privilegiar os conteúdos enunciados, já que não está em questão, neste momento, uma reflexão criteriosa sobre os modos de enunciação ou a forma na qual a linguagem das periferias se apresenta; a segunda é a necessidade de adequar minimamente a narrativa oral coletada à forma escrita, evitando que, citado exatamente como foi dito, o trecho terminasse por figurar uma caricatura de seu locutor.

A realização de entrevistas – que, nesta pesquisa, foram sempre etnográficas[56] – foi usada tanto como técnica exploratória, nos primeiros meses dos trabalhos, quanto como uma forma de checar informações ou aprofundar temas específicos de interesse.[57] A depender da viabilidade e da relevância inicial de cada conversa, foram realizadas entrevistas sequenciais com a

---

[56] Escrevi o Capítulo "As fronteiras do *mundo do crime*" com a intenção de, para além de seus conteúdos, refletir sobre as potencialidades da associação de entrevistas etnográficas e observação.

[57] Nesses casos, além dos moradores do distrito e dos técnicos do Cedeca, entrevistei também pessoas que não eram especificamente vinculados a Sapopemba, como um colega de doutorado que trabalhou como agente penitenciário durante mais de dois anos; um amigo que, em sua adolescência nos anos 1980, foi militante do PT no núcleo do Jardim Elba além de uma defensora pública. Essas narrativas contribuíram para a contextualização de circuitos específicos pelos quais minha pesquisa passou.

mesma pessoa[58]. Antes de iniciar a pesquisa, elaborei um roteiro prévio de caminhos a seguir, que decorei rapidamente e esqueci mais rápido ainda. No início, conforme a conversa caminhava, buscava pontuar questões de interesse, quase sempre com base nesse roteiro. Mas, na maioria das vezes e com o passar do tempo, as entrevistas foram centradas na busca da trajetória pessoal, familiar e, quando fosse o caso, profissional e militante dos indivíduos. Sempre abria a conversa me apresentando e contando telegraficamente o que eu fazia ali, partindo a seguir para uma conversa, mais livre e informal quanto fosse possível, que no entanto, em algum momento, passasse pelos inúmeros temas de interesse do trabalho. Tive ainda a oportunidade de devolver boa parte das transcrições de pesquisa a seus autores, e esse foi outro momento muito importante da elaboração das questões. Alguns artigos preliminares e, depois, a própria tese de doutorado, foram entregues a alguns deles. Em alguns casos, não obtive retorno algum; em outros, milhares de comentários, fundamentais para a revisão de informações ou conceitos. De qualquer forma, estabeleceu-se aí uma relação de troca que fez bem à continuidade da análise. Do mesmo modo, as redes de relações dos indivíduos foram exploradas ao máximo, já que a intenção da pesquisa nunca foi elaborar biografias, mas contextualizar as trajetórias estudadas em torno das *experiências*, mais amplas, nas quais elas se inseriram.[59]

Quase todas as entrevistas foram realizadas nas casas de moradores dos bairros e nos escritórios e salas de atendimento do Cedeca. Mas, algumas vezes, foram também utilizadas a praça do Jardim Planalto e as sedes do CDHS, do Instituto Daniel Comboni, do Centro Comunitário da Viela Santa Ângela (Cecovisa) e do Núcleo Assistencial Cantinho da Esperança (Nasce). Outras entrevistas, mais informais, foram realizadas durante almoços, em

---

[58] Valdênia foi entrevistada longamente, por exemplo, em quatro oportunidades, ao longo de dois anos. Célia, Clarice e Aurora foram ouvidas três vezes em entrevista. Muitos dos demais entrevistados foram ouvidos duas vezes, outros em única oportunidade. Em diversos casos, especialmente das famílias que acompanhei no bairro, depois de uma primeira entrevista passava a manter encontros regulares, já centrados em conversas informais e acompanhamento das trajetórias dos indivíduos que havia conhecido antes.

[59] Para a apropriação da noção de experiência que faço aqui, ver Scott (1999) e Thompson (1989). Apesar das divergências que a autora impõe em sua leitura de Thompson, ambos concordam que não são os indivíduos que *têm* experiência, mas sim os sujeitos que se constituem *por meio* da experiência. A noção de experiência usada aqui, portanto, não é algo que se elabora na esfera individual, mas historicamente e por meio de conflitos, nos ambientes sociais e públicos.

eventos, caminhadas pelo bairro ou mesmo no trânsito parado de São Paulo, quando íamos para alguma audiência, visitar alguém em uma clínica ou unidade de internação etc. Conversei também com adolescentes, às vezes em grupos, às vezes sozinhos, na frente de bares, sentados no meio-fio ou em intervalos de atendimentos do Cedeca. A técnica, se não é pouco relevante, não funciona sem que os códigos pautados por cada interação sejam respeitados.

Certamente os locais e a situação de condução dos encontros de pesquisa alteram significativamente o que se enuncia neles. Entrevistar um adolescente autor de ato infracional em uma unidade de internação da Fundação Casa é muito diferente de entrevistá-lo onde ele vive, ou conviver com ele entre seu grupo de amigos.[60] Da mesma forma, fazer entrevistas individuais é diferente de conversar com grupos. Os modos de apresentar-se e, principalmente, quem apresenta o pesquisador ao entrevistado também modificam significativamente a porta de entrada da conversa e, portanto, modulam o que será dito. Uma vez fui apresentado a um jovem como "um jornalista que quer fazer uma matéria com você". Por mais que tentasse corrigir a informação, de diversas maneiras e ao longo de toda nossa conversa, saí dela com o depoimento formatado para uma matéria televisiva. Em várias outras situações obtive depoimentos-padrão, daqueles que os adolescentes, especialmente os que já passaram por institucionalização, aprendem a enunciar para seus interlocutores oficiais: educadores responsáveis por seus casos, psicólogos, advogados etc. Em alguns casos, com o tempo e entrevistas sequenciais, esse depoimento passou por uma inflexão e mudou de estatuto,[61] noutras não. Em determinada situação, conheci uma mãe que, vim a saber depois, tinha tido um filho assassinado: perguntei pela trajetória dela e ela falou 15 minutos sem parar sobre a atenção incondicional que tinha por esse filho; ela justificava sua condição, dizia-me que não teve culpa. Pensando que o que me levara até ela era esse episódio, falou o tempo todo dele para esse interlocutor projetado.

Ficou também muito evidente que ser levado até uma mãe de família, por exemplo, por um de seus filhos adolescentes é diferente de ser conduzido até

---

[60] "É bem interessante. Eu atendia o menino dentro da unidade, dentro da Febem. E o menino aqui fora é totalmente diferente do que você conhece lá." [Cida].

[61] Como no caso de Pedro, cujo depoimento estrutura o Capítulo "As fronteiras do *mundo do crime*".

lá por intermédio do marido, de um conselheiro tutelar ou de um educador. Há muito mais variáveis em jogo: era nítido que quando meus cabelos ou barba estavam compridos, as figurações e questões acerca de minha figura eram distintas de quando tinha os cabelos bem curtos e a barba bem feita. Que conforme o perfil, mais institucional ou mais informal de minha forma de me apresentar, as entradas da relação a ser travada eram distintas. Que o fato de eu ser homem modulava meus encontros de pesquisa, que, às vezes, os horários ou lugares desses encontros estabeleciam condições mais ou menos propícias para abordar certos assuntos. Em alguns casos, especialmente entre os técnicos de nível superior que entrevistei, deparei-me com uma situação insuspeitada: ao enunciar na solicitação de entrevista que se tratava de uma pesquisa de doutorado, e depois de pós-doutorado, encontrava no ponto de encontro um entrevistado preparado para citar autores e livros, recitados todos logo no início da conversa. Uma vez um pesquisador amigo esteve comigo em Sapopemba, e ao dizer que pretendia fazer uma pesquisa sobre redes, uma das presentes retrucou: "redes no sentido de Deleuze?".

Muitas e muitas outras situações fizeram parte das jornadas de campo nestes últimos anos. A gama de variáveis a levar em conta, em cada encontro de pesquisa, é praticamente infinita. Muitas vezes, inclusive, tudo é muito incontrolável. Desisti logo, por isso, de tentar enquadrar tecnicamente minhas inserções, buscando qualquer neutralidade ou olhar distante. Resolvi investir, ao contrário, no envolvimento e na *sensibilidade* para agir caso a caso, bem como na *reflexividade* para reconhecer, em cada encontro de pesquisa, sua validade, seus pontos de vista e seus limites. Até por isso, conforme a pesquisa seguia, ampliava-se o espaço de reflexão (solitária ou dialogada) posterior aos encontros, anotando impressões, situações, eventos e encontros, o que é sempre uma forma de processá-los. Se nos primeiros dias de trabalho de campo o impacto pessoal era enorme e a vontade de conversar por telefone – com minha mulher, com meus amigos etc. – superava a disciplina da escrita das notas de campo, nos últimos anos cheguei a escrever mais de 30 páginas de anotações em um único dia, em meu computador portátil, antes de dormir. De qualquer forma, o exercício, nesses momentos, para além de relatar o vivido de cada dia em cadernos de campo (ou recitar o que seria escrito no gravador), era o de deslocar o ponto de vista pouco refletido dos momentos de interação no campo, para jogá-los ao mundo da análise.

Buscava, assim, compreender as dinâmicas de minha interação com lugares e pessoas, problemas enfrentados caso a caso, condicionantes externos ou situacionais da narrativa obtida e das múltiplas narrativas omitidas, para tentar me aproximar dos modos como elas vivenciavam suas experiências.

Nos primeiros meses de etnografia voltava para casa com "a mente exausta de mentar"[62]. Não aceitava qualquer opinião sem antes pensar muito sobre ela, desconfiava de todas as aparências, e mais, das intenções de todos os meus interlocutores. Tentava encontrar o ponto de onde partia cada fala, enquadrar cada trajetória pessoal em suas redes, compreender que disputas estavam em jogo, mapear social e politicamente cada um de meus parceiros. Esforçava-me por me colocar na posição do observador mesmo quando queria participar, mesmo quando participava. Mas fazer isso, a todo momento, cansa. Depois de um tempo no bairro, e aprofundadas minhas percepções e críticas frente a todos, vinha fortemente uma reflexão autocrítica, muito marcante nos diários de campo; depois de desenhados mapas, rabiscados versos e esquemas nos cadernos, vinha suave a admiração, a entrega simbólica a cada um de meus interlocutores. Apaixonava-me então por cada depoimento, por cada família, por cada ruela visitada, cada demonstração pública de politização e resistência ao sofrimento, cada olhar quieto e resignado. Algumas vezes chorei ao me lembrar de histórias que conheci no campo, dada a impressão que me causaram. Outras vezes, permaneci impassível, tomado pelas rotinas e pelos calos de quem trabalha ouvindo histórias de vida das periferias.[63] Pesquisar esses espaços se tornou, aos poucos, uma espécie de identidade pessoal, e exercitar o olhar de pesquisa foi uma atividade cotidiana. Encontrar formas de compreensão das dinâmicas sociais investigadas passa por esses momentos de decantação, que me parecem inevitáveis e que se referem a diversas dimensões da vida. Um etnógrafo não é nunca somente um pesquisador – ele necessariamente implica integralmente sua vida em seu trabalho de campo (Whyte, 2005).

---

[62] Tomando emprestada a expressão do verso de "A máquina do mundo" (Drummond de Andrade, 1991).

[63] Aliás, foi interessante notar nestes anos que, sobretudo entre assistentes sociais e psicólogos que trabalham com os dramas das periferias, cria-se certa comunidade daqueles que conhecem de perto "a realidade". Por serem esses dramas difíceis de elaborar no plano individual, a existência dessa comunidade, como de qualquer outra, conforta esses indivíduos (e me conforta muito, quando estou nela).

As interrupções no trabalho de campo – em 2006 para viver em Paris, no final de 2007 para escrever a tese, e em 2009 para assumir a docência em São Carlos – se deram não porque eu julgasse ter chegado a um termo de compreensão que me parecesse suficiente (em campo, sinto-me invariavelmente longe desse lugar), mas porque não havia mais tempo para ficar.

Foi assim que conduzi minha pesquisa em Sapopemba. Não fiz nada além de seguir as orientações mais usuais das pesquisas de caráter etnográfico, especialmente quando postas em marcha em contextos urbanos. Quando se expõe aos encontros de pesquisa e à reflexão sistemática sobre eles, aquele que pretende conhecer invariavelmente se depara com muitas questões que lhe parecem relevantes; ele passa então a eleger aquelas que consegue desenvolver, e então algo de muito singular aparece. Ele se torna um tradutor do vivido, com a tarefa de produzir um texto dessa tradução. A esse processo de conhecer, e traduzir, é que chamo de etnografia, neste livro. Mas há algumas dimensões específicas dela, ainda não comentadas, que se referem ao fato de, aqui, tratar-se de uma etnografia que se preocupa com questões políticas. Passo a comentá-las.

Especificidades de uma etnografia preocupada com questões políticas[64]

A questão central que persigo no livro, ou seja, a tentativa de conhecer as fronteiras entre as periferias urbanas e o mundo público, da política, não era enunciada assim no início da pesquisa. Outras formulações aproximadamente da mesma questão me acompanhavam antes da pesquisa de campo, e foram paulatinamente processadas na relação entre a experiência de campo e as leituras dos últimos anos. Por manter a política como eixo de gravitação da análise, a construção dos critérios sobre o que priorizar no campo foi um tanto complicada no começo. Com o tempo, entretanto, não foi preciso mais pensar nisso – a própria noção de política inicialmente pensada tinha

---

[64] Evito aqui deliberadamente os termos "etnografia política" ou "etnografia da política", por serem termos já consagrados em uma literatura específica e em campos também específicos do debate antropológico, que não remetem exatamente ao que gostaria de discutir. Para esse debate, ver, por exemplo, Goldman (2003, 2006) e demais publicações do Núcleo de Antropologia da Política (NuAP).

de ser relativizada e problematizada; estava sendo implodida pouco a pouco e reconstruída a partir de meus encontros de pesquisa, que a situavam em relação a muitos outros fenômenos. Ainda assim, não dava para pesquisar tudo, ou melhor, desenvolver analiticamente todos os temas com os quais me deparava em campo. Por isso, algumas prioridades foram eleitas, de um lado, para garantir um tempo razoável de contato com os mesmos indivíduos e grupos, e de outro para manter o foco analítico que interessava. Depois de alguns meses de trabalho, por isso, operei um recorte estreito em ambiente empírico muito mais complexo, que me interessava por completo. Decidi então priorizar, no trabalho de campo, apenas cinco das muitas famílias que conheci, e das quais apenas quatro percursos foram selecionados para apresentação mais detida neste livro. Da mesma forma, apesar de ter conhecido seis organizações dos bairros em questão, trabalhei profundamente apenas com a trajetória e os dilemas do Cedeca, incluindo o CDHS na discussão na medida exata em que ele se desdobra dos limites enfrentados pelo Cedeca em sua ação política (capítulos "Movimentos, entidades: o Cedeca Sapopemba" e "Ação política").

Mesmo a partir desse recorte estreito, abriram-se muitos universos e muitas formas de pensar a política, que aí também tiveram de ser selecionados. Parti das relações, todas locais, entre os jovens que conhecia, suas famílias e o Cedeca. Decidi, portanto, estar menos presente na política institucional e em seus espaços formais, evitando enredar-me demais na "etnografia das instituições".[65] Entretanto, para estudar a cadeia de mediações entre as periferias e o público, que conformam o dispositivo das relações políticas em questão, fui obrigado a extrapolar esse primeiro recorte de pesquisa (um tanto artificial) o tempo todo. Seguir as linhas dos discursos e as práticas estudadas me levou a visitar diversas unidades de internação, o Fórum da Rua Piratininga e a Defensoria Pública, por exemplo, bem como a participar de algumas reuniões de articulação política dos Cedecas de São Paulo. A questão específica da investigação me obrigava, portanto, a considerar ambientes muito além das famílias estudadas, do Cedeca e mesmo de Sapopemba.

---

[65] Como os fóruns de debate sobre políticas públicas, os conselhos paritários, as secretarias municipais, a Câmara de Vereadores ou a Assembleia Legislativa do Estado de São Paulo. Para uma excelente etnografia institucional, ver Latour (2002).

As relações políticas evidentemente se constroem tanto nos espaços locais e privados, quanto em dimensões fundadas para muito além deles. Em tese, aliás, a política se constrói justamente no jogo de trânsitos e bloqueios, condicionamentos e criações, que se estabelece *entre* esses espaços locais de disputas de poder, e *entre* os atores que participam dele e o fazem operar. Nessas cadeias de *relações* é que o político se mostra a conhecer. Mais que isso, é também evidente que esse jogo de relações não é marcado por inespecificidade, mas por instâncias e posições específicas nas relações de poder: aquelas que conformam o que se chama de Estado, por exemplo, não têm a mesma especificidade ou o mesmo estatuto das que situam os locais em que o Cedeca, a Rede Globo ou uma família operária podem intervir na conformação da cena pública, ou na operação de dispositivos políticos.

Por isso, as relações das periferias urbanas com o Estado, em suas várias dimensões, demonstraram-se em minha análise mais centrais do que as relações raciais, as religiosas, ou os vínculos travados com as ONGs e com o terceiro setor. A violência estatal apareceu de modo mais central na estruturação dos modos de vida do que a circulação de crianças entre as famílias – lembrando-me do excelente trabalho de Cláudia Fonseca (2002, 2006), que trata da política noutra perspectiva. Entretanto, é evidente que a religião, as relações raciais, os modos de zelar das crianças e muitas outras dimensões da vida social das periferias conformam, contribuem ou bloqueiam suas próprias relações com a política e mesmo com o Estado. É essa a dificuldade na elaboração do diagrama de categorias a combinar, a partir dos achados de campo, em uma análise etnográfica como a que se propõe aqui. É a impossibilidade de terminar de montá-lo – um trabalho de Sísifo – que determina também seus limites.[66]

Nessa perspectiva, se o recorte de pesquisa privilegiava o estudo de um território demarcado de Sapopemba, muitas outras instâncias e outros temas interessaram à etnografia: uma rebelião em um presídio, um livro de teoria democrática, notícias sobre o desemprego, uma foto do governador empunhando um fuzil, estatísticas demográficas, programas públicos para favelas

---

[66] Devo a Maria Célia Paoli a metáfora dos *trabalhos de Sísifo*, personagem da mitologia que tentava empurrar uma pedra montanha acima e que, chegando perto do cume, não conseguia evitar que ela rolasse novamente para baixo, o que fazia os trabalhos recomeçarem. A metáfora me parece servir para as diversas aproximações recentes dos setores populares com a política democrática e me foi apresentada justamente para facilitar a compreensão desse processo.

ou sistemas de segurança para prédios. Mas também os novos programas de televisão sobre as periferias, o debate sobre o desarmamento ou um congresso de assistentes sociais. Tudo parecia interessante. Frente a essa situação, compilei tudo o que pude, e a forma de utilização do material e das informações obtidas em campo foram submetidas ao critério (ou viés), sempre em algum grau arbitrário, que ciente *ou* não – ou ciente *e* não, para ser mais exato – o pesquisador impõe sobre sua pesquisa.

Admitir esses ambientes cotidianos de formulação das questões conduz a um questionamento teórico-metodológico que me parece central, especialmente para as etnografias preocupadas com questões políticas. A imersão na vida cotidiana ser tão relevante para as questões de campo significa a necessidade de qualificar, o tempo todo, a alteridade do pesquisador em ação de pesquisa. Creio que isso se dá de modo específico nas etnografias que gravitam em torno da política, porque elas obrigam a jogar com o binômio *igualdade – alteridade* também de um modo específico. Pois a política tem uma dimensão formal que também opera socialmente.

Se, de um lado, quase todos meus *selfs* me projetavam a situações de *diferença* com relação a todos meus interlocutores no campo, politicamente as identidades formais (cidadão brasileiro, paulistano, eleitor etc.) me situavam em uma condição de *igualdade* formal em relação a eles. Se socialmente, e mesmo em certas dimensões da política, havia sempre a alteridade a demarcar os terrenos de interlocução, alterações na lei ou os resultados das eleições interfeririam diretamente tanto em minha vida quanto na de meus interlocutores. A formalidade normativa da igualdade também estava implicada em nossas vidas, diferentemente. Se integrávamos uma mesma comunidade política formal, e posições sociais muito distintas, isso tornava ainda mais complexa a delimitação das relações políticas de onde partia minha investigação. Algumas das ideias apresentadas nas notas finais desse livro surgem dessa reflexão.

Um exemplo de como essa dimensão puramente normativa e formal também é operativa no ambiente de pesquisa. Em Sapopemba, quando policiais abordam um jovem caminhando pela rua, imediatamente perguntam sua idade: o que eles querem saber é se ele tem mais ou menos de 18 anos e, portanto, sob que categoria jurídica ele se enquadra. A ação concreta se modifica a partir do estatuto formal do indivíduo. No campo, percebi nitidamente que os adolescentes são liberados mais facilmente, quando capturados pela polícia, nessa situação de menoridade; e que os indivíduos com mais de 18 anos passam a ser mais facilmente vítimas de extorsão, ameaça ou chantagem, porque a legislação penal de adultos é mais severa que a de adolescentes. O limiar de aceitação aos acordos com policiais, assim, é mais alto entre os adultos. Até por isso, a subcontratação e exploração de mão de obra adolescente nas práticas criminais se tornou corriqueira.

A segunda pergunta feita ao jovem abordado pela polícia, nas periferias da cidade, é se ele *tem passagem*, ou seja, se ele tem antecedentes criminais. De novo, é o estatuto jurídico, a situação perante o Estado e a justiça criminal, que determina o modo como ele será tratado. Se ele *tiver passagem*, será tratado como bandido. Alterações nessa dimensão puramente formal da política, portanto, interferem diretamente nas dinâmicas sociais concretamente vividas.[67] Se, por exemplo, aprova-se uma modificação no ECA, que hipoteticamente reduza em dois anos a inimputabilidade penal, para um adolescente de favela isso significa que todo um universo de relações sociais diretas vai ter de ser revisto: sabe-se que o tráfico de drogas das favelas explora sempre, para os postos menos qualificados, o trabalho de meninos com menos de 18 anos de idade. Com a mudança, esse circuito passaria imediatamente a explorar os de menos de 16. Logo, tendo colegas conseguindo dinheiro mais cedo, a cobrança por gerar renda na família, entre os potenciais trabalhadores, seria iniciada também mais cedo. A forma de a polícia o interpelar na rua seria diferente e a evasão escolar também tenderia a ser operada, em sua trajetória, dois anos antes.[68]

Essa relação também pode ser lida sob outra perspectiva: a alta taxa de adolescentes no tráfico pressiona o debate pelas mudanças na idade de imputabilidade penal na lei; a expansão do crime e da violência solicitam respostas institucionais de, inclusive, endurecimento das punições (a inclusão do tráfico de drogas entre os crimes hediondos, a criação do Regime Disciplinar Diferenciado etc). Ao notar o quanto a dimensão formal da política era relevante nesse ambiente de pesquisa, fui obrigado a situar de modo mais complexo minha relação de alteridade (e igualdade) com meus interlocutores no campo. Essa me parece ser uma preocupação a se levar em conta, de modo regular, em qualquer etnografia preocupada com a política.

---

[67] Desenvolvi inicialmente essa discussão em Feltran (2010a).

[68] Para um adolescente de elite, igualmente submetido ao mesmo código, uma alteração assim acarretaria muito menos modificação no conjunto de suas relações cotidianas.

Em meu caso, a reflexão levou-me ainda a ter de deixar claro, no desenho da pesquisa, alguns dos pressupostos da relação analítica construída por mim entre periferias e política: nem as periferias urbanas são, analiticamente, conjuntos de dinâmicas sociais contidas nos territórios, com sua própria política, nem a política tem para si um espaço de autonomia que prescinda ou se constitua independentemente do mundo social e de suas divisões. Tampouco é válido que a política dependa exclusivamente daquelas dinâmicas ou daquele território estudado, de modo forte, para se estabelecer. Clarear minha questão de investigação, portanto, interferia diretamente tanto na construção de meu lugar de locução no campo quanto nas referências teóricas passíveis de mobilização. Logo, determinar com clareza de onde partia meu olhar, como pesquisador no campo, não se distinguia muito de definir analítica ou teoricamente a minha posição. A forma da pesquisa de campo se transformava, paulatinamente, conforme o diálogo entre os conteúdos pesquisados e as referências de pensamento se estabeleciam.

Como não podia resolver essas questões, elaborei um diagrama preliminar de compreensão das categorias que me instigavam a pensar a política. Partindo das histórias dos adolescentes que encontrei, em princípio, tentei dar contexto empírico a seus depoimentos e percursos, ouvindo seus familiares, educadores e outras instâncias de sua rede de relações. Essa porta de entrada em Sapopemba, *a priori* bastante específica e enviesada, abriu-me então a possibilidade de conhecer famílias muito diferentes, seguindo seus caminhos por diversas esferas sociais. Em um segundo momento, passei então a estudar as trajetórias pessoais e profissionais dos funcionários do Cedeca, inicialmente apenas para situar o contexto dos atendimentos prestados àqueles meninos. Essa cadeia de relações me levava mais longe e, em um terceiro momento, a pesquisa se encaminhou para conhecer também alguns dos espaços de ação externa do Cedeca, por vezes muito distantes de Sapopemba: unidades de internação, clínicas de reabilitação, espaços judiciais, reuniões de negociações de convênios na subprefeitura, atos públicos no centro da cidade, visitas a eventos de parceiros da sociedade civil, histórias de financiadores, de ex-integrantes da equipe, da igreja etc. Houve um dia de trabalho em que, sem planejar, eu havia estado na favela do Madalena, no Cedeca, em uma festa de igreja e na Assembleia Legislativa de São Paulo. Em outro, tinha passado pelo Cedeca, por duas unidades de internação fora de Sapopemba, por duas escolas e uma delegacia de polícia.

Em um terceiro, entre vielas da Favela do Elba e a Praça Vilaboim, em Higienópolis.

O método etnográfico, nessa medida, favoreceu a procura pelos *trânsitos* que se montavam entre as narrativas do trabalho de campo e a teoria. Abriram-se, assim, no ato de pesquisar, caminhos para delinear as cadeias de construção das experiências em que se inscrevem os indivíduos, que possibilitam entrever o que seria estruturante nelas, ou seja, os padrões recorrentes e seus modos de sustentação ampliada, preservando espaço analítico para as especificidades da ação humana em cada contexto. A etnografia, vista desde este prisma, permitiu-me analisar mundos íntimos, privados, sociais e chegar aos espaços públicos, ou seja, transitar no próprio feixe de relações pelo qual se encadeia a disputa política. Parece válida, portanto, nessa perspectiva específica, a aposta nessa modalidade da etnografia como possibilidade de vislumbrar, desde mediações teóricas apropriadas, análises de dinâmicas sociais e políticas ampliadas.[69]

Sapopemba: território, ocupação e clivagens sociais

Sapopemba é um dos 96 distritos do município de São Paulo, com uma população de pouco mais de 300 mil habitantes,[70] em área completamente urbanizada da zona Leste da cidade, entre os distritos Vila Prudente e São Mateus. A taxa de crescimento anual do distrito já é pequena, a área é estável do ponto de vista demográfico, e compõe hoje o anel conhecido como *periferia consolidada* da cidade. Trata-se de uma zona de transição entre os distritos centrais da metrópole, em regressão populacional, e a periferia mais longínqua, cuja população ainda cresce em ritmo elevado.[71]. As figuras

---

[69] O contato com Robert Cabanes me ajudou a formular esse caminho. Para seu trabalho, ver Cabanes (2002, 2006) ou Cabanes; Georges (2007). Whyte (2005) é referência central nessa abordagem e, por incrível que pareça, fui lê-lo apenas depois de terminar minha tese.

[70] Sapopemba tinha 282.239 habitantes em 2000, segundo o Censo, e sua população crescia a uma taxa de 1,05% ao ano. A estimativa previa, assim, que em 2006 houvesse exatamente 300 mil habitantes vivendo nesse distrito. Em 2010, seriam cerca de 316 mil pessoas, mantida a taxa de crescimento dos últimos anos.

[71] Ainda que haja exceções, a tendência demonstrada por esses dados é de estabilidade das populações dos distritos mais centrais e crescimento mais acelerado dos mais periféricos. Dados do mesmo ano revelam que Cidade Tiradentes, no extremo Leste da cidade, crescia

FRONTEIRAS DE TENSÃO   55

apresentadas anteriormente mostram mapas de Sapopemba e as áreas de pesquisa de campo.

Sapopemba não é, como já se pode notar, uma periferia distante, nem obedece ao estereótipo, frequente no senso comum, daquela região abandonada, desolada. Mesmo que à primeira vista os contornos urbanos pareçam cada vez mais empoeirados, quando se vai à periferia, basta entrar em uma casa operária para ver que a expansão da rede de consumo da metrópole chegou até ali há tempos. As famílias podem ter renda muito baixa, mas estão conectadas ao mundo via satélites, celulares e as Casas Bahia (um fenômeno da desvinculação recente entre consumo e renda).

Em 2000, metade dos domicílios de Sapopemba eram chefiados por pessoas com renda inferior a três salários mínimos[72] e o desemprego ultrapassava 20% da população economicamente ativa.[73] A situação da população jovem do distrito é das piores entre os 96 distritos da cidade: mais de 10% da população total estava contida na faixa etária entre 15 e 19 anos, e a taxa de homicídios entre esses adolescentes, de sexo masculino, era assustadora: 326,40/100 mil, mais de dez vezes maior do que a taxa média da cidade de São Paulo (que já é das mais elevadas do mundo).[74] Quase 10% das crianças nascidas no distrito são filhas de mães adolescentes, entre 14 e 17 anos de idade; 26% dos adolescentes entre 15 e 17 anos não frequentam a escola, e 40% dos de 18 e 19 anos não concluíram sequer o ensino fundamental. Uma parte desses jovens, muito minoritária no conjunto da população do

---

7,72% por ano; Parelheiros, no extremo Sul, 6,95%; Anhanguera, no extremo Oeste, 12,78%; e Brás, na região central, tinha um decréscimo na população de 3,9%, anualmente.

[72] Mais precisamente 49,82%, somatória dos 12,85% que não tinham rendimento; 0,25% até ½ salário mínimo; 7,99% de ½ a 1 s.m.; 14,30% de 1 a 2 s.m.; e 14,43% de 2 a 3 s.m.. A média dessa soma, na cidade de São Paulo, é 40%.

[73] As taxas de desemprego da Região Metropolitana de São Paulo variaram em média entre 17 e 13,5% nos últimos anos (Ped – Seade/Dieese). Os dados indicam, também, maior desemprego quanto menor a instrução, e, assim, apesar de não ter conseguido encontrar dados desdobrados por distritos, é possível inferir que a média distrital seja superior à da cidade.

[74] É importante notar que a média de homicídios na cidade de São Paulo, que tem girado em torno de 30/100 mil nos últimos anos, sinaliza as primeiras quedas a partir de 2000 e a estabilização nos últimos anos. As taxas médias do distrito de Sapopemba também caíram desde 2000 e mais acentuadamente desde 2003, chegando em 2004 a quase um terço dos números de 2000. Os fatores que explicariam essa diminuição são diversos e complexos, embora etnograficamente esteja hoje claro que remetem, sobretudo, a dinâmicas internas ao "mundo do crime", que passa a estabelecer, na "era PCC", uma política de "paz entre os ladrões" nas periferias. Estudo essa dinâmica com detalhe em Feltran 2010b, 2010c.

distrito, está inserida subalterna e diretamente nas atividades do *mundo do crime* local, este sim em franca expansão nas últimas duas décadas.

A porção de terra que se inicia no Ipiranga, passa pela Vila Prudente, Sapopemba, São Mateus e Iguatemi, vincula-se de modo específico tanto ao Centro-Sul de São Paulo quanto, a partir dos anos 1970, ao ABC. Em Sapopemba é mais fácil escutar referências a Santo André e São Caetano do que aos bairros centrais de São Paulo. Além disso, mesmo que haja avenidas importantes, a escala da pressão econômica e financeira que impulsiona a urbanização é, nessa região consolidada, muito menor se comparada a outros quadrantes da zona Leste – especialmente aquele disposto no eixo das vias centrais de modernização Leste da cidade (marginal Tietê, radial Leste, metrô, aeroporto internacional). Esse eixo que vincula Tatuapé, Ermelino Matarazzo, São Miguel Paulista, Itaquera, Guaianazes e Itaim Paulista é marcado por uma multiplicação de centros comerciais, franquias de grandes armazéns de materiais de construção, hipermercados e equipamentos públicos. Ao lado dessas grandes vias, a chegada rápida de infraestrutura urbana leva à criação de centros regionais de circulação, trabalho e renda, além de promover a valorização dos lotes de moradia do entorno, o que modifica completamente o perfil das periferias. A região se adensa e, via de regra, expulsa os mais pobres para locais mais distantes, ou para as favelas que crescem rápido nos próprios distritos.[75] De todo modo, em torno dessas grandes vias há mais dinamismo no acesso dos moradores à infraestrutura da cidade como um todo.[76]

Em Sapopemba o ritmo desda modernização e as referências que ela opera são outros. O comércio cotidiano dos bairros que estudei no distrito é, sobretudo, de tipo local. Fora dessa rota de expansão mais ao Norte, a urbanização dos bairros estudados é ainda característica da periferização tradicional, já muito consolidada, da cidade de São Paulo. Ali, um projeto específico de família – a família operária – simbolizou o desenho de todo o mundo social

---

[75] As favelas próximas a grandes vias, por exemplo, tendem a ser desocupadas e loteadas com o tempo, a não ser que se tornem enclaves de resistência ou guetos segregados em meio a uma zona valorizada. Exemplares desse processo são a favela da Vila Prudente, Paraisópolis, ou as favelas cravadas próximo aos condomínios fechados de Carapicuíba, Cotia etc.

[76] Como demonstram, por exemplo, os estudos realizados em favelas próximas a bairros de alta renda, como Ferreira (2002, 2003), e os estudos realizados em Paraisópolis pelo CEM (ver Almeida; D'Andrea, 2005).

nascente nos anos 1960 e 1970. O distrito de Sapopemba foi um dos inúmeros territórios onde esse projeto se instalou. Toda a região contida entre as duas grandes zonas industriais de referência para a zona Leste da cidade (Mooca e ABC) foi ocupada na esteira da expansão operária, marcada territorialmente pela criação de um eixo de modernização da indústria tradicional da Mooca às grandes metalúrgicas do ABC. Esse conjunto de trabalhadores colonizou esse cinturão intermediário, onde está Sapopemba, graças à estabilidade do emprego fordista. Compraram terrenos em loteamentos populares de pequenas ou grandes empreiteiras, muitas vezes irregulares, precários, clandestinos, por vezes ainda hoje – trinta anos depois – em vias de regularização. Mas compraram.

Quase sempre, a especulação imobiliária que acompanhou essa conquista do Leste obedeceu a uma ânsia por acumulação pouquíssimo regulada pela lei – embora fosse regulada localmente de modos heterogêneos, nunca muito publicizáveis – que muitas vezes desdobrou-se nas formas clientelistas de relação. Ainda assim, os operários que construíam suas casas por lá mantinham a aposta na ascensão da família, resguardava-se o centro do projeto. Então veio a crise econômica dos anos 1980, seguida pela abertura do mercado às importações, nos anos 1990, e a tendência à desindustrialização do ABC, em meio à reestruturação produtiva.[77] O desemprego na Região Metropolitana de São Paulo saiu de 7% em 1985 e passou de 21% em 2005, recuando para cerca de 14% na segunda metade dos anos 2000, e para 11% em 2011. O projeto operário de ascensão teve dificuldades evidentes, que tornaram o ambiente do distrito – e das periferias urbanas, em geral – ainda mais heterogêneo. Na escassez da crise, é preciso marcar diferenças. Os bairros de Sapopemba demonstram suas clivagens sociais o tempo todo: é muito diferente caminhar na Avenida Sapopemba, estar nas imediações do Nagumo ou entre os barracos do córrego do Oratório.

Seguindo essas pistas, elaborei ao menos três planos distintos dessa diferença – que caracterizo nos capítulos "De operários a trabalhadores", "De trabalhadores a bandidos" e "Bandidos e trabalhadores: coexistência" –, reconhecida com clareza entre os moradores do distrito. Elas têm tudo a ver

---

[77] A Sociologia do trabalho dedica-se, há décadas, à compreensão desses processos e me auxilia muito no argumento. Para o caso brasileiro ver, por exemplo, Guimarães (2004, 2009).

com os percursos das famílias antes e depois de sua chegada aos bairros. Nos bairros em que fiz pesquisa, parte – restrita, mas não insignificante – das famílias operárias conseguiram oferecer aos filhos maior estabilidade para elaborar um projeto de mobilidade ascendente, graças à longevidade do emprego dos provedores, à proteção desse emprego e à casa própria. A entrada no mercado de trabalho dos filhos desses operários foi, em geral, mais qualificada e mais bem remunerada, embora menos protegida publicamente, que a dos pais. Hoje, esses senhores, já no final da vida, moram em sobrados no Jardim Planalto ou em regiões melhores do Madalena, às vezes com dois carros na garagem; podem contar aos parentes que seus filhos fizeram universidade e se mudaram de Sapopemba (cf. Capítulo "De operários a trabalhadores"). Para outra parte dos trabalhadores que ocuparam a região, menos qualificados, inseridos mais tardiamente ou com redes de relações sociais menos sólidas, mesmo que o emprego nas fábricas do ABC fossem frequentes, o período de estabilidade não foi suficiente para conseguir nem escolarização continuada dos filhos, nem a casa própria, signos da garantia de um futuro melhor. A geração seguinte, por isso, foi submetida à mesma condição de pobreza da anterior e contribuiu para o adensamento do bairro. Nesses casos, demonstra-se especialmente o conflito geracional trazido pelas transformações do período (cf. Capítulo "De trabalhadores a bandidos").

Um terceiro plano desses percursos – ao qual me dedico especialmente neste livro – é aquele em que vivem as famílias moradoras de favela. Os vazios urbanos que se criavam entre os loteamentos operários da zona Leste, estabelecidos desde os anos 1960, foram sendo preenchidos, nas décadas seguintes, de um lado por equipamentos públicos fundamentais – escolas, postos de saúde, centros esportivos e praças – e, de outro, por ocupações clandestinas e invasões.[78] Para quem vive por ali, há uma grande diferença entre os territórios das *favelas* e das *casas*. Pois quando se adensam as favelas, é um outro projeto de família e de sociabilidade que se estabelece no distrito, e que passa a coexistir com o projeto operário de mobilidade (colocando-o em xeque).

---

[78] "Aqui tinha dois campinhos de futebol... agora foi tomado pela favela. Não é, pai? Lá embaixão, que até o Cabo Bruno matou um cara lá uma vez. [Cabo Bruno foi um *justiceiro* célebre em São Paulo, nos anos 1980.]" [Mauri]

As famílias que lotaram as favelas de Sapopemba nos anos 1980 e 1990 tinham, quase sempre, perfil e trajetória muito distintos daquelas que colonizaram o distrito. Não havia, para elas, um histórico de trabalho estável, nem projeto de ascensão claramente formulado. Não havia marido empregado na indústria, nem planos claros para educar os filhos para fazê-los doutores e saírem dali um dia. Não havia, tampouco, a mesma ênfase no associativismo, tão marcante na trajetória operária que redunda no movimento sindical, forte do distrito. Havia sim um histórico de associativismo religioso, fluido, que será aproveitado nos movimentos de favela dos anos 1980; e havia, sobretudo, uma relação de alteridade construída, há gerações, frente às esferas formais do mundo social – baixíssima escolarização, pouca ou nenhuma crença na justiça estatal, na polícia ou na possibilidade de, um dia, virar patrão. Entre os *favelados*, além do mais, a chegada a Sapopemba é quase sempre um ponto – não necessariamente final – de uma trajetória de migrações sucessivas, em estratégias de sobrevivência cotidiana face à escassez e, sobretudo nos anos 1990, à violência. A chegada dessas famílias às favelas de Sapopemba deveu-se, em geral, a tentativas de reverter situações já muito adversas nos locais de origem, trazidos por parentes ou colegas já precariamente estabelecidos no distrito (cf. Capítulo "Bandidos e trabalhadores: coexistência").

É na passagem da geração dos fundadores da ocupação urbana da região, portanto a partir dos anos 1990, que a condição social de Sapopemba se consolida nessa heterogeneidade. A paisagem dos bairros que compõem o distrito se modifica intensamente, ganha muita infraestrutura, e o reivindicado acesso a serviços públicos essenciais e ao consumo se amplifica. Nesse momento, aparecem com mais nitidez – ou materialidade – as clivagens sociais internas a esse mundo social, que se mostra de modo claro nos diferentes perfis familiares analisados.[79]

Entre os operários e os favelados, portanto, há fronteiras nítidas de arranjo familiar, padrão socioeconômico e acesso a bens e serviços. Mas há, sobretudo, diferenças no projeto de estar no mundo. Enquanto as famílias operárias apontam seu vetor de interesse para as classes médias, de regiões mais centrais da cidade, os moradores da favela vivem o local enfatizando o presente, e se apropriam dos territórios assim. A distensão entre esses dois

---

[79] As fotografias que encerram esta Introdução demonstram as clivagens nessa paisagem.

grupos e a atribuição do estigma da violência e incivilidade aos favelados, que se estabelece imediatamente, faz lembrar a relação *estabelecidos e outsiders*. (Elias; Scotson, 2000). Mas, nesse caso, os favelados não são tão *outsiders*, porque quando chegaram, nem mesmo os colonizadores estavam lá muito bem estabelecidos. Toda a primeira geração das famílias do distrito, em verdade, guarda alguma sensação de recém-chegado. A diferença que se funda entre as famílias operárias e faveladas não é, pela mesma razão, exatamente a mesma que se estabelece entre *autóctones* e *forasteiros*, que funda o argumento de Mamdani (2001). Todos são mais ou menos forasteiros.

De qualquer forma, é imperativo reconhecer que, a partir dos destinos das famílias que se instalaram ali, e com mais ênfase a partir da chegada das favelas, estabelecem-se naquele território fronteiras simbólicas e materiais constitutivas dos bairros e de sua heterogeneidade contemporânea. Nos anos 1990, também o destino dos grupos intermediários a esses polos se consolida: não mais operários, mas trabalhadores do comércio e serviços de trajetória estável; ou nunca favelados, mas desempregados que sofrem para pagar o aluguel em uma casinha de dois cômodos, em frente à favela. Os territórios demonstram esse *continuum* de posições sociais, mas a divisão bipolar no plano discursivo se mantém. A fofoca demarca diferenças de *status* e pertencimento de modo claro: *a favela* e *as casas* são dois territórios, materiais e simbólicos, muito distintos em Sapopemba.

> A desigualdade, isso sempre me incomodou muito. Essa diferença tão grande, mesmo no nosso bairro aqui, você vê: a gente mora aqui em cima, vamos dizer, nas casas. E quando você entra dentro de uma favela, que você vê, é totalmente outra realidade, não é? [Juliana][80]

Essa mesma distensão interna está presente em muitíssimos outros bairros populares de São Paulo e, evidentemente, também vai desenhar formas de contato, conflito e fluxos de troca entre os distintos grupos de seus moradores. Em Sapopemba, muitas instituições conectam e, simultaneamente, apartam *as casas* e *as favelas*. Os cultos das igrejas são parte dessa

---

[80] No Anexo, há uma lista com um perfil telegráfico de todos os personagens da pesquisa citados no texto. Por todo o texto, os nomes – fictícios, com exceção de figuras públicas, e daqueles que preferiram ser identificados – de cada interlocutor aparecem entre colchetes ao final dos trechos citados de seus depoimentos.

comunicação, recebem público dos dois lados da fronteira. Mas as obras sociais das mesmas igrejas demarcam a diferença: os que fazem a assistência são moradores das *casas*, os que recebem a assistência são os *favelados*. O Cedeca sente na pele essa condição: boa parte dos funcionários e militantes fundadores da entidade é composta de filhos de antigos operários; os atendidos, quase sempre, são moradores de favela.

> A polícia também sabe onde ela entra. Na minha casa eles não entram porque tem cachorro, tem muro, tem porta, tem uma grade. Mas em favela eles metem o pé na porta e entram para dentro. [Lucas]

Se igrejas e entidades sociais atuam nos fluxos da fronteira que demarca a heterogeneidade social dos bairros, a polícia sustenta sua estrutura. No plano local, as microrredes do crime atravessam essa fronteira de diversas maneiras: há um circuito de mercadorias roubadas por moradores de favelas que, muitas vezes, têm os membros de famílias mais bem estruturadas do bairro (às vezes comerciantes, autônomos, camelôs) como consumidores, receptadores ou mesmo revendedores.[81] O mercado de trabalho, quase sempre informal, por vezes ilícito, também conecta os dois grupos: os pequenos empreendedores locais muitas vezes necessitam de mão de obra da favela. O mercado da droga é outra forma de conexão: tanto nas casas quanto nas favelas, há tráfico e consumo de drogas. Mas a geopolítica do conflito com os policiais está, fundamentalmente, restrita às favelas.

O histórico do associativismo local é outro fluxo, controlado, nessa fronteira. Foi, sobretudo, a presença da população operária, também em busca de visibilidade política para suas demandas, junto à organização de grupos católicos ligados à teologia da libertação, que impulsionou a ação coletiva do distrito desde os anos 1960. Os favelados, naquele período, engrossavam as fileiras do movimento.[82] Os movimentos de saúde, moradia, educação e direitos humanos nascidos na zona Leste, e especialmente em Sapopemba, foram, desde os anos 1970, relevantes no combate à ditadura e, depois, na participação social para formular políticas sociais setoriais. Na área específica

---

[81] No Capítulo "As fronteiras do *mundo do crime*" essa circulação de mercadorias aparece claramente.

[82] Nos capítulos "De operários a trabalhadores" e "Bandidos e trabalhadores: coexistência", há ao menos outros três exemplos muito claros da operação desses fluxos.

em que atua o Cedeca – defesa dos direitos de crianças e adolescentes –, a região também tem tradição de entidades combativas. A rotina das organizações locais adere a um calendário de atividades coletivas intenso. Dessas redes surgem personalidades e lideranças comunitárias reconhecidas politicamente, como Valdênia, fundadora do Cedeca, cuja trajetória aparece em referências por todo o corpo deste texto, sobretudo na Parte II. Ela, como outras personalidades locais, participam de redes articuladas também em esfera nacional e internacional de ação social e política, como se verá adiante.

Sapopemba é, também por isso, um lugar privilegiado para estudar as fronteiras e os fluxos de conexão entre as periferias e o mundo público. Metade da população do distrito vive ali sob alta privação material[83] e, ao mesmo tempo, há um tecido associativo civil extenso, com histórico de forte mobilização política e inserção pública.[84] A trajetória de ações coletivas do distrito se traduz, hoje, em uma série de conquistas relativas às políticas sociais, infraestrutura e serviços urbanos, além de altíssima representação no sistema político formal.[85] Sapopemba é, ainda, um ponto bastante relevante das atividades criminais – nevrálgico tanto para o comércio de drogas ilícitas, quanto do roubo de carros e do PCC) em São Paulo. Esses contrastes, e as formas como eles produzem relações, fazem de Sapopemba um local privilegiado para estudar as tensões entre as periferias e a política.

---

[83] Entre os *nove* indicadores do *Atlas da exclusão social no Brasil* (Campos et al., 2003), sendo, exclusão social, pobreza, emprego formal, desigualdade social, alfabetização, escolaridade, juventude e violência, a região de Sapopemba situava-se na faixa dos distritos de pior situação social da metrópole em *sete*. O Índice de Desenvolvimento Humano (IDH) era de 0,446 em 2000.

[84] Foi em Sapopemba que o movimento de saúde dos anos 1980 teve boa parte de sua base, ligado, no período, ao médico Eduardo Jorge, liderança política tradicionalmente vinculada ao PT, hoje fora do partido. É em Sapopemba que se localiza a Fazenda da Juta, ícone do movimento de moradia graças às ocupações e aos mutirões conquistados. A região ainda faz fronteira com Santo André, no ABC, onde explodia o movimento sindical dos anos 1970 e 1980, e lá se instalaram, além de milhares de operários, uma série de religiosos e militantes de esquerda durante a ditadura, ainda nos anos 1960.

[85] Em 2005, havia ao menos dois vereadores, três deputados estaduais e um deputado federal com bases diretamente vinculadas a esse distrito, além daqueles com os quais as organizações da região atuavam diretamente, pelo envolvimento com as causas dos direitos humanos e de crianças e adolescentes. Todos esses parlamentares eram petistas de trajetória ligada à mobilização popular da região, nas últimas três décadas.

Perfil urbano das *casas*, a primeira ocupação do distrito.

O perfil das *favelas*.

PARTE I
A EXPANSÃO DO *MUNDO DO CRIME*

Paulo me ajudou a fazer a conta. Segundo ele, seriam cinco pontos de venda de droga no Madalena, seis no Jardim Elba e um só no Jardim Planalto. Cada dupla, ou trio de meninos, trabalha uma noite e um dia por semana, passando farinha, maconha e pedra. Uma trouxinha de maconha ou uma pedra [de crack] custam R$ 5. Um papel custa R$ 10. Os meninos que passam ganham comissão de R$ 1 nos dois primeiros, de R$ 1,50 na farinha (cocaína). O preço é o mesmo há anos. Acima deles, um ou uma dupla de gerentes, depois o patrão. Abaixo deles, um número grande de crianças mais novas e os noias, que trabalham como olheiros mais esporadicamente, com vínculos mais flexíveis, dão uma força. A cada dia, portanto, eram por volta de 15 adolescentes e jovens trabalhando em cada boca. Durante a semana, estimando a repetição dos olheiros, seriam uns 60. Se para cada três que estão lá houver ao menos um preso, seriam uns 80 meninos envolvidos com cada ponto de venda. Nos bairros em que eu fazia pesquisa, contando as 12 bocas, seriam, portanto, mais ou menos 960 trabalhadores da droga. Contabilidade precária, um chute, mas que serve para se ter a ordem de grandeza do negócio. A população de Sapopemba é de 300 mil pessoas, nesses três bairros não há nem 100 mil. Se fosse isso, os trabalhadores diretos do tráfico seriam cerca de 1% da população, mais ou menos 5% entre os jovens.

Mas o mundo do crime *local é ainda muito maior que isso: primeiro porque há muitos adolescentes que se envolvem em furtos, roubos e assaltos, muitas vezes não diretamente vinculados ao tráfico. Não conseguiria quantificá-los. Mas não se está no crime apenas quem pratica crimes; também compartilha essa sociabilidade quem se relaciona diretamente com ele. Por isso, um menino envolvido já quer dizer muita gente envolvida, indiretamente. A mãe de um adolescente internado, ou as guerreiras, que visitam seus maridos presos, passam a ter de conviver com o circuito social do crime; há as famílias, os amigos, outras instituições. O número se amplifica. Mas, além disso, está mais claro para mim que o mundo do crime inclui uma forma de vida, códigos e uma concepção de mundo que entra na briga com tantas outras, e inclui mesmo uma parcela da população que não é diretamente implicada nos negócios da droga, dos roubos. Não se trata mais de algo residual, é essa a minha impressão. Acho que é a impressão do Cedeca [Centro de Defesa dos Direitos da Criança e do Adolescente] também. [diário de campo]*

AS FRONTEIRAS DO *MUNDO DO CRIME*

Pedro[1]

Fui apresentado a Pedro logo nos meus primeiros dias em Sapopemba, em maio de 2005. Sentamos eu, ele e Ana Paula[2] em volta de uma mesa redonda de plástico rígido, em uma sala da associação onde ele trabalha, o Núcleo Assistencial Cantinho da Esperança (Nasce), entidade de atendimento a crianças e adolescentes com necessidades especiais. A ideia era fazer uma entrevista exploratória e Pedro não sabia exatamente o que queríamos. O combinado era ele contar sobre sua vida, como havia chegado ao bairro e àquele trabalho. Sabíamos que, alguns anos antes, ele tinha sido atendido pelo Cedeca e que vinha de um processo familiar difícil, do qual havia conseguido *se recuperar*. Essa primeira entrevista durou duas horas e foi a única que gravei com ele. Todos os trechos citados a seguir são reproduções literais desse momento e serão apresentados na ordem em que foram enunciados. As interrupções são apenas para precisar o contexto e para sínteses parciais que, para serem desenvolvidas, demandaram mais dois anos de pesquisa de campo com Pedro, sua família, seus pares e as organizações do bairro em que vive. Permaneci em contato com ele até o final de 2007.

---

[1] Uma primeira versão deste capítulo foi publicada em Feltran (2009).

[2] Essa primeira entrevista com Pedro foi realizada por mim e por Ana Paula Galdeano Cruz, a quem agradeço.

No dia do enterro dela eu estava fazendo treze anos de idade. Aí, me deparei com aquela cena: no meu aniversário, minha mãe morta, em casa sem ter nada o que fazer, sem um café, sem apoio, sem nada, só a minha madrinha me ajudando. E meu pai tinha também acabado de ser operado de uma perna. Ele foi operado e quase perdeu a perna e não podia mais trabalhar. E minha madrinha ficou assim, vendo a minha mãe naquele estado. Tinha acabado de morrer, e meu pai deitado na cama, sem andar, sem nada, nem tinha coxa direito, só carne pura. Fez a operação, colocou pino na perna. [...] Minha irmã se mandou para a casa de um tio, ficou morando na minha tia. Ficamos em casa eu e meu irmão. Eu tinha treze, ele tinha quatorze.

O meu pai tomava um *birits* danado, desde moleque; começou com nove anos e sempre tomava, enchia a cara, mesmo com a perna toda zoada. [...] E meu irmão foi se deparando: "Eu vi uns molequinhos no meio da rua, com arma, com carro, assim. Às vezes com polícia, dando tiro".

Fui morar com a minha madrinha uns tempos por causa desses moleques, que eu estava muito próximo deles. Mas não adiantou. Eu estava na casa da minha madrinha, ela me dava de tudo; mas em casa não tinha nada. Meu pai daquele jeito, meu irmão no meio da rua zanzando aí, para lá e para cá, sem ter nada. Só uns biquinhos de vez em quando. Daí eu falei: "Esses bicos que eu faço... não dá certo". Eu via aqueles moleques roubando, com arma na mão... Nunca tinha visto um negócio daqueles na minha vida. Um dia um moleque parou na minha frente e disse: "Ó, busca uma cerveja ali para mim". Eu peguei e fui buscar a cerveja para ele. Fui pegando amizade com eles.

Arrumei bastante briga com um maluquinho, sem ser do crime, os irmãos dele é que eram. Ele era da minha idade e os outros que eram um pouco mais velhos é que eram do crime, que começaram a roubar, já. [...] Vi aquela cena, os meninos querendo me iludir fácil: "Olha só quanto eu ganhei! Olha o que meu irmão ganhou, ganhou isso e aquilo. Olha o que eu tenho. Meu irmão comprou para mim uma bicicleta nova; comprou uma roupa para mim". "Em casa não tá faltando nada, você precisa de ajuda, Pedro?" Eu falava: "Não preciso, não." Para não pegar o dinheiro deles, não é? E tentava me virar com bicos, coisas assim.

Até aqui, Pedro recita quase que automaticamente o depoimento padrão de um menino da favela para pessoas que têm, possivelmente, a mesma cara dos educadores, assistentes sociais e psicólogos que ele conheceu em suas andanças institucionais. Mesmo não sabendo exatamente o que queríamos, ele não perguntou nada e começou a contar sua história encadeando especialmente os dramas que a compõem. Até por isso, sua narrativa monta um quadro, antes de tudo, de *justificação*, em diversas camadas, de sua entrada no crime – a mãe que morreu, a carência material, o alcoolismo do pai, o irmão que se envolvia pouco a pouco, a irmã que se afastava, os convites frequentes no bairro, os *bicos* que não davam renda suficiente, as tentativas de evitar esse mundo, os objetos de desejo dos meninos – roupas de marca, bicicleta etc. Pedro monta a cena, em boa parte realista, e por vezes, digamos, hiper-realista, do depoimento padrão dos adolescentes das periferias que ingressaram no crime. A narrativa, mais que recorrente, repetitiva, tem como fundamento a oposição bipolar entre a *casa* e o *crime*, dois mundos divididos de modo estanque. Em suma, *quando a família se desagrega, o crime abraça*, fórmula muito conhecida, quase um jargão nas entidades de ação social das periferias de São Paulo. Frases que, como todo jargão, merecem ser lidas em sua sabedoria e em seus limites.

Daí foi me incomodando muito, porque em casa não tinha nada. Eu acabei um dia... o menino falou para mim: "Eu tenho uma arma de brinquedo". Era de plástico. Os moleques mais velhos, que eram mais mandantes, chegaram com um monte de coisas: carro, coisas bonitas, dinheiro, brinquedo de criança, um monte de coisas. Eu olhei aquilo, um monte de dinheiro.

Um dia eu estava correndo e bati na cara dele [de um outro menino] sem querer, assim [faz gesto de alguém que se vira e esbarra no rosto de outro]. Aí o moleque deu um soco na minha cara. Eu bati sem querer num cara que estava armado. E ele deu um soco na minha cara. Eu olhei para a cara dele, ia para cima dele e ele tirou a arma. Aí, eu ficava quieto, só olhando bem para a cara dele. Os moleques falavam até que eu era mudo. Eu fui embora.

Aí, eu peguei amizade com um maluquinho, que vivia lá em casa. E ele falou: "Pedro, sabia que eu sei dirigir carro?". E eu: "Quê? Sabe nada!". Outro dia: "Vamos lá que o meu tio tá com a chave de um carro". Ele acabou mesmo pegando a chave do carro do tio dele e o tio dele deu uma surra nele. A gente queria mais era saber de zoeira...

Bom, a gente estava com uma arma de plástico, brincando de polícia e ladrão para lá e para cá. Aí, um moleque chegou para mim: "Ô Pedro, tem coragem de pegar e roubar um carro?". Eu olhei para a cara dele, assim: "Não, não tenho coragem não!". E ele: "Vamos, vamos lá! Você vai ganhar dinheiro! Meu irmão me deu 50 conto, quase logo agora". E ele mostrou o dinheiro para mim. Aí, o irmão dele chegou com uma sanfona. Tinha acabado de roubar um carro e tinha uma sanfona, um monte de coisas. Daí meu irmão disse que ia tentar vender para o meu tio. E ele disse para a gente ficar com a sanfona e tentar vender. Eu ficava lá em casa, brincando com a sanfona. E o cara deu 50 conto para o meu irmão e o meu irmão conseguiu vender; ficou maior alegre e começou a se juntar com esses moleques.

Eu vi meu irmão se juntando, os moleques ficavam fumando maconha, tinha um neguinho que era folgado pra caramba; meu irmão ficava ali no meio: "Pega uma cerveja!" [...] E meu irmão ia, ganhava um real, ou mais. Aí eu vi meu irmão se juntando e eu tentei afastar ele. Arrumei um bico para entregar folheto e chamei o meu irmão. Aí meu irmão fez uma sacanagem lá e eu fui embora e ele acabou ficando. Beleza, voltei. E o moleque: "Aí, quando você vai ter coragem?". E eu falei: "Não, para isso eu acho que não tenho coragem não!" E ele: "Vamos tentar um dia". E eu:"Um dia a gente tenta".

A narrativa progride, ganha novos elementos, igualmente repetitivos na pesquisa. A primeira imagem é a da sedução dos objetos de consumo e do poder da arma de fogo nas hierarquias adolescentes. "Carro, coisas bonitas, dinheiro, brinquedo de criança, um monte de coisas"; "Ele tirou a arma"; "Eu ficava quieto". Na segunda imagem, o amigo "pega emprestado" o carro do tio. Na terceira, a sanfona encontrada em um carro roubado entra no circuito do pequeno comércio informal entre amigos e parentes, e os adolescentes ganham R$ 50 para vendê-la. Desde logo se nota, então, que as relações entre parentes e amigos também alimentam as pequenas redes de sustento e a circulação de produtos roubados. Nessa perspectiva, e é só a primeira, a casa já não é mais completamente desconectada do circuito do crime, já não é seu oposto. Mais uma imagem, "Eu vi meu irmão se juntando", e a ponte entre casa e crime se estreita um pouco mais. A ponto de, sem mesmo *entrar no crime*, elementos típicos do cenário criminal poderem ser vistos mais de perto: "moleques fumando maconha", "neguinho folgado", "pega uma cerveja!". A fronteira está logo ali. Mais um real no bolso, a história prossegue:

Daí eu fui ficando com mais raiva. Teve um dia que eu fiquei sem comer, sem nada. Meu pai estava há quatro dias sem comer, bêbado, morrendo, em casa...

Ele chegava no bar e bebia à vontade. [...] Eu comecei a sentir ódio, a sentir falta da minha mãe, e eu tinha ódio dentro de mim, e não sabia como soltar. Aí eu peguei a arma e falei: "Vamos lá então! Vamos tentar!"

Chegou na metade do caminho e eu vi um carro da polícia passando, fiquei com o coração acelerado. E os moleques [que o acompanhavam]: "Normal, normal!". Eles também nunca tinham roubado. Eles disseram: "Vai ser nossa primeira e vai ser maior bom!" Aí eu vejo uma senhora com o carro cheio de compras: "Vai você primeiro!". "Não, não vou não". A gente deixou passar o carro. Aí eu vi um tiozinho. Estava com celular, contando um dinheiro e ele foi entrando no carro, e eu também não tive coragem não! Aí passei [a arma] para o moleque: "Vai você." E ele: "Não, não vou não!".

Aí me deu uma raiva! Vi um carro. O cara tinha acabado de entrar. Aí eu peguei a arma: "É um assalto, vai, vai, vai, vai". Aí o cara ficou olhando para minha cara e quando ele olhou, eu dei uma coronhada no queixo dele, buf!, com a arma. Aí ele me deu a chave, saiu a mulher dele com a filha dele e nós pegamos, entramos no carro e fomos acelerando. E tinha logo um farol [semáforo], um caminhão logo na frente, a luz [interna do carro] estava ligada e nós nem vimos. E meu colega deu um soco e apagou a luz, e nós quase batemos no caminhão. Aí, na primeira vez deu certo. Pegamos uns R$ 150 para cada um. Eu comprei um monte de coisas para casa.

E os caras: "Aonde vocês cataram?". E eu disse: "Assim, assim". Os caras ficaram olhando para minha cara: "Você é legal! Você rouba mesmo?". E eu: "Ah, roubar eu não roubo, acabei fazendo."

Aqui Pedro rompe com o momento inicial da entrevista, quando era estimulado por nossas inúmeras perguntas, para um momento de narrativa direta, sem pausa. Se antes era preciso pedir para que ele descrevesse melhor uma cena ou outra, a história de sua mãe e irmão, as idas e vindas de pequenos empregos (entregador de folheto, lava-rápido), agora era só concordar com a cabeça que ele seguia falando. A narrativa mais clássica e genérica, repetitiva, cedia então espaço para uma descrição detalhada da ação criminal. Pedro já elaborava o vivido como imagem. Pareciam sequências de cinema, resgatadas de memórias de cinco anos atrás. Ele criava metáforas para facilitar nossa compreensão dos códigos em questão, de sua relação com eles.

Os meninos viram um carro cheio de compras, um "tiozinho contando dinheiro", mas a coragem e a "raiva" suficientes para a abordagem vieram só em uma terceira vítima potencial. Desastradamente, sem muito plano e sem maiores problemas, o primeiro assalto deu certo. Pedro tinha 14 anos, usava uma arma de plástico. Conhecia a fronteira pela primeira vez. Voltando com os objetos roubados, os *caras* da favela demonstraram reconhecimento. Os meninos eram bons. O primeiro roubo era, então, quase um rito de entrada em um outro mundo. Passagem. Pedro se sente entre duas condições distintas: "roubar não roubo, mas acabei fazendo".

No trânsito, surgem sentimentos novos, geradores de satisfação: a coragem, a adrenalina e a disposição necessárias para a ação se tornaram reconhecimento no grupo. Nesse momento, a família de Pedro ainda aparece bastante na narrativa, mas já em registros cambiantes – a casa era espaço de proteção retórica do crime, mas, ao mesmo tempo, o irmão é lido como uma ponte para a turma de amigos *envolvidos*; o pai não gostava disso, mas oferecia contraponto: seguia bêbado e não provia o suficiente; a irmã reprovava suas companhias, mas seguia ausente. O dinheiro que ele trazia gerava cara feia, mas era aceito. Os tios e a madrinha, nunca muito próximos, já desaparecem do depoimento. A escola já havia sumido em momento anterior, logo após as memórias de infância. Os empregos anteriores deixam de ser lidos apenas como pouco rentáveis e passam a ter conotação de precariedade e humilhação. Agora Pedro vislumbrava a possibilidade de ganhar dinheiro de verdade. Ele tinha essa *opção* (termo de uso muito frequente). Um grupo novo (amizade, notas de dinheiro, cerveja, carro) e novos objetos (roupas, bicicleta, sanfona, arma de brinquedo) passam a fazer parte da vida de Pedro. A mãe já tinha morrido havia um ano, um ano e meio.

Ladrão instituinte, ladrão instituído

Aí eu fui roubando com os molequinhos. [...] Meu pai não gostava disso; bebia, mas não gostava disso. A gente trazia dinheiro escondido. Aí comecei a roubar e comecei a pegar amizade com um pessoal mais velho. Peguei amizade com esses rapazes maiores e fui e joguei R$ 50 na mão deles. E eles disseram que estavam vendendo a arma por R$ 150. E eu: "Que arma é essa?". "É uma arma aí. Se quiser..." Eu juntei com um colega meu: "Vamos comprar, fica mais fácil". Aí eu comprei. E começamos. E esse rapaz, que era mais velho, que catava uns negócios bons, firmes, [falou]: "Então, eu tenho uma fita boa para vocês. É de tanto! Você vai lá, mais dois molequinhos. Você vai conseguir porque anda comigo". [...] Uma firma, tinha bastante dinheiro. Aí eu fui; catamos com esse pessoal mais velho, e deu tudo certo também; roubamos pra caramba.

Os rapazes mais velhos já eram, também, mais organizados que Pedro e seu amigo. Com eles já era fácil comprar uma arma. "Pegar uma amizade" com esses personagens significava também acessar um mundo de ações mais rentáveis, as *fitas dadas*, espécie de subcontratação dos roubos e assaltos. Eles tinham mais meios para organizar uma ação que desse um bom dinheiro e podiam contratar adolescentes e jovens para executá-la. Pagavam pelo serviço, desenhavam as necessidades e tarefas a cumprir: "Eu tenho uma fita boa para vocês. É de tanto!". "Você vai conseguir porque anda comigo". A empresa subcontratada funciona melhor se tiver os equipamentos e ferramentas de trabalho necessárias: "Vamos comprar, fica mais fácil". O tempo passou rápido, Pedro foi *virando ladrão*:

Aí eu comecei a agredir a vítima. Teve uma vítima, um rapaz forte, ele veio bater em mim, eu bati nele e joguei ele no chão. E ele: "Não, não, não!" E eu: "Eu não estou aqui para te matar, eu quero só seu dinheiro, só. Só não quero que você se encoste, põe a mão na cintura! Eu quero só seu dinheiro, não quero nada com você, seu documento pode ficar. Só quero seu dinheiro". E ele falou: "Não, tudo bem, tudo bem, tudo bem!" Aí eu peguei o dinheiro dele e fui embora. Teve uma vítima que estava armada, um dia. Nós catamos o carro dela e ela foi fugir, e eu dei uma pá de tiro no carro. Tirei a arma e comecei a dar tiro, só que não acertei ele não. Quase acertou meu colega. Meu colega falou: "Isso é normal, isso acontece".

Aí eu peguei mais coragem. E com o ódio que eu estava porque minha mãe morreu, eu comecei a ficar muito mau. Aí eu peguei amizade com esses caras. Um dia, fomos para um assalto e um cara levou um tiro na mão. Aí eu vi e comecei a dar tiro, mas nunca consegui acertar. Aí teve uma vítima que estava armada, uma 9 [mm], parece. "Você tá armado?" "Não, não to não, não to não!" Aí, eu estava com uma arma mais forte, engatilhei ela, apontei bem na boca. "Abre a boca!". "Não, não vou abrir não!" Eu dei uma coronhada, ele abriu a boca: "Nem se mexe, se você se mexer eu arrebento a tua cara." Meu colega viu e ele estava com uma arma. "Você é polícia?" "Não". Meu colega ia matar ele.

Eu disse: "Não, não mata não. Deixa ele vivo. Só quero o dinheiro dele e nada mais." Pegamos o revólver, a arma.

Outro momento de passagem. Agora, Pedro já não sabe se opta pela narrativa do *bom ladrão*, que rouba sem agredir, que só quer o dinheiro e nada mais, ou se demonstra a si mesmo como um daqueles que agridem a vítima, agem com violência, que dão provas de serem *bandidos* mesmo. A primeira imagem é mais palatável para nós, a segunda é mais bem reconhecida no *mundo do crime*. Ele conhece as falas e os argumentos de ambos, pode efetivamente escolher entre eles. A indecisão torna o trecho da entrevista confuso, cheio de idas e vindas. A figura da mãe reaparece, outra imagem repetitiva: em diversos relatos dos *meninos do crime*, a mãe é figura santificada. A mãe de Pedro tinha morrido, e então ela era ainda mais santa, ao mesmo tempo que sua ausência gerava mais "ódio". Nesse momento da conversa, eu tinha a sensação de que ele tinha dúvidas sobre como prosseguir. Seguimos olhando para ele, esperando a continuação. Ele resolveu continuar: "Eu comecei a ficar muito mau". "Aí peguei mais coragem".

O depoimento recuperou o fluxo. As balizas de sua narrativa, então, saíram da fronteira entre o crime e a moral da família e passaram a ser praticamente internas à *comunidade* do crime. Pedro falava agora como um *profissional* desse mundo; fazia questão de demonstrar que conhecia o ofício. As ações já não tinham mais a inocência das primeiras: os termos próprios da função técnica desempenhada – termos do jargão policial – apareciam (o que era um "tiozinho contando dinheiro" passava a ser descrito como "a vítima"; "bater" virava "agredir" etc.); os perigos inerentes à função também começavam a aparecer: uma vítima armada, um tiroteio mal conduzido, e Pedro ganhava experiência ao lidar com essas situações. O menino refletia sobre cada ação, tornava-se mais capacitado para exercê-la. Passava, então, a se relacionar também com gente mais experiente, mais bem formada. Pedro passava para o lado do *crime*.

Peguei amizade com uns velhos de 20, 30 anos já. Uns já tinham passagem em cadeia. E fiquei com mais ódio. Comecei a arrumar briga com ladrão também. Comecei a dar tiro em ladrão, aquela confusão. Teve uma turma que veio... Eu chamo de safado, porque não eram nada, mas graças a Deus que morreram tudo. Mas não foi das minhas mãos. Pegaram um dia que eu não estava armado, fora da favela. Roubaram uma moto na favela e meu colega falou [para outros que investigavam por conta própria]: "Foi tal pessoa." Aí eu fui dar uma volta no Monza dele [do colega]. Eu estava junto com ele. Esses ladrões pegaram e falaram: "Qual é a de vocês, caguetaram a gente? Qual é de vocês?" Aí começou aquela discussão: "Eu não fui, eu não fui!" "Vocês vão apanhar. Estavam juntos, vão apanhar os três." [Eu disse]: "Eu não vou apanhar, eu não fiz nada para vocês." Todo mundo tinha medo deles porque eles não tinham medo de matar uma pessoa. Abria a boca para eles e eles matavam, sem pensar... Até jogando bola já matou um cara. Chutou a perna dele... Foi e matou um pai de família. Nego tinha maior medo dele. Aí foi: um começou a me dar um soco, começou a dar soco no outro; um deu uma coronhada no meu peito, caiu a arma. Quando caiu a arma eu fui tentar me abaixar, ele bateu na minha cara: "Vai, abaixa para você ver o que eu dou na sua cabeça!" Aí, tudo bem, respirei, fiquei com dor no peito, o meu colega chorando. O último não apanhou. Quando estava indo embora: "Olha, ele tem dinheiro!" Apontou para mim. Eu estava com dinheiro no bolso, cem reais. "Dá o dinheiro!" "Não dou." Começou a me bater, pegou um pedaço de pau e deu na minha cabeça. Entreguei o dinheiro para ele e fui embora.

Pedro tinha 15 anos. Mas já era *ladrão* e, portanto, podia ser cobrado segundo as normas da *comunidade do crime*. Comunidade no sentido tradicional, pois entre seus integrantes produz-se a sensação de que os pares são seus *iguais*, e igualmente *outros* frente aos *de fora do crime*. A primeira das regras dessa comunidade talvez seja a de não delatar. O amigo de Pedro delatou, por outra norma interna (não roubar na favela), e arrumou confusão. Pedro estava junto na hora do acerto de contas e, por isso, apanhou junto. Os dois só não morreram porque os códigos mudaram nos últimos anos e o episódio ocorreu exatamente em uma época de transição. Com a entrada do Primeiro Comando da Capital (PCC) – principal facção criminosa de São Paulo – em Sapopemba, organizando todo o tráfico de drogas e interferindo na organização de outros crimes, tornou-se mais complicado ter uma licença para matar outro *ladrão*. É preciso autorização superior, é preciso verificar o desdobramento gerado por ameaças, é preciso saber se outras sanções não adiantam. É preciso, em última instância, participar de um debate, ou seja, dos julgamentos extralegais operados por membros do *crime* e arbitrados por *irmãos* do PCC. Esse dispositivo, que emula um tribunal legal, com testemunhas de acusação e defesa, juízes e advogados, tem sido utilizado de modo recorrente nas periferias de São Paulo.[3] Aliás, na *Era PCC*, as normas de conduta de traficantes e ladrões passam a ser orientadas por um mesmo *proceder*, pois todos passam a partilhar, por ali, a autoridade do *Comando*. A sobreposição de mercados ilegais sob um único comando representa processo distinto do que ocorre em outras cidades, entre elas o Rio de Janeiro. Se no Rio as *ligações perigosas* entre o tráfico de drogas e outras ilegalidades permanecem oscilando na linha do tempo, em São Paulo esses mercados tenderam para uma sobreposição mais clara e estão, atualmente, conectados em torno de um mesmo *Comando*. Assim é que, nos momentos de dificuldade, Pedro (que nunca traficou) recorre ao *dono da boca* para se armar, e, ao mesmo tempo que compra as armas, recebe as instruções do *comando* (o PCC) para ignorar o problema com o grupo rival – *paz entre os ladrão* tornava-se, nesse período, uma das normativas da facção:[4]

> Daí, juntei [dinheiro], comprei um carro, comecei a roubar de novo. Peguei uma arma e trombei com os dois, comecei a dar tiro nos dois. Um no braço e outro na perna de um. Falei: "Agora vem!" Comprei umas quatro armas, peguei amizade com esse pessoal dono de boca, comecei a me revoltar: "Quer arrumar confusão comigo, então vem!" Aí eles não chegavam mais perto de mim; quando eu estava na favela, eles não vinham. Aí falaram para eu parar com isso, e eu ignorei isso porque senão ia acabar morrendo, porque eles eram mais fortes que eu. Eu sozinho, porque meus colegas...
>
> Numa fita também que eu acabei indo, quase morri. Fui assaltar um rapaz, eram três policiais. Fui assaltar ele, ele estava armado, mas não conseguiu ser mais rápido que eu. Mas também, eu não consegui matar ele. Agradeço até hoje por não ter matado ele. Tudo bem. Daí, apontei as armas para ele: "Vai, vai, vai, é um assalto, é um assalto" Ele ficou olhando para a minha cara, um alemão,

---

[3] O primo de Pedro foi executado depois de um *debate*. Ver, conforme já citado, Feltran (2010b, 2010c).

[4] Sobre as transformações no PCC e a adição do ideal de *igualdade* a seu lema, ver Biondi (2010). Não há dúvida de que a existência do PCC condiciona os modos de funcionamento peculiares, em São Paulo, da circulação do que Misse (2006b, 2007) chamou de "mercadorias políticas", inerentes ao funcionamento dos "mercados de proteção". Para um percurso dos problemas no caso carioca, ver Misse (2006a), e para o caso paulista, ver Hirata (2010).

assim. Vi que eram dois maiores, um baixinho, aí fui. Quando ele foi encostando, dei um tiro no peito dele, do lado... Nem foi no peito, foi na mão, assim. Eu vi que não ia dar certo porque o outro estava se coçando do outro lado. Daí eu fui, assim, nem queria mais roubar, fui me afastando com medo. Eles, armados. Quando eu fui ver, não tinha colega nenhum. Sorte que eu estava com duas armas. Aí, eu comecei a dar tiro nos caras e o policial começou a dar tiro também: "Tá, tá!" [...] Vi aquelas balas e fui correndo para o meio do mato. Passou um colega meu com um carro. Ele estava com um carro e parou, e deu uma pá de tiro; não acertou nenhum. Aí os polícias conseguiram sair da casa, pulei em cima de uns, caí, quase quebrei a perna, me ralei todo, assustado. Aí vi um carro, me escondi. Daí os polícias passaram reto. Fui embora. Cheguei na favela. Os caras: "Você tá bem, você tá bem? Pensei que você tinha morrido!" Aí teve um, eu dei um tiro no pé dele: "Pá!" "Isso aqui é para você aprender a não deixar os outros sozinhos; Vocês são tudo safados". Daí comecei a pegar mais raiva desse pessoal, e comecei a pegar confusão. Arrumei bastante confusão por causa disso, e fui tentando me acalmar.

E graças a Deus, consegui me acalmar. Fui tentando pegar amizade com eles de novo, porque não tinha jeito, eu estava morando ali, não tinha como eu sair dali, deixar a minha família e tentar fazer uma loucura, porque eu ia morrer. Mas eu também já não tinha medo de morrer mais. Minha família já não ligava mais para mim. Demorou para pegar amizade [de novo], daí fui num assalto com eles, roubamos acho que uns cinco ou sete carros – só num dia só.

Daí, na última vez, demos um tiro no carro. Daí, logo a Rota [Rondas Ostensivas Tobias de Aguiar, da Polícia Militar] fechou a gente e começou a dar tiro. Aí, meu colega joga a arma. [A polícia:] "Senta aí!" Manda a gente deitar no chão, cabeça para baixo [cabeça baixa]. Aí começa a bater, sem dó, apanhei que nem... Puxou o cabelo do meu amigo e deu logo um tapa na cara. Aí, meus colegas começam a gritar, eu fiquei quietinho. Aí teve um cara [policial, que falou]: "Você é o único que tá quieto?" Ele estava com uma botina de ferro e me deu uma botinada, que parece que até estralou os ossos da costela: "Pá!". Estava com uns objetos [roubados] e fui preso. O cara veio e eu tinha que pegar uns negócios que estavam no barraco, senão nós íamos apanhar mais. Nem tinha bastante coisa, e eu entreguei. Daí os moleques [traficantes locais] viram e acharam normal, tudo bem. Porque ele [o policial] disse: "Senão, seu amigo morre." E eu: "Tudo bem, eu aguento!" Meu pai estava bebão, não é não? Aí, meu padrinho: "Esse desgraçado".

As ações criminais eram narradas uma a uma, como se não houvesse intervalo entre elas ou como se o intervalo fosse pouco relevante. Em suma, a vida que Pedro se lembra de – ou crê ser mais relevante – narrar sobre esses tempos passa a ser a sucessão das ações criminosas de que fez parte. Pedro chega de madrugada trazido pela polícia, rumo à delegacia. O pai estava "bebão". A narrativa há muito já não citava os familiares, circunscrita que está pelas fronteiras do *crime*. As relações já estavam desgastadas: "Esse desgraçado". De fato, nessa etapa, é como se as relações internas desse mundo, sem lugar material explícito, tomassem a totalidade de sua vida. Nesse registro, a violência é extrema. A trajetória de Pedro – e não só dele, o fenômeno é recorrente – é marcada, nesse momento, também pela chegada dos conflitos internos à comunidade *do crime*, conflitos que fazem os indivíduos restringirem ainda mais seus vínculos pessoais para fora dela.

O risco de morte cresce, as trocas de tiros são mais frequentes, a violência armada passa a mediar não apenas as ações criminosas, mas com frequência também a sociabilidade cotidiana: punições por ruptura dos códigos, ameaças internas ao grupo, conflitos com outros grupos. Aparece a provável autoria de homicídios, da qual se suspeita pela insistência em dizer que todos os tiros disparados foram no pé, no braço, ou quando ele retifica a própria fala, após ter dito que acertou um tiro no peito. É mais próxima, ainda, a convivência negociada com a repressão da polícia, sempre associada à violência ilegal e à corrupção. A força policial surge, nitidamente, compondo a experiência de quem se vê imerso no *mundo do crime* e não contrapondo-se a ela.

Há ainda outra regularidade nos relatos de indivíduos que, como Pedro, atingiram tal imersão: trata-se do momento radical em que eles afirmam não ter mais nada a perder. A perda de laços com pessoas, instituições e valores considerados legítimos socialmente traduz-se, a partir dessa etapa, na convivência cotidiana com a possibilidade real de morte. A fragilidade dos laços de pertencimento a esferas sociais consideradas legítimas, pelo ocultamento que a intensidade da vida criminal – ou *vida loka* – lança sobre eles, cria uma espécie de inexistência do indivíduo no mundo percebido como legítimo. Isso faz sentir que, em última instância, sua morte seria apenas a confirmação dessa ausência e, a partir dessa hora, ninguém o reclama (Feltran, 2004). Diversos meninos com os quais trabalhei nos últimos anos relataram-me essa percepção muito claramente, sempre que seu envolvimento com o crime chegava a esse nível, e daí para frente. Não há, portanto, uma aleatoriedade na distribuição dessa violência letal; ao contrário, demonstra-se que ela responde a critérios de distribuição regulares e específicos – os rapazes com quem convivi, e que foram assassinados, quase sempre já haviam, como Pedro, atravessado esse limiar.

Nesse momento, se não há o que perder, também não há mais o que temer. "Eu não tinha mais medo de morrer, minha família não ligava mais para mim", diz Pedro. É também muito recorrente que, nessa etapa do envolvimento com *o crime*, de maior desfiliação de dinâmicas sociais tomadas como mais legítimas, o medo da morte praticamente desapareça. A *coragem* desses meninos, então, os torna muito qualificados para executar ações criminais arriscadas. A subcontratação de adolescentes para essas ações foi um fenômeno identificado em diversas situações de campo. A exploração de mão de obra jovem no *mundo do crime* se nutre, ainda, da mitologia em torno do Estatuto da Criança e do Adolescente – adolescentes são convencidos de que, por serem *de menor*, não serão punidos legalmente no caso de captura.

A essa altura e sem que se note, os critérios de satisfação iniciais da entrada no crime – o usufruto de bens de consumo, os passeios, as mulheres – também já desapareceram da narrativa. Pedro não se refere mais ao prazer de consumir o que conseguiu nos assaltos, não há mais adjetivação positiva. A roupa de marca, o tênis e o *status* no grupo, ou mesmo a complementação de renda para a rotina doméstica, vistos como justificação pelo lado de fora da fronteira do *mundo do crime*, cedem espaço agora, em uma perspectiva interna a essas fronteiras, a um ciclo de ações criminosas sequenciais, sem intervalo para desfrute. Familiares e amigos externos ao *crime* desaparecem do depoimento, a casa some da rotina e vira horizonte distante ("Vou lá só para dormir"); o trabalho é traduzido em ganho pela ação criminal; os espaços sociais de consumo e lazer deixam de ser frequentados pela narrativa, ainda que possam continuar presentes nos cotidianos.

Ladrão instituído, ladrão institucionalizado

Eu tinha 15, 16 anos nessa época [da primeira prisão]. Com 15 anos eu aprontei mais. Eu ia fazer 16 anos. Meu padrinho foi junto comigo, eu fui lá, pá, na cadeia. Acabei ficando dois dias lá. Na cadeia, no DP [Delegacia de Polícia] em

Santo André. Só esqueci o nome. Daí, fui para a UAI [Unidade de Atendimento Inicial da Febem, na época], fiquei um mês, certinho. Assinei [o artigo] 157 [Assalto à Mão Armada], Formação de quadrilha – era tudo de menor, na época, os moleques – e um Porte de arma. Aí fiquei um mês na Febem e saí. Fui no fórum, meus parentes também todos lá. Pegamos uma LA [Liberdade Assistida, medida socioeducativa em meio aberto], aí comecei a assinar o LA.[5]

Primeira prisão: botinada na captura, dois dias na delegacia com adultos, um mês na unidade de internação para adolescentes. Imersão no *mundo do crime*, em sua face institucional. Audiência para o julgamento, a família presente. Entre Pedro e sua família, como entre ele e todos seus laços sociais para fora do *crime*, passa a haver uma mediação estatal. A primeira prisão é sempre momento de mudança importante. A família ampliada é obrigada a se comunicar para processar o ocorrido, há que pensar o que fazer. O menino está mesmo *no crime*, está preso, todos sofrem. Mobilizam-se solidariedades. A fofoca da vizinhança confirma suspeitas e restabelece o estatuto da existência social de Pedro: ele está *virando bandido*, já virou. A polícia faz sua ficha, tira fotografias, monta uma pasta, ele passa a ser alguém com *antecedentes criminais* e, assim, muda seu estatuto também frente ao Estado. A primeira institucionalização é outro rito de passagem relevante na vida de um adolescente de periferia que, como Pedro, transitou pelo *crime*. A idade de Pedro também já havia reconfigurado sua inserção no universo social de seu bairro. Agora ele já fazia parte dos *moleques mais velhos*. Suas únicas relações não (muito) mediadas pela institucionalidade criminal, durante o período de internação, passam a ser as horizontais, entre os outros adolescentes privados de liberdade. Reforçados os vínculos horizontais, a *comunidade do crime* se fortalece. Para Pedro, como para todo membro dedicado de uma comunidade, o mundo que importa parece terminar nas fronteiras que a circunscrevem.

Foi quando eu conheci o Cedeca. Quem conhecia mais o Cedeca era meu irmão. Meu irmão só não se envolveu mais [no crime] por causa do Cedeca,

---

[5] "Assinar o LA" significa comparecer mensalmente ao posto da Fundação Casa (ex-Febem) responsável pelo acompanhamento de sua medida socioeducativa de Liberdade Assistida, conforme determinação judicial.

acho.[6] Aí conheci o Lucas [educador], esse pessoal assim, e fui com eles na quadra do Arlindo [escola pública do bairro], onde eu estudava, para jogar bola, fazer as brincadeiras lá na quadra, e conheci eles.

Foi a condenação ao cumprimento de uma medida de Liberdade Assistida, em meio aberto, que quebrou esse ciclo pela primeira vez. Por obrigação judicial, Pedro voltou para casa e para o bairro e tinha de frequentar as atividades do Cedeca. Conheceu seu *educador de referência*, conversou com ele e participou de atividades esportivas na quadra da escola. Seu processo passou a ser acompanhado por um advogado, que o instruía sobre seus direitos, que conhecia minimamente seus circuitos no bairro, sua trajetória familiar etc. Desde o primeiro assalto, esse era o primeiro momento em que Pedro travava relações sociais – ainda que caracterizadas por vínculos muito frágeis – fora do *mundo do crime*. O momento é novamente de passagem pelas fronteiras, mas agora no sentido oposto. As coisas, entretanto, não são assim tão simples. Fazia um mês que ele estava na rua quando seu amigo, que havia sido preso junto com ele, também saiu. Eles se viram logo.

Nesse mesmo dia ele foi preso comigo. Ele falou: "Tenho uma fita, acabei de sair da cadeia". Eu já tinha me envolvido com os caras já, grandão, umas fita boa, bastante dinheiro. Ele roubou um carro, colocou uma placa, ia fazer um *bode* [falsificação de placa de carro]. Aí eu liguei para umas meninas que eu conhecia, que eram meio envolvidas também, e elas falaram que era bastante dinheiro. Eu falei: "Tudo bem, vou passar na sua casa". E passamos na casa delas. Só estavam as meninas e uns caras, com umas armas, eu falei: "Nossa, que bonito! Que lindo!" Nunca tinha pegado aquilo. Aprendi a mexer nelas.

E meu amigo falou: "Vamos na 45 [45ª DP], perto da São Rafael", era para pegar os documentos dele. Ele tinha acabado de sair da cadeia, e ele foi com o carro roubado, junto comigo. Ele pegou os documentos dele, na delegacia. Eu pedi para ir dirigindo o carro. Eu já não dirigia há bastante tempo. Tipo assim: "Deixa eu ir dirigindo? Faz tempo que eu não dirijo, acabei de sair da Febem". Peguei, fui dirigindo o carro, e ele foi preso mais por causa de mim. Eu estava

---

[6] O irmão de Pedro não se envolveu com o *mundo do crime* nesse período, mas sim quando mais velho. Estava preso, na data dessa entrevista, por ter sido capturado em um assalto que realizava no centro de São Paulo.

descendo, uma arma em punho, assim, e tinha uma viatura. E eu deixei o carro morrer. A viatura parou, assim. Daí virei, a viatura parou. Eu engatei e [faz ruído imitando um carro que sai lentamente]: "Isso aí, piloto!"

Eu fui saindo devagar e a polícia veio na bota e mandou parar: [ruído de carro em arrancada de fuga]. Mas era um *bode*, um carro roubado, e ele falou: "Não vamos parar não, acabei de ser preso, acabei de sair da cadeia." E eu: "Também não quero não, acabei de sair da Febem. Deixa eles darem tiro! Acelera!" Comecei a acelerar e demos um perdido nela [na viatura], e daí trombamos [encontramos] com outra. Os caras dando tiro em cima da gente, eram cinco viaturas. Nós pegamos uma avenida em Santo André e começamos: fomos, fomos, fomos, quando eu fui ver tinha uns sete carros de viatura atrás da gente, e eu não sabia dirigir muito bem. Peguei uma avenida, foi fechando o farol e nós batemos os dois retrovisores e, quando olhamos de frente, tinha um carro. Nós batemos de frente com o carro: êbuf!

Aí amassou a porta no meio, no meu rosto e tudo; não desmaiei, mas deu um branco, depois eu acordei. Meu amigo tinha acabado de correr do carro, eu apoiei na porta, assim [faz o gesto de sair pela janela], e consegui sair. Na hora do apavoro, acho que pode cair uns cem em cima de você, que quando você pensa em morrer, não sei como, você consegue. Acabei correndo, corri bastante.

Aí vi um carro rebaixado − até hoje não sei como eu consegui − dentro de um posto [de gasolina]. Um carro rebaixado e eu consegui me enfiar lá debaixo. Não tinha outro canto, estava fechado de polícia. Daí eu me enfiei lá embaixo. [...] Daí cataram meu colega dentro do supermercado, aí foi e me catou. Sorte minha que tinha uma mulher [policial feminina]: "Ó! O seguinte, tenta sair daí, se vira!" E eu tinha que conseguir sair, e eu me ralei todo, não sei como eu consegui me enfiar lá debaixo do carro. Eu consegui sair. Quando eu levantei, saí, veio um negão [outro policial], me levantou lá no alto e deu um soco na minha barriga. Mas ele viu que eu estava todo cortado, todo saindo sangue, e falou: "Vou bater nesse desgraçado, vai pensar que fui eu que espanquei ele. Nem vou bater em você mais!"

Todo arrebentado, todo ralado no rosto, não é? Daí veio um monte de viatura; olhei para um canto, olhei pro outro e... não ia escapar nunca. Os caras estavam todos armados. E eu vi meu colega, e ele era 'de maior'. Aí olhou para a minha cara: "E aí, Pedro?" [Eu falei]: "Sou de menor, não esquenta a cabeça não!" Ele foi numa viatura, eu em outra e o cara [policial] falou para mim: "Seguinte, joga tudo pro de maior". Olhei para a cara dele, assim: "Mais fui eu que roubei [o carro]! O de maior não tem nada a ver". Ele [o policial] foi e deu um soco no meu peito. "Vai, pode espancar, matar, estou todo arrebentado mesmo, faz o que você quiser!" Ele foi e me deu uma coronhada no peito. Aí falei: "Você não tem mais força não, polícia?" Olhei para a cara dele: "Então você tem que fazer mais coisa ainda, porque fui eu que peguei". Foi e me deu mais um soco na boca. Aí eu falei: "Tudo bem, estou todo arrebentado mesmo".

Chegou na delegacia, chegou a vítima, acabou não reconhecendo nenhum dos dois. Aí, os policiais: "Você vai direto pro SOS, neguinho". Entrei na cela e tinha uma pá de ladrão. Aí, meu colega foi preso e o pessoal começou a zoar: "Aí o pessoal do bandex! Sai num dia e volta no mesmo dia, meu!" Vixe, comecei a dar risada. Tinha um outro colega preso, no mesmo lugar. Ele falou assim: "Tudo bem, Pedro, a vítima não reconheceu você. Daqui a pouco você está na rua, não esquenta não! Só não sei ele, que acabou de sair e acabou de chegar, mas você...!" Falei: "Tudo bem." Esse rapaz era, tipo assim, considero ele; mas agora não muito, mas antes considerava pra caramba, tinha cinco passagens em cadeia. Respeitava ele pra caramba e ele me respeitava.

Peguei amizade com um pessoal lá dentro, esse pessoal me cumprimentou: "Você que é o tal de Pepê?" Aí comecei a pegar uma amizade com o pessoal de fora, muitos [...] falavam de mim. Os "ladrão" falavam porque eu estava roubando o ano inteiro, e peguei um nome, uma amizade. O pessoal: "Olha, um molequinho daquele tamanho tem mais apetite que um ladrão." Os caras: "Vamos te levar pro SOS". Eu: "É? Vamos. Fazer o quê?" Meia hora [depois]: "Vou tomar um banho." Os policial olhando para a minha cara: "Porra! Você é folgado mesmo!"

Me levaram para a UAI de novo, e o funcionário de lá: "Caramba, de novo! E os caras: "Você já sabe como funciona. Mão na cabeça, 'não senhor', 'sim senhor'." Fiquei mais dois meses lá, de novo. Fui para a UAP 8 [A sigla significa Unidade de Acolhimento Provisório, mas em realidade Pedro passa por uma UAP e se refere à UIP 8 – Unidade de Internação Provisória do Brás, onde cumpriu a medida de internação].

A minha irmã foi me visitar uma vez e eu: "Tô aqui porque eu quero, quis para mim. Não quero visita não! A minha família já me via roubando daquele jeito, sofria comigo e veio me visitar, já era demais". Minha irmã estava com uma filha já. Peguei e mandei ela embora, ela ficou nervosa. E o funcionário: "Ei, você é folgado! Você trata sua irmã desse jeito?". E eu: "Eu trato, a irmã é minha". Aí ele falou: "Neguinho, você é folgado mesmo!" Aí eu falei: "Sou mesmo, seu banguela!" Aí ele veio e me deu um soco. "Se fosse sua irmã, você gostaria que ela ficasse visitando você aqui?" – falei para ele. Fiquei olhando para a cara dele e fiquei quieto. Nunca tive visita não, porque eu não quis. Minha irmã ia, mas eu falava: "Não, não aceito visita não!"

Peguei amizade com o pessoal, uns funcionários. E peguei semiliberdade, tinha que ficar na casa para dormir.[7] Aí peguei umas amizade, tinha uns moleque folgados, uns neguinho que arrumavam treta rápido, e acabei fugindo de lá. (...)

Aí fiquei fugitivo, em busca e apreensão. E me envolvi mais uma vez. Tipo assim: um colega meu morreu, mais outro morreu. Aí fui ver, nunca tinha visto um cara morrer na minha frente; o cara foi num assalto, acabou morrendo na minha frente, acabei fugindo. Aquela cena, e eu falei: "Nossa, eu fui, o cara não voltou comigo." [...] Aí, teve um policial que eu acertei ele e acabou vindo me procurar aqui, mas não conseguiu me achar. Acabei sendo procurado pela polícia, arrumando treta com ladrão, e comecei a pegar amizade com uns pessoal forte. Aí eu vim num [outro] assalto, um colega meu já levou um tiro também, outro levou no pescoço e ficou meio gago, mas fugiu. Eu não fugia. Êita, começou a piorar as coisas.

Ao invés de eu melhorar em casa, não trazia mais nenhum real para casa, porque eu já não conseguia mais arranjar dinheiro. Aí ia para a Febem, piorava mais em casa, e quem estava tomando conta de casa era o meu irmão mais velho. [...] Não sei dizer por que antes dava mais certo, não sei dizer até hoje. Teve bastante que deu certo. Acho que acabei me envolvendo com cara que já tinha passagem, já era muito zica, como se diz, zica demais. Acabei me ajuntando com eles e era visado pelos polícias, eles viam e já conheciam. Acabou me conhecendo, acabei indo e os policiais me enquadravam: "Cadê seu colega?" E acabei sendo visado, e acabei sendo falado por polícia, porque eu tinha comprado uma moto e um carro. E aí: "Tal moleque tá se crescendo, tá ganhando dinheiro". Acabei perdendo carro e moto. Alguns moleques morrendo, a polícia seguindo eu, querendo saber quem sou eu e eu acabei acalmando. Aí fui me enturmando mais com o Cedeca, fui me afastando.

A cena descrita por Pedro transita, rapidamente, entre o encontro dos amigos, a perseguição policial cinematográfica e a vivência limite entre a

---

[7] A semiliberdade é uma medida socioeducativa intermediária entre a Liberdade Assistida e a Internação, que funciona aos moldes do regime semiaberto para adultos.

vida e a morte. Em seguida, a segunda institucionalização já é encarada com naturalidade. Nesse trecho do depoimento, não são mais as ações criminosas que se encadeiam, mas apenas aquelas que redundaram em ida e volta das instituições totais. A irmã reaparece representando a família. Havia sido destacada para a tarefa. Mas a justificativa utilizada por Pedro para evitar as visitas demonstra o quanto seus códigos de honra já são específicos – a irmã é expulsa, pois os familiares "já sofreram tanto comigo, ainda têm que vir aqui? Não é justo". As idas e vindas fortalecem a *amizade* com os pares, Pedro ganha *nome*: "Então você é que é o Pepê?".

De volta às fronteiras internas do crime e à institucionalidade que lhe é própria, Pedro enuncia quais passam a ser suas redes sociais: indivíduos institucionalizados ou recém-saídos da cadeia, policiais e agentes estatais do mundo penal. As mediações desses laços são quase sempre violentas. Compreende-se porque as instituições penais de privação de liberdade (e socioeducativas, no caso dos adolescentes) terminam por agravar a sensação de desvinculação social em relação ao mundo *legítimo* e, assim, reforçam a referência do *mundo do crime* nas trajetórias. O dispositivo se monta entre o espaço de internação, no qual as relações horizontais são sempre internas à ilegalidade, e o judiciário criminal, em que todas as relações gravitam em torno do ato infracional. Esse circuito monotemático, que fortalece a identidade do *criminoso*, aparece justamente quando o Estado passa a mediar suas relações sociais. O *mundo do crime* ganha também, nessa perspectiva, lugares sociais que extravasam (e muito) as periferias urbanas, fincando raízes nas instituições: não é preciso mais que se recordar dos *Ataques do PCC* em São Paulo, em maio de 2006, para ter certeza dessas conexões (cf. Capítulo "Periferias no público: figurações").

A motivação inicial de ingresso no crime reaparece: "Eu tinha um carro e uma moto", mas já não é mais mobilizada a mesma justificação ou a mesma qualidade desses bens. Agora, o carro e a moto geram inveja, exposição e perigo. Inveja, porque ele está em evidência e todos querem o que ele tem. Exposição e perigo porque a polícia já conhece o menino desde sua primeira passagem, conhece seus parceiros e, quando os vê em um carro ou em uma moto, vai abordá-los (para prendê-los ou *parasitá-los*). "Muita zica, zica demais". A expressão, que indica azar, nesse caso, é explicada por Pedro de modo concreto: ele sabe bem que, tendo mais *nome*, *ladrão* e *polícia* estão de olho nele. Cada nova *fita* é um novo tiroteio. Os amigos e parceiros começam a ser baleados. Um morre em sua frente. Mais um. As coisas pioram muito. Era tudo *ilusão*, outra categoria mobilizada de modo recorrente.

Caminho de volta

Teve um colega meu que quase me matou porque eu parei de roubar, um pouco. E meu colega: "Vamos assaltar?" Ele tinha acabado de assaltar uma pizzaria. Eu falei: "Não, não vou não". "Vamos, seu cuzão!". "Pode xingar o que quiser". Daí ele começou a folgar comigo de novo. Aí teve um dia que ele foi, engatilhou a arma na minha cara: "Vai! Senão eu te mato agora!" "Mata se você for homem!" E era meu colega, andava junto comigo... Olhei para a cara dele, assim: "Colega? Desgraçado! Sorte sua que eu não te mato agora que eu não to armado". Olha para a minha cara: "É, teve sorte porque tem um monte de pessoas na rua". Fui em casa, busquei uma arma e fiquei olhando. Os moleques me viram armado e falaram: "O Pedro tá armado". Aí ele me viu lá de cima e começou a dar tiro. "Então, toma!" Comecei a dar tiro também e acertou um no braço dele. "Ou você me mata ou eu te mato, só porque você fez isso para mim." Ele foi embora para o interior e eu parei de roubar, depois que eu entrei nessa confusão. Ele fez um homicídio em Curitiba, matou um rapaz, um policial, não sei. Conseguiu sair e disse que vinha para cá. Eu disse que era ou eu ou ele.

Fez mais um assalto e está preso até hoje. Eu fui me afastando, me juntando no Cedeca e comecei com o Lucas. Ele era educador meu do LA e ele falou do Nasce: "Fica ali cuidando das crianças". Eu falei: "Vou sim". Era maior tímido na época. Entrei com a maior timidez, conheci a Neide, que é bastante colega [da equipe técnica do Nasce], que é da igreja, a Juliana, e eles me acolheram. Com confiança, porque ninguém ia confiar num rapaz que tem uma ficha que é precária demais; olhar para uma ficha e saber as coisas dele. Não sabem tudo, porque eu nunca contei tudo para ninguém. Não pode contar... Teve coisas que eu contei para vocês hoje... Antes eu não tinha coragem. Hoje, agradeço a Deus. Eu estou vivo por causa de Deus. O único que me protege até hoje é só Deus, só.

O Cedeca reaparece acompanhando uma nova LA. Novamente, o atendimento recoloca Pedro em relação com outras esferas de sua família e do bairro, além de acompanhar seu processo judicial. Agora, entretanto, o momento já é de ameaça de morte mais presente, Pedro está efetivamente no limiar entre um desfecho trágico ou uma reconversão ao mundo da convivência legítima. Ele decide tentar fazer o caminho de volta, deixar de ser *bandido*, voltar a ser *trabalhador*.

Mas, para atravessar a fronteira e deixar o *mundo do crime*, é preciso gastar energia. Narrada sem muita certeza, a cena da briga com o colega é retomada para demonstrar as dificuldades de deixar o crime. A briga ritualiza essa passagem e, por isso, é marcada pelo maniqueísmo: tudo ou nada, dentro ou fora, comigo ou contra mim, ele ou eu. Não há trânsito fluido entre esses mundos, suas fronteiras são controladas. O *mundo do crime* não é um "regime de engajamento",[8] no qual um ator pode estar em um momento e, imediatamente a seguir, transitar para outro. Um indivíduo pode transitar entre diferentes regimes de ação no mesmo dia – deixar sua casa, comprar um boné, ir à escola e, à noite, participar de uma ação criminal, retornando para casa em seguida –, mas não há aí travessia da fronteira, identitária, que circunscreve o *mundo do crime*. Essa fronteira delimita *mundos* e controla a relação entre eles.

Por isso, uma conversão individual é requerida. Há que se exorcizar o ladrão que havia em si, retirar do corpo essa identidade. Como têm demonstrado alguns estudos recentes, a conversão para o neopentecostalismo se apresenta frequentemente como uma rota de fuga do *mundo do crime*. Receptoras de muitos fiéis nas últimas décadas (Almeida, 2004, 2009), as igrejas neopentecostais se especializaram em fornecer passaportes e vistos para aqueles que desejam sair do *mundo do crime* sem se tornar clandestinos do outro lado da fronteira. Como mediadoras dessa imigração, essas instituições mantêm relações diplomáticas com os praticantes de atos ilícitos e suas formas de organização. Ao mesmo tempo, normatizam claramente a distinção da conduta de um ou outro lado da fronteira (Biondi, 2008).

Ao vislumbrar o *outro lado*, aparecem também outras pessoas no depoimento: o Lucas, a Neide, a Juliana, educadores que acompanham o percurso de Pedro. Surge uma oportunidade de trabalho: "Fica ali cuidando das crianças". "Vou sim". Pedro virou *office-boy*, depois educador e passou a receber um salário, previsto nos convênios da entidade social com

---

[8] Ver Thevenot (2006).

88 GABRIEL DE SANTIS FELTRAN

a Prefeitura e o Governo do Estado, enfim, as políticas sociais. Na data de nossa entrevista, já fazia três anos que ele trabalhava no Nasce. Em 2008, ele completa seis anos na instituição. A narrativa reencontra o *mundo legítimo* e o espaço em que estávamos sentados, em torno da mesa de plástico rígido. Nesse momento, modifica-se novamente o fluxo da descrição. Então, em uma inflexão rápida, o depoimento de Pedro retoma os mesmos parâmetros de justificação iniciais. Ele reencontra a família, a religião e o trabalho; está de novo no *mundo legítimo*. Pedro recobra o fôlego e termina sua intervenção assim:

Nunca roubei uma caneta de ninguém. A única coisa que eu queria era ganhar dinheiro e saía para roubar para sustentar a casa. Mas a minha mãe me ensinou uma coisa: se você ver uma caneta em cima de uma mesa, você não pega porque é muita falta de respeito. Só roubei porque em casa estava passando muita necessidade, e roubava os outros, de fora... Quem tinha, e não quem não tinha. Quem não tinha eu ajudava, dava dinheiro... Até hoje, com o que eu puder ajudar, eu ajudo. Fui me enturmando com o pessoal [do Nasce] e gostei das crianças. Nunca tinha visto umas crianças com esse sofrimento, diferentes, com deficiência em andar, estar dependendo dos outros para comer, para usar o banheiro... Minha prima é deficiente, mas eu nunca me envolvi com a minha prima. Ela não anda e não fala. Eu não tinha aquele contato com ela. Hoje eu tenho. Aqui eu aprendi a ter contato com as crianças e saber viver. Como fala? Não é só a minha dificuldade, que eu tenho em casa, financeira, que existe. Aqui, eu aprendi a ver criança que não anda ou que anda mas que não consegue falar, várias dificuldades, criança Down, e que passa fome também, e não rouba, não precisa roubar, e vive de uma forma diferente. A mãe sofre pra caramba porque tem um filho assim, doente. E eu fico colocando aquilo na cabeça. O pessoal foi me explicando como dar comida para eles, eu fui, comecei; tinha o maior medo, mas fui me acalmando. Acho que Deus fez uma vida nova na minha vida, consegui ter quase uma família, eu considero aqui uma família. Mais que uma escola.

Agora, hoje em dia, eu fiz um curso antes de ser registrado como Agente Jovem e isso me ajudou bastante. Porque tinha teatro, reciclagem, comunicação e computação. E aprendi bastante coisa. Tive contato com coisa que eu conheci quando eu era pequenininho e eu deixei, jogado fora, por um ódio que eu tinha guardado. Acho que o problema era mais a minha mãe, nunca pensei em perder a minha mãe na minha vida. Hoje em dia eu falo assim: "É, mas um dia todo mundo vai. Ela morreu de um jeito, doente... Deus, religião, não sei... Religião, cada um tem um estilo. Eu sempre vou numa religião, mas não sou daqueles [muito dedicados]. Só sei que acredito na palavra de Deus. Tudo que ele fez na minha vida até hoje, acredito só nele, só. A carne da minha mãe eu perdi, mas o espírito dela virou um coração que entrou dentro do meu coração. E eu acho que a força dela, de cima, me fez ficar mais forte e acordar para a vida. Os outros podem falar besteira, mas ela é minha alma, é que mais me protege. A alma da minha mãe e Deus que me protegem, até hoje. Te falar que eu não tenho medo de arrumar briga hoje, eu não tenho, mas também eu não procuro ver.

Tem uns que têm cara feia comigo, mas sempre me respeitei para ser respeitado. Acho que o que vale mais no mundo é você ter respeito com o próximo. Acho que com isso você ganha confiança de ladrão e trabalhador. Acho mais certo.

Coexistência dos mundos, legitimidade em disputa

De volta ao mundo dos *trabalhadores*, Pedro pode dizer com eles: "Nunca roubei uma caneta de ninguém". Mas talvez motivado pela expressão do rosto dos entrevistadores, ele percebe que é preciso elaborar um pouco mais a explicação. Levando a sério o que Pedro diz, também eu sinto, nas dezenas de vezes que o encontro, que tenho de sofisticar minhas explicações. A narrativa de Pedro reencontra o ordenamento dominante justamente nesse momento, condicionado claramente pela conversão religiosa e pela valorização do trabalho legítimo. O depoimento se torna um testemunho de fluxo pentecostal[9] e, como epílogo, Pedro elabora uma síntese do aprendizado obtido no transitar entre os dois lados da fronteira: "O que vale mais no mundo é você ter respeito com o próximo". Assim, "você ganha confiança de ladrão e trabalhador".

A frase é significativa, pois, se ao seguir esse mandamento obtém-se confiança dos dois lados da fronteira, é porque em ambos os domínios esse é um princípio ordenador *compartilhado*. Se "o que vale mais" é esse princípio compartilhado, é porque, para viver, é preciso obter respeito dos dois lados: nas esferas sociais aceitas publicamente como legítimas e no *mundo do crime*, que se impõe como arena com a qual é preciso lidar. O código moral-religioso

---

[9] Agradeço a Edlaine Gomes por essa formulação e pelos comentários para este Capítulo.

parece designar a sociabilidade *não desviante* em geral, definindo os critérios pelos quais ações e sujeitos poderiam ser considerados legítimos nos dois lados da fronteira. Não é à toa que a expressão *mundo* reaparece com outro sentido nesse contexto: não mais como expressão de universos circunscritos (do *crime* ou do *trabalhador*), mas como algo mais abrangente, que os contém. Nesse instante de síntese, a disputa pela legitimidade social, que acompanhava toda a narrativa, se demonstra ainda mais nitidamente. O *ladrão* aparece, pela primeira vez, no mesmo estatuto do *trabalhador*, e Pedro sabe que, para estar bem, deve ser interlocutor respeitado por ambos. Para tanto, mesmo que ele esteja de volta ao mundo dos trabalhadores, deve permanecer pautado pela existência da fronteira. "Acho mais certo".

No trabalho de campo não foi incomum encontrar essa síntese. Conheci muitos outros meninos e meninas que transitaram pelas fronteiras do *mundo do crime* em idas e vindas, gastando muita energia ao fazê-lo: Douglas, Allan, Wesley, Marcela, Diogo, Helder, Aline, Jonatas, Michel, Robson, Lázaro, Fernando, Raul, Anísio. A lista é longa, os casos são reais. O percurso desses jovens é, estruturalmente, muito similar à trajetória de Pedro: estão presentes, invariavelmente, fluxos cotidianos entre família, trabalho, judiciário, políticas sociais e crime, embora esteja também presente a marcação social da diferença de modo bipolar, entre *trabalhador* e *bandido* (ou *ladrão*, a depender de quem fala).[10] Por singulares que sejam, e ainda que seus desfechos sejam múltiplos, o desenho dos enredos que estruturam as trajetórias dos *meninos do crime* é recorrente. Há sempre dinheiro e objetos de consumo circulando livremente entre os dois lados da fronteira, embora o transitar de indivíduos seja muito mais controlado. Há sempre igrejas agenciando conversões como passaportes de saída e vistos de entrada e há sempre instituições totais, armas, vítimas e tiroteios nas inflexões das trajetórias. Há, portanto, muita regularidade nas fronteiras que circunscrevem o *mundo do crime* nas periferias de São Paulo e em outras do Brasil. Há regularidade, ainda, nas relações entre os modos de vida nessas fronteiras e o conjunto das relações sociais.

---

[10] Desenvolvo esse argumento em Feltran (2010a). Ver ainda o Capítulo "Bandidos e trabalhadores: coexistência" deste livro. A literatura especializada em narrar esses percursos de vida é, por isso, repetitiva – para além dos estudos acadêmicos, ver Barcellos (2004) e Soares; Bill; Athaíde (2005, 2006, 2007).

Na pesquisa de campo, mesmo os jovens que nunca estiveram inscritos no *mundo do crime* – que representam a grande maioria da população – não puderam se esquivar de fazer referências a ele. O modo como as fronteiras *do crime* se aproximam de suas famílias e de seus circuitos sociais é múltiplo, mas sempre evidente. Às vezes, eram amigos de escola, primos ou irmãos que se envolviam em atividades ilícitas, sobretudo, o narcotráfico. Outras vezes, pais, tios ou eles próprios recebiam convites para participar de ações criminais e, invariavelmente, suas mães sublinhavam o orgulho que sentiam por ter filhos *resilientes*. Meninos e meninas nascidos em famílias de baixa renda, nas periferias da cidade, nos anos 1990, sabem que o *mundo do crime* é um domínio com o qual, querendo ou não, é preciso lidar. A coexistência entre as esferas em que viveriam os trabalhadores e um *mundo do crime* dos bandidos é uma condição instituída em suas vidas. A polaridade discursiva entre eles também.

No plano etnográfico, é bastante evidente que o ordenamento social próprio desse *mundo do crime* tem expandido sua capacidade de impor parâmetros de organização social e que a circulação de mercadorias, serviços e discursos pelas fronteiras que o circunscrevem é cada vez mais intensa. De outro lado, o fato de os fluxos que atravessam as fronteiras do *mundo do crime* serem atualmente mais intensos não as torna menos operantes. Ao contrário, o aumento dos fluxos que as atravessam solicita um incremento na seletividade e no *controle* dessas fronteiras, controle exercido, sobretudo, no discurso e no fluxo de pessoas, disputado entre os atores dominantes no mundo social *legítimo* e no negócio do *crime*. As fronteiras do *mundo do crime* passam a ser, nessa medida, espaços de disputa pelos sentidos do que é legítimo social e publicamente e, assim, elas passam a interferir nas estratégias de gestão de territórios e populações, especialmente nas periferias urbanas.

Essa disputa pela legitimidade já é evidente do ponto de vista empírico. A depender do problema enfrentado, um jovem de Sapopemba pode, por exemplo, propor uma ação trabalhista ou exigir justiça em *tribunais* do PCC; pode se beneficiar dos atendimentos de uma entidade social ou pedir auxílio ao traficante. Pode, ainda, conseguir um emprego para entregar panfletos ou começar a trabalhar na venda de drogas no varejo. A depender do interlocutor, essas ações serão consideradas mais ou menos legítimas, e serão mais ou menos válidas discursivamente. Mas, nos fluxos cotidianos da vida, qualquer uma delas compõe igualmente repertórios de ação possivelmente legitimada. Afirmei nas primeiras páginas deste livro que a política não se resume à disputa de poder em terrenos institucionais, mas pressupõe um conflito anterior, travado no tecido social, constitutivo da definição dos critérios pelos quais os grupos sociais podem ser considerados legítimos. É nessa perspectiva que a disputa pela legitimidade, que emerge do exame das fronteiras do *mundo do crime* nas periferias de São Paulo, sugere amplos significados políticos. Nos próximos capítulos, essa disputa se mostra em outros terrenos.

DE OPERÁRIOS A TRABALHADORES

Minha chegada a Sapopemba ocorreu mais de trinta anos depois da data em que Seu Cláudio se mudou para lá. Foi na casa própria da família, toda autoconstruída e agora já bem acabada, que fiz algumas entrevistas com ele e sua esposa, Dona Sílvia, e, especialmente, com a filha mais velha do casal, Clarice, e um de seus irmãos. Até 2008, quando Seu Cláudio faleceu, viviam na casa apenas Clarice e os pais, os dois meninos já haviam se casado. Cheguei ao portão e bati palmas, ouvi o cachorro latir e, depois do cadeado aberto, entrei para conversar. Conversar, de fato. Houve momentos de entrevista com hora marcada, menos frequentes que as visitas, e sempre muito agradáveis, repletos de assunto. Conforme eu perguntava sobre a família deles, eles se interessavam por meu percurso. Eu também falava de meus filhos e, em algumas visitas, levei amigos e parceiros de campo; invariavelmente, seus mundos também entravam na conversa.[1] Em suma, essa é uma família que recebe bem suas visitas e que permite a um pesquisador tanto refletir sobre si mesmo quanto acessar inúmeras faces da dinâmica social que estuda.

Pois acompanhar a narrativa de Seu Cláudio e Dona Sílvia é compartilhar a trajetória do projeto de vida que animou a ocupação urbana do distrito de Sapopemba; e é ainda mais que isso. Nas modulações dessa narrativa desdobram-se, também, possibilidades analíticas das funções econômicas que a força de trabalho industrial teve no crescimento do distrito, da zona Leste

---

[1] Em algumas dessas visitas, estive acompanhado por outros pesquisadores, como Ana Paula Galdeano Cruz, Robert Cabanes e Suresh Naidu.

e da cidade de São Paulo; vislumbra-se nelas ainda a relevância da – frágil – proteção social que acompanhou os trabalhadores migrantes que conseguiam empregos nas fábricas, bem como as consequências sociais de seu desmanche recente. Mas, tudo é muito mais. Nos depoimentos da família desenham-se também, de um lado, as transformações da paisagem urbana e, de outro, as conformações originais do associativismo popular em São Paulo, que desaguou, em uma conjuntura específica, na emergência pública dos movimentos sociais dos anos 1980 e, mais adiante, na formulação de um campo de atores centrais no cenário político contemporâneo.

Esses e outros temas emergem conforme a trajetória da família caminha, e embora passíveis de interpretação muito mais profunda, apenas os situo telegraficamente para que, avançando na cronologia, seja-nos permitido contextualizar, na segunda parte do capítulo, como a transição geracional modifica o arranjo familiar. Da fundação do projeto operário chegamos, a partir dos anos 1990, aos modos heterogêneos e individualizados de inscrição social dos percursos dos três filhos do casal. A essa altura, fundamentalmente, trata-se de reconhecer os diferentes modos como o *mundo do crime* aborda a dinâmica familiar, e como é afastado dela. Nas distinções entre as representações e os projetos dos pais, e os que animaram a experiência de cada um dos filhos, vislumbra-se a radicalidade das transformações nas periferias da cidade, em sua heterogeneidade contemporânea.

Um projeto comum: família operária, trabalho e casa própria

Seu Cláudio e Dona Sílvia nasceram ainda em área rural, de fazendas, mas já na beira da cidade grande. O lugar em que viveram se tornou depois o Parque São Lucas (distrito vizinho a Sapopemba), loteado nos anos 1960 e hoje completamente urbanizado. Filhos de imigrantes italianos e espanhóis que fizeram a vida em São Paulo, foram crianças na cidade promissora dos anos 1950. Vizinhos desde essa época, herdaram dos pais o cristianismo e a moral do trabalho, viram a urbe crescer e sabiam que podiam *crescer com ela*. Mas era preciso trabalhar para valer, e eles trabalharam, desde muito cedo – a escolarização de ambos, por isso, parou no que hoje seria o ensino fundamental incompleto. Seu Cláudio cresceu *puxando areia e tijolo* no caminhão do pai, dos sete aos dezoito anos de idade. Em seguida, serviu o Exército, tempos de ditadura: "não peguei moleza". Queria seguir carreira militar, mas seu pai falecera – assassinado – e, como era o filho mais velho, foi obrigado a largar a farda. Uma metalúrgica de Santo Amaro pagava melhor, e ele ficou ali até 1969. Dona Sílvia era babá desde os doze anos de idade; aos quinze ganhou um emprego em uma fábrica de linhas, na Mooca, e seguiu na indústria têxtil até se casar, em 1970. Ela conta que o pai era *muito bravo* e que se casou na primeira oportunidade que teve de sair de casa.[2]

> Aí começou a luta, que foi pior ainda. Porque se eu soubesse que era tão difícil a vida de pobre, ter filho, criar, ter uma casinha... como é difícil, eu não teria casado. A vida de pobre é muito difícil. [D. Sílvia.]

Estranhei ouvir essa formulação, já em um dos primeiros momentos da primeira entrevista gravada com ela. Acho que foi a única vez, durante toda minha pesquisa de campo, que alguém se referiu a si mesmo e a sua família utilizando a categoria *pobre* ou, ao menos, com essa ênfase. Dona Sílvia repetiu algumas vezes a palavra, como explicação central de sua trajetória inicial. Estranhei, pois, curiosamente, a expressão apareceu justamente na família mais bem estabelecida economicamente que estudei em Sapopemba. Apareceu, sobretudo, depois de ela ter saído de uma situação de privação material bastante difícil, quando o conforto era muito maior que o que eles haviam tido. Por isso, e demonstrando o progresso no percurso familiar, logo em seguida ela completou o caminho do discurso: "hoje, graças a Deus, hoje eu estou feliz. Tenho neto, filho casado..."

A referência ao casamento também é recorrente entre as mulheres que pesquisei, embora Dona Sílvia soubesse que "ter filho, criar, ter uma casinha era tão difícil", "não teria casado". O casamento era tão central que ela, que já tinha uma vida profissional iniciada, deixou de trabalhar para cuidar da casa e dos filhos – depois de casada, era o que a mulher de família devia fazer. Além do mais, a estabilidade do emprego registrado, do marido operário, deveria permitir que cada um assumisse o papel que tradicionalmente lhes era destinado. Ele reclamava sempre de dores nas costas, carregar areia desde

---

[2] É assim que ela se refere ao pai: "meu pai sem juízo, trabalhador, mas... muito danado, namorador. Então a gente sofria muito, desde pequena." [Sílvia].

criança deixara sequelas; mas continuou na metalúrgica, e em seguida em uma segunda fábrica no ABC paulista. Ganhava um pouco mais no novo emprego, trabalhava mais perto de casa – eles seguiam no Parque São Lucas, dava para *guardar um dinheiro* – a vida começava a se estabilizar,. Hora de pensar em um terreno, em construir uma casa para aumentar a família. O *script* funcionou, nos primeiros anos. O Brasil ganhou a Copa do Mundo e o casal teve três filhos, como deveria ser: Clarice em 1971 e os gêmeos em 1975.

A trilha é bem batida. Elementos já explorados na literatura sobre a família operária, desde os anos 1980, aparecem em sequência: trata-se de um arranjo familiar estruturado em torno de um projeto de ascensão social pelo trabalho, com a religiosidade popular cristã (católica e, por vezes, protestante) imprimindo o código moral de coesão entre os membros. Os papéis de cada um na família são bem estabelecidos, delineados, acima de tudo, pelo gênero e pelo respeito aos mais velhos.[3] Os filhos devem estudar e a família se desdobra para garantir o estudo, que proporcionaria um futuro melhor para eles. A passagem de gerações corresponde a aumento de escolaridade e acesso muito maior a bens e serviços, até porque, nesse caso, a trajetória do grupo se dá em um contexto de franca modernização e abertura de mercados. Além disso, no delineamento dos papéis de cada um há sinais distintivos, dos mais corriqueiros: como em boa parte das famílias rurais, na família operária de São Paulo é comum que os filhos usem *o senhor* ou *a senhora* ao se dirigirem aos pais. Nas classes médias, isso ocorre com muito menor frequência. Os pronomes indicam que, mesmo na esfera íntima da relação familiar, os papéis e lugares sociais distintivos são marcados, constitutivos do sujeito. Eu mesmo utilizo aqui pronomes de tratamento: *Seu* Cláudio e *Dona* Sílvia, que me apareceram automaticamente desde que os conheci, mas que não utilizei com outras famílias na pesquisa. Pronomes de tratamento que designam um misto de respeito e simplicidade – talvez humildade.[4] Se é assim na modelagem discursiva dos papéis normativos de cada um, é

---

[3] Para uma caracterização da família operária que chega às periferias de São Paulo, é referência central o artigo de Durham (1980). Uma etnografia muito detalhada dessa família popular, em sua heterogeneidade, foi feita por Cabanes (2002) já nos anos 1980. Ferreira (2003) fez estudo minucioso de doze famílias de uma favela, já na virada do século, e a leitura de suas trajetórias, atentas à questão do trabalho, revela a profundidade dos deslocamentos recentes.

[4] Ou um respeito à simplicidade, pois o ambiente de relações sociais e culturais que se conforma, a partir da estruturação desse modelo familiar, já desde a zona rural, é fundado pela centralidade e pela dignidade do trabalho. Simples, pobres, mas dignos (porque trabalhadores). Alba

verdade também – e a literatura especializada já notou isso há tempos[5] – que essa demarcação de papéis encontra dificuldades em se manter nas práticas cotidianas. Em contextos sociais de franca mudança, é ainda mais difícil: o pai provedor e protetor, a mãe que exclusivamente dirige o ambiente doméstico, os filhos que estudam e conseguem empregos bons tornam-se, com os anos, papéis de tipo ideal, relevantes como referência moral e código de hierarquização interna da família; por isso, eles têm relação estreita com os achados etnográficos, embora não se confundam com eles.

O emprego industrial de Seu Cláudio levou a família a comprar um terreno, em 1972, em um loteamento ainda sem infraestrutura, um pouco mais distante do centro, no distrito imediatamente mais a Leste da cidade. O dinheiro para dar entrada em um terreno nas fronteiras de expansão de São Paulo vem do recebimento de direitos trabalhistas, como deveria ser.[6] A família se muda para o Jardim Planalto, em Sapopemba, quando Clarice ainda era uma bebê de colo.

Cidade e política na esteira do projeto familiar operário

"Quando nós chegamos, aqui não tinha nada, era tudo mato." Quantas vezes se escuta essa afirmação, aqui mais uma vez anunciada, quando se faz pesquisa nas periferias consolidadas de São Paulo. Trata-se aqui também de um depoimento regular. A casa da família foi conseguida seguindo uma sequência costumeira: construído um cômodo no terreno recém-comprado, a família nuclear se muda para lá, deixa de pagar aluguel e investe na autoconstrução, mas agora com a ajuda da família estendida – os irmãos do pai também eram operários e também compraram terrenos no mesmo bairro. Com o passar dos anos, e com a mediação das ações coletivas de tipo local (abaixo-assinados, reivindicação de grupos de moradores junto à prefeitura e às companhias de serviços), acompanha-se da calçada à chegada da luz, o

---

Zaluar se interessou pelo tema – e o trabalhou muito bem – já nos anos 1980 (Zaluar, 1985). Rebatimentos dessa moralidade, agora traduzidos internamente ao *mundo do crime* nos anos 2000, podem ser vistos em Marques (2010).

[5] Uma referência central para essa literatura é o trabalho de Durham (1980, 2005).

[6] "Aí eu recebi uma indenização [acordo de rescisão do primeiro emprego], arrumei mais um dinheirinho emprestado e dei entrada no terreno." [Seu Cláudio].

esticar dos fios, a instalação dos postes, os relógios para medir o consumo de água, as obras de construção da rede de esgoto. A vizinhança se faz em ato; nesse processo, as demandas são compartilhadas, os interesses comuns. Depois da água e da luz, depois das sarjetas, é fazer mais abaixo-assinados para as empresas de ônibus, ver as máquinas de asfalto chegarem e, com o tempo, o bairro em construção virar *cidade*.

Depois das pessoas e da infraestrutura fundamental para garantir que elas trabalhem – o trabalho lhes dá lugar no mundo –, chegam escolas públicas, creches, farmácias e padarias, telefones, postos de saúde, igrejas e traficantes de drogas.[7] Pequenas praças e áreas de lazer, necessárias para a regularização dos empreendimentos na prefeitura, são desenhadas nos terrenos livres que restaram entre um e outro loteamento. Na prática, esses terrenos – públicos ou desapropriados, frequentemente encostas ou áreas de proteção ambiental – são ocupados primeiro por campos de futebol, depois por favelas. A cidade mantém seu padrão de crescimento por expansão das periferias, e, com os anos, essas regiões se consolidam. Esse processo de urbanização é central na configuração da cidade de São Paulo e, inextricavelmente, associado a um mundo social e político nelas fundado. É desse modo que se territorializa a *periferia trabalhadora* paulistana, de sociabilidade muito própria, estudada ao longo das últimas décadas.[8] Interessa-me aqui sublinhar que, como nesse caso específico, a expansão das periferias em São Paulo guarda coerência com um projeto específico de família.

Seu Cláudio e Dona Sílvia não chegam a Sapopemba por falta de opção, mas por seguir um padrão consistente de ação, traçado em um plano de experiência mais amplo, que se apresentava aos trabalhadores já instalados em São Paulo no período. A dignidade da família se fundava no arranjo *trabalho, casamento, casa própria e sacrifício* para *fazer a vida*. É a ascensão social do grupo familiar que está em questão: as melhores condições de vida dos filhos, em relação àquela dos pais, é um critério fundamental desse sucesso; daí a pressão sobre eles ser grande. Se a ascensão social podia ser critério de julgamento das trajetórias, é porque ela era plausível e aparecia como possibilidade concreta para esses sujeitos. O projeto de família que se delineia em

---

[7] Trabalhei com detalhe sobre esse processo em Feltran (2005), especialmente nos Capítulos 2 e 3.

[8] Durham (1973) já demonstrava a regularidade dessa urbanização simultânea à heterogeneidade dos perfis de trabalhadores que a protagonizavam.

trajetórias como as de Seu Cláudio e Dona Sílvia é de longo prazo, entretanto. Conta-se com a estabilidade do trabalho, em uma conjuntura específica de alta necessidade de mão de obra industrial. O projeto funciona enquanto essa conjuntura permite, ou seja, meados dos anos 1980.

É evidente, nessa história, que os setores trabalhadores que colonizavam as periferias tinham interesses comuns; e como eram interesses novos no cenário urbano paulista, ainda pouco legitimados entre as camadas dominantes, seria preciso construir adequadamente seus sujeitos representativos, que portassem suas demandas até o mundo público. Era preciso, portanto, alguém que soubesse conversar com a prefeitura, que fosse lá falar com eles, mostrar que eles eram trabalhadores, que não queriam nada de mais, só seus direitos. A conjuntura de abertura política era, então, uma oportunidade. Politicamente, os ventos eram muito favoráveis a essa construção de sujeitos, e famílias como a de Seu Cláudio intuíam isso. Diversos outros setores pouco representados buscavam apresentar-se na cena pública e a legitimidade de trabalhadores como eles era inquestionável. O que Eder Sader percebeu, ainda nos anos 1980 (Sader, 1988), foi o potencial político dessa condição, em um contexto de transição de poder de Estado e redefinição do estatuto ocupado pelo trabalho produtivo na economia nacional. É nesse conjunto de famílias que os alicerces dos movimentos sindicais e populares do período seriam erigidos.

Contudo, para que esses movimentos surgissem, e daí emergissem publicamente, não bastavam essas condições objetivas. Muita ação política precisava ser realizada *nas bases*. E foi. O resultado da ação foi que as camadas trabalhadoras operárias se aliaram, de um lado, a grupos de moradores de favelas e cortiços, ainda mais pauperizados, organizados pelas alas *progressistas* da Igreja Católica. De outro lado, às *esquerdas* das universidades, das associações e dos sindicatos, que renovavam de modo muito particular as matrizes discursivas da luta popular do período (o catolicismo, o sindicalismo, o marxismo). Daí, surgem os *novos personagens* políticos, os *novos movimentos sociais* da literatura específica.[9] No plano local, os indivíduos que assumem postos de direção nas associações, nos sindicatos e

---

[9] Revisões dessa literatura, no Brasil, são feitas por Baierle (1992), Paoli (1995) e no meu próprio trabalho (Feltran, 2005). Para uma revisão muito completa e atualizada das principais vertentes teóricas e de análise das ações coletivas, em escala internacional, ver Cefaï (2007).

movimentos populares, que *pipocavam* nas periferias de São Paulo desde o final dos anos 1970, são provenientes de famílias de arranjos semelhantes à de Dona Sílvia. A partir de 1980, essas organizações articulam-se sob o programa do Partido dos Trabalhadores (PT) e aproveitam da visibilidade de sua aliança com todos esses outros setores sociais para buscar, desde a transição democrática, legitimidade pública para suas demandas.[10]

Se nunca foram hegemônicos, esses setores foram politicamente centrais para a demarcação das balizas dentro das quais se desenrolou o debate político das últimas décadas. É a inscrição nesse campo discursivo, nessa experiência pública, que explica o porquê de pessoas de formação original tão conservadora, como Dona Sílvia e Seu Cláudio, aderirem a um projeto político do mundo das esquerdas, radicalizadas no período. É isso que explica a presença deles em greves e piquetes. O projeto da família casava--se perfeitamente com as promessas de justiça social contidas nas lutas sindicais do período. Além do mais, as tintas cristãs que o discurso popular de esquerda imprimia nos imaginários, por meio da teologia da libertação, eram muito coerentes com a moral familiar do trabalho, que estruturava esse universo social desde os tempos da migração. A ideologia petista figurava um país de trabalhadores.

Os operários aderiram a ela: "o Lula fazia reuniões na casa do meu tio. Eu era comunista, eu vi o PT nascer", conta Clarice, relembrando a infância. Acompanhar a trajetória dessa família – como a de tantas outras famílias operárias e *trabalhadoras* de Sapopemba e a das periferias de São Paulo – é, então, verificar como se encadeava um projeto familiar a um sonho urbano e político, cadeia de significados que orbitava em torno do *trabalhador*. Dinâmicas sociais e políticas específicas se fundavam aí, enca-deando mediações desde a esfera íntima até o mundo público, passando pela construção de uma sociabilidade própria. Foram essas dinâmicas que produziram os territórios de Sapopemba até os anos 1980 e que, sem muito alarde, se deslocaram inteiramente a partir da década de 1990. As seguidas crises no mundo do trabalho, centro dessa equação, e o desmantelamento dos aparatos públicos de sua regulação, que as acompanham, fazem todo esse edifício estremecer.

---

[10] Estudei os deslocamentos no terreno político que esses atores fundaram em Feltran (2006, 2007).

No meio do caminho

Se há conexões entre os projetos familiares, políticos, econômicos e urbanos, a crise chega para todos ao mesmo tempo. Dez anos depois do casamento, as dores nas costas de Seu Cláudio pioraram, diagnosticou-se reumatismo, e foram vários os períodos em que ele esteve afastado do serviço. Quando o provedor fica sem trabalho, a casa toda é obrigada a se reorganizar. Mesmo que houvesse ainda, para eles, e felizmente, a seguridade garantida pela legislação trabalhista.

Ele ficou muito tempo encostado pelo INSS [Instituto Nacional do Seguro Social]. Porque o médico enrolava, ele ia trabalhar mancando... depois ele trabalhava um pouco, um pouco ficava em casa, encostado pelo INSS. Aí foi muito difícil, porque demorava aquele tempo até três meses, sem receber. Foi muito difícil. Nessa época o que eu fiz foi enfrentar casa de família. Eu fui fazer faxina. Porque eu saía de manhã para trazer o que comer para as crianças e para a gente à tarde. E eu deixava ele doente... muitas vezes ele se apoiava até num cabo de vassoura para ir até o banheiro, porque eu não estava em casa para ajudar. Então eu digo isso, que a vida foi muito difícil [...] E com as três crianças pequenas... a Clarice que cuidava, coitada. Limpava a casa, esquentava o almoço... ele também trabalhou... mesmo encostado, quando ele melhorava um pouco ele pegava um bico [vendia churrasquinho na rua, fazia pequenos serviços]. Então ele trabalhava, ajudava a esquentar a comida e era assim, com essa dificuldade toda. [Dona Sílvia]

A garantia da seguridade social era insuficiente, a família foi obrigada a encarar outra situação. Milhares de outras famílias, simultaneamente, enfrentavam essa situação – o desemprego crescia muito do período (como visto, de cerca de 7% em 1986 para mais de 21% em 2000, alta claramente influenciada pela reestruturação produtiva, crise econômica e abertura de mercados). A história particular da família, narrada enquanto almoçávamos é, naquele período, a história de muitos. A mãe assume a dupla ou tripla jornada de trabalho, e a filha mais velha é encarregada do cuidado cotidiano dos irmãos mais novos; o pai se vira como pode para auxiliar a renda doméstica. Os mercados informais crescem freneticamente nesse período, como se sabe. Para Seu Cláudio e família, alguns períodos foram de muita privação, outros um pouco melhores. Assim o tempo passou, as crianças cresceram, até que ele conseguisse se aposentar por tempo de serviço. Dona Sílvia teve problemas de depressão nos últimos anos, sofreu muito no período e mais recentemente perdeu a mãe; se emocionou ao se lembrar dela, em uma de nossas conversas. Também ela recorreu ao INSS naquele então, recebeu por algum tempo o *auxílio-doença*, depois teve alta. Dona Sílvia continua a recolher sua contribuição, como autônoma, para conseguir se aposentar. A vida foi se assentando como dava, a gestão doméstica austera conseguiu equacionar os períodos mais difíceis. Os meninos também eram trabalhadores: na fase mais difícil, a passagem para os anos 1990, já começavam a se virar. Sempre estudaram e ainda *ajudavam em casa*.

Na passagem da geração: deslocamentos no trabalho

Clarice me conta, na sala, que "nós [ela e seus irmãos] não temos carro do ano, mas sempre tivemos plano de saúde, e todo mundo vai ao dentista". Seu Cláudio sai da sala e vai, mancando, até o portão. Conversa com um vizinho que passa, enquanto espera Márcio, um dos filhos, trazer o netinho para almoçar com os avós. O filho chega com uma criança pequena: motor barulhento de carro velho, som alto, sorriso largo. Pai e filho se abraçam, brincam um com o outro. Eu saio para cumprimentá-lo, falo que o pequeno tem a idade de minha filha, e entramos todos para almoçar. Depois de perguntarem sobre minhas histórias, (pois havia comentado que tinha conhecido a China,) falamos sobre o trabalho de Márcio, 32 anos, eletricista nas Casas Bahia. Mais precisamente, Márcio me conta com detalhe como organiza seu cotidiano de trabalho: ele viaja pelo Estado de São Paulo todo, montando as instalações elétricas em construções ou reformas das lojas da rede. Comenta o quanto crescem as Casas Bahia. "Eles abrem loja nova todo dia."

Márcio é irmão gêmeo de Sérgio, ambos estudaram até o ensino médio, fizeram curso técnico no Serviço Nacional de Aprendizagem Industrial (Senai). Prestador ferramenteiro. A expectativa dos pais, claro, era a de garantir também para os filhos homens a estabilidade dos empregos industriais, a possibilidade de ter um projeto de melhoria de vida. Eles seriam provedores depois, afinal.

FRONTEIRAS DE TENSÃO   103

Crescidos nos anos 1990, entretanto, os meninos já não encontraram o cenário do emprego industrial de duas décadas antes. "Foi caindo o emprego... muito robô. Foi mecanizando, robô pra caramba. Esse negócio de prestador ferramenteiro é pouco que tem hoje em dia." [Seu Cláudio]

Just-in-time, kan ban, empresas em redes transnacionais, terceirização, modelo Toyota, trabalhadores polivalentes, robôs, estoque zero, enfim, acumulação flexível. Daí a tão comentada *desindustrialização* do ABC paulista. As fábricas de carro se tornam montadoras, os empregos se pulverizam pelas *terceirizadas*, exigem mais e mais qualificação. O valor central da família – o trabalho – foi transmitido para a geração seguinte, mas a trajetória profissional dos filhos de Seu Cláudio é completamente distinta da dele próprio. Aos 34 anos, casados e pais de família, os rapazes já passaram por diversos empregos, em geral formais, os primeiros na indústria, mas, conforme o tempo passava, sobretudo no setor de serviços. Adultos crescidos em Sapopemba, além disso, os meninos já não encontraram um entorno marcado por interesses comuns, como seus pais tiveram. O ambiente profissional já era muito mais competitivo nos anos 1990, influências da transformação radical do mercado de trabalho, e do desemprego estrutural que a acompanhou. Os ganhos da associação horizontal, na vizinhança ou entre os colegas de fábrica, claros na geração de Seu Cláudio, se traduziam agora na pressão por individuação na geração de seus filhos. Como não há emprego para todos, é preciso ser criativo, é preciso *empreender*.

"E empreender é a cara das Casas Bahia", me diz Márcio, empolgado, continuando a conversa no almoço. Conta-me, em seguida, que Samuel Klein, fundador e dono da empresa até a fusão com o Grupo Pão de Açúcar, em 2010, *escapou do campo de concentração* e *nunca foi empregado de ninguém*; que ele veio com a esposa, fugitivo de guerra, e perdeu toda a família durante o regime nazista; que começou a vida em São Paulo *sem nada, vendendo coisas de porta em porta, numa charrete.* Que o nome *Casas Bahia* foi para agradar os pobres mesmo, quase sempre migrantes nordestinos recém-chegados, o público-alvo desde o início. Eles precisavam montar suas casas e precisavam parcelar os pagamentos. Graças a "esta sacada, hoje ele tem mais de seiscentas lojas".[11]

---

[11] Por coincidência ou por disseminação do discurso, havia escutado exatamente a mesma trajetória mítica de Samuel Klein em outra família que conheci em Sapopemba, semanas antes. Dois dos filhos da Célia, rapazes de 20 e 22 anos, eram funcionários do setor de informática

Ele controla o mercado. Não adianta produzir eletrodomésticos se as Casas Bahia não comprarem. Se a TV custa R$ 500, ele diz que paga R$ 300, e os caras são obrigados a vender para ele. Tem mais de 40 mil funcionários. Eu trabalhei na Continental 2001, que fabrica fogões, e os caras diziam que metade da produção era para as Casas Bahia. [Márcio]

Se na geração anterior o projeto de ascensão era *familiar*, e podia efetivamente acontecer se o *script* ditado pelas gerações anteriores fosse seguido à risca, com rigor, agora não mais. Se antes era só fazer o que os pais mandavam – estudar, trabalhar, constituir uma família – que dava tudo certo, agora é preciso fazer algo bem distinto: abandonar as garantias e empreender, como fez Samuel Klein. O risco é imenso e as possibilidades de dar certo fascinam, mas produzem insegurança. Em seguida, Márcio me conta que gostaria mesmo era de ser *chef* de cozinha e pensa no que precisaria para lançar seu empreendimento. Calcula a remuneração e o investimento necessário nos cursos de formação, animado. Depois *cai na real*: já tem uma família para criar, não poderia começar tudo de novo, do zero. Não dava.

Eu queria outro trabalho, não queria mais trabalho assim. [...] O problema daqui é o seguinte: você não tem dinheiro, você não tem recurso para poder estudar. Não tem a facilidade que vocês têm pra poder fazer um intercâmbio, igual vocês fazem [se refere a mim e a um pesquisador canadense que me acompanhava]. Aqui não tem nem jeito de fazer intercâmbio. Porque assim, tem um curso, é assim, eles falam que para fazer um curso na França – é tipo obrigatório, para quem faz gastronomia – tem um curso lá que custa R$ 10 mil, só o curso. Aí você tem que pagar estadia, tem que pagar alimentação... não tem crédito educativo. Se torna inviável. [Márcio]

Depois da animação, hora de falar sério. Sabe-se que as chances reais de sucesso de empreendimentos assim são pequenas. "Ninguém é criança aqui, né?". Cafezinho, e hora de seguir para o Centro de Defesa dos Direitos da Criança e do Adolescente (Cedeca) – eu tinha deixado minha mochila lá.

_____

da empresa e igualmente fascinados pela história pessoal de seu fundador. Usaram ainda a mesma fórmula de outrora, agora com outros termos: *a empresa cresce, a gente pode crescer com ela*. Não mais o País ou a cidade: "a empresa".

Pensei em seguir a pé, já tinha feito esse caminho algumas vezes, não era longe. Mas Márcio também seguiria para sua casa, em um distrito vizinho, e me ofereceu uma carona. De novo o som alto, o barulho do motor, os ruídos de Sapopemba, meu prazer de estar por lá. No caminho, fui pensando no contraste entre a história dele e a dos pais. As trajetórias dos filhos de Dona Sílvia não são apenas diferentes por singularidade, algo que sempre ocorre mesmo dentro de um mesmo conjunto de parâmetros de organização. Ocorre aqui que as formas de organizar toda a vida são distintas entre as gerações; nenhum dos filhos pôde manter os parâmetros fundadores da família operária, quando cresceram. Nem era mais possível mantê-los – nem a família, nem o trabalho, nem a religião, nem o projeto de ascensão social, centros do projeto anterior, permaneceram inalterados nas décadas intensas que os separam da idade de seus pais. Tudo se deslocou de uma geração a outra. Márcio sabia disso.

Clarice também tem uma história de vida radicalmente distinta da de sua mãe.

> A Clarice é solteira, mas muito ajuizada. Nunca me deu trabalho com nada, sempre pensou em estudar, sempre teve vontade de sair daqui... [D. Sílvia]
>
> Meus irmãos fizeram Senai, não é? Agora eu era a mulher, então não fiz o Senai, então o que me sobrava? Casar, ter filhos, essas coisas... e estudar foi uma opção minha. [Clarice]

A mãe se casou aos 18 anos, a psicóloga já tinha 36 e seguia preocupando-se prioritariamente com sua carreira, para conseguir alguma estabilidade. Mas claro que para as famílias operárias, e em certa medida para a grande maioria das famílias, o casamento é uma referência central do sucesso na trajetória feminina. "Clarice é solteira, mas muito ajuizada". Resistindo à pressão pelo cumprimento do papel reprodutivo entre mulheres, Clarice apostou nos estudos e teve muito sucesso. Conseguiu estudar em uma das principais universidades de São Paulo. Também teve de trabalhar desde muito cedo e pagou a faculdade com seu esforço.

> Quando eu ia para a PUC, eu mudava de mundo. Porque eu saía do extremo da pobreza e ia para outro mundo, não é? Então assim, eu participava de conversas do tipo: "Vamos para a Itália em julho?", "Ah vamos!", "Clarice, vamos?"

Claro, que vou para a Itália. Eu não tinha nem nunca saído do estado de São Paulo, quem dirá ir para a Europa, não é? Então, essas coisas foram mexendo com a minha cabeça, mas não mexeram de uma forma ruim.

Eu não tinha envolvimento com nada aqui no bairro, que eu sempre neguei o público daqui. Então eu esqueci, que eu morava aqui... como a faculdade era em tempo integral não tinha como [viver o bairro]. Eu não conhecia nada daqui. Eu sempre neguei. [Clarice]

"Sempre pensou em estudar, em sair daqui", diz a mãe. A opção é respeitada, coerente com o projeto original de mobilidade. Querer estudar, nesse contexto, é o mesmo que querer sair da periferia, mudar de ambiente, de código social, de *mundo*, como diz Clarice. Querer estudar vem da falta de identificação pessoal com o entorno, com o bairro, com a *comunidade* de interesses que se compõe ali. Se o projeto da família é ascender, os filhos devem ter um vetor de interesses apontado para fora do bairro em que vivem, é preciso vislumbrar mobilidade. Clarice deixa clara a opção: "eu sempre neguei isso aqui".[12] Os conflitos de Clarice entre os *dois mundos* foram marcantes em sua formação. Fizeram-na transitar na fronteira entre o mundo familiar e operário, as convicções socialistas e a psicologia social, disciplina ao mesmo tempo vinculada tradicionalmente aos movimentos de esquerda e frequentada por uma elite intelectual de São Paulo.

Terminou sua graduação no final dos anos 1990 e, em seguida, trabalhou algum tempo como psicóloga em uma grande empresa de bebidas, no "Departamento de gente" – ela me explica que assim se chama, na empresa, o setor usualmente conhecido como de *Recursos humanos*. Mas a vontade de trabalhar com as questões *sociais* – as fronteiras – a aproximou da área da infância, das violações de direitos, do cooperativismo. Clarice foi selecionada para atuar em um Cedeca na zona Norte de São Paulo. Ali, soube que a alguns quarteirões de sua casa, em Sapopemba mesmo, havia um centro parecido. Enviou um currículo para eles, em boa hora. Em 2004, acabava de ser aprovado o financiamento para o programa de acompanhamento de

---

[12] Durante minha conversa com Clarice, pela proximidade das redes universitárias, diversas vezes interrompemos o assunto para comentar sobre pessoas conhecidas. Era curioso ir a Sapopemba estudar *o outro* e encontrar gente conhecida. Verificavam-se heterogeneidade e conexões, em vez de homogeneidade e segregação, que compõem o senso comum sobre a cidade de São Paulo.

medidas socioeducativas em meio aberto (discutido com detalhe nos capítulos "Movimentos, entidades: o Cedeca Sapopemba", "O atendimento" e "A entidade social" deste livro). Havia recursos para dois psicólogos, Clarice era moradora do bairro, tinha um bom currículo, experiência em outro Cedeca. Foi contratada imediatamente.

Permaneceu ali por dois anos, onde a conheci. A experiência na organização e no *atendimento* aos meninos autores de infrações foi muito intensa. Saiu de lá para atuar em uma organização não governamental (ONG) ligada à Ordem dos Advogados do Brasil (OAB), que atua diretamente com o tema da violência sexual.[13] Pretendia sair de lá logo, me disse no início de 2008. Converteu-se ao budismo quando ainda estava no Cedeca. Mais uma ruptura central com as trajetórias-tipo que encontram-se com regularidade na geração anterior. Conforme a conversa com Clarice avançava, portanto, sumiam os cânones da divisão sexual do trabalho modelar da família operária; desapareciam as regularidades dos depoimentos de até então. As trajetórias de sua geração já são muito mais personalizadas, distintas entre si. Clarice tem uma vida muito diferente daquela que sua mãe tinha na sua idade, e também se distancia da trajetória que seu irmão Márcio, discutida anteriormente. O percurso de seu outro irmão, Sérgio, aponta ainda para outras questões de interesse.

---

[13] "Eu trabalho em uma ONG, uma subsede da OAB. [...] Eu faço laudos de violência doméstica e abuso sexual, principalmente, que são solicitados pela Vara da Infância e da Juventude, Vara de Família e da Vara Criminal; das DDM (Delegacias de Defesa da Mulher) e DP; denúncias anônimas; Hospital Pérola Byington; Conselhos Tutelares e alguns outros lugares. Não é um trabalho fácil, ao contrário, é extremamente difícil! Mas, profissionalmente é muito bacana! Amadureci muito clinicamente nesse lugar, quem investiga casos de abuso, investiga qualquer coisa. Toda e qualquer demanda parece simples e fácil de resolver. Tenho dado algumas aulas sobre a importância do laudo psicológico nos casos de abuso e maus tratos, que é fundamental e decisivo quando o exame de IML (Instituto Médico Legal) é negativo, por exemplo. Existe uma crença de que se não houve rompimento do hímen ou rotura anal não houve abuso. Mas, atos libidinosos (chupar, beijar, acariciar, expor à pornografia etc) também é abuso sexual. Sinteticamente é isso! O público-alvo são advogados, de recém-formados a aposentados." [Clarice].

A família e o *mundo do crime* à espreita

Clarice, Márcio e Sérgio cresceram nos anos 1980 e se tornaram adultos na década de 1990. Junto com eles, nessa época, cresceu assustadoramente *a violência* e a organização do *crime* em Sapopemba. Os três sentiram isso na pele, foram abordados por esse processo em suas trajetórias adolescentes e juvenis, muito mais que a geração anterior. Frequentar a escola no bairro era, por isso, ter de lidar com as histórias de crime e violência, vinculadas já diretamente à dinâmica local.

eu sempre pratiquei muito esporte na escola, eu era do time de basquete, mas treinava todos os outros [esportes]. Treinava atletismo, ginástica, não sei que. [...] E eu conhecia os meninos mais velhos, bonitos, fomos crescendo e cada um foi para um lado. Mas esses meninos [...] o que eles faziam? Eles roubavam caixa eletrônico. O Paulinho, que era filho do zelador da escola, jogava no time, jogava vôlei, era uma graça. E ele trabalhou um tempo num banco, privado, enorme. E o que eles fizeram? Montaram uma quadrilha, descobriram que com uma caixinha de fósforo você conseguia fazer o caixa eletrônico quebrar. E você ligava para o cara, "ó, engoliu meu cartão, não sei o que". E o cara vinha, e quando ele vinha eles abriam o caixa eletrônico e levavam todo o dinheiro que tinha lá. E isso com um esquema de dentro, que era o Paulinho; que entrou não sei por que, porque estava bem colocado na época. O Paulinho tinha minha idade, um ano mais velho ou mais novo. E era aquele esquema. Um dia o Paulinho sumiu. E acharam ele depois de muito tempo. Ele tinha morrido com 25 tiros, tinham sumido com os documentos dele. Na verdade, foi exumado o corpo e depois se desconfiou de que ele era o filho do Seu João, e era ele mesmo. Foi uma morte muito triste. E o pessoal dizia que era um segurança do banco que tinha mandado. Que andava de carro perseguindo. [Clarice]

Escola, crime, retaliação e homicídio. Um caso relembrado da memória, sem estímulo, durante uma entrevista focada na trajetória profissional da psicóloga. Um dispositivo a compreender. Alguns outros casos de violência permeiam o depoimento sobre seu percurso, vão pontuando algumas mudanças na vida. Mas *a violência* é algo que tangencia as vivências de Clarice, não as constitui internamente como diversas outras histórias estudadas aqui. Violência e *crime* estão na recuperação de um episódio entre conhecidos de escola, ou na lembrança de uma vivência com familiares distantes, com conhecidos do bairro.[14] O universo do crime e da violência se associam, cruzam as redes de sociabilidade de Clarice, mas não de modo constitutivo. Entre suas relações mais íntimas, seus amigos próximos, seu grupo de amizades mais caseiro e sua família, eles não se fazem presentes.

Até aqui a narrativa corresponde, portanto, ao que se esperaria; aprendemos que o universo criminal e violento opõe-se pelo vértice à família trabalhadora. O fetiche discursivo opera, como se sabe, a distinção radical entre um trabalhador e um bandido. Nesse caso não há dúvida: a família é muito trabalhadora. O crime e os bandidos, além do mais, vinculam-se em especial à favela, não aos moradores antigos do bairro, que erigiram ali suas casas próprias com suor. Deveria ser assim, nessa perspectiva. Mas não é assim que as coisas se processam, na pesquisa de campo:

> Quem teve problema com drogas foi o Sérgio. [...] Ele contou que começou a usar maconha aos 12 anos, e que ofereceram na porta da escola. A partir daí ele começou a experimentar. Meu irmão foi um drogadicto atípico! Nunca deixou de trabalhar e de cumprir com os seus compromissos, ajudava em casa e pagava suas contas, o restante comprava droga. As coisas só ficaram bem difíceis quando ele começou a beber. Como álcool é uma droga lícita ele não tinha motivo pra esconder da família, e fazia alguns *shows*. [Clarice]

Maconha na porta da escola, desde criança. O irmão de Clarice começava a *dar trabalho*, consumiu com frequência também outras drogas na adolescência e, nesse período, passou a circular entre redes vinculadas ao tráfico local. Mas de leve. Começou a trabalhar ao mesmo tempo, e as funções sociais do menino trabalhador continuavam sendo cumpridas. Entrando na idade adulta, o uso do álcool saiu um pouco do controle. O rapaz começava a se envolver em outros circuitos. Os irmãos seguravam ao máximo a informação, não deixavam que os pais soubessem, que aquilo se tornasse um problema para a família.

---

[14] "O tio [de um conhecido do bairro] era muito bonito. Fazia o maior sucesso aqui no bairro. Ele é um pouco mais velho. Eu acho que é uma geração anterior à minha. Eu me lembro da molecada falando dele. Ele era realmente um homem muito bonito. Assim, ele era alto, ele era loiro, tinha o olho claro. Eu não gosto de homem loiro, mas... grande, altão e bonitão. Se acabou nas drogas. Ele morreu, tinha uns quarenta anos." [Clarice]

Quanto às outras drogas, meus pais só souberam quando ele já tinha parado de usar, eu e o Márcio é que seguramos as coisas. Claro que ele esteve por muitos anos em risco, ou em vulnerabilidade social, ora ameaçado por algum traficante ou usuário, ou criminoso, ou pela polícia, sobretudo a Rota [Rondas Extensivas Tobias Aguiar]. [Clarice]

Nos circuitos de classe média e de elite, é muito comum que o consumo de drogas ilícitas esteja em boa parte desvinculado, como relação social, da violência e de traficantes profissionais. O consumo não passa pela vinculação com a violência que o caracteriza em suas relações com a polícia. A moça publicitária que trabalha na Berrini, e quer fumar um *baseado* no final de semana, compra alguns gramas de seu amigo, que não vive disso, mas que comprou um pouco de outro amigo para dividir com conhecidos. Este tem o contato de alguém que conseguiu uma boa quantidade, fez um telefonema e recebeu um pouco em casa, ou passou de carro rapidamente por alguma *biqueira*. Quem enviou a encomenda ou quem trabalha na *biqueira*, esse sim faz algum dinheiro com o tráfico – no senso comum, só ele é traficante. Quem o chefia, seguramente, faz um pouco mais. E assim por diante. O que importa é que, nesses casos, a distribuição passa por tantas etapas antes de acessar o consumidor final, e tão capilares, que aquele que acende o *baseado* já está bem distante, no plano das relações sociais, daquele indivíduo imerso na sociabilidade sempre ameaçada por ações violentas do *mundo do crime*. O consumo, nessas circunstâncias, isola-se do circuito direto do tráfico de drogas, dos interesses que o disputam e da violência que o cerca. Isolado desse circuito, ainda que simbolicamente, o consumo é despojado da carga de violência que caracteriza o tráfico.[15]

Não é assim, definitivamente, que a droga ilícita é percebida nos bairros das periferias, nos quais é igualmente consumida. Até porque não são os mesmos circuitos que operam sua distribuição. Não é, tampouco, da mesma forma que se vivencia, nesses bairros, a experiência ampla que conforma o universo de relações com o *mundo das drogas*. Ali, se um adolescente fuma maconha nos finais de semana, é quase certo que suas relações sociais vão passar diretamente por pessoas que vivem ou obtêm parte significativa de sua renda no tráfico de drogas. Mais que isso, é quase certo

---

[15] Para um estudo do mercado de drogas nas classes médias cariocas, ver Grillo (2008).

que essas relações sociais estarão marcadas pela violência – dos traficantes, dos indivíduos vinculados a eles, que participam de outras atividades criminosas, de dependentes e, principalmente, da polícia. Em suma, se um adolescente de classe média fuma maconha, provavelmente não precisará conviver com policiais ou armas. Mas se um moleque de periferia fuma maconha, é quase certo que em algumas esferas de sua vida ela passa a se relacionar com o *mundo do crime*, seus códigos e atores. Nas periferias, por isso, é praticamente a mesma coisa dizer *o mundo das drogas*, *o mundo do crime* ou *a violência*. As representações em torno deles são imediatamente associadas.

No caso de Sérgio isso é claro. O consumo, no depoimento da irmã, uma profissional com experiência no assunto, associa-se ao "risco" e à "vulnerabilidade social", mesmo que ele continuasse trabalhando, cumprindo suas obrigações e mantendo-se socialmente vinculado a esferas de sociabilidade lícitas e legítimas. Mais que isso, o consumo de drogas associa-se a ameaças de traficantes, de criminosos e da polícia; e não é só no depoimento da irmã que isso aparece. A repressão policial concreta e a aproximação real com o tráfico emergem em sua trajetória exatamente nesse contexto:

> Houve uma vez em que a Rota pegou meu irmão e um colega dele. [Mas não os apresentou à Delegacia]. E ficou rodando com os dois, e ameaçando matá-los.[16] Meu irmão conta que pediu muito a Deus pela vida. Quando chegaram num lugar ermo, num matagal, os policiais mandaram meu irmão descer e ele disse que só iria com o colega, pois ele não conseguiria viver culpado pela morte do outro. Isso ele só pensou. Daí rodaram mais um pouco e soltaram os dois.

> Houve uma situação em que ele estava desempregado e resolveu vender droga, só que não na biqueira, em casa mesmo. Então, ele chegou em casa com os bagulhos e daí dez minutos um *noia* veio chamar. Quando meu irmão viu, correu com o cara do portão. E o motivo? Ficou com medo que minha mãe descobrisse e acabasse com a raça dele. [Cláudia]

As vivências-limite chegam mais perto: a polícia e as ameaças de morte aparecem, a tentativa de fazer dinheiro com o tráfico se apresenta como

---

[16] Para a compreensão do mecanismo causal desse procedimento policial, corriqueiro nas periferias e visível também no capítulo seguinte, ver Hirata (2010).

viável. Dois registros de oposição são claramente demarcados, são sempre eles: trabalho e família. O período desempregado gera maior envolvimento com o *crime*, a coesão familiar controla esse envolvimento – o medo de a mãe descobrir as atividades de Sérgio o faz brecar a iniciativa. Eram também esses registros, centrais tanto para a ordenação moral das relações privadas, quanto das relações sociais legítimas, que Pedro mobilizava no capítulo anterior. No caso dele, a família já não garantia pertencimento e segurança, o trabalho era *alguns bicos*, que não garantiam nada. "Esses bicos... não dá certo..." ele dizia. Aqui, a família, mesmo em dificuldade financeira, mantinha-se como referência moral e de pertencimento; havia um projeto claro, posições demarcadas e funções a desempenhar. Além disso, os trabalhos aos quais Sérgio postulava, com alguma formação e experiência, não eram os mesmos aos que Pedro podia aceder. Sérgio não chega a ser preso, outra diferença importante. Com tudo isso, e com o passar dos anos, Sérgio pode se desvincular do *mundo do crime* e retomar a trajetória que se esperava dele, na família. Outros não podem.

Acho que a educação rígida que tivemos sempre nos fez ter um limite pras coisas. Meu irmão nunca perdeu o respeito pelos meus pais e isso, acredito, é que limitou o envolvimento dele com o crime, e depois com [o episódio] da Rota ele viveu de muito perto a possibilidade da morte. Hoje, meu irmão ganha mais do que eu, é um profissional disputado no mercado. Ele é supervisor de qualidade, trabalha na Dellano e vive recebendo propostas de outras empresas. Ele tem duas filhas, que tem vida de classe média, o próprio quarto, computador, celular, muitos livros, CDs e DVDs, esses por minha conta *[risos]*. [Clarice]

A família se repõe: trabalhadores

As filhas de Sérgio têm vida de classe média. Superados os percalços do caminho, e duas gerações depois, o projeto da família operária parece ter feito sentido. Os três filhos são trabalhadores, vivem bem, dois deles constituíram família, reproduz-se assim o núcleo familiar em outro contexto social. O trabalho se repõe como centro de gravitação da narrativa sobre o presente da família ampliada – nunca ele é estável ou definitivo, como deveria ter sido o do pai, mas é possível viver dele.

FRONTEIRAS DE TENSÃO   113

Em 2008, Márcio estava tentando sair das Casas Bahia e pleiteando uma vaga na Volkswagen. Teria mais segurança. Desistiu de empreender uma carreira como *chef* de cozinha. Sua mulher está mais próxima desse horizonte, trabalha na cozinha vegetariana de um bistrô de elite. Ambos mantêm a casa, revezam-se no cuidado com as crianças. Sérgio segue empregado e já em um cargo de supervisão, a mulher cuida das filhas. Clarice quer sair do trabalho em que está, pensa em fazer um mestrado, quer sair também de São Paulo. Segue dedicada à sua carreira profissional, não fala em constituir família. Os três filhos de Seu Cláudio romperam com a forma tradicional de organização da família operária, cada um a sua maneira, no entanto, mantendo o respeito pelos valores centrais que a guiaram. Os papéis de gênero desempenhados por eles já não são os tradicionais, a demarcação dos modelos de organização da vida privada já é mais fluida. As balizas da experiência que conforma suas trajetórias são muito mais largas e instáveis do que as que se apresentaram a seus pais.

Essa passagem interessa especialmente ao argumento. Se a família estudada é objeto heurístico para a compreensão dos deslocamentos operados no centro do projeto original de colonização das periferias, na cidade de São Paulo, a história de Dona Sílvia e Seu Cláudio ilustra um arranjo específico do núcleo doméstico, muito regular nesses ambientes, apoiado fundamentalmente no trabalho fordista e na *cidadania regulada*,[17] que tem como expressão pública uma forma específica de pensar a cidade e fazer política: a ação coletiva de tipo movimentista. Mais de trinta anos depois da construção e do desenvolvimento desse projeto privado, social e público, em Sapopemba

---

[17] Ver Santos (1979). O autor realiza visita minuciosa aos principais modelos de políticas sociais adotados pelo Brasil e formula dois conceitos críticos para sintetizar as descobertas da pesquisa. O primeiro deles é a conhecida noção de *cidadania regulada*: um conceito-chave "cujas raízes encontram-se, não em um código de valores políticos, mas em um sistema de estratificação ocupacional, e que, ademais, tal sistema de estratificação é definido por norma legal" (p.75). O autor se refere, evidentemente, ao período pós 1930, em que é considerado cidadão todo membro da comunidade que tem uma ocupação reconhecida e definida pela legislação. É essa a concepção de cidadania, restrita, estratificada e normatizada dentro da distribuição de lugares no processo produtivo, que se procura expandir no País pelas políticas sociais. É essa descoberta de *engenharia institucional* que permite ao Brasil, segundo Santos, um modelo de desenvolvimento centrado na interferência ativa do Estado na economia sem conflitos com o projeto de crescimento capitalista. Evidentemente, esse modelo só se faz possível em uma ordem social – e em diversos períodos do século também institucional – autoritária e profundamente desigual. Isso leva o autor a sua segunda proposta conceitual para

e nas periferias de São Paulo, as experiências vividas pelos filhos do casal demonstram a intensidade dos deslocamentos sofridos. Clarice, Márcio e Sérgio posicionam-se hoje nas fronteiras de passagem entre referências populares e de classe média. Clarice desviou do papel que lhe foi oferecido, na reprodução familiar, adiou o casamento e acessou um espaço intermediário entre a elite universitária e os casos de violência na vizinhança. Ruma em direção a uma maior estabilidade, busca situação financeira mais favorável, pensa a longo prazo. Sérgio manteve-se na fronteira entre o *mundo do trabalho* e o *crime* por toda sua adolescência e juventude, contou com alguma sorte e, sobretudo, com a coesão dos valores da família para, na idade adulta, retomar os sentidos morais da reprodução do trabalhador. "Está muito bem hoje". Márcio segue transitando entre o carro velho, o pagode no alto-falante e o sonho de estudar na França para ser *chef* de cozinha. Entre a segurança do emprego e o empreendedorismo. Entre as Casas Bahia e o bistrô vegetariano.

Nenhum tem a estabilidade que os pais tiveram no trabalho e, assim, o trabalho torna-se quase um fim em si mesmo – realização profissional vincula-se à realização pessoal de modo mais direto. Na família operária, ao contrário, o trabalho era mais claramente um meio para o fim, privado, de manutenção e ascensão social da família. Agora individualiza-se mais o projeto: o trabalho se desregula e se precariza, mas torna-se ainda mais central para os projetos individuais. As drogas, a violência e o crime apresentam-se para a família, abordam-na, e é nas redes de solidariedade familiar que se lida com eles. A família muda, mas segue no centro da representação de segurança individual.

O território dos *bairros*, das *casas* de Sapopemba, em que vivem famílias como as de Dona Sílvia, é separado do território das favelas por uma fronteira de distinções entre trabalho, modos de organização da família e expectativas de melhoria. É, entretanto, e como se vê, conectado a ela pela presença do *crime* em ambos os lados, em geral como ameaça, e por vezes

---

compreender a cidadania no Brasil, tal seja, a noção de *cidadania em recesso*. Na conclusão de sua análise, Santos comenta que, não por acaso, os períodos de extensão regulada da cidadania via políticas sociais coincidem com governos ditatoriais (30-45; 66-76), de "recesso da cidadania política" ou seja, centrados no "não reconhecimento do direito ou da capacidade da sociedade governar-se a si própria" (p.123). Ressalta-se o acerto do autor ao prever, para o período posterior à realização do trabalho, a perspectiva de universalização formal dos direitos, obtida na Constituição de 88, bem como as dificuldades de sua efetivação pelo processo de "acumulação da miséria" (p.84) que a precedeu.

como realidade a combater pelas famílias. Das ruínas do sonho operário, regular, traduzido em tantos projetos individuais de ascensão, emerge, portanto, todo um mundo social novo, a conhecer. A classe média no horizonte das novas gerações, a periferia na memória existencial.

Se na elite do distrito as histórias podem ser assim, os dois percursos familiares que seguem, nos capítulos "De trabalhadores a bandidos" e "Bandidos e trabalhadores: coexistência", mergulham em arranjos entre trabalho, família, religiosidade, projeto de mobilidade e *mundo do crime* muito distintos. Na mirada comparativa entre eles é que se pode vislumbrar a multiplicidade das fronteiras que delineiam, contemporaneamente, tanto a heterogeneidade interna quanto as marcas da diferença que desenham socialmente aquilo que se conhece, hoje, como *a* periferia de São Paulo.

DE TRABALHADORES A BANDIDOS

Família trabalhadora

Filha de migrantes do Ceará e de Minas Gerais, Maria é a mais velha entre três irmãos. Nasceu na zona Leste de São Paulo, Vila Prudente, em 1964. Cresceu sob a ideologia do milagre econômico, viu os pais trabalharem em empregos estáveis no ABC – ele metalúrgico na Otis elevadores, ela empregada doméstica em Santo André. Como tinha outros familiares no ABC e sua mãe morava no emprego, viveu mais em Santo André que na zona Leste.[1] Mas a família comprou um terreno em Sapopemba e construiu a casa, aos poucos. Mudaram-se para o Parque Santa Madalena quando a mãe deixou o emprego, para cuidar dos filhos pequenos, bem mais novos que ela. Maria seguiu seus estudos no bairro.

Como se vê, as origens da trajetória são muito semelhantes às da família de Clarice, tratada no capítulo anterior; e muito semelhantes a diversas outras histórias de famílias que conheci em campo: a geração dos pais é a que migra de um estado a outro, ou sai do campo para a cidade, atraída pelo emprego industrial. A família rural, em uma geração, traduz-se em família operária e ensaia, por meio do trabalho, uma trajetória de mobilidade ascendente. A divisão do trabalho é clara por idade e gênero, e persegue-se o sonho da casa própria, quase sempre autoconstruída, começando pela compra de

---

[1] "Tudo meu era no ABC, minhas amizades eram com as minhas primas, minha mãe não permitia outras amizades: prima e prima; então fui criada assim na família mesmo; meus irmãos, o mesmo ritmo." [Maria]

um terreno na fronteira de expansão da cidade. O plano é que as crianças cresçam em segurança e estudem: que as filhas se casem bem e que os filhos tenham um bom emprego. Assim, se Deus quiser, a vida se ajeita.

Se a comparação parte de um mesmo perfil familiar, as histórias de Maria e Clarice, as filhas mulheres da família – e muito amigas, depois de terem trabalhado juntas – são muito distintas.[2] Clarice escapou ao papel que lhe era previamente destinado, não se casou e dedicou-se à carreira. Maria seguiu à risca o roteiro traçado pela geração anterior: casou-se aos 18 anos, em 1982, com um colega de escola, um rapaz trabalhador, que já começava a trabalhar como motorista em uma empresa de transporte coletivo. Os dois resolveram viver juntos; a família tolerou. Viveram sempre em Sapopemba, até hoje.

Em seu novo núcleo familiar, a indústria já não era mais tão central. E tiveram três meninos ainda jovens, em quatro anos: Jonatas, Michel e Robson. Todos cresceram juntos no bairro: *muito unidos, muito apegados um com o outro*. Maria trabalhava como manicure para complementar a renda doméstica, mas, não tendo mais *emprego fixo*, encarregava-se do serviço da casa. O valor trabalho seguia norteando a organização do grupo, mas os ganhos do marido não eram lá grande coisa para sustentar tanta gente. As crianças aprenderam desde cedo que o trabalho enobrece e que, sendo homens, e ainda mais em período de crise, deveriam ajudar o pai o quanto pudessem.

Em meados dos anos 1990, os meninos sentiram pela primeira vez alguma pressão para contribuir com o orçamento doméstico. Toda ajuda era bem-vinda; a inflação galopante da década anterior havia reduzido o ganho real do salário do provedor, e os custos cresciam conforme os meninos viravam adolescentes. Mas o estímulo para que Jonatas, Michel e Robson trabalhassem era, sobretudo, para que aprendessem a dar valor ao dinheiro que gastavam, valorizassem a lida. Para que entendessem a vida e se tornassem *trabalhadores*, como os pais.

---

[2] As famílias de Maria e Clarice se fixam em Sapopemba na mesma primeira metade dos anos 1970, embaladas por arranjos similares de migração, emprego industrial dos pais e autoconstrução da casa própria. Os ciclos das duas personagens são muito distintos, entretanto. Maria é sete anos mais velha que Clarice, casa-se muito jovem e aos 22 já tem três filhos. Clarice desenha uma trajetória mais focada na mobilidade, mais comum em famílias de classe média, priorizando estudos e carreira em detrimento da estabilidade afetiva e reprodução do núcleo familiar.

O Jonatas trabalhou na empresa de reciclagem da minha tia, dos 12 aos 14 anos, meio período. Trabalhava das 7h, aí ele ia almoçar na casa dela ao meio-dia, 13h eu ia buscar ele. Eu levando e buscando. Aí às 15h ele entrava na escola e saía às 19h20. Aí ele achava assim: "mãe, se eu trabalhar o dia inteiro, das 7h às 17h, aí eu vou ganhar o dobro". Eu falei, "você não pode, por causa da idade, ir para a escola à noite, e na escola não podem saber que você está trabalhando, porque aí vão falar um monte, por causa da lei". Aí ele falou: "não, mas eu quero trabalhar o dia inteiro".

Aí eu falei na escola aqui do bairro, falei com a diretora e tudo, né? Expliquei para ela, falei: "olha, ele tem vontade de trabalhar, já está trabalhando, mas quer trabalhar o dia inteiro. Ele tem que estudar à noite". Ela falou, "mas eu não posso colocar à noite com essa idade, 12 anos!" Eu falei, "mas eu venho trazer e venho buscar, isso eu posso garantir pra senhora, que tem um responsável por ele que sou eu. Eu venho trazer ele aqui e venho buscar, todos os dias". Aí ela pegou, eu assinei um termo de responsabilidade que estaria levando e buscando, aí eu fazia isso. Levava ele pro trabalho e buscava, levava pra escola e buscava. [Maria]

O Robson trabalhou um mês, com 11 anos, em lava rápido. Mas o que ele ganhou, comeu tudo de doce de lá mesmo, na cantina. [risos.] Nas férias. Ficou de férias na escola, aí viu uma placa de lava rápido, aí pediu para o homem, ele falou que ele era pequenininho, não podia. Aí ele pediu para o pai dele ir lá conversar. Aí o pai dele foi lá, conversou, e o homem deixou. Mas também tinha que levar e buscar. Aí levava e buscava, aí no dia do pagamento ele falou: "não vou mais não, o homem me roubou". Falei, "roubou nada, você ficou devendo na cantina!" E o Michel trabalhou também, um pouco. [Maria]

Emerge da narrativa um descompasso. Os valores da família, que tem o trabalho como código moral e como fundamento da educação das crianças, já se conflitavam com a legislação. Existe *a lei* (o Estatuto da Criança e do Adolescente, ECA, de 1990)[3] e a escola conhece a lei e não vai deixar um menino de 12 anos trabalhar. Especialmente se isso conflitar com o período escolar, a diretora não vai permitir. O dono do lava rápido também acha Robson muito pequeno, pode dar problema. Porém, o descompasso entre a lei e a moral é negociável. Os meninos querem uma oportunidade, os pais se

---

[3] Em especial a Emenda 20 (1998) à Constituição Federal, que eleva em dois anos a idade mínima para o trabalho (de 14 para 16 anos) e estabelece o regime de aprendizado.

dispõem a garantir a segurança deles (o bairro está cada vez mais violento), o universo é de escassez de emprego (meados dos anos 1990), por que não? Maria negocia na escola, o pai negocia no lava rápido. As crianças começam a trabalhar e, mesmo que a remuneração não seja alta, adquirem mais autonomia. É logo após essa passagem que Jonatas deixa de estudar, antes mesmo de completar a 7ª série do ensino fundamental. Robson também abandona a escola nesse período. Michel ainda mais cedo, antes mesmo de cumprir o ciclo fundamental. Estavam trabalhando. Os pais trabalharam a vida toda e estudaram pouco. O momento, entretanto, é de inflexão nas trajetórias dos filhos, pois definidor de um bloqueio no acesso ao mercado de trabalho formal – em intensa redefinição exatamente nesses anos, de acelerada reestruturação produtiva e abertura de importações. Mais um elemento fundamental de contraste entre essa família e a de Dona Sílvia, mãe de Clarice, do capítulo anterior. Aqui, a ênfase no trabalho como forma de ganhar a vida não se associava diretamente ao empenho por escolarização dos filhos, que significa o projeto de mobilidade a longo prazo.

Essa defasagem submete desde cedo os filhos de Maria a serviços menos especializados, mais mal remunerados e que conferem menor *status* social em seus grupos. E como o mercado emergente se fecha aos não escolarizados, a perspectiva de melhoria de longo prazo não se mostra aos meninos. Ao mesmo tempo, sabe-se que conforme a idade avança, especialmente entre os homens, aumenta a pressão para que tenham remuneração efetiva, que demonstrem ser capazes de prover, dimensão central da construção do masculino. Assim entre todos os jovens das periferias.[4]

É certo, além disso, que a modernização de toda a cidade desde a abertura comercial de Collor, nas décadas anteriores, acelerou a pressão por consumo muito rapidamente. Congas e Ki-chutes cedem espaço aos tênis Nike; Atari se converte em Playstation; máquinas de escrever cedem espaço a mundos virtuais nos quais se pode, inclusive, viver outras vidas. Adolescentes e jovens são os principais herdeiros dessa aceleração e, nas periferias, isso é tão evidente quanto nas classes médias; a posse de bens específicos (os *tênis de mola*, as *roupas de marca*, os telefones celulares de última geração, as motos etc.) está diretamente vinculada à construção da imagem individual no grupo. Arma-se a bomba-relógio. Maria não tem como se dar conta:

---

[4] Sobre isso, é inspiradora a reflexão sobre o *trabalho marginal* de Eunice Durham (1973).

"até 1998 eu tinha uma vida tranquila, era uma dona de casa, cuidava das minhas obrigações, né?" [Maria]

Crise: um filho *nas drogas*

Se, em tese, o emprego do pai de família, auxiliado pela complementação de renda de esposa e filhos, garantiria o sustento da família, na prática o salário de motorista de ônibus não supria nem de longe a ânsia por consumo de três adolescentes, crescidos na periferia de São Paulo na virada do século. Ao crescerem, os meninos se aproximaram rápido do *mundo do crime* local. As histórias singulares de Jonatas, Michel e Robson são por isso, também, repletas de regularidades: o que o *crime* lhes oferecia – dinheiro, consumo, *status*, adrenalina, mulheres – era tudo o que os adolescentes conhecidos no bairro valorizavam.

> Por mais que você ensine, quando abre o portão, dali para fora, é muito risco. Porque o bairro é muita droga, é muita arma, né? O crime, o crime manda, no bairro. O crime predomina aqui. Aí, quando foi em 1998 eu descobri que meu filho mais velho [Jonatas, então com 14 anos] usava droga, estava na maconha. [...] Aí ele passou para cocaína, começou a fugir pras favelas, e eu comecei assim, a entrar em desespero. E muito amor que eu tinha por ele, né? Eu perdi o medo e comecei a ir para as favelas atrás dele. Dava um estralo no meu coração, corria atrás. [Maria]

Assim é que as favelas aparecem, na trajetória de um *trabalhador* de Sapopemba. Neste momento, já são quase quarenta no distrito, é difícil ignorá-las. Maria não conhecia nenhuma quando se mudou para o bairro. Foi forçada a conhecê-las assim. Das favelas vinha, para me explicar rapidamente o que havia acontecido, a ameaça que interferia em seu cotidiano. O filho fugia para as favelas para usar drogas. Mas conforme sua narrativa prosseguia, via-se que o *crime* não se continha nos limites delas. Não era *apenas* das favelas que vinha a ameaça; a *droga* está também entre as "casas bonitinhas":

> O erro de muitas mães aqui é, "ó, aquele menino mora em casa bonitinha, pode ter amizade com ele". Eu caí na armadilha do bairro, entendeu? Então o

Jonatas pegou uma amizade, não foi na favela, foi numa rua que é a rua dos *boys* aqui do bairro, sabe? Só tem casa bonita, todo mundo é bem, né? Então ele pegou amizade ali, e ali ele começou com a cocaína, junto com os *boys*.

Meu filho ainda não tinha ido para a Febem [Fundação Estadual para o Bem-Estar do Menor]. Ele já estava cometendo ato infracional, mas para a Febem ele ainda não tinha ido. Porque ele precisava usar droga, e tinha que ter o dinheiro da droga, e com isso ele roubava. Ou as roupas que a gente comprava ele entregava, para poder usar a droga.

Uma vez o Jonatas ficou devendo aí... lá embaixo, numa boca aí embaixo [favela do Madalena], e eu fui conversar com o traficante. Eu fui bem dura mesmo com ele, eu falei: não me interessa o que você faz, cada um tem o seu meio de viver e de ganhar dinheiro; eu trabalho fazendo unha, meu marido trabalha de motorista, falei: "o que meu filho deve, se eu tirar tudo de casa vai faltar". Eu falei para ele: "você vai ter que parcelar", pedi para parcelar. Aí ele parcelou em três vezes, igual nas Casas Bahia. Aí parcelou. [...] Pedi às vezes até pra assinar papel, pedia testemunha, para depois não cobrar e falar que eu não paguei. Eu estou dando tanto, dia tanto, eu quero testemunha. Para saber que eu estava pagando. [Maria]

São ao menos quatro elementos de contexto que emergem do depoimento, nesse primeiro momento. Em primeiro lugar, a oposição entre *as favelas* e *os boys do bairro*. As favelas estão abaixo na escala social, os *boys* vivem no Jardim Planalto, na Vila Industrial, têm *status* superior ao da família de Maria. Concretamente, os *boys* seriam, por exemplo, Sérgio e Márcio, filhos de uma família como a estudada no capítulo anterior. O que a oposição entre *favela* e *boys* designa no depoimento de Maria, já que ela não está nem em um espaço, nem em outro, é justamente sua posição social intermediária – Maria e seus filhos viveram em um lugar social intermediário entre as *casas* dos operários e as *favelas*. Milhares de outras famílias do bairro sentem-se nessa posição. Nem tão estáveis quanto aqueles que gozavam de um emprego industrial, de um comércio por conta própria bem-sucedido, de algum emprego público, mas tampouco tão mal quanto os favelados. Família trabalhadora, lutadora, como gostam de ser chamados.

Em segundo lugar, emerge desse trecho a situação em que Jonatas, o filho mais velho, se encontrava – já em rota de entrada no *mundo do crime*, mas ainda antes da primeira institucionalização. O momento, portanto, de maior usufruto das vantagens relativas da entrada no novo universo (como demonstra a história de Pedro, no Capítulo "As fronteiras do *mundo do crime*").

Em seguida, aparece novamente a vinculação entre o consumo de *drogas* como processo constitutivo do *envolvimento* com traficantes (como discutido no caso de Sérgio, no capítulo anterior). Em quarto lugar, emerge a relação direta entre o tráfico de drogas e as estratégias de endividamento tão típicas do consumo popular. As Casas Bahia reaparecem nos depoimentos, mas agora quase como ícone de um modo de consumir (drogas, o que é mais relevante). É evidente que o tráfico de drogas já se utiliza das estratégias de operação comercial bem-sucedidas no mercado popular, flexibiliza sua operação e acumulação.

Em suma, ao adentrar esse universo e sem ser pego pela polícia, Jonatas ampliava seus circuitos. Passava a se mover tanto pelas favelas quanto entre os *boys* do bairro; passava a conhecer os códigos do *mundo do crime* e a vida dos trabalhadores. Ninguém da família sabia de suas atividades ilícitas e, por isso mesmo, era mais fácil transitar. A primeira crise aparece, justamente, quando a família descobre seu *envolvimento* – o rapaz que deveria ser trabalhador estava *nas drogas*.

A mãe se desespera, claro. Testa alternativas, recorre às amigas, procura soluções para um problema inesperado. O pai repreende. Os irmãos o compreendem, mas não explicitam isso em casa. A crise familiar piora quando Jonatas, além de consumir as drogas, passa a traficá-las e a se endividar nas *bocas*. Daí vêm as ameaças, a ele e à família. Para pagar as dívidas do menino, evitar um desfecho mais grave, a família se endivida. Mas para evitar a proximidade da família e as inimizades geradas pelas dívidas, Jonatas passa a circular por mais e mais favelas, e assume a participação em algumas ações do *crime* local – é subcontratado para fazer roubos de carro, principalmente.

Ruptura: os meninos presos, *bandido tem que morrer*

Aí quando foi 1998 mesmo, foi a época em que ele foi pela primeira vez para a Febem. Ele cometeu um ato infracional, foi pego, aí ele foi pra Febem da Imigrantes, onde eu fiquei muito horrorizada com tudo. Por lá ele permaneceu quinze dias, aí eu consegui uma casa de recuperação [para dependentes químicos].

Só que quando ele saiu da Febem não explicaram sobre liberdade assistida, não explicaram nada [por ter sido a primeira detenção, Jonatas havia recebido uma medida em meio aberto, a ser acompanhada pelo Cedeca [Centro de Defesa dos Direitos da Criança e do Adolescente], mas a família desconhecia como isso funcionava e Jonatas não compareceu para cumpri-la junto aos postos responsáveis]. Aí o que é que eu fiz? Peguei ele, levei pra fazer acupuntura, que todo mundo que fazia, no bairro, dava certo. Mas para ele não deu. Furou a orelha lá, tudo, mas para ele não deu certo. Aí consegui internar ele a primeira vez [numa clínica privada para dependentes químicos]. Nisso ele já estava estourando de falta na LA.[5]

Ficou dias [na clínica], não aguentou ficar distante da droga, fugiu... Aí deu quebra de medida mesmo. [Por faltar nas atividades previstas de acompanhamento em meio aberto, o Cedeca enviou um relatório de ruptura do atendimento para a Febem]. Eu falava pra ele, "olha, você tem que voltar pra uma casa de recuperação, você tem que tentar, se você não tentar você não vai ver resultado... Você só ficou doze dias, então você não viu resultado de nada ainda, você tem que tentar, na sua vida...".

O Cedeca conseguiu de novo outra casa de recuperação, aí o Cedeca já podia pagar. Aí pagaram pra ele, lá em São Lourenço da Serra. Levei o menino lá, ficou mais doze dias e fugiu. [...] Ficou de "busca e apreensão" [pela quebra da medida em meio aberto, em seguida Jonatas recebeu uma medida de internação]. Foi pego, a busca veio em casa, pegou ele e levou para a Febem. Aí fiquei muito triste, porque voltou para a Imigrantes de novo, aquele lugar horrível, muita tortura, não é?

E nisso de eu ficar só me preocupando com ele, os outros dois estavam se envolvendo, e eu não percebi. Os outros dois, os irmãos dele. [...] Os outros dois começaram a se envolver e eu não percebi, porque eu só tinha visão para um. Eu só tinha foco para um, eu tinha até esquecido que eu tinha outros filhos. Porque eu só via aquele na minha frente, aquele que era usuário de droga, aquele que era envolvido, aquele que precisava de mim. Então fui esquecendo dos outros. [Maria]

---

[5] As medidas socioeducativas em meio aberto (Liberdade assistida e Prestação de serviços à comunidade) são executadas diretamente pela Fundação Casa ou por entidades civis conveniadas com ela, como o Cedeca.

Aos 14 anos, Jonatas era interno da Febem; no ano seguinte, estaria acompanhado de Robson, seu irmão mais novo; dois anos depois, Michel também ingressaria no *sistema*. Os três filhos de Maria estiveram, durante algum tempo, privados de liberdade simultaneamente. Sua vida tinha virado de cabeça para baixo. Maria vivia um pesadelo. Agora seus três filhos, com dezesseis, catorze e treze anos de idade estavam *envolvidos* no *crime*. Jonatas continuava dependente. Michel e Robson *trabalhavam* para o tráfico e também realizavam assaltos e roubos de carro. A família trabalhadora não se conforma. Para além do impacto pessoal, é preciso redesenhar todas as rotinas da casa. Inserir nelas o orçamento e o cronograma das visitas, o circuito das negociações com entidades de atendimento, audiências e julgamentos. É preciso conviver com outros atores do *crime* local, das redes de relação dos meninos, além das delegacias de polícia, dos advogados do serviço público e das instituições totais. É preciso explicar para toda a família ampliada e para os amigos o que estava acontecendo. Alguns se aproximam mais, outros desaparecem. Necessariamente, portanto, é preciso remodelar toda a rede da sociabilidade familiar em torno dos eventos com os filhos.

Os circuitos dos meninos dali por diante já são conhecidos (e analiticamente esperados), de tão repetitivos: a saída da institucionalização para o trabalho no tráfico, a inserção mais profunda no *mundo do crime* e em seus códigos, conforme a idade avança, as idas e vindas do sistema de internações, da Febem, das clínicas privadas para dependentes, dos equipamentos de saúde. A convivência com a corrupção institucional e a violência policial. Por vezes, o desfecho desse circuito é fatal. Muito mais frequentemente *era* fatal, na época em que essas histórias aconteceram.[6]

Quando ele foi pego de busca e apreensão, ficou quatro meses, entre Febem Imigrantes e Tatuapé. Numa mega rebelião, que teve em todas as unidades da Febem em 1999, que foram dias e mais dias de rebelião, ele conseguiu fugir. Aí eu subi desesperada no outro dia no Cedeca, porque eu não sabia lidar com isso. Eu falei com a Valdênia: "Valdênia, o meu marido deixou o dinheiro da condução, eu vou levar o Jonatas de volta. Ele topa ir, voltar pra Febem, mas contanto que ele não passe na UAI [Unidade de Atendimento Inicial] e nem na Imigrantes".

---

[6] Como já discutido anteriormente (na Introdução e no Capítulo "As fronteiras do *mundo do crime*"). Ver ainda Feltran (2010b, 2010c), Hirata (2010) e Manso et al. (2009).

Que ele volte para a unidade de onde ele fugiu, da Tatuapé. Ela disse: "não, o problema do Jonatas não é Febem, o problema do Jonatas é tratamento. É drogadição, e a Febem não faz esse tratamento, não faz esse acompanhamento, ele só vai piorar lá. E toda vez que ele sair, vai voltar pra Febem, porque ele vai estar pior do que ele era". Aí pegamos, ela conseguiu a vaga [numa clínica de tratamento], no Cláudio Amâncio, em São Caetano, onde ele permaneceu por cinco meses. Ele entrou em 1999, quando foi em março de 2000 ele fugiu, deu desejo. Mas já com cinco meses [de internação], ele já tinha conseguido se livrar da cocaína. Aí ele fugiu, conversei com ele para ele voltar, ele falou que não queria mais; que estava cheio de ficar longe de casa, que ele queria ficar em casa.

Com quinze dias ele encontrou com um policial na rua. [Foi parado por um policial, que sabia que ele era *do crime*]. O policial pediu dinheiro para ele [para não levá-lo preso], ele não tinha esse dinheiro. Ele foi roubar para a polícia... E nisso que ele foi roubar ele roubou outro policial. [se emociona, mãos na face. Prossegue segundos depois, com a voz embargada] O policial matou ele. Então foi assim... [choro intenso].

E com isso, com a violência que tem no bairro também, já perdi outro em 2003. [silêncio longo, chorando]

Hoje só me sobra um filho. [recupera a voz] Me fortaleci assim nas reuniões, conheci a Amar [Associação de Mães da Febem [Associação de Mães e Amigos do Adolescente em Risco] também,[7] fiquei lá na Amar de 99 a 2004 [volta a chorar]. [Maria]

Jonatas foi assassinado em 2001, aos 17 anos de idade. Todos os depoimentos sobre essa morte, obtidos junto a amigos, educadores e familiares confirmaram a autoria policial, embora as versões das causas fossem distintas. Não houve investigação formal e, portanto, não há posição oficial acerca do ocorrido. Nem no caso de Robson, o mais novo, morto em 2003. Robson também tinha 17 anos quando morreu. Ao que tudo indica, o filho mais novo de Maria foi assassinado no que se convencionou chamar de *acerto de contas do crime*. No último ano em que isso aconteceu em Sapopemba – no final de 2003 – a hegemonia do PCC já era marcante no bairro e já não se tolerava mais esse tipo de homicídio. Em 2001, havia três vezes mais homicídios em Sapopemba que em 2006, quatro vezes mais que em 2009 (Feltran, 2010b).

---

[7] Ver <http://amar.incubadora.fapesp.br>.

O Robson foi violência do próprio bairro. [...] Aquela coisa de rixa, aquelas coisas todas. [...] O Robson, antes dele falecer, ele fez uma tatuagem, onde ele colocou o nome do Jonatas, o meu e o do Michel, assim no braço. [...] Aí no outro dia aconteceu. [Maria]

Outro jovem que conheci no bairro conhecia também os filhos de Maria, e apresenta seu olhar sobre suas mortes:

Sei, sei... um deles eu não gostava muito, mas não tinha muito contato, porque ele andava com os malucos que eu tinha arrumado confusão. Acho que ela [Maria] deve saber, o filho dela também. Não vou muito com a cara dele, mas hoje em dia eu cumprimento, falo com ele, normal. Mas o filho dela foi envolvido com uns malucos que eu também não gostava. Ele morreu porque... o filho dela morreu... Não sei o que ela sabe sobre ele, mas um deles morreu acho que porque merecia. Não sei. [hesitação em prosseguir] Não sei, um deles fazia muito mal pros outros. Fazia mal pra um rapaz que tava trabalhando no seu canto, quieto, então... [Pergunta: fazia mal, o que, assim?] Bater, dar tiro... Tem esse pessoal que quer ser ladrão e não é. E acaba batendo em pai de família, acaba xingando, acaba usando droga em frente a uma casa de uma criança que tava doente. Única coisa que o tráfico assim, não tem futuro [não tolera], é você estar assim, num barraco, só porque é um barraco, vou ficar usando droga ali? [...] Que nem, esses que morreram, eles davam maconha pros moleques fumarem, viciavam os moleques, davam mau exemplo, mostravam arma, tal, leva pra sua casa pra guardar, tal, dava arma pros moleques... maconha, farinha. [Pedro]

Salta aos olhos o contraste, de tom e conteúdo, entre o depoimento da mãe e de alguém que compartilhava os códigos do *crime* local, atuando em um grupo de amigos distinto daquele que Jonatas e Robson frequentavam. A acusação é a de que os dois morreram porque não tinham *proceder*. Não são utilizados os mesmos critérios de compreensão do que se passa, do que houve. Maria procura a todo o momento atribuir uma causalidade externa ao problema dos filhos, Pedro foca nos modos de conduta inadequados, fora da ética do crime, com que os meninos procediam. Há também, evidentemente, interditos em ambos os casos. Maria não quer continuar a falar disso, dói demais. Estimulado, Pedro decide falar um pouco sobre o caso, ainda assim hesitando, no final de uma entrevista de duas horas, marcada por diversas passagens discursivas em que ganhara confiança nos interlocutores. Sua referência à intolerância do *crime* acerca da avaliação do *proceder* é evidência, direta, de que a morte de Robson foi decidida, não uma contingência. As mortes assim são avisadas, precedidas por ameaças cujo efeito se avalia, antes de serem consumadas. Robson já tinha sido avisado, ameaçado, conhecia seus desafetos e sabia que poderia ser morto a qualquer momento.

Possivelmente, por isso fez a tatuagem com o nome dos irmãos, do pai e da mãe, nesse momento. Ritualizou sua própria morte, aos 17 anos. Foi executado no dia seguinte.

> Ele pegou umas letrinhas, assim, que colam, colocou na estante assim: 'mãe eu te amo', parecia uma coisa... 'Mãe eu te amo', 'pai eu te amo', 'Jonatas eu te amo... muito', 'Michel eu te amo', assim todo mundo, na televisão. Eu ia tirar, depois falei, vou deixar aí. Aí no outro dia aconteceu. Então teve assim, que nem uma despedida. [Maria]

Colapso: dois filhos mortos, a casa da família vira *lugar de bandido*

A tensão e o sofrimento que precedem e sucedem as mortes dos filhos de Maria fizeram colapsar sua dinâmica familiar. Se um dos fundamentos da família é justamente a circunscrição de um espaço privado de proteção no mundo social, especialmente para as crianças e os jovens, a corrosão desse espaço denota o fracasso do grupo.[8] No caso de Maria, não apenas do projeto de ascensão, mas da própria manutenção da família. O que se viu foi a conflitividade própria da esfera social invadir e tomar de arrasto o espaço doméstico; e não só simbolicamente: a polícia cuidou de objetivar essa constatação. Depois da primeira internação de Jonatas na Febem, e com o ingresso de Michel e Robson no crime, a casa de Maria passou a ser alvo de inúmeras operações policiais. Os métodos utilizados por policiais na relação com as *famílias de bandidos* são conhecidos de todos os que passam por situações parecidas, nas periferias. A sequência de exemplos é instrutiva.

---

[8] Inspiram-me aqui especialmente as reflexões de Hannah Arendt sobre a família. Ver Arendt (2001b e 2003).

Aconteceu muito, aconteceu muito. Até eu mesma tive que arrumar dinheiro para pagar para a polícia, isso já em 1998. R$ 1.500... Naquela época. [...] Foi assim, o Jonatas foi pego, ele tinha uma semana que ele tinha saído da Imigrantes, ele e outro menininho que tinha sido pego com ele. Então assim, eles não podiam ficar mais juntos... eles ficavam juntos a polícia pegava. Eles achavam que eles estavam cometendo alguma coisa, que eles cometiam mesmo, naquela época. Aí [a polícia] pegou os dois, levou pra delegacia, com uma semana que tinha saído da Imigrantes. Eu falei: "pra aquele lugar eu não volto mais". E foi a pior besteira que eu fiz na minha vida. Aí arrumei dinheiro com meu irmão, com meu marido, com avó, fui arrumando, sabe? Que eu levei uma eternidade pra pagar todo mundo. R$ 1.500, em 98, em outubro, eu não esqueço. Para os investigadores da 70ª [Delegacia de Polícia], para liberar meu filho. A mãe deu R$ 1.500 e eu R$ 1.500, na época. Aqui tem muito disso. [Maria]

A polícia entrou dentro da minha casa, eu tava trabalhando na Amar nessa época. Entrou na minha casa, do próprio celular meu filho ligou pedindo R$ 2 mil pra mim. Aí eu peguei e falei pra ele: "mas por que é que você está me pedindo R$ 2 mil?" Aí ele, cochichando, falou pra mim: "mãe, a polícia está aqui dentro, e falou que se até sete horas da noite eu não der esses R$ 2 mil para eles, eles vão jogar um BO em cima de mim. Eles vão ferrar com a minha vida, eu já sou de maior mãe". Eu falei, "então tá, marca com eles sete horas que eu vou levar R$ 2 mil pra esses vagabundos, sem-vergonha". Aí ele pegou e marcou. Aí eu falei pra moça [dirigente da Amar], e ela falou assim: "vamos chamar a Globo? A Globo arruma o dinheiro pra nós, se a gente pedir, é da Amar", assim para filmar, né? Depois pega de volta, porque eles vão presos, aí pega o dinheiro de volta, não perde nada. Aí ela falou: "vamos chamar a Globo, a gente faz uma armadilha e prende eles todos!" Eu falei: "é isso mesmo". Aí eu liguei pro meu pai, olha a besteira que eu fiz: eu falei, "pai, ó, segura o Michel aí que sete horas da noite a polícia vai aí fazer acerto, e a Globo vai, com o dinheiro, vai me dar o dinheiro, eu vou dar pro Michel, e eles filmam". Meu pai: "pelo amor de Deus, não faz uma coisa dessas, que não vai ter pra onde ir [depois]. Onde você vai colocar esse menino, onde você vai esconder esse menino?" E não tem mesmo, né? Nada de garantia me deram. Aí não paguei, não dei o dinheiro. Ele sumiu, foi para outra casa [de conhecidos] por uns dias, sumiu do bairro. Não paguei. A viatura em dia de plantão passava todos os dias na minha rua, tanto que os vizinhos já estavam cheios... falaram: "Maria, se você não fizer alguma coisa nós vamos fazer uma abaixo-assinado pra esse povo". Aí só sei que essa conversa do que aconteceu na minha casa caiu no batalhão, no 19º batalhão, do que tava acontecendo. Aí o batalhão ele era provisório, em cima da minha casa, né? Ele saiu de lá, ele foi pra outro local, e esses policiais eles foram transferidos pra outro local.

Meu filho ainda não tem carta de habilitação. Quando foi no começo do ano ele estava dirigindo o carro do pai. Aí esses próprios policiais que tinham pedido R$ 2 mil para ele, pararam ele. Aproveitaram que ele não tinha habilitação, pegaram ele, levaram para a delegacia e queriam prender. Por causa de habilitação. Menino, mas eu fiz um escarcéu tão grande dentro da delegacia... eu falei pra eles, "vocês querem trabalhar, vocês arregacem a manga e vão prender quem matou meu filho, quem matou meu filho no ano passado. Vocês não fizeram nada, debaixo do nariz de vocês. Agora vocês querem prender ele por causa de habilitação? Não senhor, vocês vão prender..." Olha, quase que eu falo um palavrão para eles. "Vocês vão prender quem vocês quiserem por aí, mas meu filho não."

A Rota uma vez entrou dentro da minha casa, meus filhos na Febem, entrou dentro da minha casa, procurando os meus filhos. Porque tinha tido um assalto na rua, com outros rapazes, aí entrou dentro da minha casa [suspeitando que tivessem sido os filhos dela]. Isso em 2001. Meu marido deitado no sofá, porque trabalhava doze horas por dia, quase mataram meu marido de bater, porque é escuro. Bateram demais, quebraram dois dentes dele. [Pergunta: Meteram o pé na porta e abriram?] Não, eu estava sentada na sala, tinha chegado da visita deles [dos filhos] em Franco da Rocha, aí eu sentada, falei pra ele [o marido]: "nossa, a rua tá cheia de polícia, teve assalto". Aí ele falou: "ah, problema de quem fez, né?" Aí nós continuamos lá. Aí vi polícia passando assim pela janela da sala, falei, nossa, será que o ladrão pulou pra cá? Deixa eu correr pra cozinha. Na hora que eu corri, eles já estavam na cozinha. Eu falei, que é que foi? Ele falou: "cadê seu filho?" Eu falei assim, "qual deles?" Ele falou assim: "o Robson". Eu falei "o Robson tá na Febem". "Na Febem? Há quanto tempo?" Eu falei, "quatro meses", mas não era besta de falar qual Febem né? Ele perguntou mas eu falei outra. Ele falou assim: "e o Michel"? Falei, "tá na Febem também". Ele falou, "e o outro?" [exaltada] "Tá lá no cemitério de Camilópolis, vai lá ver!" Eu fiquei nervosa. Eles falaram: "quem está aqui em casa?" Falei, "tá meu marido, dormindo, que hoje é folga dele". Aí pediu pra ele levantar. Só que na hora que pediram pra ele levantar empurraram ele do sofá. Aí meu marido, coitado, dormindo, nem viu quem era. Aí já xingou. Aí pronto, foi chute pra todo lado. Se não fossem os vizinhos da rua terem corrido pra rua, no meu portão, pra gritar que ele era trabalhador, eles tinham matado meu marido dentro da minha casa. E meu marido com medo de fazer a denúncia, foi até o [deputado] Renato Simões, queria fazer essa denúncia. [Pergunta: e por que é que não fez, a denúncia?] Medo. Porque aqui não tem para onde correr da polícia não. [Maria]

A presença da polícia, da corrupção policial e dos *acertos* entre *crime* e forças da ordem passam a ser parte do cotidiano não apenas dos meninos, mas de toda a família. Famílias como as de Maria aprendem a lidar com essa rotina. Para cada situação vivenciada há um acordo a ser feito, uma negociação, um preço. No geral, há como pagar para que haja possibilidades alternativas à prisão, aos espancamentos, às retaliações. Mas há sempre instabilidade nesses acordos, e qualquer desvio faz retornar violência. As famílias conhecem o repertório de ações da polícia, e com a experiência adquirida, aprendem a lidar com ele. Da primeira vez em que foi extorquida, Maria pagou o combinado. Não pagou na segunda e por pouco não levou a imprensa para noticiar o caso. Na falta de atores mais indicados, recai curiosamente sobre a mídia o papel de *polícia da polícia*.[9] Era preciso publicizar a ilegalidade da ação, no mundo público ela seria equacionada em outros termos – ali existem *direitos*. Mas é evidente que a tentativa não funciona, nem mesmo em um caso isolado. No cotidiano dessa relação, não há saídas claras para a publicização política dos problemas – em casos como esses, não se confia, tampouco, no judiciário.[10]

Mesmo sem imprensa, as retaliações aparecem. Os mesmos policiais militares rondam a casa por semanas e prendem Michel. Maria tem de negociar na delegacia com policiais civis. O argumento é moral, parte de um discurso inflamado. Resolve. Mas por poucos dias: um novo episódio aparece quando há um assalto no bairro e seus rapazes são *naturalmente* suspeitos; já fizeram muitos assaltos, são conhecidos. A polícia invade a casa. Eles teriam sido presos, se já não estivessem presos. A mãe tenta argumentar, se irrita. O marido é agredido a ponto de perder dois dentes, e se os vizinhos não vêm todos ao portão, para gritar que ele é *trabalhador*, talvez tivesse sido pior.

---

[9] Para um estudo sobre a questão do controle externo da polícia no Brasil, pensada institucionalmente, ver Holanda (2007).

[10] O que não significa que não haja instâncias do judiciário em que essas demandas possam transitar. Para o debate sobre o acesso à justiça e seus dilemas nas periferias da cidade, é referência o trabalho de Sinhoretto (2007).

Abordagem policial em *casa de bandido* é assim. A família de histórico tão *trabalhador*, agora envergonhava-se diante dos vizinhos.

Na trajetória dos filhos de Maria, fica claro que o foco da repressão policial não é o *ato infracional*, mas o indivíduo que o pratica. O verbo empregado é o *ser*. Se *é bandido*, o sujeito passa a conter o ato ilegal em sua natureza: seu corpo passa a demonstrar o indivíduo ilegal, e é ele quem passa a ser um *fora da lei*. A nomeação não permite contra-argumento. Absoluto no corpo do praticante, o ato ilícito passa também a comandar o olhar das forças da ordem para os corpos daqueles que lhe são semelhantes. Irmãos, amigos, parentes, aqueles que têm a mesma cor, vestem-se da mesma forma.[11] Nesse caso, a violência policial é dirigida sistematicamente a toda a família de Maria porque, a partir do primeiro ato infracional de um dos filhos, reconhecido publicamente no ritual da primeira internação, e agravado na reincidência dele e dos irmãos, todos perdem o acesso *de fato* ao estatuto do direito: a partir de agora eles são *bandidos*. E *bandido tem que morrer*.

Maria viveu até os 34 anos de idade tranquila, como uma dona de casa, uma mãe de família e, portanto, não teve de se preocupar nem com a política, nem com a polícia. Imersa na posição social que lhe era destinada, "cumpria suas obrigações", como ela mesma diz, e tinha seu lugar assegurado na estrutura social. Há espaço para os trabalhadores pobres. Passou a sofrer violência física e teve sua casa devassada (tanto pelo crime, quanto pela polícia) quando seus filhos "optaram pela vida no crime", e sua família perdeu esse estatuto. O estigma social, a repressão e a corrupção policial se tornariam mais intensos em sua vida conforme seus filhos se negavam (ou não conseguiam) optar pela vida de trabalhadores. Se não há mais postos de trabalho desejáveis para todos os meninos da periferia, e se eles não se contentam com o que há, paciência, não há mais lugar para todos eles. Resta gerenciar o conflito – violento – que emerge da existência dessa *população*, ou seja, acompanhar de perto a parcela mais calma e reprimir ou confinar os mais *agressivos*; no limite; deve-se permitir que sejam eliminados. Os três filhos de Maria encontraram o acompanhamento estrito do Estado e, depois de seguidas internações, dois deles foram assassinados, sem que houvesse qualquer desdobramento legal.

---

[11] Para uma reflexão sobre a noção de *sujeição criminal*, que trata desses modos contemporâneos da incriminação no Brasil, ver Misse (2010).

FRONTEIRAS DE TENSÃO   133

Michel sobreviveu. Não quis falar comigo sobre sua história em 2005. Foi preso dias depois. Já era sua segunda entrada no sistema prisional para adultos, onde ficou até 2008. Viveu desde os 13 anos de idade alternando períodos curtos em liberdade e estâncias maiores nas unidades de internação na Febem e, mais recentemente, no sistema prisional. Em 2009, encontrei-o pela última vez, em sua casa. Quando estava em liberdade, ainda circulava próximo às redes do *crime*. Parece estar longe delas agora.

De toda forma, é a distensão entre *trabalhador* e *bandido*, categorias representadas como parte da natureza, o que rege a existência social da família de Maria. Se o mundo é o espaço *entre* as pessoas,[12] nesse momento emergem dois mundos distintos, e em relação. A morte dos seus filhos evidencia a fronteira, pois representa perda apenas para uma *parte* dos moradores do bairro, e da cidade. Há tanto mais perda para o mundo quanto maiores os laços do que se vai com ele. Nas periferias, por isso, quando morre um *pai de família* há comoção e protestos.[13] Quando morre um bandido, e especialmente quando o próprio *crime* decretou que ele não devia mais viver, entretanto, faz-se um silêncio profundo na comunidade. Considera-se, em privado, que ele sabia o que o esperava, muitos já o haviam alertado da *inescapabilidade* desse caminho. E como ele já havia optado por viver fora do mundo legítimo, não há perda para "a sociedade". Dois *mundos*, partilhando um mesmo território. Rebaixada a um deles, aquele que é *lugar de bandido*, a família de Maria passou a conviver com situações nas quais, naquela época, parecia *não haver lei*.[14]

E essa sensação aumentou de intensidade na virada para os anos 2000, conforme os anos passaram, e a posição social em que eram enquadrados

---

[12] Hannah Arendt se refere inicialmente àquelas "distâncias entre os homens que, juntas, compreendem o mundo" em Arendt (1987, p.36), e teoriza sobre os impactos do rompimento dessas distâncias nas conclusões de Arendt (2000a).

[13] Em Sapopemba é conhecida, por exemplo, a história do assassinato do diretor da bateria da escola de samba local por um policial aposentado, vizinho da quadra da escola, após um ensaio. O fato gerou mobilização imediata da *comunidade*, tentativa de linchamento do homicida e comoção pública.

[14] Como demonstra Arendt (2000a, p.329), "o estatuto do não direito é também o da não humanidade. A calamidade dos que não têm direitos não decorre do fato de terem sido privados da vida, da liberdade ou da procura da felicidade, nem da igualdade perante a lei ou da liberdade de opinião – fórmulas que se destinavam a resolver problemas dentro de certas comunidades – mas do fato de já não pertencerem a qualquer comunidade". "O problema não é que essa calamidade tenha surgido não de alguma falta de civilização, atraso ou simples tirania, mas sim que ela não pudesse ser reparada, porque já não há qualquer lugar *incivilizado* na terra,

seus filhos não se modificava. Destruída a função protetora da família, seus entes foram pressionados então a se isolarem uns contra os outros – os conflitos domésticos foram intensos. Enquanto puderam pagar os policiais, foram extorquidos e coagidos. Quando não puderam ou não quiseram mais pagar, foram presos, e mortos. É na perda dos laços privados, posterior à perda dos liames da normatividade social do trabalho, que esses indivíduos atingem a condição limite em que, na perspectiva do senso comum, podem ser eliminados sem que nenhuma voz pública os reclame.[15] Ao contrário: *bandido tem que morrer.*

Se aqui há fronteira de mundos, entretanto, é possível recuperar etnograficamente a perspectiva dos *proscritos* e verificar como, desde esse ponto de vista, e durante os anos 2000, estabeleceram-se em Sapopemba outros patamares de convívio, que modificaram intensamente os parâmetros da sociabilidade interna ao *mundo do crime.*

A partir de 2003, quando Michel morreu, e mais especificamente a partir do Natal desse ano – conhecido como o primeiro "Natal sem mortes" nas favelas do distrito, reconhece-se por todo o território a hegemonia do PCC. Mais que controlador de mercados ilícitos, o PCC aparecia como instância de regulação da conduta dos que *vivem no crime.* "Bater de frente" com a polícia, e "paz entre os ladrões" passaram a ser as políticas internas ao *crime.* Desse ponto de vista, essas políticas buscavam justamente *resistir* à condições consideradas opressivas. Outra *lei* se torna ativa ali, outra *comunidade* de proteção e pertencimento se constrói nos bairros, e outro *compromisso com o crime* se formula nos espaços em que rapazes como Pedro e Michel transitavam. Essa emergência, entretanto, não está apartada dos cotidianos de famílias ou trabalhadores de favela, conforme demonstra a narrativa do capítulo seguinte.

---

pois, queiramos ou não, já começamos realmente a viver num mundo único. Só com uma humanidade completamente organizada, a perda do lar e da condição política de um homem pode equivaler à sua expulsão da humanidade". (Arendt, 2000a, p.330). Agamben (2002) recupera a argumentação da autora para pensar contextos contemporâneos.

[15] Tratei desse processo, com detalhe, em Feltran (2004).

BANDIDOS E TRABALHADORES: COEXISTÊNCIA

Ah, minha família... é complicado. Meus irmãos, tenho três irmãos presos. No total, lá em casa somos em oito filhos. Cinco irmãos já foram presos. Agora tem três que estão presos e dois soltos. O Lázaro chegou até a dar aula de vôlei no bairro, mas acabou não dando certo. Ele também não se ajudava, acabou indo roubar e sendo preso. Um. O Raul, que vem antes de mim, era o mais certo de casa, o mais trabalhador. Casou novo, tem um filho novo, trabalhava, estava tudo certo. Mas, acho que não aguentou ver ele trabalhando, trabalhando, trabalhando e nunca ter nada, e um monte de gente que não trabalha ter tudo. Não resistiu e foi roubar também. Aí foi preso. Aí teve uma fuga, ele fugiu. Quando ele fugiu, ele fugiu arrependido, já. Aí foi trabalhar numa firma ali, chegou lá, o patrão era muito chato. Era daquelas pessoas que não sabem respeitar os empregados. Já chegava gritando. Ele ficou acho que três meses e saiu. Aí voltou a roubar de novo. Foi preso de novo, está respondendo a dois processos. Falou que vai mudar quando sair. O Anísio também já está para sair também, já está montando um negócio. E o outro, o Fernando, é o de menor, o mais novo, ele está na Febem [Fundação Estadual para o Bem-Estar do Menor] [hoje Fundação Casa]. [Neto se esqueceu da Marcela, irmã também detida naquela ocasião]. E estamos esperando. Acho que até o final do ano estão todos juntos, de novo. Faz tempo que não estão. [Neto, em 2005]

A despeito da expectativa de Neto, o ano de 2005 terminou sem reunir seus irmãos. Foi assim também nos finais de 2006, 2007 e 2008. A esperança de um dia reunir a família terminou, finalmente, em agosto de 2009, quando Anísio foi assassinado.[1]

Este capítulo apresenta a etnografia da família de Ivete, mãe de Neto, moradora da favela do Jardim Elba, Sapopemba, zona Leste de São Paulo. Descrevo como a clivagem entre *trabalhadores* e *bandidos* opera diferentemente em três dimensões da trajetória familiar: i) no interior do grupo doméstico; ii) na inserção da família na favela e no bairro; e iii) nas formas contextuais como esse grupo familiar – e seus semelhantes – são figurados no espaço público. Depois disso, discuto algumas das implicações políticas da manutenção da equação que opõe radicalmente *trabalhadores* e *bandidos* nos discursos públicos, em contraste com as novas formas de relação entre trabalho, família e *crime* nas periferias contemporâneas. Nessa equação é que, me parece, ganha plausibilidade a legitimidade que facções como o PCC gozam nas favelas do distrito – e não só nelas.

Neto, um rapaz negro de 25 anos, me foi apresentado por uma coordenadora do Centro de Defesa dos Direitos da Criança e do Adolescente (Cedeca) logo que iniciei minha pesquisa no bairro. Com as mãos nos ombros dele, ela disse querer me apresentar um exemplo, um rapaz especial. Em 2005, Neto era professor de capoeira na entidade, e personificava o tipo ideal das histórias de *resgate* dos meninos de favela por projetos culturais. Aproveitou a *oportunidade* que teve e conseguiu, ao contrário da maioria de seus irmãos, começar uma trajetória *de trabalhador*. Em 2007, migrou da capoeira para o balcão de uma loja no shopping Tatuapé. Em 2008, foi promovido a líder de segurança da mesma loja e, desde então, coordena uma equipe de sete funcionários. Chegou a comprar uma aliança de noivado, mas resolveu adiar o casamento em seguida (ter filhos atrapalharia a tentativa de sair da favela). Era melhor esperar mais estabilidade. Neto quer ter um destino diferente do dos irmãos; essa já era sua questão desde que nos encontramos pela primeira vez.

Em casa somos nós e minha mãe. São seis homens e duas mulheres. Dos seis homens, eu sou o terceiro, os dois maiores têm filho, as duas meninas têm filho,

---

[1] Os filhos de Ivete (53 anos) e as idades, em 2011, são: Ivonete (35); Marcela (34); Anísio (30†); Raul (31); Neto (28); Alex e Lázaro (gêmeos, 27) e Fernando (21†).

e dois menores do que eu têm filho. Tem dois que não têm, e eu sou um dos dois. É que sou muito novo, acabei de estudar agora [o ensino médio], e pretendo entrar na faculdade. [Neto]

Neto sempre retomava o contraste entre as opções tomadas por ele e aquelas seguidas pelos irmãos. No trecho inicial, era a inscrição no *crime* que delineava essa clivagem. Agora, os critérios eram o gênero e o fato de terem filhos. As distinções internas geravam qualificativos: *estudar* e *faculdade* sempre eram *objetivos* enunciados depois de distinguir-se. Interessou-me estudar essa clivagem; perguntei ao Neto se poderia conhecer sua família. "Claro". Poucos dias depois, liguei em seu celular para agendar uma entrevista com sua mãe, Ivete. Neto me encontrou no Cedeca e me levou até sua casa. Entramos por um portão pequeno, de ferro, sempre aberto, de frente para o asfalto. Limite de uma das favelas do Madalena. O acesso fácil me deixou tranquilo, poderia voltar sozinho depois.

Entre o portão e a porta de entrada da casa há um espaço cimentado. Um dos irmãos de Neto cortava o cabelo de um amigo ali, com uma máquina elétrica. Era Alex, que usava esse espaço cimentado como seu ganha-pão: havia instalado ali duas máquinas de videogame, e desde o final de tarde crianças pequenas da favela podiam se divertir com fichas de cinco e dez centavos. À noite, eram os adolescentes que apareciam. Nos anos seguintes, o espaço se tornou garagem e, depois, construía-se o alicerce de um pequeno bar.

Ivete me esperava no quarto, penteando os cabelos. Sala com cozinha e um quarto no fundo. Mais um quarto no alto, com entrada autônoma, onde vivia a filha mais velha, Ivonete, e seu filho Vitor, então com 12 anos. O anúncio da entrevista gerara expectativa; vários moradores queriam contar suas histórias. Sentei-me no sofá, a fisionomia de Ivete era muito séria, meio ausente. Os braços e as pernas tremiam involuntariamente, seu aspecto confirmava as informações de que ela estava muito deprimida. Foram quase duas horas de conversa com ela, nesse primeiro dia. Quando julgou ter terminado seu depoimento, Ivete passou a chamar cada um dos filhos presentes para gravar testemunhos rápidos. Em seguida, também as crianças e, por último, as cunhadas. Postada ao lado de cada um deles, interrompia a conversa, de tempos em tempos, para pontuar o que considerava importante ser dito. Ivete contou histórias de sua vinda de Salvador para São Paulo, disse que o *tráfico* tinha ajudado muito sua família, deu alguns exemplos. Pediu para Marcela descrever com detalhe o que era a vida na cadeia, as formas de conseguir sobreviver ali. Interrompeu Alex para contar sobre o sequestro que Lázaro (outro de seus filhos) tinha cometido, no próprio bairro. A tarde caiu.

Ao final de quase quatro horas de conversa, na casa, Ivete já estava muito mais solta, tinha parado de tremer, mostrava-se uma mulher firme. A transformação de sua aparência, mediada por sua narrativa para mim e Ana Paula, me chamou a atenção (e me comoveu). O dia terminou e o impacto pessoal tinha sido enorme, embora me restasse a sensação de *entender* muito pouco. Os depoimentos tinham uma lógica que, naquele momento, para mim, misturavam coisas opostas: a *família*, a *comunidade*, o *crime* e a *cadeia*. A demarcação da moral familiar e do que seria desviante, com relação a ela, não era usual naquela casa. Era como se a família tivesse colocado, nos cotidianos, esses mundos em relação, não em oposição estanque.

Ao mesmo tempo, era claro que não se tratava de uma família que compartilhasse *valores* do crime, não era. O depoimento de Ivete é claro a esse respeito: foi justamente pela adesão dos filhos à *vida de ladrão* que Ivete caiu em depressão e, nos últimos anos, foi esse seu maior problema. Os relatos de sofrimento pela *opção* dos filhos por viver a *vida do crime* foram, e são, sempre constantes. Tive a mesma percepção com outras duas famílias, também moradoras de favela em Sapopemba, que conheci com algum detalhe nos anos seguintes.[2]

Quando não é simples entender o que se passa, é tempo de descrever. Juntando notas de campo e entrevistas transcritas, montei então um quadro geral das dinâmicas da família, naquele momento. Deu trabalho cruzar a imensidade de nomes citados com os fatos marcantes de cada trajetória e as inflexões de cada percurso. Fiz outra visita, meses depois. Tanta informação nova apareceu que meu quadro teve de ser refeito. Foi assim por dois anos. No meio de 2007, passei esse quadro a limpo, e essa história de família abria para tantos temas que, o que seria um esquema para simplificar as coisas, tornava-se uma imagem super complexa que eu decifrava antes de cada nova visita. Em 2010, há muito já não me era mais preciso voltar a ele – agora eu me sentia fazendo parte da dinâmica doméstica.

---

[2] As famílias de Fabiana e Cristina, que até por assemelharem-se às de Ivete neste aspecto não tiveram suas histórias apresentadas em detalhe neste livro.

Nesses anos, conheci muitas histórias de crimes violentos praticados pelos filhos de Ivete. A gentileza invariável da recepção e a facilidade dos sorrisos dos meninos, a beleza dos rostos e o sotaque pausado de Salvador não casavam, entretanto, com o estereótipo do *bandido*. Quando caminhava até a casa deles, adentrando a favela, por vezes a ideia de que estava indo visitar bandidos me contaminava, e por vezes chegava a sentir medo. Mas era só gritar o nome de Ivete, na porta, que me sentia mal por ter tido medo, era um absurdo. As ações criminais do grupo de irmãos envolvidos são, evidentemente, encaradas como trabalho. Paradoxal, mas é assim. E assim sendo, limitam-se aos momentos de trabalho. Os códigos internos às atividades como ladrões estiveram sempre contidos às reuniões, ao planejamento e à execução das ações criminais, e à sociabilidade com seus pares. O espaço da casa e seus cotidianos usualmente foram neutros a qualquer conversa ou referência a essas atividades. Ali, aqueles que são bandidos no mundo social e público são, apenas, os filhos de Ivete. Sigo, ainda hoje, em contato com mãe e filhos. A cada nova visita um quase ritual se processa: quem está na porta me recebe, me diz para sentar, mas me previne que não há café, para logo começar a me contar o que tem acontecido na família. Pergunto notícias de um por um, dou notícias de minha família, e sempre há muita novidade. Antes de chegar a elas, entretanto, cabe retomar o percurso de chegada dessa família a Sapopemba.

Cronologia: de Salvador para São Paulo em oito anos

A minha vida lá em Salvador era muito sofrida. É... tão sofrida quanto aqui. [pausa longa]. Era muito sofrida. Eu passava necessidade com os meus filhos, tinha um marido que me batia, me maltratava muito, que é o pai dos meus filhos. Então por isso que eu fugi dele. E vim para aqui. Fugida. [Ivete]

Ivete chegou a São Paulo em 1987. Deixou para trás marido e sete filhos. A mais velha tinha 10 anos e os mais novos, os gêmeos Alex e Lázaro, 2 anos de idade. Uma conhecida de Ivete já morava em São Paulo, ela morou *de favor* alguns dias, não se lembra onde ficava a casa. Recorda-se, entretanto, que saiu de lá *maltratada*. Que foi parar na rua e que encontrou outros lugares para viver, também de favor, em seguida. Cinco anos se passaram sem que ela visse os filhos. Uma irmã de Ivete, que permanecera em Salvador, tinha telefone. Mas era caro. A vida só melhorou um pouco quando Ivete conheceu *um rapaz* e foi viver com ele. Esse homem deu a ela uma casa na favela do Elba, onde vive ainda hoje, e seu oitavo filho, Fernando. "O único que eu quis".

Ivete me conta que teve catorze gestações: quatro abortos e dez partos normais. Oito sobreviveram à primeira infância e seguiam vivos quando a conheci: "todo dia agradeço a Deus de ter todos os filhos vivos".

O novo marido trabalhava, e a vida na favela, sem pagar aluguel, possibilitou que Ivete conquistasse certa condição de fazer planos. Disso surge também a possibilidade de ajudar quem vivia de seu lado, e a reciprocidade gera uma rede de relações com os vizinhos – chamada nas favelas de *conhecimento* –, o que lhe ajudou na adaptação em São Paulo. O conhecimento trouxe *bicos* como diarista e, em 1992, Ivete tinha juntado dinheiro e coragem suficientes para uma primeira tentativa de trazer os filhos da Bahia para São Paulo. Viajou para Salvador, e, chegando lá, o Estatuto da Criança e do Adolescente (ECA) havia sido regulamentado, e Ivete soube que havia perdido a guarda legal das crianças há anos. Retornou para São Paulo sem os meninos, e passou mais três anos sem vê-los. Em 1994, conseguiu, finalmente, um trabalho estável, na linha de montagem de uma fábrica de peças de metal. Procurou um advogado para recuperar a guarda das crianças e, na mesma época, recebeu um telefonema de Salvador. Era Marcela, sua segunda filha, que teria câncer de mama e estaria à beira da morte.

Resolveu ir vê-la. Fez *acordo* no emprego para ser demitida, precisava do dinheiro da rescisão para a viagem. Chegando lá, viu que os filhos estavam em situação muito pior do que imaginava, e muito pior do que estavam há alguns anos. Ivonete, na época com 18 anos, sofria abuso sexual regular, praticado pelo próprio pai. Marcela, aos 16, havia inventado a história do *câncer de mama* em tentativa desesperada de trazer a mãe de volta. Tendo tido sucesso no propósito, mutilou um dos seios quando Ivete chegou, para provar sua doença. Todos os meninos apanhavam muito, com muita frequência: o pai já estava desempregado há tempos, bebia demais, era muito violento. Ao menos, nessa situação, era possível que Ivete, na justiça, recuperasse a guarda das crianças. Assim foi feito. A migração se completou, então, com a vinda de Ivete e seus sete filhos para Sapopemba.

Oito anos depois da vinda da mãe, e pela primeira vez, seus oito filhos se reuniram. Todos sentiram-se bem, exceto seu segundo marido. Terminou ali o segundo casamento de Ivete. E isso não era pouco. Sem o emprego, e agora sem o marido provedor, com oito filhos para criar, Ivete percebe que a fase seria de novo complicada.

Estrangeiros em Sapopemba: a busca por proteção

Ah, foi muito difícil. Porque eu estava sem emprego, mãe sozinha, tinha eles... não tinha asfalto nessa rua, os únicos negros nessa rua eram meus filhos. Uma amiga ainda chegou para mim, que morava aí na frente, olhou pra mim dando risada e falou pra mim que eu ia criar meus filhos para serem trombadinhas. "Como é que você vai criar seus filhos tudo sozinha?" Eu falei para ela que eu tinha fé em Deus que eles não iam dar pra isso, não é? [Ivete]

Corria o ano de 1995, Ivete estava desempregada e sozinha para cuidar das crianças. A família ampliada restara em Salvador. As histórias do período misturam privação material e estranhamento. A feira do bairro é muito referida em todos os relatos desse período. Era dali que vinha o sustento de todo mundo. Os meninos, em grupo, *guardavam os carros*. Da feira traziam cabeças de peixe, folhas de cenoura e beterraba, quaisquer outros restos. Com as moedas que ganhavam, Ivete comprava farinha, fazia pirão e sopa, a comida da semana. Às terças e quartas-feiras – ela me conta – uma granja no bairro descartava carcaças de frangos mortos, e as famílias mais pobres se juntavam ali para recebê-las. Era humilhante, *humilhação demais*, atestava-se a pobreza absoluta frente aos pares. Mas Ivete só tinha como renda a pensão do segundo marido, pouco mais de meio salário mínimo, e algumas diárias de sua filha mais velha, que já começava a trabalhar como faxineira.

Os meninos, no final de semana, iam para a feira tomar conta de carro. Aí tinha uns meninos aqui embaixo que batiam neles, tomavam o dinheiro deles. [...] Um dia o tráfico bateu em minha porta, porque eu chamei a polícia para esses meninos. O traficante veio em minha porta. Aí viu que eu era sozinha, era tudo escuro aqui... viu que eu era sozinha, só me ameaçaram, né? Que eu ia embora se eu chamasse a polícia de novo. [...] Só que eu sou uma mulher determinada, no outro dia eu fui trabalhar e voltando do trabalho eu fui procurar o tráfico. Eu fui procurar ele. [...] Cheguei lá e expliquei pra ele a situação que eu vivia, a situação que eu me encontrava, e a situação que os meus filhos passavam na feira, né? Que quando eu ia trabalhar, e quando eu voltava, os meus filhos estavam presos dentro de casa, porque os meninos da rua espancavam eles, jogavam pedra aqui dentro de casa, que era aberto aqui na frente. E eles eram todos pequenos, a mais velha era a Ivonete e ela era muito tímida, né? Então eles me deram razão. Mas só que pediram pra eu não chamar mais a polícia, que quando eu precisasse, procurasse eles, que eles iriam resolver.

E realmente eu precisei, dias depois eles voltaram. [...] Aí a minha menina ligou, que os meninos estavam mexendo aqui na casa, jogando pedra. Aí eu mandei que ela fosse, procurasse o rapaz. Aí ela foi lá, procurou o rapaz, esse rapaz desceu aqui, mandou descer, nem veio, mandou descer... e avisou, né? Que se eles continuassem a incomodar a família, a minha família, que eles desceriam e não desceriam pra conversar. [...] E aí a partir desse dia eu passei a ter, assim, um... um... como é que eu posso te explicar? Uma comunicação. [Ivete]

Garantia de segurança, em uma situação como a de Ivete, fazia toda a diferença. Nesse caso, a polícia *não* era a força de segurança mais adequada. Nas favelas de São Paulo, nos últimos dez ou quinze anos, muita coisa mudou. Ano a ano, fui me deparando mais frequentemente com um tipo de depoimento que situa o tráfico de drogas e o *crime* local como parte da comunidade, e não seu oposto. Se há quinze anos, quando moradores de favela se referiam à comunidade, eram em especial as paróquias os núcleos de ação coletiva de referência; agora, trata-se de um território mais amplo, em que diversos atores são representados, com destaque para o *mundo do crime*. A explicação para essa transformação é simples, e foi proferida por Mano Brown, cantor de rap, em um programa de televisão, nos seguintes termos: "quem protege a comunidade? A polícia protege? Não. Então ela tem que se proteger".[3]

No caso em questão aqui, o monopólio da violência legítima pelo Estado já é ficção; os traficantes (ou *comerciantes*, como propôs no mesmo dia o mesmo Mano Brown) e ladrões pouco a pouco assumem o papel da força armada que regula as regras de convivência (permitidos e interditos) e faz a justiça no varejo, pelo debate constante de qualquer atitude considerada inadequada, ilegítima ou imoral. No limite, nos *debates* promovidos pelo

---

[3] No programa *Roda Viva*, da TV Cultura, exibido em outubro de 2007.

crime para analisar situações como essas, pode ser empregada a violência, inclusive letal. Essa violência será, entretanto, sempre legítima no plano local, porque amparada em argumentos coletivamente aceitos, ainda que por falta de opção.

Ivete começa a ser respeitada entre os vizinhos, graças a essa *comunicação* com o tráfico. O estigma inicial da mãe sozinha de família baiana, negra e muito pobre começa a ser revertido. Dali, alça a outros espaços de sociabilidade e, através deles, consegue uma vaga como agente comunitária de saúde, em uma das duas equipes do Programa de Saúde da Família (Qualis) vinculados à Unidade Básica de Saúde (UBS) do Madalena. A vaga foi obtida em seleção pública; pesou seu engajamento voluntário em atividades comunitárias (vinculadas ao Cedeca) e na introdução da UBS. Pesou também o *respeito* que *trabalhadores* e *ladrões* tinham por ela na favela; pesou o fato de que ela poderia visitar qualquer casa da favela, acessar qualquer família. O salário mínimo não garantiu uma mudança do panorama da família, mas a rede de contatos de Ivete no bairro aumentou significativamente. Quando eu me perdia pelas margens da favela, era só perguntar onde vivia a Ivete, que não tinha erro.

O trabalho dos meninos: do lícito ao ilícito

O final da década de 1990 foi paradoxal. A família de Ivete tinha dois salários mínimos e meio de renda mensal, não pagava aluguel e todos os filhos estavam matriculados na escola. Olhando de fora, era hora de a vida começar a se acertar, os meninos logo ajudariam um pouco mais, a vida tenderia a melhorar. Ivonete, a mais velha, já tinha conseguido um emprego melhor, em *casa de família*, e passado a viver em um bairro vizinho, contribuindo com o orçamento. Neto conseguiu um trabalho no Cedeca, Lázaro também tentou o mesmo caminho. Nesses anos, entretanto, é que a aproximação dos meninos com o crime se consolidou.

Aos 15 anos de idade, Marcela já tinha se aproximado do tráfico da favela, fazia pequenos serviços; tornou-se dependente do *crack* lá pelos 17. Os cinco meninos mais novos que ela, entre 10 e 15 anos, também cresceram próximos do crime, cujo mercado estava em franca expansão no período. Nos anos 1990, o tráfico de drogas estrutura-se nas periferias da cidade como centro de gravitação de outros mercados ilícitos transnacionais altamente rentáveis, como o tráfico de armas. Conforme os anos passaram, as vidas dos meninos foram mais tocadas pela violência das relações que estruturam esse universo no mundo popular. Naquele período, o homicídio dispara na capital: "a violência era demais", me disse Ivete. Muitos amigos próximos de cada um dos filhos de Ivete foram assassinados na favela. "O Binho, o Zé, Marquinho, o Bola..." impressiona vê-los fazer essa contabilidade. Ivete sabia que nesse momento inicial de *envolvimento* dos meninos, era preciso tentar fazê-los trabalhar; e, como vimos em outros capítulos, todos trabalharam, desde cedo.

> Estudei até a quarta série e depois parei para ir trabalhar. E não arrumava vaga [na escola] à noite. A gente estava naquele período em que até certa idade não estudava à noite. Aí eu trabalhava e não estudava. [Neto]

A feira valia para crianças pequenas, passa a render pouco conforme crescem. Mas por estarem ali, cinco dos irmãos (Neto, Lázaro, Alex, Raul e Anísio) conseguiram outra *oportunidade*: foram agenciados, em grupo, para ajudar a descarregar fardos de cana-de-açúcar de caminhões, em um depósito do bairro, em troca de gorjetas. O serviço era mais *certo*, ou seja, poderia ser feito todo dia e não só aos finais de semana.

> Tinha um depósito de cana ali em cima. Aí nós ficávamos lá e ganhávamos caixinha dos fregueses. Passou um tempo, aí eu comecei a trabalhar mesmo. [Pergunta: Você não tinha salário, no começo?] No começo não, mas depois teve. Eu sei que passou cinco irmãos lá, trabalhando. [Neto]

Quando os meninos começaram a ser remunerados, o pagamento era *por produção*: R$ 25 por *milheiro*. Um milheiro são mil *dúzias* de cana, descarregadas do caminhão, descascadas, cortadas e preparadas para serem vendidas aos engenhos de feira. Esse é o perfil da remuneração, ainda hoje, das atividades terceirizadas a famílias de favela. Os contratantes eram, da mesma forma, moradores do bairro. Novamente, vê-se o peso da oposição simbólica e objetiva entre quem mora nas *casas* e quem vive nas *favelas*. Os adolescentes trabalharam três ou quatro anos ali, conheceram bem a família dos patrões, eram *ajudados* por eles. Há muitas histórias contadas sobre esse período.

Por algum tempo foi reproduzida entre essas famílias uma representação de *complementaridade*, tanto nas relações materiais, de trabalho, quanto simbólicas. Temperadas pela fofoca, a interação entre empregadores e empregados, inteiramente familiar, figurava certa *harmonização de opostos*, recorrente na história das relações entre famílias de classes distintas no Brasil.[4]

Entretanto, a São Paulo da virada do milênio não comportava mais a elaboração do conflito de classe na chave freyreana. Se Ivete prezava o contato com os patrões, que lhes *davam o sustento*, Lázaro nomeava o período de outra forma: "uma escravidão, mano!" A relevância dos pontos de vista, de se ouvir as gerações. Não surpreende que tenha vindo justamente de Lázaro a primeira ruptura explícita com aquele ordenamento de relações familiares no trabalho. Aos 15 anos de idade, o rapaz *sequestrou* a filha adolescente dos patrões, com uma arma na mão. Disseram que ele era apaixonado por ela. O desenrolar da história merece citação literal.

> Na época que aconteceu isso [o sequestro] eu trabalhava lá, era funcionário da família. E eu nunca fui de mexer, mas meu irmão... não sei o que aconteceu, que caiu na boca deles [dos patrões] que alguns dos meus irmãos iam sequestrar um filho deles. Isso foi uns quinze dias antes. E passou uns quinze dias já aconteceu o sequestro. Aí ela [a patroa] já foi falando que eram meus irmãos. Eu estava perto na casa dela, na hora. Eu fui buscar minha namorada na escola, que é minha esposa agora, a hora que eu virei a esquina eu ouvi os gritos. Voltei e vi a viatura na frente da casa dela. Aí eu vim aqui, peguei minha mãe e falei: "vamos lá ver o que tá acontecendo". Na hora que eu cheguei lá, o sobrinho dela estava vindo aqui me chamar. Aí eu entrei dentro do carro e nós fomos procurar. Mas até então eu não sabia o que tinha acontecido. Aí ele foi me explicando... ó, sequestraram a Érica, vamos atrás pra ver se nós achamos. Andamos tudo, só que não achamos. Aí voltamos e ficamos na casa deles. Minha mãe falou pra mim que eles desconfiavam que era um dos meus irmãos... eu fiquei quieto. [Alex]

> Na hora mesmo que aconteceu [o sequestro] eu não tinha certeza de que o Lázaro estava envolvido, mas só que o Alex chegou correndo, dizendo que a polícia tava lá, na casa do patrão dele. E que estava na Av. Água Espraiada. Que

---

[4] Durham (1973, cap. 8) reflete exatamente sobre essa tentativa de reprodução do modelo do patronato em São Paulo, especialmente entre as famílias que, como a de Ivete, só tinham qualificação para se inscrever em trabalhos *marginais*, não protegidos por contrato ou relação salarial.

era para eu ir lá ver o que é que era. [...] Chegamos lá, a mãe da menina estava dizendo que era o Raul, que o Raul tinha sequestrado a menina deles. Só que o Raul tinha sido preso oito dias antes. Falou: "ou foi o Raul ou foi o Lázaro". Aí eu vim atrás do Lázaro, cheguei aqui não encontrei o Lázaro, e o Lázaro costumava entrar pra casa cedo. Aí foi que começou a desconfiança. Aí encostei [os outros meninos] na parede, fui perguntando. Lázaro chegou, e falou. E os meninos falaram: "foi ele mesmo, com o Teco e tal". Deu o nome dos meninos. Então a gente foi atrás. Eu chamei um menino que era do tráfico e pedi ajuda, pra resgatar a menina. Porque eu não podia chegar para o outro cara, e eles já tinham conversado por telefone, olha, devolve a menina, que eles já estão sabendo que o Lázaro está envolvido, vocês vão cair. Aí ele [o Teco] disse: "eu só devolvo depois que derem o dinheiro", quer dizer, ele não ia respeitar a menina. Eu precisei pedir ajuda ao tráfico. Aí o rapaz que era do tráfico me ajudou. [Ivete]

Inflexão. Em uma passagem rápida, todo o quadro de referências de figuração social da família se altera. Lázaro era *funcionário* e, de uma hora para outra, se torna *sequestrador*. Alex era *amigo* dos sobrinhos e dos filhos da família e, em um golpe, era *suspeito* de cumplicidade. A família de *trabalhadores*, amparada pelos patrões, vira ninho dos *bandidos* que ameaçam a ordem. Mais que isso, rompe-se um contrato. As fofocas já tinham corrido, os planos dos adolescentes eram conhecidos de alguns. Lázaro tinha conversado com amigos do bairro, a ação tinha sido preparada, o traficante era *patrão* de um de seus parceiros. O desenrolar da história é exemplar do pluralismo das instâncias de autoridade às quais as famílias de favela recorrem, em casos como esses: em primeiro lugar Ivete recorre a seus provedores pessoais diretos (mesmo sendo eles os pais da vítima); em segundo, ela pede ajuda a uma autoridade do *mundo do crime*, instância normativa responsável pela solução de casos como esses.

Então eu pedi a ajuda do traficante, porque eu fiquei sabendo que o outro menino que estava no sequestro trabalhava na *boca*, trabalhava para essa pessoa. Ele [o traficante] se arriscou, pediu pra tirar a polícia do caso, que a polícia já tava envolvida, não é? Ele se arriscou, foi lá comigo, fui eu, ele e a dona da casa [mãe da menina sequestrada]. [...] Fomos buscar a menina, resgatamos a menina do sequestro. Eles [os funcionários da *boca*] respeitam o patrão. Têm medo do patrão. Chegamos lá, a menina estava lá, estava bem. [...] Se não fosse o traficante, ele [Lázaro] poderia estar ou morto, ou ter sido preso, por causa desse sequestro. [Ivete]

Lázaro não foi nem morto nem preso, mas foi repreendido pelo patrão. Sobretudo, passou a dever a ele a *oportunidade* que teve. Publicamente, foi um problema pequeno, uma denúncia à polícia desmentida em seguida. Na favela, o episódio foi muito comentado e, como muitos outros, reforçou a legitimidade no poder de arbítrio do *crime* na resolução de conflitos.[5] Ivete salvou a menina e o filho, mas não conseguiu evitar a demissão paulatina de todos os outros meninos da pequena empresa de cana.

Passou algum tempo, o rapaz me mandou embora... eu perguntei pra ele se foi por causa do que meu irmão fez, né? Ele falou que não. Mas pra mim foi. [...] Não tiro a razão dele não. [Alex]

A ruptura do acordo tácito anterior, depois de uma ação extrema, era clara. "Não tiro a razão dele não". Essa ruptura não aconteceu só na família de Ivete: a dissensão casas *versus* favela na sociabilidade cotidiana parece ser fruto de histórias assim. O evento corriqueiro não é notícia, o excepcional é comentado durante dias e constrói significados. Os meninos perderam sua fonte de renda. Em pouco tempo, entretanto, isso não significaria mais problema – a lógica da *viração* na rua (Gregori, 2000) tinha sido aprendida desde muito cedo, e os rapazes sabiam que, se os serviços lícitos pagavam pouco, os mercados de trabalho ilícitos que o bairro oferecia, cada vez mais dinâmicos, valiam a pena. Alguns deles já haviam se acostumado a cometer pequenas infrações, desde a época da feira. Ademais, se todo mundo já os considerava bandidos mesmo, alguma coisa eles tinham de ganhar com isso. A aproximação do *mundo do crime* local foi progressiva, a partir daí, para quatro dos seis homens.

Você vai se envolvendo. Vai crescendo, vai se envolvendo. Você acaba se envolvendo num crime mesmo de verdade, alguém te apresenta a arma, você

---

[5] O caso transcorre em período anterior à constituição, nesse território, do PCC como principal árbitro de conflitos como esse. Em Feltran (2010c) discuto a questão de modo mais detido.

vê os caras voltando da fita cheios do dinheiro, aí você quer também. [...] Fui conhecendo os caras, fui me envolvendo. [Lázaro]

Lázaro repete o depoimento padrão, que escutei diversas vezes durante a pesquisa de campo: a *necessidade* em casa, a presença dos colegas próximos do *mundo do crime*, o monte de dinheiro de quem volta de uma *fita* (ação criminosa). A apresentação às armas, o ritual da primeira ação criminal e a recompensa imediata em *status*, reconhecimento. As coisas dão certo, *vamos tentar*. Como no caso de Pedro, no Capítulo "As fronteiras do *mundo do crime*", percebe-se que, em geral vindos das famílias de menor renda entre os moradores (mas não só delas), a pequena parcela de meninos e meninas que entram no *crime* encontram ali uma atividade remunerada, marcada por riscos e altamente desafiadora, que, se bem feita, abre as portas do consumo e do reconhecimento. Isso não é pouco, para quem nunca pôde consumir, e nunca viu "o sistema a seus pés", como diz a letra da música "To ouvindo alguém me chamar", dos Racionais MC's. A remuneração pelo serviço é variável, mas sempre atrativa se comparada às atividades lícitas, e cresce conforme o nível de vinculação dos indivíduos à estrutura do negócio. Em Sapopemba, se os olheiros do tráfico (em geral crianças pequenas ou viciados em estágio avançado) varam noites nas vielas para ganhar até cinco reais ou um *papel*, um menino de 17 anos chega a ganhar R$ 100 em uma noite, *passando* drogas na *boca* (ou *biqueira*). Seu gerente chega a receber de R$ 200 a R$ 300 no mesmo período. "Às vezes R$ 500".

O acesso às armas de fogo e a inserção nessa comunidade facilita a associação das atividades no tráfico a outros tipos de crime, o que amplia ainda mais a renda potencial. Em Sapopemba, há redes organizadas de assaltos e roubos de carro, que subcontratam os adolescentes mediante pagamentos fixos. Se um rapaz ganha R$ 200 para entregar um carro roubado a um receptador, o dono de uma revenda pode ganhar R$ 10 mil em um único carro. Pedro me conta que chegou a ser convidado para um *assalto à mansão* por R$ 40 mil. Entre os mais jovens, e de menor remuneração no negócio, o dinheiro obtido é garantia de usufruto imediato dos bens fundamentais à vida *social* do jovem da periferia: tênis sofisticados, telefones celulares de último tipo, roupas de marca e, se possível, motos e carros com acessórios e aparelhagem de som. Dos filhos de Ivete, Lázaro e Anísio começaram a fazer furtos à residência desde os 14 anos de idade, depois roubo de carros e, finalmente, assaltos à residência e na saída de caixas eletrônicos. Fernando e Raul também roubavam, mas principalmente traficavam. Marcela era a única, nesse período, que já estava no crime obtendo muito poucos ganhos secundários: ela usava *crack* (era uma *noia*), e os noias são como párias.[6]

Ivete sabia de boa parte das ações criminais dos filhos, e sofria muito com isso. Sofria tanto pela dificuldade de mantê-los no caminho dos trabalhadores, quanto pelo risco que corriam. Refletia sobre a vinda deles para São Paulo. Acreditava que era uma fase. Mas, tornando-se ladrões e traficantes mais conhecidos no bairro, os cinco meninos de Ivete passaram a ser mais visados pela polícia. Imagens recorrentes: os meninos e seus patrões fizeram muitos *acertos* com policiais, mas uma hora não dava mais – começaram a ser presos.

O começo das prisões, crise

Fui fazer um assalto lá no Jardim Santo André, numa pizzaria. Eu tinha quinze anos, fui pego pela polícia e fui preso. Acho que era o terceiro que eu fazia, naquela região ali mesmo. E depois, eu comecei a trabalhar um pouco, fiquei parado um tempo, desempregado, sem mexer com nada. Devido à situação estar ruim, eu comecei a me envolver com o crime de novo. [Lázaro]

Lázaro passa por sua primeira unidade de internação para adolescentes aos 15 anos de idade. Corria o ano de 2000, a família estava em São Paulo havia cinco anos. A primeira prisão sempre significa uma passagem fundamental, que modifica o estatuto individual frente aos grupos de sociabilidade e ao sistema político. Logo depois de Lázaro, Anísio foi preso por roubo. Marcela foi a terceira, assaltando um ônibus na avenida Sapopemba. Depois Raul, por último Fernando. Todos tiveram diversas passagens por unidades de internação e presídios desde então.

Com a prisão de um dos familiares, a dinâmica doméstica e as redes de sociabilidade e vizinhança se modificam, como vimos no capítulo anterior. O deslizamento nas figurações da família opera frente a vizinhos e

---

[6] Estudo a trajetória de Marcela em Feltran (2007). Rui (2010a, 2010b) realiza etnografia primorosa desse circuito.

parentes distantes; mas, sobretudo, perante as forças policiais. Outro cenário recorrente: também a casa de Ivete passa a ser alvo de invasões policiais frequentes. Para além das providências cotidianas na reforma de todas as relações sociais do grupo, há que se lidar com a crise subjetiva:

Quando meu primeiro [filho] foi preso, eu tive uma crise muito forte, mas fiquei lúcida. Fiquei muito nervosa, muito abalada e tal, mas... fiquei lúcida, continuei a trabalhar e tudo. Quando o meu segundo filho foi preso, eu também ainda aguentei. Agora quando minha terceira filha foi presa... pelo fato dela usar droga, dela ter saído de casa, de eu ter lutado muito, muito mesmo, pra tirar ela das drogas... ter ido várias vezes na boca pra ir buscar ela, de saber que ela estava assaltando ônibus, do risco que ela tava correndo, de eu ter lutado... e eu tomo conta dos dois filhos dela... então eu acho que com isso foi que eu vim ter a crise, né? [...] E isso me jogou mesmo em cima da cama, me deixou mesmo bem mal.

Eu tive um distúrbio mental. Eu cheguei a ficar, como dizem no popular, eu cheguei a ficar louca. Eu não reconhecia ninguém, não comia, não bebia água... E eu levei 25 dias sem reconhecer ninguém. Nem mesmo meus filhos. Eles entravam no quarto, saíam, e eu ficava debaixo das cobertas. Ou era chorando ou era dormindo, ou era chorando ou era dormindo. Cheguei ao ponto de perder toda a lucidez, toda a lucidez. [Ivete]

A recorrência e a intensidade do sofrimento vivido em casos assim lança por terra qualquer interpretação que enxerga a violência nas periferias como algo que está *banalizado*. Nada é banal, como se vê. Encontrei também muita recorrência de colapsos nervosos e diagnósticos de depressão e distúrbio mental associados a situações-limite, como essas. No caso de Ivete, a crise foi ainda intensificada, na sequência, pela prisão de Raul – o "mais certo de casa", como disse Neto, e, finalmente, pela primeira internação na Febem de Fernando, o caçula.

Falei com ele [Fernando] que ele era o meu único filho que tinha tudo que eu podia dar. E era o único filho que eu tive condições de dar um tênis de R$ 200, porque o pai dá pensão. É pouca, mas dá. Que ele não tinha necessidade de roubar, que ele procurasse fazer um curso e que todo mês eu daria 50 reais a ele, da pensão dele, pra ele tomar sorvete com a namoradinha, pra passear... mas que ele não entrasse nessa vida, que essa vida não levaria ele a nada. Então, na semana seguinte ele foi preso, foi preso roubando um carro. Então eu não me culpo, né? Sofro muito por ele estar lá... porque eu tive ele, tive muito carinho por ele, porque ele foi o único filho que eu quis mesmo, que foi do meu segundo casamento. Os outros filhos foi na base do sofrimento, que eu tive. Sofro muito hoje, sou muito triste com isso, mas estou aceitando. [Ivete]

O tremor de terra causado pelas três primeiras prisões durou mais de um ano, a fase mais difícil. Depois, mais dois filhos passam para o lado dos *bandidos*. Em 2005, data das primeiras entrevistas, Ivete começava a elaborar frases com alternativas: "sou muito triste, mas estou aceitando".

No interior da família: polaridade e composição

Fernando foi privado de liberdade em 2003. Só em 2008 conseguiu alta médica e retornou ao trabalho, como agente de saúde no posto da favela em que mora. Oito anos depois da primeira internação de Lázaro, portanto, a clivagem interna entre os filhos *trabalhadores* e os *bandidos*, fundamento da narrativa de Neto, se estabilizara. A situação não era melhor – Marcela passara meses na região conhecida como *cracolândia*, no centro da cidade, e tinha voltado à cadeia. Raul estava preso há quatro anos e condenado a mais seis. Anísio continuava fazendo assaltos, cada vez mais especializados. Lázaro traficava no bairro e Fernando alternava meses empregado e tempos no tráfico. Todos eram muito conhecidos da polícia, tinham de fazer *acertos* frequentes para seguirem em liberdade. Entretanto, não havia mais surpresa: eram os mesmos cinco filhos os que *davam trabalho*, os outros três seguiam sua vida de *trabalhadores*. E, afinal, *acostuma-se com tudo*.

Hoje eu não me sinto culpada por eles. Por ter cada um optado pela vida do crime. Tem o Neto, tem o Alex, tem a Ivonete, não é? Os três não entraram pra vida do crime, não pegaram em droga. O Neto mesmo é um orgulho: ele tá passando a maior dificuldade, [...] mas ele continua firme. Que nem ele falou pra mim: "eu vou lutar pra fazer uma faculdade; a senhora tem oito filhos, aqui em casa, no mínimo, era pra quatro, quatro fazerem faculdade. Mas não, todos eles optaram pela vida do crime... porque quiseram. Não foi porque a senhora quis. Foi porque quiseram. A senhora não fez por onde eles irem. Se a senhora fizesse por onde eles irem, eu ia, Alex ia, Ivonete ia. Mas não, eles foram porque quiseram. E não adianta, a senhora não vai mudar isso. A senhora precisa agora cuidar da senhora". [Ivete]

Na divisão do trabalho que opõe, no interior da família, os filhos *trabalhadores* aos *bandidos*, cria-se um tipo específico de nexo entre eles. Neto e os outros dois filhos *trabalhadores* mantêm a mãe firme com narrativas como a exposta acima – retiram-lhe a responsabilidade pela trajetória dos irmãos, reafirmam o compromisso com a honestidade e o trabalho. Se "não adianta, a senhora não vai mudar isso" há, portanto, que *conviver* com o fato de parte de a família estar no crime. "O bairro é assim", afinal. Conforme a pesquisa prosseguia, se tornava cada vez mais clara a polarização discursiva no interior da família e os modos como ela possibilitava uma saída de composição. Entretanto, algo insuspeitado, a princípio, mostrava-se a minha observação: eram apenas os filhos *trabalhadores* os que falavam muito sobre si mesmos, contrastando sua experiência com a dos irmãos. Sempre reforçando sua resistência e as dificuldades que passavam para se manterem firmes no caminho *certo*. Eram eles que se esforçavam para diferenciar-se dos que estão no *crime*, o tempo todo. E que criticavam duramente a *opção* dos irmãos.

É tipo assim: um trabalhador não consegue comprar um tênis que custa... agora tá barato, mas que custa R$ 500. Ou um carro que custa R$ 5 mil. Um trabalhador, pra conseguir comprar um negócio desse, ele vai ter que trabalhar dez, quinze anos, pra poder comprar. E no tráfico não, você trabalha doze horas, o que você ganha em doze horas no tráfico é o valor de tipo quinze, vinte dias de trabalho, dependendo do seu salário. Então muitos rapazes se iludem. [Alex]

Do meu ponto de vista, é melhor você ser um trabalhador do que ser um traficante. E outra, também por causa que tráfico só dá dinheiro pro dono, o trabalhador [do tráfico] nunca que consegue, não é, juntar muito. O trabalhador [do tráfico] muito que consegue é comprar um carro, comprar as roupas e mobiliar a casa dele. Mas nunca tem sossego. Você vai dormir, às vezes a polícia invade sua casa, é assim que funciona. Tipo você ser traficante, ou um ladrão, sempre tem um ou outro que cresce os olhos no que você tem, então você já vai arrumando inimizade, e chega uma hora que tem pessoas que cresce os olhos no que você tem, vem e te mata. Num adianta nada. Por isso é melhor você não ter nada... e o verdadeiro chefão mesmo nem aqui mora, não é? Não vai ficar aqui... vai para um lugar longe, que ninguém sabe onde mora. E só recolhendo dinheiro. [Alex]

Se todo mundo trabalhasse, tivesse emprego direitinho, registrado, você acha que tinha necessidade dessa casa ser assim do jeito que é? Não tinha nem necessidade da minha mãe trabalhar; se todo mundo contribuísse, a gente ia ter uma vida boa, não é? Salário bom para todo mundo, direitinho. Mas não, eles querem é ficar nessa vida mansa aí. Dormir, acordar meio-dia. [Ivete interrompe: "vida de ladrão"; e Ivonete continua:] É... de ladrão não. De otário mesmo, porque eu penso assim, e não é porque sou evangélica não, porque eu sempre vivenciei assim: se fosse para eu partir para uma vida errada, eu ia ter que ganhar muito dinheiro. [...] Porque é isso, os caras roubam, traficam, vão presos e não têm uma toalha para levar, não tem um lençol, não tem uma cueca. [...] Se eu quisesse, eu tive muita chance de ir [para o crime]. [...] Olha, e não é problema de cabeça, essas coisas assim não. É safadeza deles mesmo. Porque se fosse para ser problema de cabeça, quem ia ter problema aqui sou eu. Quem era para ter problema sou eu, porque fui eu que mais sofri com meu pai. Eu sempre tive mais problema, no meio deles todos, sempre passei mais dificuldade, e nem por isso eu passei para a vida do crime, nem usei droga nem nada. [Ivonete]

Alex diz, vejamos, que o tráfico só dá dinheiro para o dono, que os trabalhadores do tráfico não conseguem o que almejam, que é uma ilusão. Ivonete diz que, se ao menos os irmãos ganhassem dinheiro de verdade, aí *o crime compensaria*. Que quem teria justificativa – revolta – para entrar no crime era ela, que sofreu mais que todos com o pai, não eles. Na argumentação dos trabalhadores, portanto, sugere-se que o problema central seria que *o crime não rende o quanto deveria, o quanto promete*. O problema da justificação é, assim, invertido em relação ao senso comum: são Ivonete, Alex e Neto os filhos obrigados a encontrar justificativas para o fato de *não terem optado* pelo crime. A necessidade recorrente de reafirmar seus argumentos, e sofisticá-los progressivamente, apenas evidencia que a *escolha* oposta é forte o suficiente para demandá-los.

Talvez até por isso os cinco integrantes da família que vivem no *mundo do crime* não precisam falar muito. Nenhum deles se esforça, minimamente, para criar uma contra-argumentação para se opor aos argumentos dos irmãos; nem se empenham em constituir um grupo dos *bandidos* que se oporia aos *trabalhadores* da casa. Cada um sempre fala por si mesmo; só justificam sua entrada no *crime* com respostas-padrão, se estimulados. Sempre reforçam, entretanto, que ninguém mais *passa necessidade* na família. A época do pirão de cabeça de peixe ganhada na feira acabou. Na interação entre os grupos de irmãos, portanto, funda-se uma recomposição dos parâmetros de solidariedade do grupo familiar, que permite a *coexistência* de *trabalhadores e bandidos* em seu interior.

Uma situação de observação me parece paradigmática desse novo código. Eu estava na casa de Ivete, acompanhado do Almir, um amigo da família, quando Lázaro chegou. De carro, som alto, boné para o lado, "estilo ladrão" (como ele me disse). O rapaz parou em frente de casa e deixou o carro aberto. Mas desligou o som e tirou o boné, antes de entrar. No portão, já sacou do bolso um maço enorme de dinheiro, que contou e recontou diversas vezes, exibindo-o. Vendo a cena, Alex pediu imediatamente R$ 50 para a gasolina; foi prontamente atendido. Comentaram rapidamente, entre si, que um colega, um conhecido da favela do Elba, tinha sido assassinado. Alex saiu, com o carro de Lázaro. Almir pediu para ele guardar o dinheiro, era *sujeira* ficar expondo tudo aquilo na porta de casa. Se a polícia chegasse, ia todo mundo preso. Um minuto depois, Lázaro abriu a bolsa da mãe e colocou ali algumas notas de dez reais, sem que ela percebesse. Outros dez reais entraram em sua própria carteira. Caminhou então até a frente da casa; deu um grito para um menino que estava na esquina (de no máximo dez anos) e entregou-lhe todo o restante do dinheiro. O pequeno saiu correndo para entregar a encomenda ao patrão. Lázaro seguiu a conversa com Almir, são amigos de longa data.

Para os cinco filhos envolvidos com o *crime*, portanto, não há a necessidade de justificação discursiva da presença em casa. A validação de sua função familiar é de outra ordem, e a contribuição financeira é seu elemento central. Para possibilitar um conforto maior para a mãe, retribuir-lhe de algum modo o esforço e o sofrimento que eles causaram, para auxiliar nas despesas, seja como for percebida, a colaboração no orçamento se tornou estrutural na coesão da família de Ivete. É dessa polaridade entre os *trabalhadores* e os *bandidos* que surge a condição de reciprocidade entre eles, no interior da família. A dissensão interna, tornando-se especialização, mantém interna e socialmente o grupo familiar coeso.

Aqui, o paradoxo inicialmente traçado por Neto tem esboçada uma resolução. Não seria possível dizer que o *crime* venceu a moral familiar: lá dentro da casa não se fala de carros, motos, música e mulheres, temas e objetos dominantes na sociabilidade em seus grupos de amigos. Ao chegar em casa, por isso, Lázaro desliga o som, tira o boné e saca o dinheiro do bolso. Entretanto, a família *trabalhadora* tampouco venceu o *crime*: ninguém mais exige que os rapazes deixem as atividades criminais, até porque elas ajudam no sustento de todos, são fundamentais à rotina doméstica. Isso não só na casa de Ivete.

> [Tem um caso aqui que] a família toda é envolvida com o tráfico. A mãe é sozinha e até ela é envolvida. Você vê a situação de vida dela, é igual a minha. [...] E eu não posso mudar. Eu tento, até tento... tento dando conselho a um e a outro: "ah, porque você tá nessa vida? Sai dessa vida". Mas o dinheiro, é muito dinheiro. É muito dinheiro. E você passar fome, não é? [Ivete]

Os filhos trabalhadores sustentam a estrutura do grupo simbolicamente. São o orgulho da mãe. No plano material, entretanto, o sustento da casa é garantido pelos filhos do crime. A família ganha provedores simbólicos e materiais, o que permite que se restabeleça. Assumida essa nova condição, a crise tende a se resolver, ainda que provisoriamente. Entre o padrão discursivo daqueles depoimentos sobre a época das primeiras prisões dos filhos, que deixaram Ivete de cama, e o padrão encontrado nas últimas visitas antes da morte de Anísio, em 2009, notei um deslocamento evidente. Em 2008, Ivete fazia até piada do "vai e vem" dos filhos entre prisão e favela: "estou só querendo ver quem vai ser o próximo a ser hospedado pelo governador", ela me dizia sorrindo, resignada.

Em 2009, eu já conhecia a família há quase cinco anos e estive particularmente próximo de Ivete, que se levantava da crise dos anos anteriores a cada dia mais decidida: voltou a trabalhar, cortava os cabelos a cada quinze dias, pensava em viajar e chegou a acreditar que poderia se casar de novo. Neto havia comprado um carro a prestações, Ivonete havia montado seu salão de beleza em uma casinha do Madalena e Alex tinha deixado de trabalhar com o *video game* para arrendar um bar na favela. Mostravam ser possível construir suas vidas a partir do trabalho, mostravam que a mãe tinha lhes dado valores. Mas não conseguiam ajudá-la materialmente.

Já Anísio, especializado em assaltos a caixas eletrônicos, se responsabilizara pela reforma da casa de Ivete e, inclusive, contratara Alex como pedreiro. Daí a ideia de ter um bar na entrada da casa, para parar de pagar aluguel do ponto comercial. Lázaro seguia trazendo dinheiro para as rotinas domésticas, a gasolina, as idas e vindas dos irmãos, e Fernando, ainda jovem, sustentava sua ex-mulher, a namorada e o filho com o que obtinha no tráfico. Marcela e Raul permaneciam presos. A reforma da casa, paga com dinheiro do *crime* e executada por um filho *trabalhador*, simbolizava a reconstrução de um projeto, do qual Ivete se nutria.

Projeto no qual estava muito presente a tolerância às *opções individuais*.[7] A crise para reestruturação do funcionamento da casa deu ensejo, depois de alguns anos, a uma individualização das *opções* de vida, submetida a um compromisso com o grupo familiar. Os presos não demandavam mais visitas, nessa configuração, nem Ivete considerava preciso fazê-las.[8] A família retomava sua condição de proteção dos indivíduos no grupo social, embora não cobrasse mais de todos uma participação modelar. É a cooperação e a proteção para a sobrevivência dos entes que reaparece como código.

A emergência do *crime* no conjunto social das periferias reconfigurou, portanto, as estratégias de sobrevivência, as perspectivas de olhar para o trabalho e o que é legítimo, e atingiu mesmo o universo doméstico de famílias como as de Ivete. Essa reconfiguração dos pilares de estruturação da dinâmica social das periferias urbanas está em curso, e o que se desprende dela ainda não é conhecido. Se, publicamente, *trabalhador* e *bandido* são opostos, no interior de diversas famílias moradoras de favela e periferias, na São Paulo contemporânea, articula-se a contribuição de atividades lícitas e ilícitas tanto para a subsistência quanto para a inscrição dos indivíduos em circuitos sociais mais amplos. Em cenário externo muito adverso, o grupo se solidariza: não importa de que forma, importa nos protegermos mutuamente. A crise moral é controlada racionalmente, passa a não haver mais condenação dos atos criminosos. Trata-se de uma *opção* como outra qualquer.

---

[7] "Mas eu continuo sendo respeitada por eles [os traficantes]. Onde eu estou, eles me cumprimentam, sabem que eu sou uma pessoa que não sou de incomodá-los, ou de mexer com a polícia. Ao contrário, se um chegar correndo e quiser se esconder, por mim se esconde, porque eu não posso fazer nada, não vou entregá-los. Porque eles levam a vida deles, cada um tem sua opção de vida, não é?" [Ivete]

[8] A nova coesão do grupo implicava que cada um se responsabilizasse por sua vida. Com a estabilização da dinâmica de prisões, e a interiorização dos presídios, Ivete deixa de visitar os presos, eles deixam de cobrar visitas.

O crime e o trabalho passam a ser figurados como escolha individual – e cada escolha leva a um conjunto de consequências, um *estilo de vida* etc. Todos conhecem os códigos de uma ou outra *opção*, e ambas passam a caber dentro da família. Crime e trabalho prometem garantir o funcionamento da casa, o primeiro mais claramente o ganho financeiro, embora torne a família vulnerável à polícia e às tragédias; o segundo é menos rentável, mas mais legitimamente aceito, mais sustentável na linha do tempo. Nesse plano de práticas – nada disso se mostra apenas em discurso – *trabalhadores* não se opõem a *bandidos*.

Ruptura

A família de Ivete vivia nova fase de esperança em meados de 2009. A renda dos meninos estava mais estabelecida, todos estavam crescidos, Ivete se sentia melhor. Ivonete havia mudado de casa, planejava se casar. Mas as tragédias, como não poderia deixar de ser, sobrevieram. No início de agosto de 2009, procurei Ivete no posto de saúde em que ela trabalha. Fiquei contente ao revê-la, há muito afeto entre nós. Ela me abraçou, pediu para que eu me sentasse e perguntou se eu sabia o que tinha acontecido. Não sabia. Contou-me que Lázaro tinha sido *espirrado* da favela, que nunca mais poderia voltar. "Ele fez o que ladrão nenhum pode fazer: caguetou." Chorou copiosamente e, em seguida, disse que jamais o veria de novo. Descreveu os porquês e como tudo se deu – para não ser novamente preso, Lázaro fez um acerto com policiais. Desde junho daquele ano, teria se tornado informante deles. O esquema foi descoberto e dois *debates* foram realizados pelo *crime* para definir seu futuro. Lázaro escapou com vida, milagrosamente, mas foi espancado a ponto de quase morrer e colocado, uma hora depois, em um ônibus para uma capital do Nordeste. Corre o risco de ser morto por lá e foi avisado, pelo *crime*, que não pode voltar para São Paulo *nunca mais*. Anísio teria participado da discussão e me foi dito que ele teria tido que auxiliar no espancamento do irmão. Ivete chorou muito, pareceu perder a consciência em alguns momentos. Não a via assim há anos.

Voltei para casa e, no dia seguinte, Anísio foi assassinado com o parceiro e vizinho, Orelha, em uma ação criminal. A história me foi contada nos seguintes termos, por uma amiga da família: "O Anísio, morreu.

Assassinado. A Ivete está abalada. Logo ele que estava pagando a reforma da casa dela, era o que mais ajudava a mãe". *A desgraça nunca vem desacompanhada*, me disseram ali. Descrevo e analiso essas passagens, com detalhe, em Feltran (2010b). Ivete passou meses acamada, acompanhada diariamente por *colegas* da favela que também já perderam seus filhos assassinados. Encontrei-a algumas vezes em 2010, e conversamos longamente. A foto de Anísio estava na parede, e nada me foi mais triste que vê-la. Ivete afastou-se do emprego mais uma vez e toma medicação psiquiátrica novamente. Sua situação se agravou quando Fernando, em dezembro de 2010, foi encontrado morto na favela.

PERIFERIAS NO PÚBLICO: FIGURAÇÕES

Sob o pano de fundo das histórias: deslocamentos

As histórias contadas nos capítulos anteriores coexistiram, no tempo e no espaço. O território por onde circula Pedro é o mesmo em que viveram, nas últimas décadas, Dona Sílvia e Seu Cláudio, Maria e Michel, Ivete, Neto e Lázaro. Foi ali que Anísio e Fernando morreram. É evidente, entretanto, a disparidade interna dos códigos que oferecem parâmetros às formas de vida de cada um deles, e que produz a heterogeneidade interna do mundo social de Sapopemba. Dessa heterogeneidade surge, e esse é um argumento a reter, uma disputa pela legitimidade de códigos, espaços, formas de vida e pessoas que também vai conformar as fronteiras entre as periferias e o mundo público. Para chegar até esse ponto do argumento, entretanto, gostaria de primeiro recapitular, analiticamente, os deslocamentos que cada uma das famílias estudadas sofreu, de uma geração à outra, com foco nas formas como cada uma delas pôde lidar com a presença do *crime* por onde andavam. Pois em cada família estudada, delineia-se um padrão distinto de relações entre esses universos.

No Capítulo "De operários a trabalhadores", aparece a *família operária* que a literatura estudou nos anos 1980, agora trinta anos depois. Fundada em um projeto de ascensão de todo o núcleo familiar, na passagem da geração – notadamente nos anos 1990 –, essa família é abordada pela desestabilização do centro de gravitação do projeto: o mundo do trabalho. Cresce o desemprego industrial, aparece mais claramente a individualização dos projetos de vida dos filhos, e um deles efetivamente envolve-se com o narcotráfico.

Ainda assim, "pela rigidez da criação" ou pela maior completude das contrapartidas do assalariamento operário (que inclui acesso à moradia e à educação, que abrem a possibilidade de investimento na carreira profissional, fatores decisivos de distinção frente às outras famílias estudadas), ao sair da adolescência os três filhos conseguem recompor sua trajetória em torno da *vida de trabalhador*. Contemporaneamente, seus trabalhos se traduzem em trajetórias ocupacionais precárias, passagens rápidas por vários empregos e tentativas de empreendedorismo; mas seguem sendo trabalho. O pai foi operário, um filho é funcionário de uma empresa de móveis, uma filha é psicóloga, outro trabalha nas Casas Bahia (todos já passaram por vários empregos e queriam mudar novamente, para ganharem um pouco mais e realizarem seus projetos pessoais-profissionais). Para os filhos de Dona Sílvia, o trabalho como valor torna-se um híbrido entre um meio para a consecução de um projeto familiar e algo contido como finalidade interna ao projeto, agora individual, de realização pessoal. Mesmo que a renda não seja muita, os projetos pessoais passam a estar mais claramente identificados com o padrão discursivo das classes médias urbanas. Se a ascensão social não foi exatamente aquela planejada, porque não atingiu em conjunto o grupo familiar, ainda assim operou mais ou menos claramente nas trajetórias dos filhos. A experiência do *mundo do crime* distanciou-se delas após a adolescência, e permaneceu como algo *exterior* à família, aos projetos pessoais e a seus códigos. Grande parte dos moradores de Sapopemba, hoje, vive assim.

No Capítulo "De trabalhadores a bandidos", a família de Maria, também de origem operária, é decisivamente marcada pelo casamento e a reprodução do núcleo familiar, que dificulta o investimento na carreira e obriga os adultos a permanecerem em empregos pouco rentáveis. A família ocupava uma posição intermediária entre os vizinhos: esperava viver como as famílias mais bem estabelecidas, que conseguiam colocar os filhos na faculdade, mas temia ser forçada a se mudar para a favela, caso o provedor perdesse o emprego. A trajetória desse grupo é, nesse contexto, marcada pelo rebaixamento da imagem pública de seus integrantes a partir da identificação dos filhos como *marginais* ou *bandidos*, o que delimita, de fato, a fronteira *direito a ter direitos*. Maria, marido e filhos iniciam a trajetória nos anos 1980 como *família de trabalhadores*, mais próximos dos operários, e entram nos anos 2000 como um *lugar de bandido*, aproximando-se assim de como são vistas, de fora, as casas de favela. A crise chega, também nesse caso, quando os filhos se tornam adolescentes. O crime também aborda a família pela trajetória dos meninos, mas agora de modo radical. A vivência adolescente com as drogas se torna vício e aproximação do tráfico, portanto dos circuitos do *mundo do crime* local.[1] A primeira prisão não demora e, na crise familiar, todo um universo de referências se desestabiliza. A polícia passa a invadir a casa de família, o pai é espancado, as rotinas passam a conviver com instituições penais – além de outras instituições totais, como as clínicas de desintoxicação – e acordos financeiros com policiais. Para os integrantes mais novos do grupo familiar, a possibilidade de consumir já estava desvinculada da necessidade de gerar renda pelo trabalho, "como nas Casas Bahia". A entrada no crime possibilitava consumo imediato. Os irmãos passaram a se envolver mais e mais no crime, e dali os caminhos são repetitivos: o circuito entre o tráfico nas favelas e as instituições de internação, marcado por uma sociabilidade muito violenta em que, muitas vezes, o fim dos percursos é o homicídio. A família trabalhadora colapsa quando dois dos filhos são assassinados, aos 17 anos de idade, e um deles segue preso pelos anos seguintes. Nessa trajetória, o *crime* não permanece exterior à família, mas invade a casa e destrói suas dinâmicas internas. O projeto familiar de ascensão desaparece, e agora os projetos pessoais não o substituem: é preciso tocar a vida, um dia após o outro.

No Capítulo "Bandidos e trabalhadores: coexistência", a família de Ivete é, desde sempre, claramente abordada e invadida pela violência e pelas atividades produtivas informais, às vezes ilegais. O grupo familiar encontra, entretanto, soluções distintas de recomposição da trajetória conjunta de seus membros, soluções que fazem crime e trabalho coexistirem. Na favela desde a chegada a São Paulo, e já marcada por uma história pessoal e familiar de muita violência, Ivete vê alguns dos filhos aproximando-se do circuito das atividades ilícitas locais também na adolescência. Trata-se de uma família em que o projeto de ascensão social nunca se constituiu, até pela clareza recorrente de que nem a sobrevivência do grupo estava garantida, em períodos específicos. A família é, nesse caso, antes de mais nada, um espaço de salvaguarda e proteção da vida dos indivíduos que a compõem (a primeira

---

[1] No Capítulo "De operários a trabalhadores" trabalhei sobre como, nas periferias, o consumo de drogas relaciona-se mais diretamente às redes do tráfico e do crime, o que ocorre de forma muito mais mediada, e indireta, nas classes médias ou nas elites.

função histórica da família é a que resta, e se torna a fundamental). Quando esse espaço se torna ameaçado, Ivete recorre ao tráfico de drogas, que passa a *protegê-la*. Protegida, ela consegue mais estabilidade para ampliar sua rede de relações, e os problemas familiares só vão se tornar mais graves quando, também nesse caso, os filhos mergulham na *vida do crime*. Uma filha viciada em *crack* e presa fazendo assaltos a ônibus, outros três por assaltos à mão armada, o mais novo roubando um carro. Diversas internações e prisões sequenciais, os cinco se estabilizam na *vida do crime*. Deixam de ser adolescentes, sobrevivem e se tornam *profissionais* em atividades ilícitas, *trabalham* no crime, como dizem. Portanto, obtém dali renda para poderem se contrapor, no âmbito interno ao grupo familiar, aos três filhos *trabalhadores* (uma funcionária em microempresa de produtos eletrônicos, um balconista em loja de shopping center, o outro circulando entre pequenos biscates – máquinas de *video game*, cromação de peças de bicicleta, lava-rápido, bares etc.)

A disputa pela legitimidade entre ladrões e trabalhadores se faz nesse caso, portanto, também no interior da família – os filhos *do crime* trazem mais dinheiro para a casa que os filhos *trabalhadores*, e a família *não passa necessidade* graças a eles. Os *trabalhadores* confortam a mãe de outra forma, fazem crer que seus princípios morais não se perderam. A família se recompõe, então, em torno da figura materna, *síntese* dessa disputa, até porque "em coração de mãe sempre cabem todos os filhos".[2] Trabalhadores e bandidos são aceitos internamente. Nesse caso, o crime invadiu as dinâmicas familiares e produziu uma crise muito severa. Mas, com o tempo, assentaram-se os papéis de cada membro da família em um novo quadro de referências, em que tanto o crime quanto o trabalho funcionam como elementos constitutivos e legítimos. Trabalhadores e bandidos exaltam a família, e os projetos individuais se subordinam ao familiar. Ambos são marcados por muito risco e muita insegurança, as tragédias sobrevêm, uma após a outra, mas a família subsiste de forma mais confortável materialmente, hoje, do que antes da inscrição dos meninos nos mercados ilegais.

---

[2] A veneração incondicional das narrativas à figura materna já se tornou um clichê nas periferias, especialmente nas favelas. Há diversos produtos voltados para o público jovem dessas regiões que estampa em seus produtos a frase *amor só de mãe*. Durante a pesquisa, e em outras regiões do Brasil, vi a mesma frase tatuada nos corpos de adolescentes e jovens. Letras de rap, narrativas de adolescentes do crime e de seus educadores são unânimes em valorizar a figura materna. Ver também Gimeno (2009).

Como se vê, mesmo entre famílias de perfis distintos, as trajetórias adolescentes de envolvimento com o *mundo do crime* podem ser descritas de modo regular. Pedro (Capítulo "As fronteiras do *mundo do crime*") relata vivências e justificativas muito similares às que levaram o irmão de Clarice ou os filhos de Maria e Ivete (capítulos "De operários a trabalhadores", "De trabalhadores a bandidos" e "Bandidos e trabalhadores: coexistência", respectivamente) a ingressarem no universo das atividades criminais locais. Tendo como pano de fundo as histórias familiares que acompanham a experiência desses adolescentes e os deslocamentos na estrutura dos núcleos familiares provocados a partir dela, pode-se ter a dimensão dos condicionantes externos que acompanham a vida desses grupos. Depois de percorridas essas histórias, é muito mais claro o argumento de que a experiência coletiva que se apresenta aos adolescentes das periferias, muito marcada pela violência, não é alheia aos projetos familiares, à segurança dos direitos e políticas sociais, à escolarização e às transformações do mercado de trabalho, que produzem a heterogeneidade gritante de posições de *status* e possibilidades concretas de existência, nas periferias urbanas. Muito pelo contrário, é sob o pano de fundo dessas histórias que emerge o argumento de nexo entre o *mundo do crime* e outras dimensões do mundo social. A expansão desse mundo se nutre dos deslocamentos dos projetos familiares, das transformações do mundo do trabalho, das concepções religiosas e da seguridade pública (portanto, de todo o centro do universo social nas periferias), claramente. O que é menos claro é que essa expansão *contribui* para as crises que *aceleram* ainda mais esses deslocamentos.

Aceleram da forma como se nota nos casos estudados: a entrada do filho de Dona Sílvia no crime apressa a mobilização de toda a família em torno da preservação do estatuto de trabalhadora, e os valores familiares passam a disputar ativamente espaço com as motivações do menino que se inseria em outras dinâmicas, consideradas menos legítimas. Radicaliza-se, nessa disputa, a necessidade de definição do estatuto familiar e, nesse caso, consolida-se a legitimidade da família trabalhadora e de suas escolhas. Afastado o *crime*, "hoje Sérgio é um pai de família, maravilhoso; as filhas dele têm vida de classe média, o próprio quarto, computador, CDs e DVDs". [Clarice]

A entrada dos filhos de Maria no crime gera exatamente a mesma disputa interna por definição do estatuto familiar, que permanece negociando-se com o filho que resta, mesmo após a morte de Jonatas e Robson:

Meu filho, hoje, o único que eu tenho, ele tem 21 anos [em 2005]. Ele saiu da Febem [Fundação Estadual para o Bem-Estar do Menor] em 2003, hoje com muita conversa, que você vai pegando muita experiência, eu consegui convencer ele que o estudo é a fortuna na vida dele. Que é estudando que ele vai construir a vida dele, entendeu, fazendo uma faculdade... falei: "termina o colegial, vai fazer uma faculdade", aí você vai construindo um caminho pra você. Mas assim, do início. Não pegar lá na ponta tudo pronto, que nem ele está acostumado: de manhã eu penso no tênis, de tarde eu já tenho. Não pegar nada pronto; é construir um caminho, se organizar para poder conseguir. [Maria]

Explicitam-se, nessa premência por qualificar estatutos e destinos familiares, alguns termos da disputa por legitimidade de discursos, práticas e atores das periferias: o caminho construído com base no estudo e no trabalho, organizado e planejado (como fizeram as famílias operárias e trabalhadoras da geração anterior), contrapõe-se à satisfação imediata do desejo de consumir dos jovens do crime: "de manhã eu penso no tênis, de tarde eu já tenho". Também aqui se acelera a necessidade de definição das fronteiras entre *crime* e mundo dos *trabalhadores*. Maria acreditava ter convencido o filho do caminho a seguir, mas Michel permaneceu no crime e foi preso duas vezes depois desse depoimento.

A crise que provocou surtos nervosos em Ivete e a deixou deprimida, sobre a cama, durante quase dois anos, também tem a ver, analiticamente, com a necessidade de redefinição das dinâmicas e do estatuto familiar perante outras famílias, seus vizinhos e esferas sociais mais amplas. Mais precisamente, trata-se de uma crise de passagem, crise para assumir internamente ao grupo o estatuto social que se lhes aparecia como inescapável, como para parte significativa das *populações* faveladas, e que a vizinha de Ivete já havia profetizado desde sua chegada a São Paulo: seus filhos seriam todos *bandidos*. Passada a crise, e quase dez anos após a primeira prisão de um filho, a família assume-se a si própria como *lugar de bandido e trabalhador*, e é por isso que os filhos *trabalhadores* são obrigados, o tempo todo, a diferenciarem-se dos irmãos em seus discursos (como demonstra o Capítulo "De trabalhadores a bandidos").

Em suma, esses percursos sugerem os modos como, na perspectiva das dinâmicas sociais mais ampliadas, a aproximação da população adolescente e jovem de Sapopemba ao *mundo do crime* funciona como um *catalisador da diferenciação*, e, portanto, da classificação categorial de dois grupos sociais constitutivos das periferias urbanas, que, vistos publicamente, têm seus estatutos bem demarcados: os *trabalhadores* e os *bandidos*. Publicamente, e, portanto, discursivamente, essa diferenciação é premente, pois nos critérios cognitivos que constroem os parâmetros da legitimidade social, não há lugar para todos. Nesse plano, portanto, a classificação é bipolar: a família de Dona Sílvia é *trabalhadora*, as de Maria e Ivete são lugares de *bandido*.

Os *trabalhadores* têm um estatuto de locução determinado e alguma legitimidade para narrar seus dramas e reivindicar direitos, sempre a conquistar. Sua associações, embora subalternas a muitos outros atores do campo político, seguem fazendo sua defesa. Já as falas que partem de famílias como as de Maria e Ivete, ou das populações que lhes assemelham, são no mundo público invalidadas *a priori*. Não há legitimidade possível para o discurso dos *bandidos*. Políticos adoram dizer que com *bandido* não se negocia. A parcela da sociedade que já está representada publicamente vê apenas *ruído* no que eles dizem, e os ruídos devem ser eliminados, para o bem-estar geral.[3] *Lugar de bandido é na cadeia* é uma frase também comum nas campanhas eleitorais. O descalabro de imaginar um partido político que defenda os direitos dos *bandidos*, por exemplo, demonstra a impossibilidade de legitimar publicamente as demandas e os interesses das parcelas da população nomeadas a partir dessa categoria.

Ora, se essa população é crescente – a família de Maria e Ivete que o diga – e se ela tem hoje dinheiro, armas e tradição suficientes para compor seu próprio Comando, por que não assumir esse compromisso? A população carcerária do estado de São Paulo triplicou na última década, ao mesmo tempo em que, primeiro dentro das cadeias e depois nas favelas, emergia a figura hegemônica, e difícil de definir, do Primeiro Comando da Capital (PCC). Alguns anos depois, em 2006, ela emergiria também publicamente em São Paulo.

Os eventos de maio de 2006 são narrados a seguir, conforme os vivi em pesquisa de campo. Antes disso, entretanto, permitam-me uma digressão analítica que visa a verificar como o *mundo do crime* disputa, em bases

---

[3] "Aquele que recusamos contar como pertencente à comunidade política, recusamos primeiramente ouvi-lo como ser falante. Ouvimos apenas ruído no que ele diz." (Rancière, 1996b, p.373.)

sólidas, a autoridade para gerar renda, proteger, oferecer justiça e patamares para elaborar concepções de mundo – ou seja, aquilo que instituições como família, trabalho, Estado e religião historicamente realizaram – entre os setores específicos estudados com mais detalhe até aqui, ou seja, os menos prestigiados das periferias urbanas.

Na família, no trabalho e na religiosidade: estatalização do crime?

Se a regularidade das histórias estudadas até aqui, em seus deslocamentos, deve-se ao fato de elas se inscreverem em processos de transformação social mais amplos, é necessário precisar cada um desses processos. Nesse esforço de precisão, convém aqui dizer que se trata de deslocamento no centro da organização social das periferias, vale dizer: o trabalho, a religiosidade e o projeto de ascensão social, vinculados intimamente tanto à migração do campo à cidade e do Nordeste para São Paulo, quanto à crise do emprego fordista, radical nos anos 1990. Esse deslocamento atravessa nitidamente os diferentes perfis de famílias estudadas, e de modos muito distintos, como os capítulos anteriores demonstraram.

O trabalho e seu valor permaneceram no centro das formas de obter renda e legitimidade da família de Dona Sílvia e da de Maria, e nos projetos individuais. A primeira família se reestrutura inteiramente em torno do emprego dos filhos, que ainda que seja muito distinto do emprego dos pais, os faz sentir orgulho da trajetória do grupo. A segunda família tenta reencontrar esse projeto, os pais permanecem trabalhando e tentam voltar a legitimar-se socialmente. Os vizinhos que correram até a porta da casa de Maria, no episódio em que seu marido apanhava da polícia, diziam claramente: *ele é trabalhador!* Na casa de Ivete, o valor do trabalho seguiu como recurso moral, entre três filhos, para valorizar o ensinamento da mãe. A etnografia demonstra, entretanto, como as famílias já não podem contar com praticamente nenhuma proteção social para seus trabalhadores. Constata-se, ao contrário, a derrocada da promessa de universalização dos direitos da cidadania, que ecoou nos anos 1980. É de outro lado, no tráfico de drogas local, que Ivete vai buscar proteção, como usualmente fazem as famílias de favela (Capítulo "Bandidos e trabalhadores: coexistência"). Além disso, quando o trabalho é reduzido a *ganho*, passa a se situar no mesmo registro de quaisquer atividades que ofertem renda.[4] Assim, o trabalho, nos ambientes em que essa figuração avança, tende a rever seu sentido de coesão de uma comunidade (os *trabalhadores*) e, consequentemente, deixa de estruturar um projeto comum. Essa revisão é ainda mais notável quando se observa que seu oposto passa a operar: o próprio tráfico de drogas passa a nomear suas atividades a partir do léxico do trabalho (*a firma*, *o gerente*, os *turnos*, os *patrões*); os meninos que traficam drogas chamam sua atividade de *trabalho* – o que é muitíssimo recorrente nas periferias e cada vez mais compreensível.

Ter laços privados e de parentesco significa, o que é claro na bibliografia, ter mais garantia de sobrevida (Durham, 1973; Caldeira, 1984). Em toda a modernidade, Hannah Arendt verifica como esse papel se associou à função de educação – compartilhada, a depender do contexto, com o Estado – e de mediação entre a esfera íntima da sobrevivência (material e simbólica) e a esfera social. A família, como espaço em que se figura a existência de iguais, mediaria o acesso das crianças ao mundo social, sempre marcado por clivagens e diferenças. Ela protegeria o indivíduo das vicissitudes sociais e públicas, ofereceria à criança e ao adolescente, desde quando deixam sua casa e pisam a calçada, um lugar de referência e segurança, identificação desde a qual se balizariam suas relações sociais e de poder.[5]

Tanto na tradição rural popular quanto na tradição operária que a reelabora – e, nesse aspecto, é notável a preservação dessas funções familiares mesmo em mundos urbanos consolidados – o padrão de divisão e a repartição dos papéis dos indivíduos no grupo eram claramente definidos. O estereótipo do pai de família operária constrói-se em torno da figura que sai de casa de manhã para trabalhar e retira do salário a provisão das necessidades de seus entes; no fim do dia, retornando a seu mundo privado, entra portão adentro e ali encontra as crianças protegidas. A mãe cuidou delas, deu de comer e vestiu-as, levou-as até a porta da escola e, à tarde, comentou

---

[4] Agradeço a Vera Telles por me fazer notar essa distinção em uma das inúmeras conversas informais que travamos nos últimos anos, discutindo nossos temas de interesse.

[5] "Por precisar ser protegida do mundo, o lugar tradicional da criança é a família, cujos membros adultos diariamente retornam do mundo exterior e se recolhem à segurança da vida privada entre quatro paredes. Essas quatro paredes, entre as quais a vida familiar privada [...] encerram um lugar seguro, sem o que nenhuma coisa viva pode medrar." (Arendt, 2001b, p.235-6.)

com eles sobre o dia: as explicações sobre as coisas do mundo. A presença da família é, nessa concepção idealizada, especificamente importante para crianças e adolescentes, porque assegura a eles uma iniciação gradativa e protegida na esfera das relações sociais.[6]

Apesar das distinções entre as narrativas estudadas nos capítulos anteriores, é bastante evidente em todas elas as tensões – por vezes, abismos – entre essa figuração normativa da família (que, de certa forma, permanece no ideal tipo do senso comum popular como representação dominante) e o que ela efetivamente consegue suprir. A experiência objetiva trai a narrativa em todas suas dimensões. O ambiente externo é mais ou menos hostil – a depender da posição ocupada na escala das hierarquias locais e gerais –, mas em todos os casos hostil o suficiente para abordar ou invadir o espaço doméstico sem possibilitar essa mediação ideal. Pais desempregados não conseguem ser provedores e, muitas vezes, mantêm a hierarquia familiar recorrendo à violência. As mães são empurradas para a busca por renda, recebem menor remuneração pelos mesmos serviços e se reproduzem as duplas ou triplas jornadas de trabalho. Crianças e adolescentes, submetidos a essa pressão externa, via de regra são expostos desde muito cedo, e de forma não mediada, às tensões que conformam a vida social e pública. O trabalho precoce, a escolarização deficitária e a exposição à violência fazem parte de todas as trajetórias pesquisadas. É, assim, muito frequente que os pais, sobretudo nas favelas, não encontrem as crianças protegidas em casa quando retornam da lida diária. As tensões domésticas, sob essa pressão, são inevitáveis.

Quanto mais se caminha das histórias operárias em direção às histórias das famílias de favela, ou seja, conforme a narrativa avança do Capítulo "De operários a trabalhadores" ao Capítulo "Bandidos e trabalhadores: coexistência", mais se verifica como o modelo normativo da família perde validade descritiva e legitimidade na conformação das práticas.

Nada como o câmbio geracional para fazer emergir mudanças silenciosas. O discurso interno das famílias trabalhadoras, que os meninos e as meninas nascidos nos anos 1990 escutaram de seus pais, já não se sustentava quando eles colocaram o pé na calçada. Sustenta-se menos ainda em 2011. É evidente

---

[6] "Na medida em que a criança não tem familiaridade com o mundo, deve-se introduzi-la aos poucos a ele; na medida em que ela é nova, deve-se cuidar para que essa coisa nova chegue à fruição em relação ao mundo como ele é." (Arendt, 2001b, p.239.)

que, nascidos em uma cidade em franca modernização e expansão dos mercados de consumo, além das transformações no trabalho e na religião, esses adolescentes e jovens foram expostos a um mundo muito distinto daquele que marcou a geração de seus pais. Sua necessidade de consumir, nesse novo mundo, era bem maior, mais diversificada e mais cara que a que os adultos da geração anterior viveram ou podem, agora, bancar.

Para esses adolescentes, as famílias apareceram na pesquisa ora como espaço com o qual tiveram de contribuir muito cedo, pelo trabalho infantil, ora como território de insuficiências, que os forçou a se virarem como puderam para conseguir consumir aquilo que desejavam. Entre eles, não se esperava que existisse um emprego formal, com carteira assinada e garantias sociais, para que seu projeto de vida se concretizasse.

Pois é a ânsia por consumo (vinculada diretamente ao *status* no grupo) que justifica, nos depoimentos, invariavelmente, a *opção* daqueles que ingressaram no *crime*. É preciso ir além das fórmulas fáceis, entretanto. Há, como se viu, muitas outras dimensões que conformam a entrada e a permanência dos sujeitos da pesquisa nesse universo. Nas primeiras incursões no *crime*, um indivíduo pode reencontrar, ou acessar pela primeira vez na vida, uma comunidade *protegida* de outras esferas sociais pela força de seus códigos, mas também de seus armamentos, e na qual ele tem lugar e funções bem definidos. Proteção. Seu lugar no mundo, a partir do ingresso no crime, é claramente demarcado e inicialmente (especialmente antes da primeira institucionalização) confere dinheiro e *status* em diversos estratos de sociabilidade.[7] Há regras claras de conduta (o *proceder*) e, mais que isso, nessa comunidade pode-se ter a sensação subjetiva – ainda que instável, parcial e momentânea – de que sua sobrevivência material, ao menos imediata, está garantida. Renda, códigos de sociabilidade, *status* e justiça. Não é à toa que seus membros passam a se chamar de *irmãos* (ou, também, de *manos*). A relação interna à comunidade reproduz nitidamente a função fraternal do núcleo familiar. O *batismo* é o modo de alguém se tornar *irmão* no PCC, facção também conhecida como *partido* ou, mais recentemente, *família*.

---

[7] Após a primeira institucionalização, o *status* individual tende a aumentar apenas internamente à *comunidade do crime* e a diminuir em outros ambientes, o que costuma, a médio prazo, a limitar consideravelmente as redes de relações dos indivíduos.

Irmãos. Esse é também, curiosamente, o tratamento interno às comunidades evangélicas neopentecostais, instituições que crescem significativamente nas últimas décadas, com as transformações recentes das periferias da cidade.[8] O catolicismo original das famílias rurais, que se manteve nas famílias operárias, passou nas últimas décadas a ceder fiéis para diversas outras religiões, sobretudo as evangélicas.[9] Minha pesquisa de campo não focou os aspectos religiosos, o que com a sistematização dos primeiros dados demonstrou-se uma lacuna a suprir. Ainda assim, nas trajetórias estudadas fica claro ao menos esse trânsito de saída do catolicismo, com ponto de chegada no neopentecostalismo. Pedro faz esse trânsito com a mediação da passagem no *mundo do crime*, o que também é comumente observável. Os filhos de Dona Sílvia se aproximaram da Igreja Evangélica, Clarice se tornou budista. Maria, de formação católica, também se converteu ao budismo depois das mortes dos filhos, que já eram evangélicos. A família de Ivete transitava entre o catolicismo e as religiões afro-brasileiras em Salvador; já em São Paulo, permanece sem religião durante algum tempo e se torna praticamente toda evangélica nos últimos anos.[10]

O argumento fica mais claro aqui. Nas periferias de São Paulo, hoje, essa renovação das *matrizes discursivas* do trabalho e suas contrapartidas em termos de renda e direito, das funções protetoras da família e das concepções de mundo religiosas abrem muito espaço para reformulação, e o *mundo do crime*, especialmente a partir do ponto de vista dos mais jovens e mais pobres moradores de Sapopemba, responde a parte significativa das expectativas reformuladas. O *crime* possui atores específicos, em cada esquina das favelas e bairros pobres – é mais capilar que os evangélicos, muito mais que o Estado. Nas conversas de esquina, disputa-se os códigos de legitimidade do sujeito com todos esses outros, mostrando-se concretamente as alternativas de gerar renda, consumir, obter e ofertar proteção e justiça, diversão, sexo e adrenalina. Significa-se com muita sintonia o desejo adolescente e jovem do estar no mundo urbano, no novo século.

---

[8] Para a discussão sobre o fenômeno das igrejas neopentecostais nas periferias da cidade de São Paulo, é referência o trabalho de Almeida (2004, 2009).

[9] Para uma análise do trânsito religioso nos setores populares urbanos, ver Almeida (2004).

[10] Mas apenas a filha mais velha, Ivonete, é chamada por todos de *crente* (que me pareceu designar, nos relatos familiares, o evangélico praticante, que não bebe, não frequenta festas etc.)

FRONTEIRAS DE TENSÃO 171

Os meninos do *crime* ativam, portanto, de esquina em esquina uma série de interstícios das relações entre práticas e discursos dos jovens, disputando as lacunas ocupadas antes tanto por família e igreja, quanto por sindicatos, Comunidades Eclesiais de Base (CEBs) e partidos que se estabeleceram ali mesmo, em Sapopemba, nas favelas do Elba e do Madalena, durante os anos 1980.[11] Sader (1988) encontrou em campo a ação de base dos *novos movimentos sociais* como fonte de significação da vida de moradores jovens das periferias, cujas trajetórias haviam sido marcadas pelos deslocamentos dos anos 1970. Sua chave explicativa, dessa significação, partida dos cotidianos e de sua politização. Não há dúvida de que, nos anos 2000, é a expansão do *mundo do crime* a que realiza a operação análoga, nas periferias de São Paulo.

É nas conversas com adolescentes e jovens de Sapopemba – o *novo* – que se percebe como o *crime* disputa significados com as famílias, os ambientes de trabalho, as leis, o judiciário e as igrejas.

"A vida é louca, e nela eu tô de passagem".[12] Nada como o ingresso no crime para experimentar a *vida loka*, conceito de uso corriqueiro que designa a *vida no crime*: adrenalina, carros, motos, mulheres, armas, perseguições, dinheiro. As histórias coletadas entre os adolescentes do crime, como é nítido no Capítulo "As fronteiras do *mundo do crime*", são repletas de aventuras de filmes de ação. Parece-me que essa experiência, vivida por uma minoria estrita (mas ruidosa) da juventude de Sapopemba, deve ser levada a sério, compreendida como a *ponta do iceberg* de transformações profundas nos modos de significar a existência individual e coletiva, nas periferias de São Paulo. A existência dessa experiência radical seria, nesse sentido, a experimentação-limite de um conjunto de relações sociais bastante mais mediadas por instituições tradicionais, que a conformam.

Vimos que a entrada mais frequente dos adolescentes no *mundo do crime* é *catalisadora* e, assim, aceleradora de crises que se inscrevem nos processos

---

[11] Vale ainda assinalar que, ao contrário das expectativas, essas lacunas nunca foram ocupadas pelas escolas.

[12] A frase, de uma letra de rap dos Racionais MC's, é só a explicitação artística do que se torna depoimento frequente entre os *meninos do crime*. Já em 2002, presenciei um depoimento que ia na mesma direção: um rapaz recém-saído da internação na Febem, em uma incursão à zona Leste em 2003: um educador perguntava se ele não iria tentar um trabalho, mostrava-lhe que todos seus amigos do crime tinham morrido, ao que ele respondeu: "trabalhar para quê? Para ser igual ao meu pai? Prefiro morrer cedo".

sociais de classificação e nomeação dos sujeitos – que têm, como centro, a divisão social e pública entre *trabalhadores* e *bandidos*.

Evidentemente, nessa perspectiva, a *expansão do mundo do crime* nas periferias tem relação com processos amplos de mudança social.[13] De um lado, é evidente que essa expansão se nutre de transformações paralelas no mundo do assalariado urbano pouco ou nada especializado (Misse, 2006c; Machado da Silva, 1993). O desemprego operário, com o passar das gerações, engrossa as fileiras do narcotráfico e do crime. Essa primeira figuração faz do *mundo do crime* um universo social, sobretudo, reativo às transformações centrais no mundo do trabalho, um mundo de sociabilidade e circulação de capital que se aproveitou das brechas deixadas pela incompletude do projeto de modernização operária, o qual, no País, não veio acompanhado de univer-salização de políticas de bem-estar social.[14] Essa é uma hipótese, presente na literatura, bastante adequada no tratamento das *origens* mais marcantes dessa *expansão do crime* nas periferias, que em São Paulo dataria dos anos 1980.

Entretanto, e de outro lado, consolidada a incompletude do projeto de modernização operária (que, portanto, nunca se constituiu como tal), nas periferias urbanas de hoje o *mundo do crime* deixa de ser uma consequência apenas reativa da reestruturação de outras esferas sociais e passa a se mostrar efetivamente como um sujeito da disputa ativa pela legitimidade social e pública. O PCC talvez seja a manifestação mais clara disso. Agora, o *crime* interfere *ativamente* nos conflitos sociais das periferias, desde a sociabilidade cotidiana até o mundo dos negócios e dos atores públicos. A expansão do *crime* sobre outras esferas sociais populares é caracterizada, ainda, por duas décadas de incremento radical dos aparatos de violência, sobretudo pela che-gada dos armamentos pesados e da expansão do mercado altamente rentável e muito pouco regulado das drogas que, portanto, leva ao paroxismo sua racionalidade interna (francamente instrumental). O que gira em torno de

---

[13] Tal como se advertiu em relação à política, nos anos 1980, esse processo de *expansão do crime* no tecido social popular não deve ser fetichizado, nem tomado como uma *nova realidade social*, de cunho totalizante. Essa expansão é muito mais, ainda, uma tendência perceptível e situada entre os grupos mais pauperizados das periferias, como a família de Ivete, que uma totalidade. Os grupos efetivamente inscritos nos mercados criminais seguem sendo muito minoritários nas periferias urbanas, embora já tenham obtido muita legitimidade nas favelas sob sua influência e controle.

[14] Sobre o tema, ver o trabalho clássico de Santos (1979), aqui citado e discutido. Ver também Carvalho (2003).

um mercado desse tipo também nutre-se dessa instrumentalização. O mercado da droga, das armas e dos roubos movimenta uma soma incalculável de recursos, muito minoritariamente apropriado pelos setores populares, embora certamente essa apropriação seja relevante para sua reprodução cotidiana. A violência que acompanha esses negócios, no entanto, se acumula nessa ponta das redes de mercado.[15]

Esse *mundo do crime* em expansão gera, em torno desse negócio, um conjunto de práticas sociais que tende a se diferenciar, mas que é muito marcado (embora não exclusivamente) pela gestão e pelo uso da violência, necessária para manter tanto o negócio da droga funcionando, ou dos produtos ilícitos circulando, quanto para sustentar as hierarquias internas a esse negócio. A sociabilidade que se cria em torno dessas dinâmicas não tem nada de rudimentar ou desestruturada, embora disponha constantemente da violência. Em algumas dimensões, sobretudo as de mercado, essa sociabilidade está mesmo perfeitamente conectada às transformações do capitalismo recente: dinâmico, flexível, imagético, global. No *mundo do crime*, o dinheiro e os bens de consumo circulam muito rapidamente, *vêm e vai rápido*, como costumam dizer os jovens inscritos nele. As imagens de sua existência, igualmente, já povoam a indústria cultural e do entretenimento.

Ali há descentralização da produção e da distribuição, polivalência dos funcionários, perspectivas de consumo baseadas em flexibilidade para obtenção de crédito, desvinculação entre consumo e renda, endividamento rápido (como é praxe na economia popular) etc. Ao contrário do mercado de trabalho contemporâneo, entretanto, o crime é muito *inclusivo*: todos os *inempregáveis* no mercado formal podem ter ali seu lugar, e os perfis altamente capilares da distribuição das atividades permitem que um adolescente sem escolaridade trabalhe apenas duas vezes por semana, meio período cada vez, com garantia de renda suficiente para a sobrevida e o consumo individuais e, por vezes, equivalente à de um *pai de família*.

Na sociabilidade do crime, a imagem pessoal conta, como entre os circuitos profissionais médios: critérios como idade, modos de se vestir e se portar publicamente são fundamentais para as hierarquias dos grupos de colegas.

---

[15] Misse (2006) e Rodrigues (2006). Para uma reportagem sobre a dimensão do negócio do narcotráfico, ver Magalhães (2000). Para uma análise do debate público sobre as *drogas*, ver Fiore (2007).

A delimitação dos papéis desempenhados por gênero é clara: no *mundo do crime* meninos e meninas têm posições radicalmente diferenciadas – eles notadamente no *trabalho*, assumindo os riscos da profissão, elas antes de mais nada na oferta de serviços sexuais, o que garante contraprestações em *status* para ambos.[16] Criam-se nichos de mercado evidentes, centrados na imagem individual, que, acessados, passam a garantir o acesso e a reprodução dessa sociabilidade. O que os jovens de periferia consomem é feito, por vezes, para eles; outras vezes encontra ali significação distinta daquela ocupada em outras esferas do mundo social.

Nos anos 1980, a transformação dos modos de vida popular, impulsionada por transformações estruturais da monta da migração, industrialização e urbanização vividas no período, teve como expressão pública a conformação de atores coletivos de significação da nova experiência das periferias urbanas. Esses atores, chamados *movimentos*, tornaram-se conhecidos e foram tematizados também academicamente, a partir do momento que tornaram públicas suas demandas e reivindicações, empunharam faixas e bandeiras, criaram um partido político e disputaram a hegemonia de um projeto político. Algo muito próximo disso, e radicalmente distinto disso, aconteceu em São Paulo nos anos 2000.

No meio da pesquisa: *os ataques do PCC*

Sexta-feira, 12 de maio de 2006, eu terminava mais uma semana de pesquisa de campo em Sapopemba. O trabalho por ali completava um ano. Tinha passado a manhã no Parque Santa Madalena e, à tarde, fiquei quase duas horas em uma praça do Jardim Planalto. Lucas me acompanhava, e sentado em um dos bancos, contou-me um pouco acerca do funcionamento da *biqueira* que adolescentes tocavam ali mesmo. O ponto de venda de maconha, cocaína e *crack* tinha acabado de ser mudado de lugar, pela instalação também recente de uma base móvel da Polícia Militar, que víamos em um *trailer* bem a nossa frente. A presença mais constante da polícia na praça

---

[16] Mais recentemente, percebe-se que meninas também vêm ocupando mais postos de trabalho, em especial no tráfico de drogas, sobretudo em funções contábeis e administrativas.

FRONTEIRAS DE TENSÃO   175

tinha sido solicitada pelos moradores antigos do Jardim Planalto, pais de
família operária e comerciantes, radicados em Sapopemba há quase quatro
décadas. Mas a polícia o dia todo na praça só fez empurrar a *boca* cinquenta
metros mais para adiante, mais para dentro do bairro.

Na pracinha do Jardim Planalto, portanto, materializava-se claramente
a clivagem interna ao bairro, entre as *famílias trabalhadoras* e os *bandidos*,
mediada pela presença ambígua da polícia. O quadro não era novo – já o
tínhamos visto aqui, e William Foote Whyte já o tinha descrito nas periferias
de Boston, de modo incrivelmente atual, ainda nos anos 1940.[17]

Fim de tarde, tomei meu caminho para casa: uma hora e meia de ônibus
até o terminal da Vila Mariana, meia hora de metrô até a Rodoviária do Tietê,
três horas e meia a mais de estrada, até São Carlos. Uma e meia da manhã eu
estava em casa. Sábado pela manhã, cansado e ainda sob impacto das histórias vividas em Sapopemba, busquei o jornal no portão da frente, e uma
foto da pracinha onde eu e Lucas estávamos aparecia estampada na *Folha de
S.Paulo*. A imagem era da base móvel da polícia, o trailer, crivada de balas;
havia policiais em volta, e sangue espalhado pelo chão.

Ao ler a matéria, percebi que aquela não tinha sido a única base atacada
em São Paulo. Na madrugada de sexta para sábado, véspera do dia das mães,
dezenas de ataques armados e simultâneos foram dirigidos a postos e viaturas
da Polícia Militar, delegacias da Polícia Civil, agentes e prédios públicos,
por toda a metrópole. Policiais foram mortos mesmo à paisana. O sábado
nasceu com um saldo inicial de mais de 20 oficiais do Estado mortos, no que
foi imediatamente lido pela imprensa como a maior ofensiva de uma organização criminosa – e já se sabia qual, o Primeiro Comando da Capital (PCC) –
registrada em São Paulo. Nem bem as notícias começaram a circular, e já se
sabia também que, simultaneamente, em quase uma centena de presídios e
unidades de internação de adolescentes haviam eclodido rebeliões, em todo
o Estado. As ações internas aos presídios, dessa vez, eram ainda mais fortes
e extensas que em 2001, quando a facção fez sua primeira grande aparição
pública. Suas extensões às periferias da cidade, com queima de ônibus e
ataques simultâneos a agentes do Governo, além das rebeliões em unidades
de internação de adolescentes, eram, até então, inéditas. Ritualizava-se assim

---

[17] Ver Whyte (2005), especialmente o item "Relações com a polícia" do Capítulo IV, "A estrutura social do gangsterismo".

a presença do *Comando* não apenas na imensa maioria das cadeias paulistas, mas também em praticamente todas as periferias urbanas de São Paulo, concluindo, portanto, a expansão fora das grades, iniciada em 2001, que como dito, havia se consolidado em Sapopemba já no final de 2003.

A crise vista no debate público

Durante o fim de semana, vários outros ataques armados a policiais e prédios públicos foram anotados, especialmente nas zonas Leste e Sul de São Paulo, mas também em diversas cidades do interior. No calor dos acontecimentos, muita informação desencontrada circulou e criou-se uma sensação de suspensão da ordem pública. As notícias oficiais e as reportagens de última hora fizeram a boataria crescer: os ataques do PCC se espraiariam sem controle algum, e não se conhecia o potencial bélico do inimigo.[18]

Segunda-feira, 15 de maio, e o *toque de recolher* foi decretado quase naturalmente na metrópole: escolas públicas e privadas dispensaram seus alunos, grande parte do comércio e dos serviços foi fechado, o trânsito bateu novos recordes e as linhas telefônicas, sobrecarregadas, viveram dia de colapso. Os eventos tocaram o conjunto dos habitantes da maior cidade do país e a imprensa não tinha outro assunto. Um dos dias mais tensos dos 450 anos de São Paulo. O Presidente da República culpou a administração penitenciária de seus adversários diretos e se prontificou a enviar tropas federais para São Paulo. Governador, comandantes de polícia, líderes religiosos, secretários de Governo e parlamentares de diversos partidos foram forçados a se manifestar. A imprensa amplificou a *fala do crime* (Caldeira, 2000).

"São Paulo sitiada" foi o título do suplemento especial sobre os ataques no maior jornal do país. As palavras *guerra urbana* e *guerra contra o crime* circularam pela televisão, pela internet e pelos jornais. No furor dos eventos, informações contraditórias e espetaculares serviram de subsídio para

---

[18] Exceto a Polícia Civil, que segundo a *Folha de S.Paulo* (14 maio 2006) negociava com lideranças da facção, trazidas de helicóptero dos presídios para a sede do Departamento de Investigações sobre o Crime Organizado (Deic) em São Paulo. O governador do estado, no período, declarou durante os eventos ter procurado informações estratégicas mais aprofundadas sobre a facção sem tê-las encontrado. Acusou pesquisadores acadêmicos de não produzirem pesquisas sobre um tema tão relevante.

que opiniões das mais diversas fossem elencadas nas conversas informais: medidas de segurança a reforçar, premente execução sumária de presos e bandidos, a desgraça da existência de favelados, considerações sobre o problema social brasileiro: não houve quem não emitisse um julgamento.

Na terça-feira, como que consumida por tanta informação, a tensão pública arrefeceu bruscamente em São Paulo. Afinal, havia outras notícias chegando; afinal, era um pouco de exagero todo aquele desespero – isso tudo era muito distante da vida que se leva, dia após dia, na cidade. Os ataques já eram muito mais raros, podiam ser assimilados ao risco cotidiano. Ademais, o número de *suspeitos* assassinados pela polícia, noticiado aos quatro ventos, crescia satisfatoriamente. O Estado retomava o controle da ordem pública. A Polícia Militar matou uma pessoa no dia 12, antes do início dos ataques; assassinou 18 no dia seguinte; mais 42 no dia 14; e mais 37 no dia 15 de maio.[19] As polícias tinham tido quarenta baixas, mas ganhavam a *guerra*. Com 97 *suspeitos* abatidos em três dias, anunciou-se que tudo estava de novo *sob controle*. As pessoas se recompuseram e a vida retomou seu ritmo, São Paulo não pode parar. Outros assuntos ocuparam as manchetes e as conversas.

Mas na guerra *particular* que opõe *polícias* e *ladrões* nas periferias, estava claro que o problema não tinha acabado.[20] Depois de as autoridades terem lidado com o problema público, era hora do acerto de contas mudo entre as partes diretamente interessadas. A *ousadia dos bandidos* merecia uma lição à altura. Não havia mais ataques, mas ao menos mais dezoito assassinatos foram cometidos por policiais na terça-feira, mais 48 na quarta, mais 23 na quinta-feira. Mais sete homicídios na sexta-feira e o merecido descanso no

---

[19] Pouco se falou em número de detidos nas ações policiais, os números relevantes sempre foram os de *mortos*, os quais foram classificados de modos distintos. O *Jornal Nacional*, da Rede Globo de televisão, utilizou os termos *policiais*, *suspeitos* e *civis* como categorias de distinção. Mas o grosso da imprensa foi ainda menos criterioso e optou pelas distinções bipolares entre *suspeito* e *policial* (ou agente do Estado), *bandido* e *inocente*, ou *bandido* e *cidadão*. As matérias, por vezes, eram comentadas por jornalistas e especialistas, e aí, em linguagem mais *informal*, foi a categoria *bandido* que prevaleceu, opondo-se também aos termos *pai de família* e *trabalhador*. Esse tipo de informação só era mais sofisticada que aquela oferecida pelos órgãos oficiais: antes mesmo de qualquer investigação, o responsável pelas relações públicas da Polícia Militar, em nome do Secretário de Segurança Pública do Estado, justificou o sucesso da reação policial exprimindo na *Folha de S.Paulo* (16 maio 2006) sua "suspeita de que mais de 70% dos mortos pela polícia estariam envolvidos com o PCC".

[20] "Eu penso que essa retaliação não parou, ela vai continuar". [Valdênia, 17 maio 2006.]

fim de semana (quatro homicídios praticados por policiais no sábado e dois no domingo). A semana seguinte teve média de um morto pela polícia por dia, número *normal* no estado de São Paulo. Agora sim, também para as forças da ordem, retomava-se a normalidade.[21]

A crise vista das periferias

Na segunda-feira de pânico em São Paulo, falei por telefone com um assistente social do Centro de Defesa dos Direitos da Criança e do Adolescente (Cedeca) e então soube que o sobrinho do Almir tinha sido assassinado. Almir foi um de meus principais interlocutores na pesquisa de campo em 2005. Retornei para Sapopemba na quarta, 17 de maio. Priorizei, inicialmente, visitar o Cedeca e o Centro de Direitos Humanos de Sapopemba (CDHS). O ritmo era intenso por ali. Ao mesmo tempo que se esforçavam por deixar claro que não apoiavam ou admitiam a legitimidade de ações do PCC, as instituições concentravam-se em denunciar, formalmente, os casos mais graves de violações de direitos cometidas por policiais na região.[22] Estive também nas favelas do Elba e do Madalena, visitei algumas famílias conhecidas e me detive na casa de Ivete. Ali, o ritmo era normal, exceto porque a atenção de todos devia estar redobrada: a polícia queria vingança. Para as famílias de favela, os ataques não haviam alterado a rotina, como aconteceu nas regiões centrais da cidade; viver sob risco já era, de certo modo, rotineiro. Além disso, ali os ataques não eram condenados, e ninguém parecia ter medo do PCC.

---

[21] A média mensal de homicídios praticados por policiais no estado de São Paulo, em 2006, permaneceu em torno de trinta. Fonte: Observatório das Violências Policiais – SP. Observação: essa organização civil não atua com dados oficiais como atestados de óbito ou boletins de ocorrência, mas, sobretudo, com fatos noticiados pela pequena, média e grande imprensa. Os dados, portanto, podem ser subnotificados, mas muito dificilmente maiores que a realidade. Dadas as denúncias de manipulação de dados por parte da polícia e subnotificação pelo Governo na imprensa, preferi trabalhar com esses dados a fazê-lo com os números oficiais.

[22] Eram estes os casos em questão, naqueles dias: 1) seria falsa a "descoberta pela polícia de um cativeiro do PCC na favela do Jardim Elba"; 2) teria relação com os eventos da semana o desaparecimento de um jovem, de 19 anos, na noite em que tudo começou; e, principalmente, 3) teria sido parte da *revanche policial* a chacina de cinco adolescentes e jovens em São Mateus, executados em direção à fábrica em que trabalhavam, na manhã seguinte ao início dos *ataques*.

FRONTEIRAS DE TENSÃO   179

Foram surpreendentes, me disseram, apenas porque ninguém sabia *quando* é que viriam nem sua motivação específica.[23] Mas era certo que alguma forma de reação do *crime* contra as polícias era questão de tempo, as forças da ordem faziam por merecer. O crime já podia demonstrar publicamente sua força, pois tinha legitimidade para tanto; podia-se assim, inclusive, estabelecer novas bases para os acordos com os policiais.

Escrevia meus diários de campo no final de cada um desses dias, e me dava conta das formas de nomear o vivido naquele período, repletas de clivagens então esclarecedoras para mim. A primeira, muito evidente, era o descompasso entre os conteúdos do debate público e os que me apareciam na etnografia. De um lado, no noticiário e nas conversas com meus amigos, mesmo se centradas na crítica a esse noticiário, seguia-se a pauta de contabilizar baixas, enunciar o medo coletivo e os boatos, falar da *violência urbana* e do problema social brasileiro, perguntar sobre o PCC e sua história. De outro lado, especialmente nos depoimentos dos moradores de favela, narravam-se casos concretos da violência, experimentada naqueles dias, e nomeava-se claramente o que tinham dito alguns *irmãos* do PCC, conhecidos de todos. Não bastasse o descompasso nas agendas de discussão e juízos acerca do que acontecia, havia uma diferença central dos lugares de locução ocupados perante a onda de violência. Parecia-me que, se os acontecimentos eram assunto no público, eram casos concretos nas favelas de Sapopemba. Em suma, ali a violência da semana tinha sido vivida de muito mais perto, e percebida *pelo outro lado*.

A imagem de uma organização muito poderosa que brotava de prisões e favelas emanava pelos noticiários, enquanto os vizinhos do Cedeca viam dois policiais militares escreverem PCC em um quarto abandonado do Jardim Elba.[24] O Jornal Nacional classificava os mortos na *guerra urbana* entre *policiais*, *suspeitos* e *civis*, enquanto a família do Almir chorava a morte

---

[23] A imprensa afirmou, em princípio, que os ataques seriam retaliação a uma transferência para regimes de segurança máxima, alguns dias antes, de líderes da facção detidos em presídios no estado de São Paulo. Não houve confirmação dessa hipótese até porque, pela magnitude dos atentados e pelos depoimentos do período, a ofensiva estaria planejada em detalhes ao menos vinte dias antes de sua realização; portanto, antes da transferência. Há uma série de denúncias de que a polícia de São Paulo sabia do planejamento das ações com esses mesmos vinte dias de antecedência.

[24] A *descoberta* de um *cativeiro* da facção na favela foi noticiada pela grande imprensa, durante os eventos.

do *sobrinho*. As autoridades, políticas e policiais, computavam números de mortos na contraofensiva; Ivete recomendava aos filhos homens mais cautela naqueles dias. Enfim, enquanto de um lado *falava-se* publicamente sobre a violência urbana, nas periferias, e, sobretudo, nas favelas, *lidava-se* com uma violência concreta, que interferia diretamente na esfera mais íntima de organização da vida. O discurso público sobre os eventos não fazia sentido algum, na casa de Ivete. O que era representação e abstração em um plano, era experiência no outro. O absurdo da presença cotidiana do *crime* e das *polícias* apavorando os moradores era, claramente, um velho conhecido.

Mas lá mesmo em Sapopemba, era nítida a distensão entre o que diziam as famílias moradoras de favela e as entidades sociais. O Cedeca e o CDHS mantinham-se em posição analítica, buscando *neutralidade* em seu discurso público, levantando hipóteses de compreensão, criticando a condução pública dos eventos e assumindo uma posição de defesa de direitos em meio à *guerra urbana*:

> Nós, logo no sábado pela manhã, pegamos o carro, demos um giro, nós passamos em todas as delegacias de Sapopemba, na base da Guarda Metropolitana, na base da Militar, prestando solidariedade, deixando nossos contatos, que era sábado e domingo, para qualquer atenção. Os policiais não tinham uma retaguarda, eles estavam sozinhos, dobrados porque foi suspensa a folga de todo mundo, sem uma garrafa de café, abandonados nessa periferia. E não sabiam da transferência que ia ocorrer. [...] Então o Estado abandona [os policiais]. Daí também fomos às famílias. E logo naquele dia eu já havia dito, "vamos avisar as famílias que fiquem cuidadas, porque vai vir chumbo grosso em cima da população". [Valdênia]

Se o papel do Cedeca era de mediador, as famílias das favelas não tinham dúvida alguma: tomavam partido do PCC. Ivete, naqueles dias, não temia *bandido* algum. Ela tinha medo era que a polícia invadisse sua casa com violência, procurando seus filhos; que algum dos presos fosse executado nas rebeliões das cadeias; que algum dos que estão em liberdade fossem mortos na *vingança* dos policiais. Ela sabia, em suma, que a *guerra contra o crime* já tinha incluído sua família como *público-alvo* há bastante tempo. Sabia, sobretudo, que a novidade dos dias de crise era apenas a radicalização da repressão de rotina. Vistos desde a opinião de moradores de favelas, a ousadia

FRONTEIRAS DE TENSÃO   181

e a novidade da publicização do conflito urbano era só a intensificação, agora menos seletiva, de um processo já instituído de repressão policial às favelas e aos favelados, sobretudo a seus adolescentes e jovens homens, mais ainda àqueles que, dentre eles, e como parte de seus filhos, estão inscritos no *crime*.

Saldo: uma semana, 493 mortos em São Paulo

A divulgação da lista oficial dos mortos naquela semana de maio foi retardada ao máximo pela Secretaria Estadual de Segurança Pública. Sob pressão das entidades de direitos humanos e de parte da imprensa, foi parcialmente apresentada dez dias depois do início dos eventos. Os números indicavam 168 homicídios: 40 agentes do Estado mortos na ofensiva do crime, 128 pessoas oficialmente mortas pela polícia; 28 prisões efetuadas. Não foi noticiado que os indivíduos abatidos em chacinas e os desaparecidos estavam fora dessas rubricas. Um balanço mais realista dos eventos foi mais bem conhecido apenas seis meses depois. Apenas o jornal *O Estado de São Paulo* divulgou uma investigação realizada em 23 Institutos Médico-Legais do estado que indicava que entre os dias 12 e 20 de maio de 2006, houve ao menos 493 homicídios em São Paulo.[25] Destes, as acusações das entidades civis apontam para ao menos 221 praticados por policiais, e os números oficiais informam que 52 referem-se aos mortos nos ataques públicos do PCC. Há, portanto, mais 220 homicídios, naquela semana, para os quais não há sequer uma hipótese investigativa formulada.[26]

Fronteiras

Deparar-me com essas diferenças substantivas nos juízos e *discursos*, a depender do lugar por onde eu circulava – diferença, portanto, da

---

[25] Conselho Regional de Medicina do Estado de São Paulo, Relatório final da análise de 493 laudos necroscópicos referentes ao período de 12 a 20 de maio, coletados nos 23 Institutos Médico Legal (IMLs) do Estado, cujas necropsias associaram a causa das mortes como decorrente de ferimentos por armas de fogo, 1 set. 2006. Mesquita Neto (2007, p.27-9, apud Adorno, Salla, 2007).

[26] Estudo muito detalhado desses números foi publicado recentemente em Justiça Global (2011).

perspectiva analítica adotada – foi fundamental para a reflexão deste livro. Em primeiro lugar, porque aqueles dias de crise me fizeram notar descompassos que, paradoxalmente, ofertavam significado para as práticas violentas, em diferentes modalidades de discurso, para daí traduzirem-se em ação política.

Em segundo lugar, porque ficava claro que o Cedeca agia exatamente nessa fronteira de tensão entre práticas sociais e discursos normativos, assumindo um papel de *mediação* entre, de um lado, as pautas e os conteúdos que se enunciavam no espaço público e, de outro, nos casos de violência vivida nas favelas de Sapopemba. O que o Cedeca fazia, concretamente, era visitar vítimas, dar entrevistas à imprensa e pautar os casos de violência de Sapopemba judicialmente, com a ajuda de advogados da entidade. Essas ações, nitidamente, se situavam *entre* os códigos sociais das periferias e o código normativo do Estado democrático, na pauta exata dos *direitos humanos*.[27] É essa característica de mediação que será analisada nesse livro, a partir do capítulo seguinte. Em terceiro lugar, porque especificamente naqueles dias de crise, demonstrava-se que a *mediação política* das fronteiras entre as periferias urbanas e o universo público, tentada pelo Cedeca e pelo CDHS, era praticamente insignificantes, ao menos naquele momento, frente à *violência* que grassava na *guerra* instituída momentaneamente entre essas esferas. Os modos distintos de lidar com essas fronteiras – violência, gestão e política – instigaram o trabalho analítico deste livro e são apenas inicialmente trabalhados nele.

Essa tensão latente das fronteiras entre as periferias e o mundo político, que eu tentava decifrar na pesquisa, emergia como violência explícita – uso da força física ou ameaça de usá-la – nessa *guerra*. Era a exposição desse confronto, extremamente violento, que paradoxalmente gerava um espaço potencial de debates públicos dos mais reveladores das dinâmicas sociais e políticas contemporâneas. Evidentemente, a emergência da ação orquestrada do PCC, quando lida no espaço público, não deixava lugar para legitimação ou politização do debate entre atores sociais: ela apenas reafirmava, com maior ênfase, o consenso público que é muito anterior a

---

[27] A própria luta pelos sentidos da expressão *direitos humanos* hoje é expressiva do campo de tensões que essas fronteiras compõem em seu entorno.

FRONTEIRAS DE TENSÃO 183

qualquer possibilidade de debate: é preciso reprimir, encarcerar e eliminar os *bandidos*; na dúvida, na guerra, deve-se matar também aqueles que se lhes assemelham.[28]

Para Ivete, que sabe disso, a escalada da repressão policial daqueles dias, legitimada publicamente como repressão aos autores dos ataques, era lida como ampliação do risco de morte de seus filhos. A checagem das estatísticas parece confirmar sua sensação: dados demonstram, em maio de 2006, uma aceleração radical de assassinatos na coorte usual de vítimas de homicídio: adolescentes e jovens, moradores das periferias urbanas, sobretudo das favelas, do sexo masculino, quase sempre entre 15 e 30 anos de idade, prioritariamente negros. Ivete tinha razão, naqueles dias, ao pedir atenção redobrada não apenas a seus filhos que levam a vida no crime, mas também aos meninos trabalhadores, Neto e Alex. Pois examinando os dados, é possível notar que naquele mês o perfil das vítimas fatais da crise de maio *não* é exatamente o mesmo dos que morrem assassinados em períodos *normais*, porque ali morreram muitos mais adolescentes e jovens *sem antecedentes criminais*.[29]

A *crise de maio* era causada por uma cúpula criminal altamente profissionalizada, como se tentava fazer crer. No entanto, a contraofensiva oficial não focava em integrantes do PCC, mas em adolescentes e jovens das favelas, como o sobrinho do Almir e seus amigos.[30] O dado não demonstra apenas a falta de foco da repressão policial daqueles dias. Ele sugere que, nesse

---

[28] O sequestro de um repórter da Rede Globo pelo PCC, em agosto de 2006, é um episódio exemplar dos limites à legitimação pública dessa espécie de ação, atualmente. O repórter foi libertado em troca da leitura no ar de uma carta de reivindicações por direitos do sistema carcerário. Embora a forma como a reivindicação chegou a ser exibida tenha sido exaustivamente debatida, o conteúdo da carta não teve qualquer repercussão pública. Tratava-se de um texto pautado de fora a fora pelas palavras *direito*, *lei* e *justiça*, que, entretanto, por ter sido veiculado a partir de uma série de ilegalidades, coações e violências, perdia completamente seu patamar de validação pública. Alba Zaluar *previu* o aparecimento dessas ações: "Meus colegas nunca fizeram um estudo aprofundado do crime organizado em São Paulo. Agora está provado: [o crime em São Paulo] é muito mais centralizado, muito mais bem coordenado e tem uma retórica política por trás disso. [Folha – Qual a retórica?]. Zaluar: Você vai ver. Vai aparecer manifesto daqui a pouco. Isso ninguém está percebendo. Hoje eu fiquei pensando. Minha Nossa Senhora, isso é óbvio." [*Folha de S.Paulo*, 15 maio 2006.]

[29] Os dados do Observatório das violências policiais incluem rápida descrição do perfil das vítimas, sempre que possível acompanhada de nome, idade e presença de antecedentes criminais.

[30] Morto por policiais encapuzados na manhã seguinte ao início dos ataques, em uma chacina que deixou cinco mortos e um jovem gravemente ferido em São Mateus. Apenas para demonstrar o argumento, é preciso dizer que nenhuma das vítimas tinha antecedentes criminais e que, naquele momento, seguiam para a empresa onde trabalhavam, juntos, na zona Leste da cidade.

184 GABRIEL DE SANTIS FELTRAN

cenário, morreram também os que *se pareciam* com criminosos para o senso comum ou para a *opinião pública* interessada na contraofensiva, pois todos eles, no limite *se assemelham*.[31] Na premência de demonstrar uma reação, impotente para encontrar as fontes dos ataques e sabendo-a legitimada *a priori* por essa *opinião pública* – o que quer que ela seja – a repressão de Estado foi menos seletiva que o normal. Escolheu aqueles que, pelos sinais diacríticos que carregavam, eram *naturalmente* suspeitos. Essa menor especificidade na repressão revela sua característica mais profundamente política, e por isso me importa mais. Ela demonstra que, subjacente à repressão, está a identificação pública de uma parcela específica da população das periferias como suspeita, como adversária do Estado.

Os *crimes de maio*, no meio da pesquisa de campo, obrigaram a argumentação do trabalho a se deslocar. De um lado, uma ofensiva armada do *mundo do crime*, sem precedentes, matava mais de cinquenta agentes da segurança pública, o que demonstrava a força de processos que, estudados desde o microcosmo, não pareciam tão amplos e, muito menos, interessados em atacar o Estado. De outro, a reação oficial aos ataques, que matou quase quinhentas pessoas em uma semana, a maioria jovens moradores das periferias, fazia emergir a dimensão política do problema: a morte desses jovens, os *suspeitos*, não foi lida como descalabro em uma ordem democrática. Muito pelo contrário, foram esses assassinatos que *acalmaram* a *opinião pública* e seus formuladores. A figuração dos abatidos na contraofensiva, que compartilhavam o mesmo perfil dos filhos de Ivete ou Maria, mostra que são eles, para o senso comum, a causa da violência urbana. O isolamento e o assassinato desses indivíduos, na crise, só faz notar que o funcionamento democrático rotineiro está pautado em *normaliza* essa figuração específica desses sujeitos, e que o ordenamento repressivo que lhe é correspondente os tem como alvos imediatos.[32]

---

[31] "Porque quem estava de verdade envolvido, pode ter morrido alguns, mas quem estava realmente envolvido já estava alerta, não estava aí marcando bobeira na rua, sabe se defender. Agora, é justamente quem achava que 'ah, não estou envolvido, se me pegar não tenho nada a ver com isso', é que estava na mira. E na verdade foi alvo desses ataques todos. Eu achei muito triste, mas eu me preocupo muito, sobretudo, na periferia, porque nós temos feito vários encontros com as famílias, a gente orientou os educadores que fizessem visita, que falassem "não sai na rua", porque todos são suspeitos." [Valdênia]

[32] Menos de 10% dos homicídios de jovens das periferias de São Paulo são investigados. A Secretaria de Segurança Pública do Estado põe em prática com folga sua meta de triplicar

A crise deixa claro, portanto, que as possibilidades de subjetivação pública dessa geração de jovens favelados já está condicionada a uma figuração pública naturalizada e que, portanto, suas possibilidades de agir no mundo devem partir dessa situação concreta. De outro lado, ficava evidente que, nas favelas, quem não tinha respeito algum era a polícia. Naquele terreno, a legitimidade do PCC já era fato.[33]

A expansão do *mundo do crime*: marco discursivo e criminalização

Todos os relatos de campo indicam que o número de adolescentes e jovens envolvidos na sociabilidade construída em torno do *crime*, ou em suas atividades comerciais (sempre marcadas por modos variados de lidar com a violência), efetivamente cresceu nas duas últimas décadas. É difícil quantificar essa expansão, e não foi intenção deste trabalho fazê-lo. O crescimento numérico dos integrantes do crime, embora incontestável e não desprovido de sentido, não é, entretanto, o fator mais importante para pensar as implicações políticas do argumento defendido aqui, de *expansão do mundo do crime* nas periferias da cidade. A meu ver, esse processo tem ao menos duas dimensões politicamente mais importantes que o aumento de um exército criminal de reserva. Uma dessas dimensões é prioritariamente interna às fronteiras entre as periferias e o mundo público; a outra é atribuída publicamente, de fora, tentando conferir sentidos públicos às margens da cidade. Ambas, portanto, são significativas na conformação política dessas fronteiras.

No âmbito interno às periferias, expande-se uma espécie de *marco discursivo* do crime, especialmente entre os adolescentes e jovens. É a expansão dessa baliza de discursos, e não das ações criminais propriamente ditas, que faz as referências do *mundo do crime*, entendido, agora, como representação social,

---

o número de detentos do estado de São Paulo em dez anos, passando de cerca de 40 mil em 1996 para mais de 140 mil em 2006. Um dos entrevistados, que trabalhou dois anos como agente penitenciário no interior do estado de São Paulo, indica o perfil etário da população carcerária: "Molecada. A faixa de idade pode-se dizer que é de 22 anos. Não existe... existe cara velho, existe, mas a maioria é molecada de 22, 23, 24 anos". [Valter]

[33] Um experimento simples dessa legitimidade pode ser feito buscando, por exemplo, a palavra *PCC* em sites como o Youtube. Os vídeos postados por adolescentes pobres demonstram como a facção é figurada entre eles.

entrarem na disputa por legitimidade social nesses territórios. A expansão desse marco discursivo é nítida nas histórias dos capítulos anteriores e diretamente relacionada aos ganhos secundários do ingresso individual no *crime*. E, por tudo o que se disse até aqui, ela é muito mais claramente identificada entre as famílias moradoras de favela de Sapopemba, já que, ali, *populações* inteiras devem seguir alguns códigos de conduta que emanam dos grupos inscritos no *crime*. Ali, o *mundo do crime* é também ator de *gestão* de populações.

Como demonstra claramente a história de Ivete, há tempos, nessas favelas, a *violência legítima* do *crime* é a fonte primeira de proteção às famílias, e aquela que implementa a *justiça* no plano local. Aparece ali, ainda, a coexistência entre o código do trabalho e o criminal no interior da família. Novidade nessa história é, entretanto, a instituição, nos anos 2000, do mandamento de *paz entre os ladrões*, introduzido pelo PCC, e que reduz o uso da violência letal entre sujeitos inscritos no *crime* às situações deliberadas por integrantes da facção, em dispositivos dialógicos conhecidos como debates.[34] Mais notável ainda é a constatação, numa série extensa de trabalhos etnográficos, da expansão desse mesmo dispositivo por todas as periferias do estado de São Paulo, durante os anos 2000.

Nas favelas e periferias paulistas, portanto, a sociabilidade fundada por esse marco discursivo há tempos já compete diretamente com outras matrizes discursivas e, seguramente, lhes é coexistente.[35] Hoje, tanto pais de família trabalhadora quanto religiosos e militantes de associações locais tradicionais das periferias da cidade dizem ter de *disputar* os corações e as mentes da nova geração com o *mundo do crime*. Essa disputa por legitimidade demonstra, de modo notável, a primeira dimensão desta expansão.

Uma segunda dimensão da expansão do *mundo do crime* nas periferias é vinculada a uma figuração que se produz de fora para dentro e que, partindo da dimensão pública do mudno social, se impõe como visão geral sobre esses territórios e seus habitantes. Essa figuração se confunde com o que usualmente é chamado de *criminalização* das periferias urbanas e seus moradores. Trata-se, aqui, de um processo vinculado diretamente às formas de distribuição das categorias de nomeação social e da repartição da

---

[34] Ver Biondi (2010), Marques (2010), Hirata (2010) e Feltran (2010b; 2010c).

[35] Aqui concordo com Misse (2006c) de que a *novidade é*, sobretudo, a *acumulação social da violência* nas relações interpessoais, e não a *criação* de um tipo novo de individualismo ou *sociabilidade radicalmente nova*, como propôs Machado da Silva (1993, 2004).

legitimidade pública, sempre ancorada nessas categorias. Nesse plano, o dos debates públicos, cada vez há menos espaço para localizar intermediários entre os extremos: conforme os anos passam, fica mais nítida a impressão do senso comum de que ou se é *trabalhador*, ou se é *bandido*. E que um e outro se definem por uma disposição *de caráter* (quando não por disposições *ambientais* ou, como querem parte dos criminologistas, *genéticas*).

Vimos, no início deste capítulo, como opera, a partir da aproximação de um adolescente ao *mundo do crime*, a necessidade premente de distinção de seu estatuto na comunidade, e como isso contamina toda sua família e círculo primário de relações. Trata-se de uma primeira etapa do processo de construção social do sujeito criminal (Misse, 2010). Em seguida, tratando dos ataques do PCC, vimos como durante as crises surge, condicionada socialmente, a necessidade de distinção do estatuto público de todos os que *se parecem* com aqueles sujeitos criminosos. Morrem, nesse contexto, não necessariamente quem cometeu crimes, mas quem tem a mesma idade e cor de pele, que usa as mesmas roupas ou os mesmos acessórios daqueles identificados publicamente como *os* criminosos, ou seja, os jovens das periferias urbanas. A figuração do crime e o foco da repressão não recaem, mais uma vez, sobre o *ato infracional*, mas diretamente sobre o *indivíduo* que, por sua aparência, que só demonstraria, nesse raciocínio, sua *essência* criminal, o pratica. Nessa sobreposição do sujeito à ação, o indivíduo passa a conter o ato ilegal em sua natureza: seu *corpo* passa a demonstrar publicamente o sujeito ilegal, e é isso o que subjetiva um *bandido*.

Inscrito agora no corpo do praticante, o ilícito vai se demonstrar publicamente por onde circular o indivíduo. Todos que o veem enxergam ali um criminoso. As figurações públicas comandam, a partir daí, a repressão policial dirigida sistematicamente, a partir daí, a todos os que lhe são semelhantes em natureza. Por isso, quando meninos de favela andam por ruas centrais, *shopping centers* ou de bairros de classe média de São Paulo, a polícia está de olho neles. Nas universidades públicas não é diferente. Fora da favela eles manifestam em seus corpos, não importa o que façam, a representação nítida da *violência urbana*.

A expansão do *mundo do crime* é também, portanto, essa multiplicação imaginária do criminoso, realizada em uma operação de autolegitimação bastante complexa, que figura nesse plano, e nessa perspectiva, a homogeneidade dos jovens de periferia e suas famílias ao perigo que representam. Figuração política, na medida em que produz sujeitos aptos e inaptos a se expressarem publicamente. A deslegitimação prévia de sujeitos populares via incriminação, no Brasil, não é nova. Ela remonta à repartição histórica dos lugares e das hierarquias, que opera não uma partição do direito, mas do direito a ter direitos. A operação é mais sofisticada hoje, entretanto: o direito universal passa a ser entendido – não apenas entre senhores conservadores, mas inclusive nos debates públicos mais arejados – como uma afronta à própria democracia.

O assassinato de 493 *suspeitos*, numa única semana de maio de 2006, foi lido em São Paulo como acréscimo à ordem democrática. Foi a contabilidade desses suspeitos mortos que acalmou a cidade, trouxe de volta a normalidade das instituições republicanas. É essa *criminalização*, naturalizada nos cotidianos, a segunda dimensão do argumento da *expansão do mundo do crime* nas periferias de São Paulo. Delineiam-se, assim, fronteiras entre as periferias da cidade e o mundo público. Ambas as dinâmicas estudadas contribuem para traçá-las. Aceleram-se nelas, de ambos os lados, processos sociais de produção de alteridade para fora e composição identitária para dentro. Na passagem analítica do universo social local para dinâmicas sociais mais amplas, por isso, encontra-se na fronteira a nomeação bipolar que aparta *trabalhadores* de *bandidos*, similar a tantas polaridades discursivas radicais historicamente situadas. Se nos espaços públicos do Brasil contemporâneo, a legitimidade desses dos identificados como *bandidos* é, *a priori*, impensável, internamente às periferias, como se viu, já começa a se atribuir legitimidade aos Comandos formados por *ladrões*.

O desenho das fronteiras de tensão que dão título a este livro começa, assim, a se revelar. Mas ele é ainda muito parcial. Se aqui essas fronteiras se constroem em práticas e discursos que revelam alteridades cada vez mais radicais, uma série de outras dimensões dessa relação se produz em fluxos regulados que as atravessam. Para além do confronto dissensual entre *policiais* e *ladrões*, entre *bandidos* e *trabalhadores*, que geram indiscutivelmente aquela política do dissenso, rancièriana, há muitas outras mediações entre as periferias e as arenas públicas. Inclusive institucionais, depois de mais de duas décadas de *democracia formal* agindo na ampliação de canais de comunicação entre sociedade civil e Estado, no país. A parte seguinte deste livro se debruça sobre esse sistema de mediações, marcado por um repertório amplo de formas de *ação política*, *gerenciamento* de conflitos e populações e, como não poderia deixar de ser, *violência*.

PARTE II
AS MARGENS DA POLÍTICA

MOVIMENTOS, ENTIDADES: O CEDECA SAPOPEMBA

Estatuto da Criança e do Adolescente, contextos

A mobilização social que pressionou governos e instituições em favor da elaboração do Estatuto da Criança e do Adolescente (ECA), no final dos anos 1980, dando continuidade ao que havia ocorrido no período constituinte, exigia *participação social* no desenho, na formulação, inserção e fiscalização das políticas públicas voltadas para infância e adolescência no País. Esses movimentos consideraram a aprovação do Estatuto uma conquista fundamental de suas lutas. A legislação anterior – o Código de Menores, de 1979 – se baseava no paradigma da *situação irregular*, que resultava em uma taxa elevada de institucionalização de crianças e adolescentes. Não é difícil se lembrar dos *orfanatos* que existiram no Brasil até o fim dos anos 1980, tocados pelo Governo – via Fundação Estadual para o Bem-Estar do Menor (Febem), no caso paulista – ou por entidades sociais e assistenciais. Ali se acumulavam, às vezes no mesmo edifício, privadas de liberdade, centenas de crianças e adolescentes de idades e condições muito distintas: *menores* vítimas de violência doméstica ou maus-tratos, em situação de extrema pobreza, órfãos, crianças em situação de rua, vítimas de exploração sexual ou, ainda, autores de atos infracionais. Casos muito distintos, mas todos igualmente considerados *situações irregulares*, que demandavam tutela do Estado. A situação irregular designava, portanto, crianças e adolescentes que habitavam circuitos desviantes da ordem social normativa.[1]

---

[1] A bibliografia desenvolvida em torno da construção social do desvio e do desviante tem como obra fundadora Becker (1963).

Quase sempre a saída para os desviantes era isolá-los do convívio social, institucionalizando-os para, em um momento posterior – em tese – *reinseri-los* à "sociedade". O equacionamento do problema é evidente: existe a "sociedade" e aqueles que se desviam de suas regras e, assim, acabam ficando *fora* dela. O *menor* desviante não era, mesmo em seu estatuto jurídico, um sujeito de direitos – nessa figuração ele não fazia parte do mundo arbitrado pelos direitos da cidadania, estava *excluído* desse universo. Ele era objeto da tutela do Estado, que podia confiar a entidades sociais e religiosas a implementação de programas de internação e, nos casos possíveis, de reinserção nos mercados de trabalho. Esse paradigma, ao contrário do que se pode imaginar, e como se pretende demonstrar, segue bastante operativo no Brasil contemporâneo. Agora, entretanto, sobretudo como representação reativa – talvez reacionária – a outra concepção de infância e adolescência que, há duas décadas, colocou-se normativamente como alternativa.

Em 1990, a criação do ECA representou uma ruptura normativa radical com o paradigma da *situação irregular* e, consequentemente, com os princípios jurídicos e as formas sociais e políticas de atendimento que ele demarcava. Na esteira das rupturas trazidas pela Constituição Federal de 1988, e especificamente por seu Artigo 227, que instituía a *prioridade absoluta* para crianças e adolescentes, o ECA introduz o paradigma da *proteção integral*. Muda-se, com isso, o quadro de montagem institucional e normativa da questão da criança que precisava de proteção estatal: aquelas crianças e adolescentes, em vez de figuradas como *desviantes*, passariam a ser compreendidas como sujeitos cujos direitos estão ameaçados ou violados, e, assim, indivíduos que deveriam ter, prioritariamente, esses direitos assegurados, restituídos, garantidos.

A ação estatal se deslocaria, em tese, da tutela que separa, divide, para a proteção especial, que congrega. Não haveria mais uma "sociedade" da qual esses meninos e essas meninas estariam *excluídos*, mas uma comunidade política formal de cidadãos, *integrada de todo modo por eles*, e que teria a responsabilidade de zelar pela garantia de seus direitos. As políticas públicas da cidadania seriam, portanto, formas de concretizar essa garantia e, por isso, deveriam ser intersetoriais: cria-se, nesse momento, todo um sistema de participação social nas políticas sociais, muito estudado na bibliografia específica, voltado para garantir a presença capilar de diversos atores naquilo que se convencionou chamar *rede de proteção* dos direitos de crianças e adolescentes.[2]

A partir de 13 de julho de 1990, além disso, a *condição peculiar da criança e do adolescente como pessoas em desenvolvimento* passa a ser dever da *família*, do *Estado* e da *sociedade*, em conjunto com a garantia de seus direitos. O ECA prevê que esses atores ajam conjuntamente, em um sistema de organizações, instâncias e recomendações técnicas descritas em detalhe na letra da lei, de forma a favorecer o efetivo usufruto desses direitos.

Esse sistema jurídico-político, como dizia, obedece aos princípios da participação social e da descentralização, previstos na Constituição Federal. São instituídos então os Conselhos da Criança e do Adolescente (CDCAs), órgãos paritários e deliberativos sobre todas as políticas públicas da área da infância, nos níveis municipal (CMDCAs, que possuem e gerenciariam autonomamente dotação orçamentária própria, o Fundo Municipal da Criança e do Adolescente – Fumcad);[3] estadual (Conselho Estadual dos Direitos da Criança e do Adolescente – Condecas) e nacional (Conselho Nacional dos Direitos da Criança e do Adolescente – Conanda). Além disso, em cada município são criados os Conselhos Tutelares, que contam com conselheiros remunerados e eleitos diretamente, com atribuição de fiscalizar o cumprimento da legislação, receber de modo qualificado as denúncias de desrespeito aos direitos legais de crianças e adolescentes, e encaminhá-las à rede de proteção (educação formal e complementar, assistência social, equipamentos de saúde, atendimento psicológico, entidades sociais, centros culturais, esportivos, profissionalizantes etc.)

---

[2] "Art. 227 – É dever da família, da sociedade e do Estado assegurar à criança e ao adolescente, com absoluta prioridade, o direito à vida, à saúde, à alimentação, à educação, ao lazer, à profissionalização, à cultura, à dignidade, ao respeito, à liberdade e à convivência familiar e comunitária, além de colocá-los a salvo de toda forma de negligência, discriminação, exploração, violência, crueldade e opressão." (Brasil, 1988) "Já havia uma mobilização para pressionar, tanto que o [Artigo] 227 da Constituição tem muita pressão civil." [Valdênia] Para um estudo político desse paradigma em ação, ver Tatagiba (2003).

[3] É evidente que a virtude do desenho institucional não se transfere à prática efetiva sem mediações, e as experiências encontram muita dificuldade para efetivar o controle social previsto. Para uma crítica do funcionamento do mecanismo específico do Fumcad no município de São Paulo, ver Maranhão (2003). Para uma análise consistente da Rede criança de vitória, que teria como meta articular todas essas instâncias de controle social e de como isso se subverte, ver Tatagiba (2003).

194   GABRIEL DE SANTIS FELTRAN

Sempre tendo como foco a criação de canais de relações entre Estado e sociedade civil, há ainda a criação de uma série de fóruns locais, municipais, regionais e nacionais de debate sobre as políticas públicas da área da infância, que articulam instâncias governamentais e civis envolvidas no atendimento a esse público. No sistema jurídico, cai o Juizado de Menores e aparecem as Varas da Infância e Adolescência, especializadas nesse setor, e cria-se nos cursos de Direito a demanda por formação específica de técnicos da área. Da mesma forma, surgem delegacias especiais voltadas para esse público e, em alguns casos, Núcleos de Atendimento Integrado à Criança e Adolescente (NAIs), em que estariam presentes, em um mesmo local, autoridades jurídicas, executivas e da sociedade civil, para propiciar nos encaminhamentos efetivos a *proteção integral* a crianças e adolescentes que venham a ter direitos defendidos judicialmente.[4]

Rupturas semânticas, luta política

Todo o debate acerca da formulação e inserção desse aparato jurídico--político e da gestão das políticas públicas voltadas para crianças e adolescentes é acompanhado por um embate em torno das formas de nomeação e categorização utilizadas pelo Código de Menores, pela imprensa e pelo senso comum. Havia clareza, entre os militantes da área da infância, de que as categorias utilizadas para se descrever o mundo oferecem as balizas para a disputa política. O embate mais claro, nesse sentido, é aquele em torno da expressão *menor*, o primeiro a sumir da lei, ativamente combatido pelos militantes da área.[5] A palavra deixa de figurar na gramática oficial da *área da infância*, sendo substituída pelas categorias mais descritivas *criança e adolescente*. Juridicamente, ainda, *criança* é o indivíduo que tem até 12 anos de idade, e *adolescente* é aquele entre 13 e 18.

---

[4] A cidade de São Carlos, no interior de São Paulo, foi pioneira nessa iniciativa e serviu de referência para uma série de outros municípios, ao colocar em prática seus sistemas de atendimentos a medidas socioeducativas. O sistema foi, entretanto, combatido politicamente e praticamente desmontado no final dos anos 2000.

[5] "Menor é filho de pobre, preto, favelado, menor carente, menor infrator... menor é isso", disse-me, em 1999, uma militante da área.

Os *menores* carentes passam a ser nomeados como *crianças e adolescentes em situação de risco, pessoal e social* ou *crianças e adolescentes em vulnerabilidade social*. Os menores infratores ou delinquentes passam a ser chamados de adolescentes *autores de ato infracional* e, em alguns casos, adolescentes *em conflito com a lei*. O primeiro termo tem a vantagem de criar uma fronteira entre o ato e o indivíduo, o que situa mais claramente o foco da repressão legal no ato cometido e não no indivíduo que o comete.[6] A distensão entre *menor* e *criança e adolescente* funda não só uma demarcação entre momentos distintos do debate, mas entre grupos sociais concretos – é comum escutar, circulando nesse campo, que tal juiz, ou tal atendimento, é *minorista* ou *menorista*, neologismos que indicam que eles atuam ainda nos paradigmas do Código de Menores, são moralistas ou autoritários, e não incorporaram os *avanços* do ECA.

Outra ruptura política a destacar, desde que o ECA foi aprovado, é aquela que estabeleceu a *inimputabilidade penal* de crianças e adolescentes e que previu *medidas de proteção* para crianças[7] e *medidas socioeducativas* para adolescentes autores de ato infracional (juridicamente equivalente ao que se define como crime ou contravenção no Código Penal).[8] Assim, crianças e adolescentes que cometem crimes ou contravenções não são julgadas segundo as normas estabelecidas pelo Código Penal, exclusivo então para os adultos, mas pelos artigos do ECA que preveem e orientam as formas de

---

[6] Trabalhei sobre essa distinção em Feltran (2007). Ver também a noção de *sujeição criminal* de Michel Misse (1999, 2010).

[7] "Das Medidas de Proteção. Art. 101. (...) a autoridade competente poderá determinar, dentre outras, as seguintes medidas: I – encaminhamento aos pais ou responsável, mediante termo de responsabilidade; II – orientação, apoio e acompanhamento temporários; III – matrícula e frequência obrigatórias em estabelecimento oficial de ensino fundamental; IV – inclusão em programa comunitário ou oficial de auxílio à família, à criança e ao adolescente; V – requisição de tratamento médico, psicológico ou psiquiátrico, em regime hospitalar ou ambulatorial; VI – inclusão em programa oficial ou comunitário de auxílio, orientação e tratamento a alcoólatras e toxicômanos; VII – abrigo em entidade; VIII – colocação em família substituta. Parágrafo único. O abrigo é medida provisória e excepcional, utilizável como forma de transição para a colocação em família substituta, não implicando privação de liberdade. Estatuto da Criança e do Adolescente". (Brasil, 1990).

[8] O ECA prevê medidas socioeducativas aplicadas por um juiz segundo critérios específicos no caso de condenação por atos infracionais cometidos por adolescentes. A depender da gravidade da infração, as medidas variam em duração e tipo, podendo ser aplicadas: i) *advertência;* ii) *obrigação em reparar o dano;* iii) *prestação de serviços à comunidade;* iv) *liberdade assistida;* v) *semiliberdade;* ou vi) *internação.*

aplicação legal dessas medidas. Além de prever as medidas a aplicar em cada caso, o ECA ainda estabelece os princípios legais do atendimento a realizar.

O Estatuto, além disso, inseriu a *sociedade* como terceira instância de proteção dos direitos de crianças e adolescentes em situação de risco, ou autores de atos infracionais. Além de *família* e *Estado*, os movimentos da infância, durante toda a década de 1980, cobraram e conseguiram seu espaço tanto na fiscalização das políticas públicas quanto em sua formulação e aplicação. Como esses movimentos tinham ciência de que, mesmo que a letra da lei fosse aprovada, colocá-la em prática exigiria muita disputa; apostava-se que, caso o papel ativo das entidades sociais fosse amparado pela legislação, seu patamar de luta seria mais estável. Conquistado esse patamar, a defesa do ECA passaria a oferecer um programa concreto às utopias dos militantes da área da infância. Vem daí toda a mobilização do período para inserir as *políticas de atendimento* na redação do ECA, bem como o detalhamento dos perfis de entidades necessários e adequados para cada tipo de atendimento específico.

Como a proteção jurídico-social de crianças e adolescentes era uma lacuna tradicional entre as organizações da sociedade civil, elaborou-se, durante as mobilizações para a formulação do ECA, uma proposta de *um novo modelo de organização social* especificamente voltado para a defesa de direitos, inclusive no plano legal. Os Centros de Defesa são idealizados nesse contexto e passam a ser conhecidos como *Cedecas*.

Os Cedecas

Organizações da sociedade civil, sem fins lucrativos, com autonomia formal de gestão, que desde sua origem se colocam a função expressa de articular as dimensões *social* e *jurídica* da proteção dos direitos de crianças e adolescentes. Os Cedecas são, portanto, entidades que têm como função executar a *mediação* entre os direitos formais e sua garantia no tecido social. A engenharia institucional do ECA já prevê para os Cedecas uma função que os situa justamente no plano que convém investigar neste livro, ou seja, o de *interface* entre as dinâmicas sociais de privação e a esfera pública de garantia de direitos:

FRONTEIRAS DE TENSÃO 197

Art. 87 – São linhas de ação da política de atendimento: I – políticas sociais básicas; II – políticas e programas de assistência social, em caráter supletivo, para aqueles que deles necessitem; III – serviços especiais de prevenção e atendimento médico e psicossocial às vítimas de negligência, maus-tratos, exploração, abuso, crueldade e opressão; IV – serviço de identificação e localização de pais, responsável, crianças e adolescentes desaparecidos; V – *proteção jurídico-social por entidades de defesa dos direitos da criança e do adolescente.* [ECA, 1990, grifo meu.]

A existência dos Cedecas é, portanto, amparada legalmente, por esse artigo específico do ECA. Essas organizações surgem como braços sociais de proteção jurídico-social de crianças e adolescentes, conforme previsto na legislação. Já que as situações mais paradigmáticas da disputa política em torno do atendimento eram aquelas que se referem a crianças em situação de risco ou vulnerabilidade, e especialmente a adolescentes autores de atos infracionais, a maioria dos Cedecas opta pelo atendimento voltado aos indivíduos que, encaminhados pelo Poder Judiciário, estivessem no cumprimento de *medidas de proteção* e/ou *socioeducativas*. A opção por esse atendimento-limite foi política e essa é, portanto, uma primeira particularidade dos Cedecas a destacar: para o movimento da infância era importante demonstrar, publicamente, que proteger os direitos e realizar ações socioeducativas com esse público – o mais estigmatizado entre todas as crianças e adolescentes – era melhor que confiná-lo ou reprimi-lo.

A intenção era um efeito-demonstração: se o atendimento funcionasse com os *menores delinquentes*, ficaria evidente que o paradigma dos direitos e da proteção integral era mais efetivo, socialmente, que o da situação irregular. Os Cedecas encamparam essa tarefa e passaram a ser os atores fundamentais da aposta em um atendimento de referência no segmento de defesa de crianças e adolescentes. O foco da defesa esteve sempre situado naqueles indivíduos considerados em *situação de risco* ou em *conflito com a lei.*

Uma segunda dimensão característica dos Cedecas, relevante para a argumentação deste livro, é sua condição de segunda geração movimentista, nas periferias de São Paulo. Geração, portanto, híbrida entre o associativismo de caráter reivindicativo e *autonomista* dos movimentos sociais dos anos 1970 e 1980, e aqueles forjados já no contexto de *inserção institucional* dos atores populares, dominante nos anos 1990 e 2000.[9] Os primeiros e principais Cedecas surgem logo após o ECA, entre 1991 e 1992, e definem--se como herdeiros tanto da luta de movimentos sociais de base quanto, e ao mesmo tempo, como parte de um sistema institucional de garantia de direitos formais. Não é por acaso que o perfil das equipes dos primeiros Centros de Defesa, entre os quais o de Sapopemba, se constitui de um híbrido entre, de um lado, quadros *técnicos* (advogados, sobretudo, mas também assistentes sociais, educadores e psicólogos) e *lideranças* nascidas dos movimentos sociais urbanos das periferias. Assim, a tecnificação e profissionalização dos atendimentos estava sempre em diálogo – por vezes nada simples – com as premissas ideológicas da teologia da libertação, do novo sindicalismo e do marxismo *democrático e popular* movimentista. Em São Paulo, como esse campo foi hegemonizado desde suas origens pelo PT (Partido do Trabalhadores), os Cedecas sempre foram próximos do partido, desde sua fundação.[10]

No interior dos Cedecas, portanto, já se desenhavam as tensões entre a tradição movimentista militante, originária de uma época em que se combatia frontalmente o Estado (compreendidos pela face de seus governos militares) e a lógica de atuação técnica inscrita em uma burocracia participativa, amparada pelo aparato jurídico e executivo do Estado (compreendido agora como aparato de governança democrática). Tentava-se equacionar essas tensões a partir da ênfase na *gestão* dos atendimentos a crianças e adolescentes que as organizações se dispuseram a fazer.

No município de São Paulo há nove Cedecas, os primeiros criados entre 1991 e 1992 por movimentos e organizações tradicionalmente envolvidos na causa da infância, os últimos como desdobramentos de entidades que se empenharam na modernização de seus atendimentos e na inclusão das medidas socioeducativas entre eles, obtendo assim maiores possibilidades de financiamento público. Os Cedecas de São Paulo participaram de um fórum nacional, em 1991, e esse fórum resultou na criação da *Associação Nacional de Cedecas* (Anced), em 1994.[11]

---

[9] Para o debate sobre a inserção institucional dos movimentos sociais, ver Dagnino (1994), Doimo (1995) e Feltran (2005, 2007).

[10] Estudo o contexto específico dessa formação, em São Paulo, em Feltran (2006).

[11] Ver <http://www.anced.org.br>.

No geral, o mesmo grupo de organizações que pressionou pela inclusão da figura jurídica dos Centros de Defesa no ECA se propôs, em seguida, a desempenhar as funções previstas para esses Centros. Foi esse grupo de militantes, de diversos pontos do Brasil, que se tornou também o grupo central na Anced. Conforma-se, assim, um núcleo de indivíduos reconhecidos na *área da infância* que, embora seja restrito em número e em capacidade de atendimento, obtém nesse momento legitimidade discursiva e técnica para alçar um estatuto político de interlocutor privilegiado do Estado para a formulação de políticas sociais para adolescentes autores de infrações. Dessa forma, e nesse período específico, os Cedecas se tornaram uma espécie de *representantes*, tanto de um setor específico das entidades sociais, quanto dos adolescentes autores de atos infracionais, nas negociações com outros setores sociais, inclusive governos. Essa representação, evidentemente, é de tipo especial – não é delegada por ninguém, mas obtida pela presença, legitimada por outros atores frente à reivindicação de experiência com o assunto e domínio de um campo de discussões tanto técnicas quanto políticas, marcado pela presença de atores setoriais de governos e sociedade civil.

Os Cedecas, *direitos humanos* da infância

A Anced – Associação Nacional dos Centros de Defesa da Criança e do Adolescente é uma organização da sociedade civil sem fins lucrativos, de âmbito nacional, que atua na defesa dos direitos humanos da infância brasileira. A Anced constituiu-se em 10 de outubro de 1994, a partir de uma articulação dos Centros de Defesa em rede nacional existente desde 1991. A Anced se faz presente em quinze estados brasileiros a partir da ação desenvolvida pelos Centros de Defesa da Criança e do Adolescente – Cedecas – filiados, que unificam-se pela missão de proteção jurídico-social de direitos humanos de crianças e adolescentes. Afirmamo-nos como sujeitos do Sistema de Garantia de Direitos, em especial dos eixos da Defesa e do Controle Social. A coordenação da Anced é formada por um colegiado composto de três Cedecas, eleito pela Assembleia Geral a cada dois anos.[12]

---

[12] Anced. Disponível em: <http://www.anced.org.br>. Acesso em: dez. 2007.

O texto de apresentação da Associação Nacional dos Cedecas, em seu endereço eletrônico, traz como principal inflexão a passagem de *direitos da criança e do adolescente* para os *direitos humanos* da infância. Esse deslizamento tem histórias específicas, mas para meu argumento aqui, convém notar apenas que a reivindicação dos direitos humanos explicita, antes de tudo, a filiação a um campo de debates, nomeado por uma categoria mais ampla em que cabem tanto crianças e adolescentes quanto adultos, e que, portanto, favorece a associação desse movimento a outros mais ampliados. Os direitos humanos da infância demarcam terreno, portanto, na área da infância e no debate mais amplo – e o fazem de um modo específico: Valdênia, que já despontava como uma figura articuladora dessa rede, conta como isso se materializava concretamente, no momento de elaboração do ECA:

> A gente sempre participou da Pastoral do Menor, do Movimento de Meninos e Meninas de Rua, então já nos encontrávamos porque sempre acreditamos nas articulações, não é? E sempre muito propositivos, então na verdade foi um casamento, uma junção, a necessidade [local] mais [a oportunidade da conjuntura]. [...] Inclusive, o artigo que prevê a área das entidades na promoção da defesa [ECA art. 87] foi pressão mesmo já desse movimento. Nós nos reunimos em vários estados para poder conversar e ir montando, então se você olhar a data de nascimento de todos os Centros de Defesa, são tudo mais ou menos por ali [1991-2]. Porque nós tínhamos muito famosos os Centros de Direitos Humanos [CDHs] por conta dos presos políticos. E os Centros de Defesa das Crianças e Adolescentes saem no grito pra dizer, escuta: é importante ter o cento de defesa para os presos políticos, mas tem outros presos que não vêm da classe média, que são tão políticos quanto. Então foi o primeiro corte, na verdade, se olharmos as histórias. [Valdênia]

Alinhar-se aos defensores de direitos humanos, no Brasil, sempre foi assumir uma posição marcada, em um debate *político*. No período, Valdênia faz já notar uma distinção interna ao campo movimentista, entre os movimentos vinculados aos setores médios e intelectuais (que traziam a discussão dos direitos humanos com foco na repressão militar e nos presos políticos) e o *grito* dos Cedecas, sempre entidades das periferias urbanas, que reivindicavam direitos humanos para os presos comuns, sobretudo adolescentes e jovens. Havia, naquele momento efervescente, legitimidade pública para a ação dos CDHs, identificados como modernos e democráticos, em um período de refluxo da repressão estatal; os Cedecas tentavam ampliá-la a outros setores: seria também por razões políticas que ocorriam as violações de direitos humanos nas periferias urbanas.

Hoje, o problema é enquadrado de modo bem distinto e os termos dessa discussão já são outros. Atualmente, a própria expressão *direitos humanos* é publicamente questionada, mesmo em sua validade normativa. Academicamente, também são inúmeras as críticas aos universais da premissa.[13] Se os presos políticos contavam com diversas instâncias sociais de legitimação pública no período, o *pessoal dos direitos humanos* hoje representa, no debate corrente, um conjunto de organizações e pessoas que defendem direitos de grupos sociais sem qualquer legitimidade pública – aqueles que circulam pelas margens do social, sobretudo adolescentes e adultos privados de liberdade. Defender direitos humanos é, no senso comum, *defender bandidos*.[14]

Para as entidades sociais vinculadas ao tema, a convivência com dramas intensos também intensifica sua razão de ser: trata-se de defender famílias e indivíduos marcados por histórias de homicídios, maus-tratos, violência do crime e da polícia, além dos circuitos conhecidos como as *piores formas do trabalho infantil*, ou seja, aquelas que exploram a mão de obra de crianças e adolescentes em conflitos armados, no tráfico de drogas e de pessoas, na produção de pornografia, exploração sexual e prostituição infantil (Organização Internacional do Trabalho, 1999). Defender os direitos humanos passa a ser defender, nessa perspectiva, aqueles que não têm o direito a ter direitos, mas que formalmente estão inseridos em uma comunidade política organizada em torno de um Estado democrático. Os sem-direitos, em plena democracia, desarranjam a compreensão normativa, inscrevendo nela um mal-entendido, um paradoxo entre a lei igualitária e a desigualdade social;

---

[13] Para a mais contundente delas, até porque formulada exatamente no pós-guerra, ver Arendt (2000a).

[14] "Para a família, você estudou, precisa ganhar dinheiro. E aí uma filha que estudou, com o maior sufoco, e faz a opção de não ganhar dinheiro. Não é que eu fiz a opção de não ganhar dinheiro, fiz a opção por um trabalho que não me dá dinheiro! [risos] Então você imagina, depois, quanto que a família ainda sofre [pelo tema de trabalho escolhido], rechaçada: 'ah, sua filha defende bandido!'" [Valdênia]

explorar esse *mal-entendido* me parece ser, justamente, a intenção central de organizações como os Cedecas.[15]

Pois, embora defendam a lei, os cidadãos focados nessa defesa são nomeados, no senso comum, como vagabundos, bandidos e ladrões – portanto seres a reprimir, isolar ou eliminar. Quando a Anced e os Cedecas assumem fazer a defesa dos direitos humanos, portanto, delimitam também um tipo específico de problema a enfrentar – as entidades são vistas como defensoras de bandidos, e quem defende direitos de bandidos está do mesmo lado que eles na fronteira, como vimos. No senso comum, por se proporem a representar aqueles grupos desprovidos do direito a ter direitos, as próprias organizações passam a viver a experiência de ter, elas mesmas, de reivindicar a legitimidade de sua existência.

Em suma, uma questão central à compreensão da atuação dos Cedecas, que também compõe as fronteiras entre os setores populares urbanos e o mundo político, como se verá adiante, é que, como os direitos humanos se traduzem, nas práticas contemporâneas, em direitos dos *sem-direitos*, assume-se que, embora esses indivíduos e grupos sejam formalmente cidadãos do país, eles necessitam de suporte externo para fazer valer essa cidadania. Sendo assim, a defesa dos direitos humanos, na prática, reafirma a necessária ingerência de grupos *com-direitos* sobre os *sem-direitos*; esse fato, submetido às disputas próprias do debate público, conflui para a sedimentação da imagem

---

[15] O Cedeca considera a garantia formal de direitos um patamar de luta, e sai invariavelmente na defesa do ECA e da Constituição Federal. Ao contrário de desmerecer a lei porque ela não se realiza na prática, a entidade tem clareza de que, sem a lei que garante a existência política formal dos direitos da população que defende, sua legitimidade seria ainda mais questionada. Nesse sentido, a atuação da entidade é crítica de uma noção de direitos humanos de concepção *humanista*, que desconsidera a necessidade do Estado nacional e de sua legislação como garantia de seus princípios. Crítica por conhecerem, na prática, a realidade da leitura de Arendt (2000a, p.325) acerca dos direitos humanos: "Os Direitos do Homem, afinal, haviam sido definidos como 'inalienáveis' porque se supunha serem independentes de todos os governos; mas sucedia que, no momento em que seres humanos deixavam de ter um governo próprio, não restava nenhuma autoridade para protegê-los e nenhuma instituição disposta a garanti-los'. A autora se refere aos apátridas (ou povos sem Estado), que perderam sua cidadania no período entreguerras. Ela argumenta que sem a proteção de um direito constitucional, da cidadania legal, esses indivíduos passavam a ser desprovidos do *direito a ter direitos*, e consequência desse processo era sua privação imediata dos direitos humanos. "O paradoxo da perda de direitos humanos é que essa perda coincide com o instante em que a pessoa se torna um ser humano em geral – sem uma profissão, sem uma cidadania, sem uma opinião, sem uma ação pela qual se identifique e se especifique." (Arendt, 2000a, p.335.)

dos grupos defendidos como necessariamente *objetos* de intervenção. O debate dos direitos humanos tem sido transformado, portanto, ora em debate especializado, a ser feito por juristas, advogados e intelectuais, ora em direito à ingerência sobre grupos sociais considerados incapazes de pronunciar alguma palavra em sua própria defesa, ora em universalismo vazio, em defesa da *democracia*.[16] Usualmente, nas três coisas ao mesmo tempo.

O Cedeca de Sapopemba

Como esses paradoxos se apresentam no plano etnográfico? Como é que a defesa dos direitos humanos de crianças e adolescentes, normativa de todos os Cedecas, aparece na história de duas décadas do Cedeca Mônica Paião Trevisan, situada no Parque Santa Madalena, em Sapopemba? Como é que se processa a mediação entre os cotidianos das periferias da cidade, e sobretudo das favelas do distrito, e a norma legal universalista? Para acessar esse plano de mediações, é preciso recuar um pouco no tempo.

Nascido no Parque Santa Madalena, o Cedeca foi consequência de mais de uma década de ação direta da militância católica das Comunidades Eclesiais de Base (CEB), inspiradas desde os anos 1970 pela teologia da libertação. Reconstruo a seguir, em linhas muito gerais, parte dessa trajetória, especialmente desde 1983, quando Valdênia, que viria a ser a principal liderança da entidade, ingressava na ação social e militante. Pela forma como ela própria narra esse período, percebe-se o que todos os militantes e funcionários da organização admitem, ou seja, que o percurso da entidade se entrelaça ao dela própria. Logo nos primeiros dias de pesquisa de campo, por isso, me esforcei para obter uma entrevista focada em sua história de vida. A tentativa se demonstrou acertada.

A família de Valdênia migrou de Minas Gerais para São Paulo em 1972 quando ela, uma das filhas do meio, tinha 6 anos de idade. A história é parecida com a de muitas outras famílias, como as narradas nos capítulos anteriores, que chegam a São Paulo atraídas pelas promessas de emprego do

---

[16] Rancière (2005b) trata desse paradoxo recente dos direitos humanos, entre de um lado atuar frente a sociedades que os deslegitimam, e de outro funcionar como argumento para a ingerência sobre populações inteiras, como no caso das intervenções *humanitárias* do Governo americano e das agências multilaterais em zonas de interesse, como o Oriente Médio.

204   GABRIEL DE SANTIS FELTRAN

milagre econômico. Mas "as promessas eram maiores do que a realidade", diz Valdênia, que relata uma infância marcada por privação material. A família foi morar nas margens de expansão da cidade, o Jardim Planalto, no distrito de Sapopemba. A privação era significada em um ordenamento moral cristão, ressignificado de modo específico depois de mais de duas décadas de militância política, aos 39 anos, em 2005, data de nossa primeira entrevista:

> Minha mãe vem de origem afro, meu pai indígena. A cultura indígena tem muito isso, meu pai pregava sempre humildade, pé no chão... meu pai nunca permitiu que nós déssemos esmola no portão. Sempre convidava a pessoa para entrar, para se sentar, tomar um copo de água. Sempre. Então isso nos ajudou muito. [Valdênia]

A presença da Igreja foi marcante em sua formação familiar, e era nos preceitos de ação social das paróquias de Sapopemba que estavam as origens das palavras, encadeadas com fluidez, que eu gravava nessa conversa, nos fundos do antigo prédio do Cedeca. Adolescente, na virada para os anos 1980, Valdênia passou a frequentar as CEBs do bairro.

> Naquela época, os espaços que tinha para a população se organizar eram as Comunidades Eclesiais de Base, então era no espaço da igreja que a gente se reunia para aprender a ler, para conseguir asfalto, para rezar, para velar algum morto, para fazer festa, e aí educada sempre numa relação muito comunitária, não obstante a pobreza material, a gente foi aprendendo, com o auge da Teologia da Libertação, que precisava viver uma vida cristã encarnada na realidade. Muitos dos movimentos sociais da região de Sapopemba, falo desta região porque é aqui que a gente está, nasceram mesmo do movimento das Comunidades Eclesiais de Base. E eu também sou fruto desse movimento. [Valdênia]
>
> Com 14 anos, eu fui auxiliar uma irmã, uma freira na favela do Jardim Elba. Eu sempre gostei de estudar, gostava de ler, e aí pra ler alguma coisa tinha que ir pra casa dos padres e das freiras, porque os meus pais são semianalfabetos e eles não tinham dinheiro nem pra comer, imagina pra ter acesso a um jornal, uma revista. Mas ao menos essas coisas boas na casa de padre tem, as revistas, e isso dava um certo acesso. [...] Logo a gente percebeu que já tinha meninos e meninas usuários de droga, meninos envolvidos na vida criminal etc. [Valdênia]

Valdênia já começava a atuar na *ajuda* às famílias com crianças que viviam em favelas próximas a sua casa. Eram os anos 1980 e a região já era marcada pela presença da criminalidade; no entanto, ela era percebida como universo de práticas e sociabilidade alheios à vida comunitária, a ponto das tentativas para controlá-las partirem de famílias trabalhadoras e comerciantes locais, que contratavam grupos privados de extermínio – os *justiceiros* ou, como conhecidos na zona Sul da cidade, *pés de pato*. Além deles, essa *justiça popular* contava também com os *linchamentos*, que funcionavam como rituais de moralização comunitária.[17] Valdênia interessou-se por conhecer melhor esse contexto, queria intervir nele, mudar as coisas. Nesse período inicial de seu trabalho, inclusive, foi que Valdênia conheceu Mônica Paião Trevisan, que anos depois emprestaria seu nome ao Cedeca Sapopemba.

Nós começamos essa história mesmo com a Mônica, que é o nome do Cedeca hoje. A Mônica, ela foi gestada dentro da penitenciária, o pai preso. [...] A mãe também [tinha sido presa], mas sai primeiro que o pai, radicaliza, vira crente, acha uns companheiros, que depois a menina sofre abuso. O pai preso, e a Mônica acaba na rua. E nessa época tinha uma história de "correr a carioca", que é a mesma coisa que "correr a curra", ou seja, se a menina pisasse na bola, [...] juntava uma roda de meninos, e ela era violentada sexualmente por todos eles. E a gente descobriu isso porque a Mônica apareceu na região, [...] e eu levei ela pra casa dos meus pais, onde eu morava. [...] E aí ela contou, e a gente começou todo um diálogo.

E a gente sempre sonhava: olha, poderia ter um lugar pra defender [esses adolescentes]. [...] E ela acabou, antes da gente conseguir mesmo montar a casa, ela acabou tendo que ir morar com um rapaz, que era envolvido [com a prostituição infantil] também. Ela resolveu denunciar. Naquela época ela já era uma garota de 15 anos. [...] Um dia depois ela foi pega e cortada em três pedaços. E mandaram avisar a gente onde estava a cabeça, onde estava o corpo, onde estavam as pernas. E aí, em memória dela, que a gente resolveu preservar isso. [Valdênia]

---

[17] "A gente vivia assustado [nos anos 1980]. Apesar de hoje ter a violência, a gente parece que perde menos hoje, a garotada, sabe? Naquele tempo a gente perdia muito. E muito trágico assim, menino que você ia embora à tarde, que você atendia no projeto, no outro dia tava com a cabeça decepada dentro de um saco de lixo, nesses escadões aqui, né?" [Juliana]. "A gente foi vendo assim o quanto de adolescentes que eram assassinados pelos famosos 'justiceiros', (...) grupos assassinos, (...) grupos de extermínio." [Valdênia]

A radicalidade da experiência desses adolescentes, de idade próxima à de Valdênia no período, mobiliza a jovem católica a mover sua vida, integralmente, rumo à militância social e política. Segue estudando ao mesmo tempo que participa das Comunidades de Base, e na atuação junto aos adolescentes do bairro vão se desvelando alguns dos circuitos marginais percorridos por eles. Valdênia descobre que crianças e adolescentes de Sapopemba circulavam, também, pelo centro da cidade de São Paulo, inscritos em distintos mercados de trabalho infantil, em geral ilícitos, como o agenciamento para pequenos furtos, pedidos de esmola e, principalmente as meninas, a exploração sexual.

> Todo mundo sempre usou o slogan *meninos de rua*: meninos, meninos; mas se a maior parte da população é menina, é mulher, é feminino, onde é que estavam as meninas das famílias das favelas com as quais a gente já trabalhava? Aí fomos pesquisar, e a gente percebeu que, na verdade, havia muitas meninas da região na prostituição infantil. As famílias, mesmo percebendo a mudança de hábito das filhas, precisavam dos recursos financeiros. [...] [Por outro lado] aquelas que queriam sair [da prostituição], as famílias já não aceitavam mais que elas ficassem o tempo todo na família, com os novos costumes, com os novos vícios, vício de cigarro, álcool, essas coisas. [Valdênia]

Basicamente, retiravam-se adolescentes jovens de suas casas, nas favelas da cidade, supostamente para trabalhar como empregadas domésticas, em *casas de família*. Levadas para o centro da cidade e, portanto, distantes da proteção familiar, ficava mais fácil convencê-las, passo a passo, a ingressar nas redes da exploração sexual comercial. Valdênia passou, então, a atuar diretamente com algumas delas, no centro da cidade, na praça da Sé e na Avenida São João. Decidiu, então, encampar a questão de gênero e demonstrar sua especificidade no debate sobre o *menor*. Evidentemente, a politização dessa questão se fazia no interior de todo um campo movimentista anterior, cujo debate reverberava nas CEBs. Em 1987, data em que essas histórias se desenrolavam, a Campanha da Fraternidade, da Conferência Nacional dos Bispos do Brasil (CNBB), tratava justamente do tema do *menor* e impulsionava a visibilidade dos discursos de proteção.[18] Seguindo essa pauta, as

---

[18] Para mais informações sobre a Campanha da Fraternidade, inclusive os temas e lemas de cada ano, desde 1986, ver <http://www.cf.org.br>.

FRONTEIRAS DE TENSÃO   207

CEBs da região de Sapopemba elegeram o tema da *adolescente mulher* e suas privações para pautar discussão mais ampla. Desse tema geral, direcionou suas ações diretas às meninas em *situação de rua*, sobretudo aquelas que faziam parte dos circuitos de exploração sexual. Mas o problema não era fácil de solucionar, claro, e se era fácil falar do assunto, a intervenção junto às meninas encontrava dificuldade na tentativa de *reinseri-las* em suas famílias.

> Alguém, para sair da rua, não é um toque de mágica. Precisa de um espaço para fazer essa transição. [...] [Em] 1987 nós montamos a *casa* para abrigar as meninas. Foi uma casa comprada com a ajuda da Unicef e da Região Episcopal Belém. [Valdênia]

Uma "casa de acolhida" para as adolescentes, montada no Parque Santa Madalena, em edificação muito visível no bairro, foi a origem dos atendimentos que, alguns anos depois, dariam origem ao Cedeca. Aos 20 anos, Valdênia resolveu se dedicar integralmente a esse projeto. Deixou a casa de seus pais, para desespero da mãe, e passou a morar em uma casa com mais de uma dezena de meninas inscritas na prostituição (e seus filhos).[19] A essa altura, Valdênia já tinha concluído o curso de magistério e se tornado professora em uma escola pública da região. Com móveis doados e muito poucos recursos, tocada em regime de autogestão,[20] não tardou para que a casa ganhasse espaço na fofoca de todo bairro: os homens julgavam se tratar de uma *casa de prostituição*, os comentários circulavam por bares e padarias. As mães de família, preocupadas, passaram a combater o projeto.

> E a gente foi fazendo uma reeducação na comunidade, para aceitar essas meninas. Porque também houve protestos, dos comedores de hóstia – porque

---

[19] "O desafio era que os poucos espaços que atendiam meninas eram o Amparo Maternal, que é um hospital, inclusive na época dirigido por irmãs. A gente chegou até a manifestar nossa indignação e denunciar porque elas na verdade, dentro daquela lógica retrógrada da igreja, melhor para essa criança e para família que pode cuidar. Então as meninas que chegavam à casa, 'cadê o seu bebê?' 'Ah, tive bebê no Amparo Maternal e foi pra adoção'. E a gente começou a acolher as meninas com os seus filhos, porque quando alguém pode cuidar dos seus entes queridos, o paradigma de vida é outro, então nós sempre valorizamos isso." [Valdênia]

[20] "Todo dinheiro era um caixa comum. (...) Como eu sempre fui magra e tive anemia quando pequena, minha mãe mesmo não apoiando o trabalho mandava marmita, com bife de fígado. [risos] Ia para as crianças, porque a gente privilegiava as crianças. Então foi assim..." [Valdênia].

nem todo mundo que vai à igreja é cristão mesmo, não é? [Mas] nós tínhamos apoio dos padres, de outras pessoas da comunidade, da Dona Maria que era a mãe de santo, que hoje faleceu, então tinha uma rede de apoio. [...] Depois, outro fator que nos ajudou, é que o Apostolado da Oração é composto, geralmente, por pessoas idosas. E nós tínhamos uma senhora muito querida, a D. Luiza, e ela foi a primeira a entrar na casa. E nos trouxe panos de prato, pintados por ela. Depois que ela entrou, calou a boca de muita gente. Mas o receio era que, olha, "essas meninas não vão roubar nossos maridos?" [Valdênia]

O período era o de surgimento da Aids e de controle ainda muito precário sobre o desenvolvimento da doença. "Muitas garotas morreram porque já não dava mais tempo de cuidar, bebês morreram", conta Valdênia. Ainda assim a Casa das Meninas, como os militantes a chamavam, ou a Casa da Luz Vermelha, como a apelidaram os rapazes do bairro, gerou novas famílias moradoras do lugar. Uma dessas mulheres, Cristina, foi funcionária do Cedeca durante muitos anos, e é uma das minhas melhores amigas em Sapopemba.[21] Conversando com ela sobre o tempo em que viveu na Casa das Meninas, Cristina me conta que, naquele tempo, muitos meninos do bairro iam até a casa "para encher o saco". Aos poucos, esses adolescentes passaram a ser convidados a entrar, e surgiu daí o interesse em atuar também com eles. Iniciou-se, assim, um trabalho chamado Projeto Pequenos Trabalhadores, no qual Valdênia, já professora na região, saía pelas ruas coletando material reciclável junto dos meninos para criar com eles *vínculos* que permitissem conhecer seu mundo a fim de, em seguida, propor ações educativas. Ora, se sabemos que vínculos pressupõem trocas, a cada vínculo com um novo adolescente aumentavam, também, as demandas sociais a desempenhar. E as explicações a oferecer:

A professora, catando papelão? Demorou para cair a ficha. E fazendo muitas coisas concomitantemente, porque esse é o movimento da comunidade. [...]

---

[21] Sua trajetória é marcada, desde a infância, por internações sucessivas e períodos na rua, alternados, até a acolhida na Casa das Meninas. Passou a viver próxima da rede de relações locais da igreja local, que oferece suporte para que cuide de seu filho e deixe o vício no álcool. No final de 2007, Cristina teve apoio para derrubar seu barraco de tábua, em uma das favelas do Madalena, e amigos ajudaram-na a erguer uma nova casa de tijolos no mesmo lugar. Em 2010, alterna trabalhos como faxineira a uma vida comunitária de circulação invejável, embora sempre situada no fio da navalha entre o alcoolismo, o *crime* e a proteção dos amigos.

Morreu alguém, vamos velar, vamos orar ou rezar o terço, dependendo de qual era o credo da família. [...] O Instituto Médico Legal já é ruim hoje, na época demorava três dias pra buscar um corpo; aí quando a gente sabia, acabou de morrer, a gente jogava no carro, colocava no carro, e falava que morreu no caminho. Tanto que o hospital que atendia, que é da Vila Prudente, já falava: "morreu no caminho?". Morreu no caminho. [...] Aí: "a Rota pegou os meninos!" Você pega o carro e sai correndo atrás. Porque nós ganhamos o carro em 1988, dos padres maristas. [...] Você vai aprendendo a conviver com o limite da vida. É assim, não dá muito tempo de chorar. [Valdênia]

Entre velórios, incursões à delegacia, cultos, reuniões de militantes da causa da infância, atuando nos movimentos de base da região e morando na Casa das Meninas, a atuação de Valdênia e do grupo que a acompanhava encaminhou-se para a criação de uma entidade de atendimento.

Muitos dos direitos [das crianças e adolescentes] nem estavam ainda assegurados [quando o trabalho começou]. Viriam ser assegurados com a Constituição [em 1988]. Outros no ECA [em 1990]. Mas aí mesmo já participando de toda essa discussão, a gente via que muitos direitos eram violados. E que nós éramos bons de fazer protesto: fala pra nós organizarmos uma passeata, é na hora! Mas depois não tínhamos como seguir os processos. Então falamos, não; nós precisamos organizar um grupo que monte uma entidade de defesa. Daí nasceu o Centro de Defesa Mônica Paião Trevisan. [Valdênia]

Fazer protesto e *seguir os processos*. Valdênia se refere à discussão do período de inserção dos movimentos sociais na institucionalidade e foge da necessidade de optar por uma ou outra forma de ação. O Cedeca propunha-se a ser uma resultante dessas duas lógicas, a da atuação de base dos movimentos dos anos 1970 e a das ações de gestão participativa das políticas sociais, nas parcerias com governos e demais entidades civis, própria dos 1990. Por isso, atuava tanto de modo muito capilar, junto de meninas e meninos, quanto nas articulações políticas mais amplas. Enquanto Valdênia me contava essa história, eu pensava no contexto do período, de Assembleia Nacional Constituinte, pressão social pela inclusão das emendas populares, a pressão da área da infância pela formulação do ECA etc. Pensava também, pela experiência de pesquisas anteriores, na conjuntura específica da cidade de São Paulo, que desde 1989 já tinha Luiza Erundina como prefeita, pelo PT, e nos movimentos sociais da Igreja, dos sindicatos e das elites intelectuais – inclusive alguns de Sapopemba. Não demorou para que, sem estímulo, o depoimento de Valdênia transitasse do plano local para, ainda narrando os antecedentes da criação do Cedeca, confirmar essas correlações.

A gente sempre participou da Pastoral do Menor, do Movimento de Meninos e Meninas de Rua, então já nos encontrávamos porque sempre acreditamos nas articulações. E sempre muito propositivos. Então na verdade foi um casamento, uma junção, a necessidade mais [a oportunidade da conjuntura]. [...] Inclusive, o artigo que prevê a área das entidades, na promoção da defesa, foi pressão mesmo já desse movimento. Nós nos reunimos em vários estados para poder conversar e ir montando [as propostas de lei] [...] Então aí já havia uma mobilização para pressionar. Tanto que o [artigo] 227 da Constituição tem muita pressão civil.

Nós estávamos inclusive lá na salinha, na praça da Sé, quando a garotada ocupou a Sé e falou no Congresso. [...] Era época de votação das emendas [à Constituição], todas articulações feitas, houve vários movimentos, em vários estados, e em São Paulo foi na Sé. E no escritório da Pastoral do Menor que ficava ali no prédio das Edições Paulinas, na praça da Sé, nós ligamos para o Hélio Bicudo, direto no Congresso, eles ligaram o alto-falante do Congresso, e a garotada gritava da Sé! [Valdênia]

A conversa sai de Sapopemba. As falas dos movimentos sociais ganhavam um pano de fundo público, que as tornava relevantes politicamente. É essa cunha na relação entre periferias e público, marcada por ação política, que a trajetória dos movimentos sociais de São Paulo introduz nos anos 1980.[22] Das ações iniciadas no plano local, de características paroquiais, em pouco tempo e sem que se agisse para tanto, a movimentação das Comunidades de Base de Sapopemba podia falar ao Congresso Nacional. Os períodos de transição de poder de Estado são, claramente, tempos de reconstrução do mundo público nacional, e os movimentos sociais de São Paulo conseguiram situar alguns de seus argumentos nessa reconstrução. A opção pelo formato institucional do Cedeca, já em 1991, é amparada pelas discussões desse campo, e, portanto, conflui para a expectativa de criação de um nexo político entre os

---

[22] E que é o assunto de Feltran (2005; 2006; 2007).

FRONTEIRAS DE TENSÃO   211

adolescentes de Sapopemba (e de muitas outras periferias, evidentemente) e a esfera de debates públicos na qual circulavam as instituições responsáveis por garantir seus direitos.

> Nós montamos o Centro de Defesa com esses três eixos, que estão previstos no Estatuto: defesa, controle e promoção.[23] [...] Nós trabalhamos com a articulação, investimos muito nisso, bem como com a formação, porque o que é que existe de direito material para os pobres? É só na área criminal, só pelo controle de polícia. E a gente queria dizer que não, que as pessoas deviam conhecer os direitos. Para poder então brigar, porque você não briga por aquilo que você nem sabe que existe. Aí investimos na formação, muita conversa, e daí por diante. E estamos aí aumentando, criamos projetos, estamos ativos. [Valdênia]

A década de 1990 passou, e essas histórias já são todas do século passado, dada a intensidade com que, desde então, os processos políticos brasileiros se modificaram. A vida de Valdênia acompanhou esse processo de transformações intensas, que deixou marcas na carne da militante e na história do Cedeca Sapopemba. Os capítulos que seguem tentam demarcar alguns dos deslocamentos vividos nesse campo de tensões, imanentes às fronteiras desenhadas entre os meninos das favelas de Sapopemba e as decisões públicas acerca de suas vidas.

---

[23] Para que fiquem mais claros os debates sintetizados nesses três eixos: *defesa* de direitos legalmente constituídos; *controle* social sobre políticas públicas, via participação em fóruns e conselhos setoriais; e *promoção* de novos direitos via articulação de ações intersetoriais, disseminação dos debates ao tecido social etc.

O ATENDIMENTO

Disse há pouco que a história de Valdênia se entrelaça à do Centro de Defesa dos Direitos da Criança e do Adolescente (Cedeca) Sapopemba. Faltou dizer que praticamente todos os percursos narrados neste livro passaram pelo Cedeca Mônica Paião Trevisan. Pedro, que narrou seus trânsitos pelas fronteiras do *crime*, foi atendido pela organização enquanto cumpria sua Liberdade Assistida (LA), no início dos anos 2000; arrumou emprego em uma entidade parceira, da mesma rede local de associações. Encontrei-o quase todas as vezes que fui ao Cedeca, encontro-o ainda hoje pelo bairro. Jonatas e Robson também cumpriram suas medidas socioeducativas acompanhados pelo Cedeca; foram assassinados em seguida. Neto começou sendo atendido por viver pelas ruas, guardando carros na feira, e anos depois se tornou professor de capoeira da entidade. Lázaro, seu irmão, também era *público-alvo* privilegiado do Cedeca e, depois, tornou-se professor de vôlei na entidade: relatou-me, certa vez, que sua oficina chegou a ter mais de trinta participantes. Clarice, psicóloga da organização entre 2004 e 2006, saiu de lá para alçar outros voos profissionais; Maria, que participava do grupo de mães, envolveu-se de tal forma com a missão do Cedeca que se tornou funcionária do programa de medidas socioeducativas e, em 2011, depois de voltar a estudar. Tornou-se uma das principais educadoras da entidade. Cristina até hoje anda pela sede da instituição. Conheci muitas e muitas outras histórias do bairro que, alguma hora, atravessavam os cotidianos dessa entidade.

Os personagens dos capítulos deste livro são, por isso, parte de uma trama de relações pessoais, privadas e sociais que tece, nas rotinas, aquilo que se conhece por Cedeca Sapopemba. Dizer que conheço a organização significa dizer, e isso fui percebendo aos poucos, que conheço essas pessoas e aquelas que, como essas, fazem parte das relações primárias – amizade, conhecimento, parentesco, vizinhança – daqueles que compartilham esse ambiente. Se o Cedeca é isso, entretanto, é também algo mais. A relação entre cada uma dessas pequenas histórias e a entidade social local é mediada por um conjunto muito mais amplo de práticas, menos personalizadas, que a todo momento tentam se situar no espaço *entre* esse mundo mais privado de relações e suas ramificações sociais e políticas. O Cedeca seria, então, para além do ambiente físico no qual circulam pessoas, ideias e afetos, uma espécie de arena social na qual circulam códigos comunitários, profissionais, religiosos, militantes, partidários, burocrático-estatais, jurídicos etc. O Cedeca é, por isso, uma *organização composta*, daquelas nas quais coexistem diferentes regimes de engajamento e ação.[1] Para que essa coexistência ocorra, entretanto, tem sido absolutamente central a organização de um conjunto muito complexo de práticas, que envolvem todos os atores institucionais e são designadas, ali e em muitas outras organizações similares, pelo termo *atendimento*.

Este capítulo caracteriza esse *atendimento*, no Cedeca, situando-o no plano analítico das mediações entre os adolescentes e jovens das periferias de São Paulo e o mundo público. Por isso, passo tanto por seu desenho normativo, que explicita as intenções de mediação política dos atendimentos, quanto pelas rotinas e conjunto de práticas efetivamente encontradas na etnografia, a intenção é verificar, empiricamente, descompassos entre essas dimensões do atendimento, que colocam limites evidentes a essa mediação. Nesses descompassos, limites e contradições, evidentemente, repousam novas perspectivas para enxergar as fronteiras em questão neste livro.

Porta de entrada: a questão do *vínculo*

O Cedeca Sapopemba foi diversas vezes reconhecido, no campo específico em que atua, como uma referência na qualidade técnica dos atendimentos que realiza a adolescentes autores de infrações, e nas formas de

---

[1] No sentido de Thévenot (2006).

mobilização comunitária que coloca em prática.[2] Foi ouvindo sobre o atendimento que o Cedeca realizava junto a eles, inclusive, que me interessei por conhecer a organização, ainda em 1999. Naquela época, eu trabalhava em uma fundação empresarial, a Fundação Abrinq,[3] justamente no programa que financiava o atendimento do Cedeca Sapopemba a adolescentes cumprindo medida socioeducativa de Liberdade Assistida. Em um seminário de discussão sobre esse programa, Valdênia foi uma das expositoras e, como sempre, sua fala me impressionou sobremaneira. Contou, naquela ocasião, que a proposta do atendimento realizado junto aos adolescentes era bastante *livre*, sob o prisma pedagógico, mas que prezava pela construção de *vínculos*.

Ela me disse, então, que as situações atendidas exigiam sensibilidade. Muitas vezes o adolescente chegava ao Cedeca muito assustado, após diversas entrevistas e avaliações nas delegacias de polícia e no sistema Febem (Fundação Estadual para o Bem-Estar do Menor) – hoje Fundação Casa, quase sempre associadas a interrogatórios sobre tudo o que ele *não* tinha (emprego, escolaridade, família modelar etc.), quando não explicitamente centradas em agressões ou ameaças. Além disso, como discuto na história de Pedro (Parte I, "A expansão do *mundo do crime*"), a captura pela polícia, seguida de institucionalização, é sempre um ritual de passagem importante, que invariavelmente reconfigura a relação do adolescente com sua família, seus vizinhos, sua escola e demais grupos sociais de relação. Quando chegava ao Cedeca para cumprir a medida socioeducativa, por isso, em geral o adolescente estava justamente nessa fase de reestruturação de seu mundo de relações, com a *cabeça cheia*, repleto de problemas com a família e com os amigos, muitas vezes sofrendo ameaças de seus pares e coações para que não delate ninguém. Enfim, em uma situação de muita insegurança. Às vezes, além do mais, os meninos e meninas chegavam em situação de saúde precária, alguns sofrendo com a dependência química, outros literalmente com fome. A primeira atuação do Cedeca, portanto, era sempre a tentativa de *acolher* esse adolescente.

Iniciaria, nesse momento, o processo de construção de um *vínculo* de confiança entre ele e um educador da equipe profissional, que a partir

---

[2] Como no prêmio *Socioeducando*, conferido pela Agência Nacional de Notícias sobre a Infância, o Prêmio Itaú-Unicef, além de premiações concedidas em nome dos coordenadores da entidade.

[3] Entidade do terceiro setor empresarial. Ver <http://www.fundabrinq.org.br>.

de então, o acompanharia durante todo seu período cumprindo a medida socioeducativa. Vale ressaltar: entre o adolescente e um educador, não entre o adolescente e uma instituição. Esse primeiro vínculo, concebido como a interação entre duas pessoas, ainda que conformado pelas finalidades institucionais, é considerado fundamental para o sucesso do atendimento. Os conteúdos também importam: trata-se de demonstrar desde o início, para o adolescente, que o laço está sendo estabelecido fora dos registros da culpabilização, vitimização ou moralização. A forma de dizer isso é: esse é um espaço neutro – não somos seus pais, nem parentes, nem vizinhos, nem juízes, nem promotores. Para o sujeito de direitos, essa é idealmente uma porta de acesso à garantia de proteção; para os educadores, é idealmente bem mais que uma profissão – trata-se de parte do compromisso pessoal e político com a causa da infância, que em um país democrático deve ser, também, uma atividade profissional e remunerada.[4]

Atravessada essa porta de acesso à entidade, outra metáfora de fronteira, poderiam ser criados outros vínculos entre o adolescente e a *equipe*, para que ele se sentisse acolhido não apenas por uma pessoa, mas por todo o Cedeca, e passasse a frequentá-lo por sua própria vontade. A *equipe técnica*, composta de educadores, advogados, monitores de oficinas, psicólogos,

---

[4] Embora, por vezes, os dramas atendidos são tamanhos que o vínculo gera relações pessoais que se desenvolvem para além dos limites do atendimento. Alguns casos como esse me foram relatados: "ele se envolveu com polícia por causa da dependência química, e em uma dessas vezes (...) ele se envolveu num assalto, num roubo de uma casa, com dois amigos. E o cara estava armado; o cara foi atirar no amigo e ele atirou no cara, ele descarregou a arma no cara. E, no julgamento, o cara reconheceu os outros dois, que eram maiores de idade, e não o reconheceu. Na saída do julgamento o cara falou para ele: 'Eu não te quero preso. Eu te quero na rua'. (...) E aí eu comecei a atender esse menino na Liberdade Assistida. E para todo mundo que eu falava, o coordenador e tal: 'Ih! Esse já está pedido, vai morrer, já morreu!' (...) E aí o que aconteceu? De imediato eu percebi que esse menino não tinha uma coisa de *ser* bandido. Ele tinha uma dependência química, ele precisava bancar essa dependência dele, ele não tinha como trabalhar, que ele era assim desde os 14 anos, era difícil. Quando ele foi cumprir LA comigo, ele tinha acabado de completar 18 anos. E aí eu fui para o budismo por isso. Eu tinha que ajudar o cara, tinha que dar um jeito. E ao contrário do que todos falavam comigo, para eu não andar com ele porque ele estava morto, que ele iria morrer, eu levei ele para uma clínica de desintoxicação. Quando ele saiu da clínica, me ligou dizendo que iria sair, que não iria ficar. Eu tentei convencer, ele disse que depois eu iria entender porque ele não poderia ficar na clínica. E depois eu entendi. E eu falei que não achava bom ele voltar para cá, e ele decidiu que deveria mudar de cidade e ele está bem. Então assim, ao contrário do que se diz: 'Ah, não tem jeito.' Eu estou no budismo e ele está vivo, entendeu? Então está tudo muito bem." [Clarice].

FRONTEIRAS DE TENSÃO 217

assistentes sociais e coordenadores, tentaria então amplificar esse vínculo para a dimensão comunitária. Daí a noção de Liberdade Assistida Comunitária (LAC), desenvolvida no período inicial dos atendimentos. Os adolescentes atendidos passariam também, caso os interessasse, a vincular-se a outras atividades do Cedeca no bairro e na cidade – passeios ao cinema, à praia, oficinas culturais e esportivas, festas organizadas pela paróquia, apresentações de música e dança de entidades sociais, manifestações políticas, reuniões de fóruns e conselhos, audiências e atos públicos, a Escola de Samba Combinados de Sapopemba etc. Paralelo a esse *atendimento*, haveria o acompanhamento da situação legal do adolescente, por meio da comunicação direta com o judiciário e a Fundação Casa (ex-Febem, que confiava o atendimento direto da medida ao Cedeca, mas fazia a supervisão dele), além das visitas familiares realizadas pelo assistente social, e o apoio psicológico.

Inscrito em sua comunidade por laços baseados em direitos, buscaria-se simultaneamente o *encaminhamento* à rede de proteção social, o que significa a tentativa de inserção daquele adolescente no mercado de trabalho, reinserção na escola, apoio à obtenção de documentação, acesso a saúde, acompanhamento do processo judicial, conversas com a família para mediação de conflitos, acompanhamento de rotinas etc. Todo o sucesso dessas atividades baseia-se, como se nota, naquele *vínculo* inicial, que permite que o adolescente esteja no Cedeca e se mostre, ali, a conhecer.

Retive essa lembrança, de palestra bastante anterior ao início de minha pesquisa de campo. No ano seguinte, 2000, passei seis meses acompanhando um dos educadores do Cedeca, o Lucas, em uma parceria entre a Fundação Abrinq, o Instituto Itaú Cultural, o Cedeca Sapopemba e o Centro Educacional Comunitário São Paulo Apóstolo, uma entidade social do Jardim Quarto Centenário, também na zona Leste da capital paulista. Toda quarta-feira, pela manhã, saíamos de carro da avenida Paulista, com uma equipe de educadores, e rumávamos à periferia para encontrar grupos de adolescentes das duas instituições. Tratava-se de um curso de *pintura mural*, no qual trinta jovens escolhiam um lugar para grafitar e, a partir daí, compunham um projeto gráfico comum, que ganharia os muros da cidade em seguida. Ao final do semestre, foram mais de cem metros de muro grafitados em mutirão, durante dois finais de semana. Lucas acompanhou os quinze adolescentes selecionados pelo Cedeca no primeiro dia da atividade, apareceu com cinco deles no segundo dia e com dois no terceiro, quando um deles, um menino de 15 anos, ameaçou o coordenador da oficina com uma tesoura. No quarto dia do curso, Lucas trouxe só um adolescente, e foi assim até o fim do semestre. O restante das vagas foi preenchido pelos meninos da segunda organização. Ao voltar para o Cedeca, comecei a entender que aquele desenho normativo do atendimento, elaborado pela instituição, encontrava uma série de obstáculos para se realizar. O primeiro deles, evidenciado na experiência que acompanhei, era convencer os adolescentes, em uma pedagogia *livre*, de que eles deveriam comparecer às atividades propostas.

A justificativa do fracasso de público, que obtive em conversa com Lucas ainda naquele período, foi a seguinte: a oficina misturava meninos de dois bairros, o que quase sempre dá (dava, em 1999) problema. Dava, porque isso tem sido muito menos frequente nos anos 2000 porque, em todos os bairros, o *Comando* está presente. E, como se sabe, *respeito* e *humildade* com os pares são premissas importantes em qualquer situação. Além do mais, os meninos que Lucas levava até lá eram *envolvidos com o crime*, e especialmente naquele período, quaisquer atitudes poderiam redundar em uso da força – a sociabilidade era, portanto, baseada em muita desconfiança mútua internamente e, sobretudo, frente a outros grupos sociais. Se aquele grupo havia conseguido estabelecer esse *vínculo* internamente, e com o próprio Lucas, o coordenador da oficina (um artista plástico da elite paulistana, pouco habituado a conversar com meninos das periferias) estava longe de saber lidar com eles. Simples assim: os rapazes não gostaram da condução das atividades, consideraram *coisa de criança* fazer um curso longo só para pintar um muro, sem pegar na tinta logo de cara. Além do mais, um rapaz respeitado no grupo disse isso, e ninguém rebateu. A partir daí, ficava mal para os outros continuarem no projeto. Um saiu, saíram todos.

Mas por que os outros meninos, da outra entidade social, gostaram da atividade? Porque eles eram "meninos de comunidade", Lucas me diz, que já frequentavam aquela organização há tempos, moravam ali do lado, eram mais novos e, sobretudo, porque *não tinham envolvimento com o crime*. Sentiam-se mais seguros ali, além do mais; sobre eles não recaía qualquer estigma. Tinham vínculo com aquele lugar e já conheciam como as coisas funcionavam ali. Retive, então, que o perfil de adolescentes que o Cedeca atendia era, por vezes, distinto do perfil dos adolescentes de periferia que eu conhecia até então, poucos deles *envolvidos*. Mas retive, novamente, a relevância daquele vínculo inicial, de que falava Valdênia, para que todo o resto do discurso dos direitos se articulasse. Sem ele, o adolescente sequer compareceria às atividades. Não restava dúvida: o *vínculo* era fundamental.

Em suma, minha primeira experiência próxima do Cedeca Sapopemba e de seus meninos, entre 1999 e 2000, foi pensada em torno da distinção entre *meninos do crime* e *meninos de comunidade*, e a partir da *dificuldade* de criar vínculos com os primeiros, o problema inicial para se estabelecer o *atendimento*. Ali, sem que me desse conta, já estava o centro da gravitação de minha pesquisa em Sapopemba, dez anos depois. Pois os temas não seriam diferentes, a partir de 2005, quando retomei o contato com a entidade para a etnografia. Tecnicamente, é evidente que os adolescentes que cumprem medida socioeducativa são um público *difícil* de atender – não porque tenham dificuldade de relacionamento ou por que sejam agressivos, mas porque em geral *já estão vinculados* a um mundo específico, o *mundo do crime*, que como visto, lhes situa em ordenamento social positivamente percebido. Desenha-se aí, na análise, a primeira fronteira entre a experiência rotineira do adolescente em LA e o atendimento socioeducativo. Pois se, de um lado, o atendimento é visto como uma *oportunidade*, na qual se espera constituir um espaço de vinculação política de indivíduos a uma comunidade de direitos, de outro ele é entendido como *bobagem, coisa de criança de escola,* frente ao pertencimento a um mundo que oferece, especialmente nesse primeiro momento, experiências com a subversão, as drogas, o poder das armas, o contato com as mulheres e o acesso a dinheiro *fácil*.

O desenho normativo do atendimento

Em 2005, o organograma do Cedeca contava com uma diretoria, dois coordenadores (um para supervisão interna dos projetos e outro para articulação externa) e quatro projetos: i) Núcleos socioeducativos; ii) Nasci para voar; iii) Arte e movimento; e iv) Apoio jurídico. Cada um desses projetos possui um convênio específico, todos com instâncias governamentais, e recursos complementados via cooperação internacional e doações. Cada projeto tem autonomia para gerenciar os recursos disponíveis. O corpo administrativo do Cedeca, como entidade, era, assim, muito restrito: apenas os dois coordenadores e dois auxiliares administrativos recebiam salários diretamente da instituição, provenientes de um fundo de doações e contribuições de sócios, majoritariamente estrangeiros. O restante da equipe de funcionários recebia seus salários pelos projetos específicos em que atuavam.

Nitidamente, os Núcleos socioeducativos eram o projeto mais central para o Cedeca, naquele ano, como me parece ter sempre sido. Embora os outros três projetos não estivessem claramente focados no atendimento a adolescentes *autores de ato infracional*, considero-os aqui, a partir de minhas observações, instâncias de suporte a ele. É a partir desse quadro, montado durante a pesquisa de campo, que passo a descrever cada um desses atendimentos.

Núcleos socioeducativos: medidas socioeducativas em meio aberto

Em 2005, quando iniciei a pesquisa de campo, metade dos funcionários do Cedeca atuava nos três Núcleos socioeducativos do Cedeca, nos bairros Madalena, Juta e Sinhá. Eram 35 técnicos atuando diretamente com 270 adolescentes, todos eles encaminhados ao Cedeca por decisão judicial, para que fossem acompanhados no cumprimento de duas modalidades de medidas socioeducativas em meio aberto: *Prestação de Serviços à Comunidade* e *Liberdade Assistida*.

Seção IV

Da Prestação de Serviços à Comunidade

Art. 117. A prestação de serviços comunitários consiste na realização de tarefas gratuitas de interesse geral, por período não excedente a seis meses, junto a entidades assistenciais, hospitais, escolas e outros estabelecimentos congêneres, bem como em programas comunitários ou governamentais.

Parágrafo único. As tarefas serão atribuídas conforme as aptidões do adolescente, devendo ser cumpridas durante jornada máxima de oito horas semanais, aos sábados, domingos e feriados ou em dias úteis, de modo a não prejudicar a frequência à escola ou à jornada normal de trabalho.

Seção V

Da Liberdade Assistida

FRONTEIRAS DE TENSÃO 221

Art. 118. A liberdade assistida será adotada sempre que se afigurar a medida mais adequada para o fim de acompanhar, auxiliar e orientar o adolescente.

§ 1º A autoridade designará pessoa capacitada para acompanhar o caso, a qual poderá ser recomendada por entidade ou programa de atendimento.

§ 2º A liberdade assistida será fixada pelo prazo mínimo de seis meses, podendo a qualquer tempo ser prorrogada, revogada ou substituída por outra medida, ouvido o orientador, o Ministério Público e o defensor.

Art. 119. Incumbe ao orientador, com o apoio e a supervisão da autoridade competente, a realização dos seguintes encargos, entre outros:

I – promover socialmente o adolescente e sua família, fornecendo-lhes orientação e inserindo-os, se necessário, em programa oficial ou comunitário de auxílio e assistência social;

II – supervisionar a frequência e o aproveitamento escolar do adolescente, promovendo, inclusive, sua matrícula;

III – diligenciar no sentido da profissionalização do adolescente e de sua inserção no mercado de trabalho;

IV – apresentar relatório do caso. [ECA, 1990]

Tendo cometido infrações à lei, todos esses 270 adolescentes, necessariamente, já haviam sido presos pela polícia e conduzidos à justiça estatal, tendo sido submetidos a julgamento e condenados. Quase sempre, ademais, as medidas em meio aberto eram concedidas como *progressão* da medida de internação, o que quer dizer que a grande maioria desses adolescentes era também egressa das unidades de internação. O atendimento do Cedeca, nestes casos, incluía o acompanhamento individual de cada *pasta*, enviada pela Febem no começo da medida e devolvida para ela ao final de cada atendimento, com um relatório técnico assinado pelo coordenador do núcleo.[5]

Para além desses 270 indivíduos em cumprimento de *medida*, como usualmente se diz, os três núcleos realizavam, ainda, atendimentos aos casos chamados ali de *pré-medida*, ou seja, casos de adolescentes que ainda estão em unidades de internação e que, sendo da região, poderão, com o aval do Cedeca nos respectivos julgamentos, receber uma *progressão de medida* para serem acompanhados em meio aberto. Para isso, um educador visita

---

[5] Sobre esse relatório técnico, e o papel que ele desempenha nas relações de poder em torno da sentença judicial, ver Feltran (2011).

as unidades de internação e procura estabelecer o *vínculo* com o adolescente mesmo antes da medida em meio aberto, o que otimizaria as possibilidades de sucesso do atendimento assim que ele saísse da internação. Além desses casos, há ainda o contrário, ou seja, a continuação do atendimento após o cumprimento do prazo estipulado pelo juiz para permanência em medida em meio aberto: há alguns adolescentes que desejam continuar frequentando as atividades do Cedeca mesmo depois de encerrado o prazo previsto de sua medida. Esses eram chamados de adolescentes em *pós-medida*. Grupos de amigos e parentes dos adolescentes atendidos, bem como outros adolescentes do bairro, também faziam parte de um quarto *grupo* de atendidos pelo Cedeca, inscritos naquilo que se convencionou chamar *ciclo de violência*. Essa classificação, analiticamente instigante, era voltada para aqueles adolescentes que compartilhavam as redes de sociabilidade de indivíduos que cumprem medidas socioeducativas.

Ou seja, para além dos 270 adolescentes que já tinham passado pela justiça e efetivamente cumpriam uma medida socioeducativa, os Núcleos socioeducativos do Cedeca atendiam, entre 2005 e 2008, um número três vezes maior de adolescentes, que não haviam sido encaminhados judicialmente, mas que estavam em situação social muito semelhante a eles. A justificativa faz todo sentido: esse grupo de adolescentes não institucionalizados, que nunca foram presos ou condenados, têm praticamente o mesmo perfil do primeiro, e quase sempre só se diferencia dele pelo fato de ainda não ter sido pego pela polícia. A entidade faria, então, *prevenção à violência* ao trabalhar com eles. A expansão do *mundo do crime* nas periferias da cidade se nota, também, nesse desenho institucional.

Naqueles anos, portanto, os atendimentos de *pré-medida*, *medida*, *pós-medida* e *ciclo de violência*, realizados nos projetos do Cedeca, atendiam um público de quase mil adolescentes e jovens do distrito de Sapopemba, com idade entre 12 e 21 anos.[6] Vale lembrar, entretanto, que os recursos financeiros do convênio com a Febem referiam-se apenas aos 270 ado-

---

[6] O ECA considera adolescentes os indivíduos entre 12 e 18 anos completos. A medida socioeducativa mais longa, para infrações muito graves, tem a duração de três anos. Assim, se um adolescente a recebe próximo de completar 18 anos de idade, chegaria próximo dos 21 anos ainda submetido à legislação específica para o momento em que cometeu sua infração, e, portanto, com o dever de cumpri-la segundo o ECA. De toda forma, mesmo no caso de acúmulo de condenações, aos 21 anos prescrevem todas as medidas socioeducativas.

lescentes encaminhados judicialmente e que, portanto, o Cedeca deveria se desdobrar para complementar os recursos que permitissem atender o restante dos jovens.

Coordenação de projeto e núcleos de atendimento

Os então 35 funcionários do Cedeca distribuíam-se assim: 2 coordenadoras (educadora e cientista social), 3 advogados, 3 psicólogos, 2 assistentes sociais e 15 educadores sociais, além dos cargos administrativos e de serviços gerais. No cenário brasileiro desse tipo de política social, essa relação entre número de educadores e atendidos no convênio (próxima de doze atendidos por profissional, considerando-se o desenho original) é notável.[7] Entretanto, como os 270 atendidos no Cedeca não suprem nem de longe a demanda de atendimentos do distrito de Sapopemba, a entidade assumiu como compromisso político tentar acompanhar também as pré-medidas, as pós-medidas e o ciclo de violência, o que acaba por aumentar muito a relação de adolescentes por profissional.

O projeto da organização de início do atendimento às medidas previa duas frentes de atuação, que no organograma se situavam acima da divisão dos três núcleos de atendimento, um por bairro. Acima deles, portanto, havia: i) o Módulo de gerenciamento (coordenação, técnico-administrativo e dois digitadores, para o trabalho burocrático do projeto) e ii) o Serviço de Proteção Integral (coordenação, três advogados, três psicólogos e dois assistentes sociais). Esses dois serviços dariam suporte aos três núcleos, em cada um dos quais haveria um grupo de cinco educadores. Os núcleos atuariam direto com os adolescentes e seriam situados em três regiões distintas do distrito de Sapopemba (bairros Madalena, Fazenda da Juta e Sinhá). Cada núcleo atenderia diretamente uma média de noventa adolescentes e, para além dos educadores, contava com um auxiliar administrativo e um auxiliar de serviços gerais.

---

[7] Para se ter uma ideia comparativa, basta saber que a Febem, quando acompanhava essas medidas diretamente, ou seja, sem entidades executoras da sociedade civil, disponibilizava em seu *Posto Leste* apenas três assistentes sociais, que deveriam se responsabilizar pelas pastas de 150 adolescentes (relação de um profissional para cinquenta adolescentes).

Quando eu chegava aos núcleos de atendimento do Cedeca, entretanto, nunca encontrava essa quantidade de adolescentes. Ao contrário das associações que travam contato diário com os mesmos indivíduos, o Cedeca não trazia os adolescentes aos núcleos todo o tempo, mas os acompanhava, para além das atividades marcadas no núcleo, nas visitas familiares e no bairro. Pode-se passar uma, duas ou até três semanas, portanto, sem que o educador encontre com um adolescente que ele atende, ainda que dificilmente se passará uma semana sem que notícias sobre esse adolescente sejam recolhidas com sua família ou seus amigos. Os educadores têm o papel, portanto, de trabalhar diretamente com cada caso e, para compreender a dimensão da atividade desse profissional, vale a pena acompanhar como Ernesto, um desses educadores, descrevia sua rotina de trabalho.

A *linha de frente*

Nascido no interior do México e ex-missionário comboniano, Ernesto fixou residência em Sapopemba por volta de 2002.[8] Não tardou para que desistisse da carreira de sacerdote e se casasse. Era pai de um recém-nascido quando nos conhecemos, em 2005, no núcleo do Madalena. Acompanhei suas atividades na instituição até 2010. Ernesto estudou Filosofia e Teologia ainda no México e ingressava no fim daquele ano em uma faculdade privada, também na zona Leste, para conseguir validar seus diplomas no Brasil. Trabalhava como educador social havia dois anos, naquela época em dupla afinada com Daniela, uma jovem moradora da favela do Jardim Elba, que terminava o ensino secundário. Em 2011, Daniela se formou em Ciências Sociais. Ambos foram interlocutores centrais deste trabalho.

A gente está fazendo de tudo um pouco, não é? Estamos trabalhando com um esquema assim, personalizado, com cada adolescente. [... Fazemos uma vez por mês entrevistas individuais, e visitas na moradia, visita domiciliar, [para conhecer] quais são as carências que cada adolescente tem: possível envolvimento no crime, que tipo de crime, possível vício em alguma droga específica,

---

[8] É muito comum que o Cedeca receba seminaristas e missionários combonianos para temporadas no bairro, realizando ação social e complementação dos estudos.

perigo de... entre meninas perigo de engravidar, quais são os locais que elas frequentam [etc.] Por meio desses dados a gente focaliza nosso atendimento: estamos conversando sobre o tema, desmistificando certas ideias que eles têm sobre certos temas, e encaminhando. Potencializando também o que eles gostariam de ser. [Ernesto]

Em 2005, Ernesto e Daniela atendiam individualmente 24 adolescentes em LA e 13 do *ciclo de violência*, sem contar os atendimentos realizados em grupo, para quase cinquenta adolescentes em *pré-medida* e *pós-medida*.

O projeto vai priorizar os atendimentos individuais psicológicos, psicossociais, familiar, grupal e encaminhamentos também: esporte, lazer, cultura, tem toda uma proposta. [...] A gente está procurando por semana fazer uma visita domiciliar a cada um deles. Dentro dessa visita tem algum adolescente, que nós como dupla, Daniela e eu, tentamos priorizar. [...] Porque tem adolescentes que precisam, que estão no crime, que estão totalmente na droga, que estão desanimados, então a gente tenta priorizar uma ou duas visitas... em casa ou na comunidade. Às vezes encontramos ele no bar, jogando sinuca, a gente entra e conversa com ele, no meio da rua, a gente conversa. [Ernesto]

Por meio de visitas à família e do acompanhamento do adolescente na rua, na comunidade, nos grupos de trabalho ou em seu grupo de amigos, o educador estabelece o primeiro contato com o adolescente. É ele quem vai encaminhar o caso, nas discussões de equipe, entre os diversos profissionais da entidade. Os quinze educadores sociais da entidade fazem, então, a *linha de frente* do atendimento, tendo o suporte para questões jurídicas, psicológicas ou de assistência social dos profissionais do serviço de proteção, bem como formações regulares com especialistas da área.[9] A rotina do trabalho seguia um planejamento estrito:

Nós temos o planejamento por duplas, a Dani e eu, por exemplo: segunda-feira para visitar a Febem, terça-feira para fazer visitas, quarta-feira visitas e

---

[9] "Todo mês a gente para tudo mesmo para formação", nos conta Célia, uma das coordenadoras desse atendimento, indicando em seguida os tipos de trabalho de formação da equipe: questões de trabalho em grupo, processamento dos problemas e conflitos surgidos, questões técnicas, discussão de casos, o ECA, entre outros.

estudo das pastas da Febem, na quinta temos os atendimentos, individuais, no núcleo, e na sexta de manhã temos visita domiciliar e temos formação à tarde.[10] [Ernesto]

Os momentos de *planejamento*, *avaliação* e *formação* eram – e ainda são – muito prezados no Cedeca; envolviam todos os quadros da entidade: coordenação, técnicos, auxiliares administrativos e de serviços gerais. Aliás, nos Núcleos socioeducativos, esses momentos de formação eram semanais, com toda a equipe. A rotina de encontros e debates era intensa. As entrevistas do período ressaltavam a positividade desses momentos, a sensação de pertença e desenvolvimento que proporcionavam. Em meio a tantas atividades, Ernesto tem memória para recuperar a rotina de reuniões de que participa na estrutura administrativa do Cedeca:

A formação é feita com todos os núcleos juntos, com uma especialista da área da infância. Aí temos momentos de formação mais geral, com o outro especialista. Mesmo a Valdênia [oferece formações à equipe], mensal. A gente está organizado da seguinte maneira, dentro do Núcleo: temos o estudo de caso, dos técnicos, os advogados, as psicólogas, assistentes sociais, junto com os educadores, e alguma das coordenadoras, estudamos casos específicos. [...] Toda quarta-feira de manhã, das 9 às 11 da manhã. Depois, a cada quinze dias, temos a reunião do núcleo para discutir mais as normas da casa, esclarecimentos da questão da verba, do material, mais aqui do núcleo. E todo mês uma reunião de educadores. Todos os educadores de todos os núcleos, nós nos reunimos para ver como estamos agindo, qual a maneira melhor de encaminhar os adolescentes, como mandar um ofício... como devemos manter o vínculo com o adolescente, umas discussões legais. Essa também acontece com a psicóloga, e acontece com os advogados e as assistentes sociais, pela parte das medidas. Como Cedeca nós também participamos de uma reunião semanal, participa uma pessoa do núcleo que se chama colegiado, uma reunião que participa todos os projetos, Arte e movimento, Cedeca, CDHS,

---

[10] Paralelo aos atendimentos, havia um plano geral de formação do quadro de profissionais do Cedeca que foi nomeado *Incubadora*. "Quem dá um suporte pra equipe é a Lourdinha, que foi uma pessoa que contribuiu muito pra que a gente conseguisse manter a equipe unida e também dar conta de todos os conflitos que surgiram. E também a gente tem o Cláudio, que ele dá assessoria, hoje ele tá totalmente no Cedeca Interlagos. Ele dá formação, então a gente pegou pessoas bastante chaves nessa questão da formação, e assim, formação continuada, né?." [Célia]

Nasci para Voar (NPV), e discutimos temas em comum, e colocamos como vai indo a caminhada do projeto. [...] Uma vez por mês também tem uma reunião do Cedeca geral, todas as pessoas que trabalham [...], para ver como estão indo as coisas. [...] Cada núcleo tem um representante do núcleo, esse representante fica como um elo entre a coordenação e o núcleo. [Ernesto]

O educador ainda participa de alguns grupos de trabalho, com jovens, mães e famílias atendidas, além de se responsabilizar pelos relatórios individuais dos adolescentes. Novamente, Ernesto enuncia de cor a estrutura burocrática envolvida em seu trabalho, que ajuda a entender como se dá o percurso dos adolescentes do judiciário até o Cedeca:

Na Febem o Posto Leste é que é o encarregado de coordenar a distribuição dos adolescentes na região Leste. O Posto Leste vai mandar os adolescentes [vindos de audiências]. [...] Quando é LA, o Posto Leste fica sabendo, reúne a pasta [de documentos do adolescente], e já se comunica com os núcleos. [...] Para a LA, ou na Juta, ou no Sinhá, ou para o Madalena, dependendo do endereço. Eles mandam e depois, ou antes, mandam a pasta de estudos que foi feita na internação. [...] Aí a gente fica com encaminhamento de [condenações de] seis [meses], doze ou indeterminado. Aí [...] você faz o relatório inicial: onde o adolescente mora, quais são as condições de vida, descreve um pouco a situação que ele mora, inicial; depois faz um de acompanhamento: ele tá comparecendo, ele tá sendo encaminhado naquele projeto, naquele curso...; e depois de vários relatórios de acompanhamento, vem um relatório conclusivo, que ele cumpriu satisfatoriamente a medida [ou não]; aí chega o encerramento. E quando chega o encerramento, a sede [do Cedeca] manda a pasta de volta para a Febem, para o Posto Leste. E nós ficamos com uma cópia aqui, nos núcleos, [...] não a pasta integral, temos o acompanhamento que foi feito aqui. Então é um trabalho gigantesco, gigantesco. [Ernesto]

Suporte ao educador: advogados, assistentes sociais, psicólogos

Evidentemente, para esse trabalho enorme é necessário que o educador conte com suporte tanto de pessoal administrativo, quanto técnico. Seguindo o paradigma de *proteção integral* do ECA, uma entidade de defesa de direitos não deve atender apenas o adolescente que está em cumprimento da medida socioeducativa, mas situar a intervenção em seu contexto cotidiano. Nas atividades do núcleo socioeducativo, por isso, proteção integral significa que direta ou indiretamente o atendimento a esse adolescente vai incluir sua família, seus irmãos, seus grupos de amigos e seus locais de circulação.

> Os advogados acompanham o processo, o trâmite judiciário. Os psicólogos, em alguns casos, têm que ser atendida a família, o adolescente [individual-mente], e eles fazem [ainda] o trabalho de atender a comunidade. [...]. E as assistentes vasculham São Paulo inteiro para ver se acham atividades para os adolescentes e família fazerem. [Lucas]

Em geral, o Cedeca procura fazer os demais projetos internos – que descrevo adiante – e algumas das parcerias externas – como o sistema de saúde, o sistema escolar, os locais de encaminhamento para trabalho, clínicas de tratamento para dependentes químicos etc. – funcionarem como uma *rede de suporte* para famílias, grupos de amigos e pares do adolescente. Uma das advogadas da entidade explica esse trabalho integrado:

> O jurídico, as psicólogas e as assistentes, que seria o serviço de proteção ao adolescente, [...] a gente teria um olhar mais de defensoria pública mesmo, que o jurídico não tá aqui pra tapar fogo, para esperar o menino infracionar para atuar. Então a gente atua preventivamente, se esse menino está com algum problema, se a família desse menino está com um problema envolvendo aposentadoria da mãe, tem um irmão deficiente, a gente tem esse olhar, o educador que vai na casa, que está na linha de frente, tem que ter esse olhar de qual a demanda jurídica que essa família traz. Aí tem um dia de plantão do advogado, que é tanto pra saber como que está o processo do filho, quanto tempo vai levar, que são questões que eles têm direito de saber o que está acontecendo, quanto para trazer a demanda delas, de direito, qualquer coisa que eles quiserem saber. Aí, dependendo de qual for a demanda, a gente atende; se a gente não atender, a gente encaminha pra outro órgão que vai fazer aquele atendimento. Mas é numa perspectiva de defesa ampla, de proteção integral, então se tem alguma coisa que envolve essa família, envolve a gente, isso tem que ser trazido, não é? [Júlia]

FRONTEIRAS DE TENSÃO   229

Uma das características do desenho organizacional do atendimento que o Cedeca desenvolveu, e que me parece fundamental observar, é a tentativa de elaborar uma rede de suporte para educadores e profissionais, em diversos níveis, mas sempre no *âmbito interno* à organização. Vejamos como essa rede de suporte atua, porque aí é que as fronteiras políticas que bloqueiam o atendimento começam a se esboçar.

Suporte ao atendimento social: o setor jurídico

Em 2005 ainda não havia Defensoria Pública no estado de São Paulo, mas um convênio com a Procuradoria do Governo Estadual permitia ao Cedeca remunerar um advogado para permanecer em tempo integral no Centro de Defesa, dando suporte aos programas da entidade e atendendo a demandas jurídicas dos moradores do bairro. Como é de praxe em toda situação de escassez, faz-se daí a *multiplicação dos peixes*. A partir desse convênio, originalmente pensado para o pagamento de um profissional, eram remanejados recursos administrativos de outros projetos e buscada a atuação de profissionais voluntários para que o Cedeca tivesse não apenas um, mas um corpo de advogados e estagiários de Direito atuando diariamente em seu setor jurídico.

A primeira função desse setor seria oferecer retaguarda às demandas jurídicas que surgissem de cada atendimento, em especial do acompanhamento às medidas socioeducativas. Mas a presença de uma estrutura jurídica, em um bairro como o Parque Santa Madalena, atrai muito mais demanda que isso. Na sede principal do Cedeca, era comum ver diariamente famílias com crianças, adolescentes e adultos aguardando pelo atendimento jurídico. Quando era a primeira vez que estavam por lá, durante minhas imersões de campo, foi comum vê-las perguntando pela "Dra. Valdênia". Era a fama da liderança combativa que atraía as pessoas para denunciar qualquer violação de direitos sofrida. Quando já estavam habituadas ao atendimento, chegavam no horário certo, comunicavam na recepção sua presença e aguardavam que o advogado as chamasse, exatamente como em uma repartição pública.

Rafael coordenava o setor jurídico, em 2005. Um rapaz negro, à época com 25 anos, muito simpático e muito corinthiano, nascido em Itaquera, em uma família que formou os três filhos advogados. Circula para lá e para cá sempre com papéis na mão, em seu terno impecável. Em um dos raros momentos de tranquilidade, falamos por duas horas sobre sua trajetória e o funcionamento do setor jurídico do Cedeca. Explicou-me telegraficamente as duas atividades centrais dos advogados no âmbito interno à entidade:

A *demanda espontânea*: a entidade possui um plantão jurídico. Desde que foi formado o convênio aqui, mais ou menos há seis anos, é um plantão de segundas-feiras – antigamente era na parte da tarde, agora é na parte da manhã. Das nove ao meio-dia. Nesse plantão jurídico a gente atende qualquer tipo de demanda: trabalhista, previdenciária, tudo. Qualquer demanda. Tem essa demanda, tem a orientação e a gente encaminha para o órgão competente, não é? A gente encaminha para o CDHS, ou Agente Jovem, ou INSS, ou a própria Procuradoria de Justiça na área de família. Agora, com relação ao *atendimento*, tem casos de família que envolvem violação de direitos, ou briga pela guarda, ou adoção. Claro, o foco da entidade é a criança. Mas a gente trabalha com a família.

Porque, muitas vezes, pela experiência, verificou-se que não é só o adolescente ou a criança, [que para protegê-los] tem que trabalhar com a família junto. A gente trabalha com o acompanhamento do psicólogo e da assistente social. Porque só a demanda jurídica não sustenta tudo que a família trouxe, não é? Tem a questão do psicológico, do auxílio-mês [pensões, aposentadorias, direitos trabalhistas, programas públicos de transferência de renda], não é? Então a gente tem trabalhado em conjunto. Principalmente na área da infância [que prega a intersetorialidade]. Não sei se você chegou a conversar com a Célia [coordenadora] ou com a Fernanda [psicóloga] com relação às medidas socioeducativas. [Respondo: sim, sim, já falei com as duas]. Então, nada mais é que a ligação desses profissionais. São vistos os casos todos direitinho, de acordo com a especificidade de cada um, à luz da Psicologia, da Assistência Social e do Direito, para chegar no melhor atendimento. [Rafael]

Trata-se, portanto, de suprir tecnicamente a demanda das medidas socioeducativas e todas as outras das famílias que chegam à entidade. Do ponto de vista institucional, o Cedeca, nitidamente, se torna um braço societário do poder judiciário instituído, uma espécie de franquia da Defensoria Pública. O adolescente está em cumprimento de uma medida oficial sentenciada por um juiz de direito, e a responsabilidade pelo cumprimento dessa medida é compartilhada entre o Cedeca e a Febem (sendo que esta só recebe e repassa recursos e pastas de documentos, tendo também estrutura técnica deficiente

FRONTEIRAS DE TENSÃO   231

para a demanda a ser atendida). A Procuradoria do Estado (e depois de criada, a Defensoria Pública) repassa os recursos para o atendimento do Cedeca, por meio de um convênio, para que ele contrate os advogados que faziam a defesa pública e o acompanhamento desses adolescentes. Essa condição institucional faz ver que as parcerias entre Estado e sociedade civil passam também pelo judiciário, o que é pouco discutido na bibliografia específica.[11] Ainda mais notável é perceber que não basta responder à demanda: para fazer proteção integral haveria que promover, de modo ativo, direitos que sequer são percebidos como tais. Uma das advogadas da equipe, que permaneceu no Cedeca entre 2004 e 2006, me explica:

> Chega muita denúncia contra policial, isso chega, as pessoas não tem medo de dizer: "meu filho apanhou na delegacia". Mas nunca chega: "meu marido espancou meu filho". Então as denúncias de violência doméstica e de violência sexual são muito menores do que a demanda real, que a gente conhece por conhecer o posto de saúde, a escola... [Júlia]

Assim, para além dos plantões e da retaguarda aos programas de atendimento direto do Cedeca, o setor jurídico faz ainda campanhas e mobilizações públicas para inserir outros temas de violações de direitos comuns no bairro, pouco discutidos. A atuação do setor jurídico é marca registrada do Cedeca, e o que o diferencia de uma série de outras entidades sociais que atendem adolescentes das periferias. Nos fóruns externos de que participam, os dirigentes do Cedeca enfatizam menos o atendimento às demandas de defesa individual de direitos constituídos (cerca de 350 ações movidas por ano, só no Cedeca), e mais a intersetorialidade que conferem às políticas públicas, bem como a relevância de difundir entre a população do bairro, progressivamente, a ideia de que existem direitos formais a serem defendidos.

Está aí o cerne normativo do projeto, é para isso que o Cedeca foi criado. A organização mira, portanto, a dimensão pública da esfera social. Aí aparece sua vocação normativa, em termos analíticos: o Centro de Defesa se vê como *instância de triagem e encaminhamento das demandas de direitos dos adolescentes do bairro* – demandas que se efetivariam, necessariamente,

---

[11] É referência nessa área, entretanto, o trabalho de Sinhoretto (2007).

em esferas exteriores ao próprio Cedeca, propriamente públicas, ou seja, a chamada *rede de proteção*.

Suporte ao Núcleo socioeducativo: a rede de encaminhamentos

Ponto de estrangulamento. Senão, vejamos: se a linha de frente de atendimento funciona, as demandas dos adolescentes e das famílias acessam outras dimensões da rede de proteção de direitos, prevista no ECA. Na prática, se o educador consegue captar as demandas dos casos que atende e *traduzi-las* em possibilidade de encaminhamento, é toda uma trama de instâncias e atores sociais que teria de ser mobilizada para efetivação desses direitos. Essa rede se inicia no próprio programa de medidas socioeducativas. Por exemplo, se em uma visita à casa da família de um adolescente, o educador encontra dois de seus irmãos evadidos da escola, é sua tarefa trazer a demanda para a equipe, que vai *encaminhá-la*. Idealmente, o assistente social vai acessar a escola mais próxima e, na impossibilidade desse trânsito direto, vai recorrer ao Conselho Tutelar para que uma escola da região seja obrigada a abrir vagas para essas duas crianças. O assistente social comunica, então, o encaminhamento ao educador responsável, que novamente faz a mediação entre as providências a tomar e os membros da família em questão. Esse fluxo seria, idealmente, aplicável para todo tipo de demanda. Nem tudo é como se espera, entretanto.

Ah, eu gostaria de fazer informática... ah tá, você gostaria? [faz gesto com a mão, encaminhando...] Vai. E já manda logo! Mas [na prática não é assim], precisa todo um estudo, não é? Aonde que vai mandar? Precisa ver se eles têm vagas sociais, para não pagar tantas taxas, se já estão abertas essas vagas, é mais nesse sentido que estamos trabalhando agora. Estamos trabalhando também com a documentação dos adolescentes, a maioria deles não têm nem o RG... carteira profissional, não sabem para que serve o título de eleitor, quando que começa a reservista... então tem que fazer todos esses atendimentos. E a promoção social, que viria a complementar, por meio do grupo, nós vamos informar como encaminhar para um grupo de moradia, esse tipo de coisa. [Ernesto]

Ponto de inflexão na análise. Ocorre que, muitas vezes, não há vagas, não há recursos, não há serviços disponíveis na rede local de organizações

FRONTEIRAS DE TENSÃO   233

sociais e públicas. É difícil *encaminhar* os adolescentes. Ocorre também, quase sempre, que as demandas encontradas sejam muito mais complexas que a vaga em uma escola. A família tem cinco irmãos, o padrasto é alcoólatra e agressor, a mãe não recebe pensão do pai dos meninos nem acessa programas de transferência de renda, a filha mais velha é viciada em *crack*, o adolescente atendido não sabe quando será seu julgamento, não etc. Nesses casos, como e para onde encaminhar? Mesmo que se busque fazer algo, os fluxos internos ao desenho dos atendimentos não comportam a quantidade de encaminhamentos necessários para que funcionasse o ideal da *proteção integral*. Não há ainda tempo hábil, no trabalho de educadores que atendem dezenas de casos, para encaminhar tudo isso. Igualmente sobrecarregados estão os assistentes sociais, psicólogos e advogados, que centralizam toda a resolução técnica das demandas trazidas pelos educadores dos três núcleos. Além disso, a rede local de encaminhamentos efetivamente possíveis não é muito extensa, nem de muito boa qualidade.

Os problemas não param. As dificuldades de encaminhamento são, ainda, agravadas pelo perfil do público que o Cedeca atende. O histórico de envolvimento com os atos infracionais dificulta a busca de emprego e geração de renda lícita, bem como a inserção em cursos de formação, já que quase todos os adolescentes em cumprimento de medida têm escolaridade muito defasada, documentação incompleta, não sabem fazer um currículo e, quando sabem, não podem escrever ali a experiência que possuem. Quem gostaria de receber *bandidos* para um estágio, afinal? São poucos.

A rede externa não funciona. Ela é um limite claro aos atendimentos, e todos estão cientes disso; o desenho do programa lida diariamente com essa dificuldade, tenta fazer o que pode. Encaminhar significaria atravessar uma fronteira, invisível, que, no entanto, está ali. A principal saída, nesse cenário, é produzir uma espécie de simulacro da rede de encaminhamentos na própria dinâmica interna da entidade. Criam-se, assim, programas internos de suporte ao atendimento realizado no programa de medidas socioeducativas. Em 2005, um deles era o *Nasci para Voar*, programa que se encarregava de acompanhar cinquenta núcleos familiares do bairro, portadores de demandas de maior complexidade.

Suporte específico para as famílias: o programa *Nasci para Voar*

Logo em frente ao Núcleo socioeducativo do Parque Santa Madalena, funcionava o *Nasci para Voar* (NPV). Desde 1998, o programa acompanhava crianças e adolescentes do bairro e, em 2005, tinha optado por atender cotidianamente um grupo de cinquenta famílias do Parque Santa Madalena e do Jardim Elba, nas proximidades de sua sede. As atividades da equipe seguiam um planejamento realizado junto à equipe do Cedeca, oferecendo suporte a outros projetos e atividades de um *Conselho de Adolescentes*, eleitos a cada dois meses, para decidir sobre as atividades da equipe. Basicamente, o NPV tinha como foco famílias em alta vulnerabilidade social, aquilo que a assistência social chamaria hoje *demanda de alta complexidade*; a partir do contato com elas, era realizado o atendimento técnico de profissionais de Serviço Social, Psicologia e Direito, além da Educação Social de Rua, das oficinas, dos grupos de trabalho e do encaminhamento de adolescentes para formação, profissionalização, prática esportiva etc. O projeto tinha inserção antiga no conjunto de favelas da região, e os educadores demonstravam conhecer bem cada família atendida. A então coordenadora do projeto, uma psicóloga e moradora da Mooca há anos, que se apaixonou por Sapopemba no final do século passado, conta como o desenho do NPV veio se alterando nesse percurso:

> Quando o projeto começou, era para atendimento para cem crianças e adolescentes... e fechava. E durante esse tempo, o que nós percebemos? Que não fazíamos atendimento a 100, fazíamos para muito mais... e que nós não podemos fazer o atendimento para esse adolescente e ponto, mas para ele dentro do contexto familiar. A gente faz o atendimento à família. E nós remodelamos o projeto, então. Passou a ser atendimento a cinquenta famílias, a partir de 2003 a gente fez isso, em nosso planejamento. E nos desdobramentos da composição familiar, dava 196 crianças e adolescentes. [Joana]

Além de Joana, os cinco educadores do NPV, quatro deles moradores do bairro, tinham suporte específico dos assistentes sociais, advogados e demais psicólogos do Cedeca. Naquele momento, o NPV realizava as Olimpíadas, festas comemorativas de feriados, visitas domiciliares, plantões de rua, atividades ao ar livre próximas aos centros em que crianças e adolescentes costumavam se concentrar, passeios, idas ao cinema e viagens para lugares turísticos.

Nós tivemos uma época aqui que nós tínhamos vários grupos. [...] Eles queriam estar o tempo todo aqui no Cedeca e nós sentimos a necessidade de psicólogos se unirem com educadores, e nós chegamos a ter quase dez grupos aqui, era Grupo Casa Alegre, Grupo Conhecer... cada um com um objetivo. Mas aí, de novo, numa dessas reformulações, [...] percebemos que isso acabava fazendo com que nós permanecêssemos muito tempo aqui no espaço [do Cedeca] [...] A gente percebeu que tava muito tempo aqui e que perdeu um pouco das coisas... Saía [para o bairro] mas, menos. E começamos a encerrar os grupos e ficamos na rua. Então, faz o plantão de rua, as visitas domiciliares, na escola, atividades no Buracão [parte baixa da favela do Madalena, depois rebatizada como "Rua Nova"] e começamos a fazer atividade lá toda quinta-feira. Os educadores vão pra lá e reúne de cinquenta a sessenta crianças, no período de uma hora e meia, mais ou menos. Então começamos a fazer essas atividades fora. Por outro lado, existe um desejo de ter grupos, também. Nós não tínhamos mais nenhum, daí começa a surgir da própria necessidade deles e daí começa a surgir. Então hoje nós temos um grupo só de meninas que é pra tratar sobre a questão da sexualidade, elas até chamaram de Luluzinhas [...] e há um ano e meio nós estamos com um grupo que a gente chama Grupo DQ, que é um grupo de dependentes químicos. [Joana]

As atividades na rua eram muito frequentes e foram consideradas pela Prefeitura Municipal de São Paulo as primeiras atividades para crianças e adolescentes em situação de rua nas periferias (a discussão acerca da população de rua sempre esteve restrita ao centro de São Paulo).[12] Para além da rotina semanal, o NPV se notabilizou por realizar, todos os sábados, a Cidade Bacana, de enorme repercussão entre crianças de uma favela do Madalena. Tratava-se de um trabalho de educação social realizado em uma quadra esportiva do bairro, com recreação, música, esporte,

---

[12] Para estudos sobre a população de rua em São Paulo, focados menos em sua caracterização e mais nos contextos externos e institucionais de sua gestão, ver Barros (2004) e De Lucca (2007).

formação em direitos e criação de espaços de interlocução entre educadores e adolescentes.

> A Cidade Bacana acontece todo sábado, das 8h ao meio-dia, e é composta por seis times: o vermelho, verde, azul, amarelo, preto e vinho... e as crianças fazem parte desse time. Quem organiza esse time? Por eleição deles, na própria Cidade Bacana. Dois conselheiros, um menino e uma menina [por time, ao todo doze conselheiros]. Então eles que [falam]: "Ó pessoal, vamos pra lá que a gente vai tomar um lanche! Vamos lá pra incentivar o time, pra fazer a brincadeira!" Então, são eles os responsáveis pelo time e com eles que têm as reuniões com a gente, aqui. Então, por exemplo, a gente tá com um evento na semana que vem, que é a Olimpíada de inverno, então é a semana toda. [...] E os conselheiros são quem tem esses encontros, que a gente discute como vai fazer a Cidade Bacana. Eles dão as ideias, eles é que acham melhor isso ou aquilo e aí vão mais preparados para lidar com os times depois. A cada dois meses a gente fecha o placar. [Joana]

Na Cidade Bacana havia eleições periódicas de conselheiros adolescentes, que compunham um grupo que se responsabilizava por organizar as atividades a cada semana, junto com a equipe de educadores e coordenação. A influência do contexto participacionista dos anos 1990 era evidente, intensificada pelo discurso, próprio da *área da infância*, acerca do *protagonismo juvenil*. Fazer parte do conselho era desejo de muitos meninos e meninas da favela, e ocupá-lo significava ocupar uma posição de autoridade. Vê-se, por aí, a legitimidade que o projeto gozava. Até por isso, deveria haver rotatividade no exercício do poder. O projeto funcionava o ano todo, e havia estímulos para os times que o compunham participarem. Quando o placar era fechado, a cada dois meses, o time vencedor fazia uma viagem junto com a equipe do NPV, o que era sempre disputadíssimo. Para que não fosse sempre o mesmo time mais forte o único a viajar, havia também rotatividade na composição interna dos times. A rotina prosseguia:

> Como é o dia da Cidade Bacana? Chega, eles ficam brincando, colocam o colete de seus times, a gente faz uma roda, canta o hino da Cidade Bacana, que há seté anos é o mesmo, não mudou, que é: "A vida é uma grande amiga da gente nã-nã-nã-nã. [cantando um trecho da música]." E vão rodando e cantando. Temos um momento de oração ecumênica, porque têm diversas religiões dentro

FRONTEIRAS DE TENSÃO   237

da quadra e sempre uma formação, e a formação é sempre baseada no Estatuto [ECA], sempre alguma coisa do Estatuto que a gente vai estar falando. E sempre tem que ser de uma forma dinâmica e para os pequenos entenderem. Então a Cidade Bacana dá trabalho no sentido de preparar, de organizar, não é vamos pra lá e pronto. Tanto que o tema das Olimpíadas agora é "Desarmando-se com o ECA", porque a gente vai falar do desarmamento e do ECA. [Joana]

Ver a Cidade Bacana funcionando foi, para mim, uma experiência muito marcante. Dei-me conta, apenas quando vi que se tratavam de *crianças* pequenas, pré-adolescentes, adolescentes e jovens, que durante algumas horas pareciam não viver outro mundo, senão aquele. Muita alegria. Toda a discussão foucaultiana do papel gerencial da educação, facilmente aplicável nos contextos de *educação popular*, parecia insuficiente para analisar aquele contexto, o clima que se produzia ali. Acompanhar os conselheiros preparando as atividades do sábado, durante a semana, foi também presenciar a doação integral com que crianças de favela se dedicavam àquela experiência. Por causa das reuniões do conselho, muitas das famílias desses meninos e meninas eram atendidas tanto na sede do NPV, em que há uma biblioteca comunitária, sala para reuniões e um pequeno espaço de convívio, quanto nos demais equipamentos e nas instâncias de suporte aos atendimentos, internas ao Cedeca. *Afectado* pela vivência de campo, como ocorre em muitas etnografias, mais que analisar, eu admirava o programa. Agora é que posso trilhar outro caminho, a partir desse.

Suporte ao vínculo entre o adolescente e o Cedeca: Arte e movimento

Oficinas das mais diversas ocupavam um prédio de dois andares ao lado de uma das favelas do Madalena. Cavaquinho, teatro, capoeira, percussão, samba de raiz, danças populares, balé, canto, DJ, entre outras. Tratava-se do projeto de arte do Cedeca – o *Arte e movimento*, que invariavelmente espalhava música e cheiro de tinta pelas redondezas, enquanto a pesquisa seguia. As instalações simples tinham – aqui sim – sempre vários jovens entrando e saindo, e os monitores de oficinas temáticas conversando entre si; enquanto não chegava a hora de ocuparem as salas com suas turmas, sorriam sempre que alguém chegava. Parado por ali, entre uma visita e outra, tive verdadeiras aulas sobre o histórico do movimento hip-hop, com o Bispo, troquei fotos com adolescentes que aprendiam o ofício da câmara escura, vi meninas de 6 anos conversando sobre balé e dança de rua, e tentei acompanhar os percussionistas que esquentavam os tamborins no sol fraco das manhãs geladas de junho.

Em todos os eventos festivos ou políticos do Cedeca, lá estava o Arte e movimento, com cavaquinhos e microfones, animando os intervalos entre uma e outra fala militante. As meninas do balé se apresentaram no CEU da região, o grupo de teatro rodou inúmeras escolas públicas. O oficineiro de canto, cadeirante, se tornou calouro do *Programa do Raul Gil*, graças a um CD enviado à produção por seus alunos. Teve seus quinze minutos de fama. Um dos educadores do Arte me conta, nesse mesmo espaço, que esteve no Rio de Janeiro há pouco tempo e que lá soube que a Central Única de Favelas (Cufa), apoiada pelo *rapper* MV Bill, montava um projeto de Arte em um dos morros atendidos que se inspirava inteiramente na experiência do Cedeca. Redes de contatos entre movimentos, entre periferias, foram mobilizadas de modo mais intenso, e nacionalmente, a partir do Programa Cultura Viva – o dos Pontos de Cultura – que o Governo Federal fomentaria a partir dali. Já naquele momento, criava-se uma espécie de arena pública nesses ambientes, em que artistas de circulação local se notabilizavam por sua produção e seu compromisso com a causa das favelas e periferias. Todos falavam em "oferecer um outro espaço para a garotada":

> O que a gente quer é mostrar pra ele [o adolescente] que tem uma outra alternativa além de ficar numa esquina, de fazer parte do tráfico, esse tipo de coisa. A música, o cavaquinho, a percussão, mostrar pra eles esse tipo de trabalho. [Juliana]

Nota-se, de novo, que as atividades não são percebidas como acesso a serviços ou direitos, sem contexto. O atendimento do NPV, como do *Arte e movimento*, se faz para disputar corações e mentes, no plano local, com o *crime*. O Arte e movimento recebia tanto inscrições voluntárias de famílias do bairro que queriam um espaço para seus filhos obterem formação complementar, como encaminhamentos de adolescentes via Conselho Tutelar, núcleos socioeducativos do próprio Cedeca ou outras entidades sociais da região. Como o NPV, o Arte e movimento atuava com um público amplo,

FRONTEIRAS DE TENSÃO   239

chegou a atender quinhentas crianças e adolescentes. Sempre havia vagas, dada a renovação das oficinas, e a coordenadora fazia questão de dizer que, naquele espaço, não importava tipo algum de referência anterior do adolescente. Se ele estava ou não em medida socioeducativa, pouco importava. Aquele era um espaço plural, de convivência entre pessoas diferentes:

> Então a gente procura desenvolver sem muito ficar atento a essa questão [o envolvimento com o crime]... Então sempre me perguntam: "ah, o menino de medida [socioeducativa] vai ser atendido?" Olha, eu não preciso saber se ele é de medida ou não. [Juliana.]
>
> Uma das grandes dificuldades nossas, dentro do projeto, são os meninos da favela aqui embaixo, eles não sobem [para o prédio do Arte]. Eles começam, e o que a gente percebe, ou eles não tão com a roupa adequada, ou eles próprios se acham discriminados dentro do grupo, quando têm que dar endereço, tudo, a gente percebe... Então o que é que a gente fez... Nós compramos um barracão lá embaixo [na favela], então ele vai ficar pronto agora, [...] vai fazer um grande galpão, e a gente vai levar algumas oficinas pra lá, porque aí a gente começa o trabalho lá dentro, e aí eles sobem. [Juliana]

Acompanhei esse barracão de favela ser derrubado, em 2005, para dar lugar a uma pequena sala de alvenaria, tocada por Lucas e Juliana. Em 2006, alguns barracos do lado também foram comprados, e, no ano seguinte, uma sede enorme, voltada para cursos de qualificação profissional de adolescentes foi erguida. O avanço dos atendimentos era evidente. Não estava tão claro, para mim, que esse empenho por estar cada vez mais próximo de onde os jovens a serem atendidos morava era, seguramente, a contraface da dificuldade de encaminhamento, que descrevi até aqui.

Entre o desenho institucional e seus cotidianos – instabilidade: três desenhos de atendimento em três anos

Foi com esse modelo de atendimento que o Cedeca se apresentou a mim, entre os anos de 2005 e 2006. No final de 2007, quando retornei de uma temporada acadêmica no exterior, a estrutura de funcionamento dos projetos de atendimento estava, já, muito diferente. No início de 2008, essa mudança se radicalizaria. Por unanimidade, naquele momento, todos os técnicos e coordenadores envolvidos com o programa consideraram que 2005 tinha sido o melhor momento do programa de medidas socioeducativas, depois do início também muito favorável, em 1999.[13] A partir de 2006, entretanto, uma verdadeira *operação desmanche* foi posta em ação. Com a mudança de orientação partidária da Prefeitura de São Paulo (do PT para o PSDB (Partido da Social Democracia Brasileira) em 2004 e, por fim, para o Democratas em 2008), partidos cada vez mais distantes das redes de relações do Cedeca. Nessa passagem, os convênios em curso foram terminando e tiveram sua renovação submetida a cortes significativos no montante de recursos para atendimento. Passo a descrever rapidamente como isso se deu, a partir de 2005, e as alterações que se seguiram, conformando a situação de 2008, prenúncio do cenário ainda mais precário encontrado em 2011.

Em 2005, pico da mobilização descrita anteriormente, o atendimento das medidas socioeducativas foi financiado por um projeto-piloto de municipalização do acompanhamento das medidas socioeducativas, municipalização prevista pelo ECA que, com quinze anos de atraso, era implementada pela primeira vez na cidade de São Paulo. Por se tratar de um projeto-piloto, conquistado via Conselho Municipal dos Direitos da Criança e do Adolescente, este convênio foi firmado em apenas três bairros, nas zonas Norte, Sul e Leste da metrópole. A burocracia era complexa, ainda mais se tratando de uma articulação tripartite: os recursos que vinham do Governo Federal eram repassados para a Prefeitura Municipal, que os complementava antes de depositá-los em uma conta aberta pelo Cedeca. A Febem, ligada ao Governo do Estado de São Paulo, já repassava seus recursos diretamente para o Cedeca, via seu Posto Leste, em outra conta bancária.[14] O Cedeca integrava

---

[13] Desde ao menos o intervalo entre 1999 e 2001, quando havia além do convênio público com a Febem, uma complementação de recursos doados pelo terceiro setor via Fundação Abrinq, que favorecia atividades de fortalecimento do vínculo com o adolescente – passeios, viagens, visitas culturais etc. – e, portanto, ampliava sua efetividade.

[14] Nas três instâncias de Governo, as secretarias envolvidas eram as seguintes: na Prefeitura Municipal de São Paulo os recursos chegavam pela Secretaria Municipal de Assistência e Desenvolvimento Social (SMADS); no Governo Estadual, pelo Posto Leste da então Febem, vinculada à Secretaria de Estado da Justiça e da Defesa da Cidadania; e no Governo Federal por meio da Secretaria Nacional de Direitos Humanos. Vale notar, portanto, que o programa atuava em uma interface temática entre *assistência social, justiça* e *direitos humanos*.

a parceria oferecendo, como contrapartida, o gerenciamento e a execução de todo atendimento, da contratação e do pagamento de funcionários à compra de material pedagógico, além de se responsabilizar pela manutenção dos espaços físicos utilizados, do transporte e das demais atividades em que os adolescentes deveriam se inserir – oficinas, passeios, eventos etc.

Não foi fácil conseguir esse convênio, apesar da experiência da entidade. Houve ampla negociação, no Conselho Municipal dos Direitos da Criança e do Adolescente, para garantir a municipalização e a destinação de uma parcela do Fundo Municipal a esse atendimento. Não foi fácil executar o convênio. Só no Cedeca, como visto, chegaram para trabalhar 35 funcionários nesse projeto específico, o que dobrava a equipe técnica da entidade e a papelada trabalhista; mais que isso, a dimensão do atendimento situava todo o restante do Cedeca na posição de suporte ao novo projeto. O atendimento das medidas socioeducativas foi, ainda que isso não fosse muito alardeado, o carro-chefe do Cedeca. Era a partir da questão do adolescente autor de infrações que, politicamente, o Cedeca se situava no campo dos movimentos sociais, no debate público. Houve conflitos intensos no âmbito interno à instituição para acomodar, profissional e pessoalmente, as demandas políticas que passaram a brotar nos cotidianos da entidade. Superada essa etapa – trata-se de uma organização experiente, que se mantém ativa ao longo de duas décadas, começaram a aparecer os problemas externos.

O fim da gestão petista na cidade de São Paulo, no final de 2004, já assinalou alguns problemas a enfrentar. O PSDB assumiu a Prefeitura e retardou os pagamentos das parcelas dos convênios, enquanto estudava cada parceria firmada com as entidades sociais.[15] Em seguida, deu continuidade aos contratos firmados, mas não garantiu sua renovação. No final de 2005, os pagamentos para a equipe e compra de material foram novamente atrasados e, a partir daí, definitivamente suspensos. A virada para 2006 foi acompanhada da notícia de que o convênio centrado na proposta de municipalização do atendimento de medidas socioeducativas não seria renovado, ao menos

---

[15] Evidentemente, o Cedeca denunciou que, por sua proximidade com o PT, o Governo Municipal não priorizaria renovar os convênios: "Então não assina convênio, dificulta, muda as condições, reduz salário, quer que a gente atenda todo o distrito de Sapopemba, o que é absurdo... Dizem que tem coisas demais concentradas aqui... Mas é por que aqui tem uma força de organização para sustentar". [Pe. Renato]

não *nos mesmos moldes*.[16] O que havia agora como política pública era algo diferente: os recursos viriam ainda de diversas instâncias, mas ficariam sob a gestão da Febem, que repassaria os recursos devidos às entidades sociais para implementação de novo modelo de atenção.

Nessa negociação, entre o final de 2005 e o início de 2006, o Cedeca passou praticamente seis meses sem pagar os funcionários do programa de medidas socioeducativas. Não foi possível, portanto, conter a *crise* nos atendimentos. A situação ficou insustentável, e a entidade decidiu fazer um acordo de *demissão* com cada um dos funcionários do programa. Assim que paralisadas as atividades, claro, apareceu a nova proposta do Governo Municipal e da Febem:

> Em dezembro de 2005, saiu o novo edital da execução das medidas socioe-ducativas. E aí eu vi o que eles chamaram de ampliação para as outras áreas, na verdade, foi a inclusão do *ciclo de violência*, que a gente já fazia. Era para acompanhar os adolescentes em Liberdade Assistida, Prestação de Serviços à Comunidade e ciclo de violência. [...] Agora eram três núcleos socioeducativos, e nas regiões *menos propensas* eles colocaram dois.
>
> [...] E aí falaram que aqui eles haviam ampliado o atendimento, mas na verdade, aumentaram um núcleo na Vila Prudente, mas tiraram um núcleo de Sapopemba. Então, 40 adolescentes só em medida socioeducativa já não seriam atendidos por esse programa, fora o ciclo de violência. [o núcleo da Vila Prudente atenderia somente 30 adolescentes em *medida*, e os de Sapopemba, 100 adoles-centes em cada núcleo].
>
> O modelo anterior tinha o Módulo de Gerenciamento, o Serviço de Proteção, o três Núcleos Socioeducativos e a Incubadora. Essa proposta foi totalmente alterada, ficando só dois Núcleos de Proteção Psicossocial Especial [NPPE].
>
> No NPPE, teria um coordenador, que antes não tinha, um técnico adminis-trativo, e dois registradores. Que estava no Módulo de Gerenciamento e acabou indo para o Núcleo Socioeducativo. O Serviço de Proteção é claro que eles vão dar continuidade, mas ainda estão reformulando toda a proposta do Serviço de Proteção, e não colocaram a proposta para a gente. Eles até perguntaram se a

---

[16] A Prefeitura Municipal, por meio dos técnicos da Smads, alegava que a municipalização desse atendimento não era acompanhada de repasse de recursos suficiente e que o município não tinha orçamento para continuá-la.

entidade tinha interesse em continuar a proposta como estava, mas [depois de tanto tempo] a gente já tinha mandado todo o corpo técnico embora. E a gente não tinha condição de contratar todo o pessoal novamente, e como ainda não estava definida qual era a proposta não tinha condições da gente continuar, diante de toda essa indecisão.

Antes era um convênio com uma verba fechada e a gente gerenciava. [...] E nessa proposta agora a verba era engessada. Ela era fechada. Vinha o que era para recursos humanos, tirou a alimentação, continua transporte, material pedagógico, uma verba para supervisão, para contratar algum especialista. Isso deu continuidade. Mas o corte maior se deu no salário. Porque o salário de um educador, de R$ 1.100, foi pra R$ 780. [Célia]

O sentido normativo da mudança era evidente. Diminuíam os recursos, capilarizava-se o "gerenciamento", retirava-se educadores das pontas de atendimento, esperava-se mais contrapartida da entidade executora e, evidentemente, menor margem de manobra no uso dos recursos. O tipo de relação política também muda – o Cedeca, sempre militante e combativo, e sempre crítico à Febem e aos governos do PSDB, era evidentemente desprestigiado nas secretarias, nas quais se tomavam decisões. A negociação era feita, pela primeira vez, sem a presença central de Valdênia – por razões que discutiremos mais adiante. A partir de abril de 2006, a proposta da SMADS, que o Cedeca não teve escolha senão aceitar, diminuía de três para dois os núcleos de atendimento e, portanto, eram rebaixados em um terço os recursos e a equipe responsável pelo projeto; além disso, diminuíam-se os suportes ao atendimento prestado por advogados, psicólogos e assistentes sociais, os funcionários mais qualificados. A coordenação do Cedeca entrou, então, em contato com parte da equipe dos educadores demitidos havia alguns meses, para recontratação. Mas agora o salário também tinha sido cortado em um terço, alguns preferiram não retomar os trabalhos. Por razões trabalhistas, ainda, o Cedeca não poderia recontratar as mesmas pessoas com um salário menor. Foi preciso acionar, então, outra figura jurídica para a contratação – o Instituto Daniel Comboni, entidade parceira do Cedeca havia anos.[17] O clima

---

[17] O Instituto Daniel Comboni é uma entidade parceira-irmã do Cedeca, sua sede está a 20 metros da sede do Madalena, e os combonianos foram grandes incentivadores – técnicos, políticos e financeiros – das principais lideranças do Cedeca. A relação histórica de proximidade permite esse tipo de acordo entre as entidades, a depender das necessidades vivenciadas.

da equipe, com todas essas transformações, evidentemente, já era de muito menos motivação frente à nova proposta. Ainda assim, por comprometimento com alguns adolescentes e famílias, necessidade ou militância, o atendimento das medidas socioeducativas teve prosseguimento.

Enquanto permaneci fora do Brasil, entre setembro de 2006 e agosto de 2007, o desenho do atendimento foi, de novo, modificado. Os princípios da mudança permaneceram, entretanto. Quando retornei a campo, em setembro de 2007, novas mudanças de convênio tinham sido negociadas, e finalmente o atendimento havia sido integralmente municipalizado. Os recursos repassados pela Fundação Casa agora circulavam primeiro pela Prefeitura e, depois, vinham ao Cedeca. Na prática, pouco se alterava, e a equipe havia permanecido a mesma. Mas o clima só seria de mais energia entre ela quando, em dezembro, o Cedeca recebe o primeiro repasse da Fundação Telefônica – organização empresarial do terceiro setor paulista[18] – para complementar os recursos públicos e melhorar a qualidade do atendimento das medidas socioeducativas. Houve mais 18 meses nesse formato e, depois deles, nova crise. Com o fim do *projeto* – efetivamente é difícil chamar esse modelo de financiamento de *política pública* – houve mais um período sem atendimento. O Núcleo das medidas socioeducativas foi desativado, no Madalena, e o projeto migrou para a sede principal. Chegou-se a viver um período, com a nova mudança de Governo, em 2008, em que os aditamentos no convênio de repasse de recursos foram semanais; ou seja, a cada semana era preciso negociar a verba da semana seguinte. A instabilidade dos atendimentos via convênios foi se evidenciando mais e mais, desde então. Ao mesmo tempo, seguindo a lógica do sistema penal voltado para adultos, o Governo Paulista investia mais na medida socioeducativa de internação e ampliava as unidades de contenção no interior do estado, agora em novas plantas, similares a presídios de alta segurança, nas quais a possibilidade de rebelião era praticamente nula. Vale lembrar que, nesses anos, a Febem se torna Fundação Casa, e radicaliza o descompasso entre o discurso público do direito e da *reinserção*, e a lógica tecnocrática de

---

[18] Ver <www.fundacaotelefonica.org.br>. Se os convênios públicos trazem tamanha instabilidade, ainda que estejam amparados legalmente e discutidos em diversos fóruns de participação social – CMDCA, Fóruns da Criança e do Adolescente etc. –, é possível imaginar como se comportam os convênios firmados com entidades privadas, do terceiro setor, que conta com recursos controlados muito mais centralmente.

execução de medidas de internação em unidades que reproduzem o sistema prisional, agora para adolescentes (Feltran, 2011).

Se o atendimento de medidas socioeducativas era central para todo o restante dos atendimentos, essas mudanças evidentemente chacoalharam a estrutura interna do Cedeca. Além disso, durante esses anos, outros convênios também foram desmontados. O Arte e movimento perdeu o financiamento da Prefeitura Municipal, ficou parado durante quatro meses, e sua gestão foi repassada para o Nasce, entidade parceira. Obteve-se então novo contrato com a Secretaria Estadual da Cultura, em convênio que restabeleceu as oficinas artísticas no final de 2007. Em 2009, elas novamente deixaram de existir. O NPV também não passou incólume: fim de convênio, mudança de administração da Prefeitura e nas secretarias, alguns meses sem financiamento, modificações na estrutura dos financiamentos, modificações na equipe e, em 2006, já não havia mais recursos para atendimento em situação de rua: a Cidade Bacana teve de ser extinta. O atendimento de apoio familiar, antes executado pelo NPV, ganhou caráter mais técnico na retomada dos pedidos de financiamento, e a Prefeitura pressionou para mudá-lo de bairro, ampliando seu escopo para toda a Sub-Prefeitura Vila Prudente (com o argumento de que, no Parque Santa Madalena, já havia atendimentos *demais*). Em 2007, o trabalho havia sido retomado com uma equipe praticamente toda renovada, e o Cedeca procurava reestruturá-lo para retomar a tradição de mobilização e suporte aos outros projetos, que havia caracterizado sua existência até então. Em 2008, entretanto, mais uma baixa: depois da Cidade Bacana, agora foi o NPV todo que deixou de existir. Criou-se, em contrapartida, um grande núcleo de suporte à profissionalização, conhecido como Qualificação Profissional (QP), situado na favela do Madalena. Aquele ao qual Juliana se referia anteriormente. Em 2010, entretanto, os projetos que haviam animado a construção desse novo núcleo também foram rompidos, e ele deixou de operar. Retomou as atividades em 2011, graças a um grupo de artistas empenhados em oferecer oficinas, e a novo convênio com entidades do terceiro setor. Em suma, os projetos mudam o tempo todo; a única constante é a instabilidade que, na linha do tempo, produz evidente precarização da qualidade dos *vínculos*, tanto individuais quanto comunitários. Como estávamos vendo, sem *vínculo*, a mediação dos direitos sequer começa.

Entre 2005 e 2006, etnografei por um ano, e intensamente, os atendimentos do Cedeca, no esforço de compreendê-los em suas nuances, montando um quadro de referências de seus modos de atuação, conhecimentos produzidos, saberes mobilizados, discursos normativos e práticas efetivas. Em seguida, fiquei um ano fora do Brasil e, na volta, encontrei *outro* Cedeca funcionando. Sabia da instabilidade dessas políticas e previa que com a saída do PT do governo municipal a entidade vivesse uma crise de financiamentos. Mas a crise era mais forte do que pensava poder ser. Embora, até 2011, a cada nova visita eu encontre mais e mais precarização dos atendimentos, frente ao que houve em 2005, a partir de acordo firmado ainda sob a gestão petista, ninguém da equipe técnica parece muito abalado: *todos os anos é assim*, a entidade tem duas décadas de funcionamento e sabe que *as políticas sociais vem em ondas*, como me disseram. Hoje, o quadro de funcionários do Cedeca é muito menor e, sobretudo, muito distinto daquele que conheci em 2005. Poucos restaram. Célia, a coordenadora do programa de acompanhamento das medidas socioeducativas, conclui assim sua análise sobre as mudanças dos convênios, dos últimos anos: "e enquanto isso, o narcotráfico deita e rola..."

A ENTIDADE SOCIAL

Quem somos: *somos uma organização não governamental [ONG], sem fins lucrativos. Legalmente fundada em 23 de novembro de 1991, mas ativa desde 1985. Originada por integrantes da comunidade católica da região de Sapopemba, preocupados com a situação de risco e violência que vivem as crianças e adolescentes do município.*

Promovemos atendimento a jovens que já tenham cometido infrações ou que tenham sofrido algum tipo de desrespeito aos direitos garantidos pelo Estatuto da Criança e do Adolescente [ECA]. Esse atendimento é feito através de acompanhamento jurídico, pedagógico e psicológico. Com o suporte de atividades lúdicas, terapêuticas e de ensino. Além de respaldar as famílias dos jovens acolhidos e de sensibilizar a comunidade na qual estão inseridos nosso público-alvo.

Nossa missão: *o Cedeca [Centro de Defesa dos Direitos da Criança e do Adolescente], em suas atividades de atendimento e acompanhamento de crianças e adolescentes e suas famílias, tem como objetivo garantir à população o acesso a uma participação ativa na prática da cidadania. O eixo norteador de toda nossa atuação se baseia nos princípios do "Estatuto da Criança e do Adolescente", articulando-se da seguinte forma:*

– Formação: esse eixo visa a formação da comunidade acerca de seus direitos, pois estamos perante um modelo de sociedade fundada no individualismo, e que apesar de se definir democrática, proporciona enormes espaços de marginalidade, exclusão social e violação dos direitos fundamentais de seus cidadãos.

– Denúncia: omissão ou abuso do poder público contra crianças e adolescentes – fazemos a intervenção e o acompanhamento.

– Articulação: promovemos a interação do trabalho de nossas várias equipes, para um melhor acompanhamento das crianças e adolescentes que atendemos. Ao mesmo tempo, fazemos parcerias com outras instituições públicas e não governamentais, para obtermos um trabalho ainda mais eficaz.[1]

O Cedeca que atende

Os desenhos do atendimento, dimensão central na descrição que o Centro de Defesa dos Direitos da Criança e do Adolescente faz de si mesmo na epígrafe deste capítulo, foram descritos e inicialmente interpretados no capítulo anterior. O atendimento, como interface entre esses meninos e meninas e a entidade social, seria a porta de entrada de todo um sistema centrado na existência e necessidade de direitos universais. Discuti até aqui como, especialmente no desenho do programa de medidas socioeducativas, esse atendimento está centrado na construção de um *vínculo*, do qual depende a ativação de uma *rede de proteção*, dependente de projetos de financiamento públicos e privados. Verificamos, em seguida, como esse *vínculo* é afetado pelas dificuldades intensas de *encaminhamento*, radical no caso dos adolescentes autores de infrações, e como essa dificuldade tende a internalizar os atendimentos. Nessa condição, eles se tornam mais vulneráveis à instabilidade dos programas de financiamento, submetidos, por sua vez, a constrangimentos institucionais amplamente conhecidos da ciência

---

[1] Disponível em: <www.cedecampt.org.br>

política, como a dinâmica eleitoral e a dificuldade de produzir intersetorialidade de políticas públicas.

É mais difícil, nesse cenário adverso, produzir *vínculo* com os adolescentes atendidos. Eles tendem, assim, a se manterem distantes do Cedeca, durante o cumprimento de sua medida socioeducativa. Esse vínculo, que tem características ao mesmo tempo pessoais e profissionais, como vimos, é baseado na confiança do atendido e na técnica daquele que atende. Refletindo sobre esse vínculo, percebi que também eu, em minha pesquisa de campo, precisei de embaixadores locais que me ajudassem a ter um vínculo de confiança – que para mim era um vínculo metodologicamente situado, portanto de certa forma técnico, – com as famílias e os adolescentes com quem queria encontrar. Essa necessidade de vínculo mediado, aliás, mostra-se cada vez mais recorrente em qualquer pesquisa ou intervenção política em periferias e favelas. Há algo mais a compreender, nisso, desenvolvendo tema já anunciado no capítulo anterior.

> Você tem que estar na comunidade. Por quê? Se você não estiver, se você perder a intimidade, uma intimidade assim com o povo, você não faz nada. Você não consegue. Eu falo, olha, você pode ser o melhor, sei lá, médico. Se você aparecer lá na favela e disser assim "eu tô aqui voluntário"... ninguém aparece. Mas se eu tenho intimidade [com as pessoas] e falo "gente, ó, tem lá o Gabriel, médico, gente boa, tá disponível. Vamos demandar do cara lá.", você vai trabalhar como louco. Mas alguém em quem eles confiam é que tem que dizer. [Valdênia]

O que Valdênia diz não é retórica. Há uma esfera de intimidade que condiciona o sucesso da relação de aproximação de quaisquer agentes que venham *de fora* da favela e queiram se relacionar com elas. O sucesso dessa aproximação será tanto maior quanto mais relações pessoais, de confiança, conformarem a primeira relação da favela com representantes de esferas sociais mais amplas. A necessidade dessa primeira mediação, estritamente privada, de confiança pessoal, entre favelas e outras esferas deve-se, como se sabe, à *desconfiança prévia e mútua* que, entre os dois lados da fronteira, já se estabeleceu como *regra geral* de convivência entre aqueles que ela aparta. No caso do Cedeca, construir esse *vínculo* inicial de confiança é a chave de todo o restante do desenho da política de atendimento, que prevê ativar diferentes redes de suporte às demandas, nos âmbitos interno e externo, ao programa de medidas socioeducativas e à entidade. Se isso é preciso, como vincular esses adolescentes a programas públicos, fazê-los circular por outros códigos, dos mais privados aos mais impessoais?

Internamente ao Cedeca, há psicólogos, assistentes sociais e advogados, além de apoio familiar e atividades artísticas; externamente, há uma miríade de associações locais, programas sociais e religiosos, cursos de profissionalização, o sistema formal de saúde e educação, sistemas complementares, órgãos de defesa de direitos, o sistema formal de justiça etc., que compõem, conforme se espera, uma burocracia de garantia de direitos. Como vimos, espera-se, na dimensão normativa do desenho dos programas do Cedeca, que o atendimento interno da equipe seja só um caminho de passagem, de triagem, *entre* as demandas dos adolescentes atendidos internamente e essa *rede de proteção social*, externa à organização, que garantiria efetivamente os direitos desses meninos. Na engenharia dos programas de atendimento, portanto, espera-se um fluxo *ascendente* de demandas, que encontrariam nessa *rede* sua instância própria de resolução.

Graficamente, esse fluxo ascendente poderia ser representado pela imagem esquemática de uma árvore: das raízes capilares – os núcleos familiares das favelas – as demandas confluem para um ramo inicial – o vínculo individual com o Cedeca – e, em seguida, ativariam-se outros ramos para carrear as demandas dos atendidos a toda a rede de instâncias competentes – a escola, os serviços de documentação, a profissionalização, o trabalho, a assistência social, a Arte e a cultura, a liberdade de escolha religiosa e de circulação, o lazer, o esporte, a segurança, enfim, as garantias da cidadania. Os ramos conectariam o adolescente à dignidade da política moderna, conforme prevê o ECA. Mas como pensar nesses trânsitos sociais e públicos, nessas mediações republicanas, se o que vemos, na prática de pesquisa e das entidades de atendimento que trabalham com jovens de favela, é a *desconfiança como norma* de qualquer relação, exceto as mais privadas, personalizadas? Pergunta para ser respondida por alguém experiente:

> Há muita contradição no trabalho, não é? Vem uma verba para você atender, você tem estrutura para o RH, estrutura para o espaço físico e para o atendimento. Só que numa realidade como esta, ou como qualquer outra periférica em que o menino está em situação de medida socioeducativa, você não tem muito a oferecer. Então o que é que você oferece a não ser o atendimento? Você

vai encaminhar para um curso, a escolaridade dele não permite ele entrar, isso sem contar que eles só falam gíria e muitos deles são tatuados, então isso já é uma forma de ninguém querer. E eles estão muito próximos dessa rede do crime que hoje é uma grana muito boa... Se você pegar aí uma média [de remuneração individual], é mil reais [por mês], é muito dinheiro. E você não consegue uma bolsa que ultrapasse R$ 200. [...] Você não tem uma rede escolar que contemple esse jovem, porque a escola não quer ele... Ela diz que ele não tem perfil, que não se enquadra, que ele é rebelde, tudo cai sobre os meninos da medida, "os LA [Liberdade Assistida]". Você não tem uma rede de saúde que permita fazer um diagnóstico de por que é que ele usa tanto a droga, que seduz tanto a droga, você não tem. Você não tem uma clínica, você não tem nada que permita que esse menino possa sonhar ou buscar outra coisa. Então é muito complicado o trabalho. E o que eu percebo é que a criminalidade, ela vem a cada ano diminuindo a idade de quem vai entrar nela, e ninguém discute isso. [...] Então há uma contradição. [Roberta]

Inflexão. É preciso mudar de perspectiva. A análise dessa socióloga, com trajetória em diversas instituições da área social, sobretudo na área da infância, sugere entre outras coisas que o ambiente externo às entidades de atendimento, especificamente no caso do Cedeca, é *refratário* à ativação de uma rede de proteção de direitos. A análise é relacional: há de um lado um sistema de proteção limitado (a escola, a saúde e o trabalho não querem os adolescentes LA em suas atividades), e do outro lado o *crime*, que não só acolhe os adolescentes em suas atividades, presentes em cada esquina, mas paga por seus serviços. Esqueçamos a presença ativa e positiva do *crime* quando visto na perspectiva de um adolescente, pelo momento, como parecem fazer grande parte dos programas públicos. Voltaremos a ele em breve. Pensemos agora, sobretudo, nas tentativas de ativação dessa *outra* rede, normativamente incumbida de defender os direitos desses adolescentes. Pude constatar em diversos casos individuais de atendimento que acompanhei – e que optei por não descrever em detalhe no livro, para não tornar enfadonha a leitura – que o fluxo de demandas recebidas no atendimento é, em geral, *muito superior à capacidade de encaminhamento* para instâncias externas. Em debates posteriores a essa elaboração, com militantes e técnicos da área da infância, essa hipótese foi diversas vezes confirmada.

Mesmo que, por vezes, as demandas dos adolescentes consigam ser encaminhadas – solicitações para cursos profissionalizantes, para clínicas de recuperação, escolas e serviços de saúde – não é incomum que as respostas recebidas sejam negativas. Por vezes, portanto, os ramos da árvore esquemática estão inativos: não há vagas para inserção dos adolescentes em frentes de trabalho, não há vagas de emprego para quem tenha passagens pela Febem ou antecedentes criminais, o sistema de saúde da região não oferece tratamento para dependência química. Outras vezes os ramos são tão altos, que se torna quase impossível tocá-los: as vagas para o curso de informática são pagas, os aprendizes em seleção pela Embratel devem ter o Ensino Fundamental completo, os programas de proteção a pessoas ameaçadas exigem compromissos familiares e dedicação individual difíceis de serem obtidos, o centro esportivo é longe e o transporte custa caro demais. Claro, a justificativa é que o *perfil* desses meninos não permite acessar esses serviços (ou, como é mais usual dizer: essas *oportunidades*). Graças a esse ambiente externo pouco propenso a receber os atendimentos, o Cedeca muitas vezes se vê na encruzilhada entre dizer, de um lado, "não é possível atender" ou procurar, de outro, alternativas de atendimento que, mesmo que não sejam as ideais, possam auxiliar a resolução parcial das demandas que recebe. O Cedeca, e muitas outras entidades de periferia, opta pela segunda alternativa.

Não há como encaminhar o adolescente viciado em *crack* para tratamento de saúde, mas há uma psicóloga do próprio Cedeca que pode atender o caso, talvez visitar a família, tentar juntar várias famílias com problemas semelhantes em um *grupo*, dedicar parte de sua semana a isso. Há também um contato que ela pode fazer com um psiquiatra, amigo, para conseguir uma receita de medicação. O programa de proteção a indivíduos ameaçados tem regras muito complicadas, é muito burocrático, mas os profissionais da entidade podem auxiliar a família a se mudar para a casa de um parente, contratar um caminhão de mudança e colocá-los dentro dele. Não há vagas gratuitas para o curso de informática, mas um instituto doou dez computadores velhos, que podem ser instalados na salinha do fundo, e um funcionário tem um conhecido que pode dar aulas à noite, como voluntário. Oficialmente, não daria para atender, mas é possível mobilizar um exército de pequenas exceções, nas quais o problema do atendimento passa a ser concebido.

O atendimento, conforme captado rigorosamente em etnografias recentes,[2] mergulha a organização que atende em uma situação particularmente difícil: a de tentar equacionar interesses os mais diversos, que chegam até ela pelas portas de recepção de demandas, e as escassas possibilidades de encaminhamento dessas demandas. Cria-se uma porta de entrada normativa de atendimento de demandas de direito de dada população e, a partir dessa porta, estabelecem-se critérios – quase sempre singulares, quando não privados – de seletividade das demandas que *podem* e que *não podem* ser encaminhadas para efetivação de direitos.

Como essa seletividade de demandas é tanto maior, quanto mais indesejáveis ao mundo forem seus portadores, ela é paroxística no caso dos meninos inscritos no *crime*. Grande parte daquilo que seria próprio do estatuto político do cidadão não lhes é sequer plausível, concebível abstratamente. Parte bastante significativa de suas demandas por garantia de direitos fica, então, *represada* nas margens internas das organizações sociais que conseguem, ainda, fazer vínculos com eles.

Esse processo está na base de uma tendência relativamente regular entre as entidades de atendimento nas periferias urbanas – a maioria delas, associações civis conveniadas a governos –, nas últimas décadas. Sem suporte externo adequado, tendo compromisso com a causa e sob pressão das demandas locais, essas organizações são empurradas a tentar resolver os problemas que recebem no plano interno de sua organização, e na dimensão das redes privadas de relações de seus integrantes – funcionários, técnicos, conhecidos, parentes. A conhecida ênfase da sociabilidade dos pobres nas redes primárias de relações é, ao mesmo tempo, condicionante e produto dessas soluções. As entidades são comunitárias, e as demandas que chegam dos governos para elas as conformam, ainda que revestidas de discurso público, em entidade ainda mais localizadas.

As formas de resolução dos problemas enfrentados, então, se processa nesse plano. As soluções excepcionais se institucionalizam, tornam-se rotinas. Em vez de encaminhar o adolescente para o tratamento de saúde, para o curso de informática ou para o programa de proteção, a entidade se vê forçada, todo o tempo, a criar novas estruturas para novos atendimentos,

---

[2] Ver, por exemplo, a etnografia criteriosa dessa interface realizada por Paim (2009).

moleculares, que por vezes perduram na organização e, outras vezes, desaparecem rapidamente.

> O curso de danças folclóricas? Um educador nosso resolveu ensinar para um rapaz, que precisava ter o que fazer, que era muito ligado a ele. E foram aparecendo outros, daí fizemos um projeto... [Juliana]

A gestão desses novos atendimentos, no tempo que eles perduram, passa também a ser responsabilidade da entidade: cria-se um convênio para financiar essa responsabilidade, e torna-se mais complexa a *administração* do conjunto da organização. Exemplos como esses são incontáveis na rotina de quaisquer entidades sociais das periferias de São Paulo, nos anos 1990 e 2000. A dinâmica não foi diferente nas duas décadas de existência do Cedeca.

Gerenciamento: a tendência à expansão

A pressão por ampliação e diversificação dos atendimentos se traduz, então, na tendência à expansão do âmbito interno dessas entidades. A organização tende a reproduzir internamente o que falta na rede de proteção. Quanto mais trabalho a fazer, mais recursos a buscar, mais gente a contratar, mais complexas as rotinas, maior a necessidade de burocratização interna, menores os espaços de circulação de demandas públicas. Em diversos depoimentos dos coordenadores do Cedeca, esse é um processo central que se pode delinear com clareza.

> O Cedeca, ele passa por várias fases. Ele começa querendo ser só Cedeca, atender crianças e adolescentes. De repente a gente vira um minijudiciário, uma miniprefeitura, um minitueldo. [Valdênia]

A demanda se torna uma presença material e as tentativas de equacionar maior atenção à demanda fazem a entidade crescer também materialmente. Em São Paulo, acompanhar essas ações coletivas na última década é, entre outras coisas, acompanhar canteiros de obras. O trajeto do Cedeca é exemplar, nesse aspecto, e novamente não é único. Em 1991, a organização

FRONTEIRAS DE TENSÃO 255

comemorou a doação de *um* espaço para iniciar o atendimento, com ajuda da igreja e do Unicef, e fundou a entidade. Quando comecei o trabalho de campo no Cedeca, em 2005, a entidade já contava com *cinco* núcleos de atendimento: a sede no Madalena, em que estavam situadas a administração, os atendimentos psicológico e de serviço social, além do setor jurídico; o Núcleo socioeducativo do Madalena, em uma casa alguns quarteirões adiante; o Arte e movimento e o Nasci para Voar (NPV), em outro prédio quase em frente desse; além de dois outros núcleos socioeducativos, nos bairros vizinhos Sinhá e Fazenda da Juta. Em 2008 havia sido extinto o núcleo Sinhá, mas a Juta ampliava seu escopo de atuação para se tornar futuramente outro centro de defesa, e outros dois centros comunitários vinculados ao Cedeca e ao Centro de Direitos Humanos de Sapopemba (CDHS) foram abertos, um na favela do Madalena (o Centro Comunitário Rua Nova) e outro na favela do Jardim Elba (Centro Comunitário da Viela Santa Ângela). O Arte e movimento ficou sem financiamento e foi transferido para uma entidade parceira, mas se firmou um convênio com as *Fábricas da Cultura*, por um tempo, no mesmo prédio.[3] Simultânea a essa alteração, por razões burocráticas, o Instituto Daniel Comboni assumiu a gestão formal das medidas socioeducativas. Em resumo, somando todos esses espaços de atendimento, mais a marcenaria-escola que o Nasce abriu nos últimos anos, e novo núcleo no Pró-Morar, em 2010 havia *nove* núcleos de atendimento a crianças e adolescentes da *rede local*, que o grupo de pessoas que fundou o Cedeca administra.

A organização é pressionada a crescer e inchar progressivamente suas estruturas de atendimento. A expansão da organização, que nasce da dificuldade de mediar um trânsito ascendente entre a demanda da base e o mundo público, tem como tendência fundamental a convivência com um

---

[3] Ainda que a crítica ao programa, antes de seu início, fosse severa: "a Secretaria de Cultura queria criar a Fábrica de Cultura aqui. Agora, Fábrica de Cultura se reduziu a oficinas, duas oficinas por entidade, que te dão R$ 300 para manter, não dá nem espaço, nem paga coordenador, paga puramente oficineiros. Você deveria fazer no meio da rua, porque não tem outra coisa. É ridículo. Não é política social. O processo todo de discussão, três ou quatro anos atrás, durou meses, as ações que foram feitas... como era enrolação, não tinha dinheiro, foi pintar o muro, depois... [risos] Que vai fazer? Quem é que vai, o trabalho voluntário? (risos) Era propaganda política, não era política social. Quem marcou mais aqui na região é a vinda do Centro Educacional Unificado (CEU), com a Marta Suplicy, a vinda do CEU, que é uma estrutura importante aqui em Sapopemba." [Pe. Renato]

fluxo oposto, aquele da *gestão* dos convênios cuja pauta é controlada, em sentido descendente, pelos órgãos de financiamento. A lógica da gestão dos convênios e da prestação de contas a quem os financia infla as atividades-meio da organização, que nas rotinas passam a competir com a intenção original da organização.

O Cedeca deixa de ser uma instância de *triagem* e *encaminhamento*, passa a conter no âmbito interno da entidade as instâncias que deveriam haver em outras esferas do mundo social. Passa a fazer jovens circularem por um conjunto de núcleos de atendimento invariavelmente próximos, e gerenciados por uma mesma organização. No mapa da cidade, verifica-se que a demanda se territorializa justamente onde atuam e se expandem essas entidades sociais. O atendimento é, nesse sentido, parte da gestão dessas populações, e a tendência ao crescimento de organizações como o Cedeca, regular especialmente nas periferias mais consolidadas de São Paulo, desperta para esse cenário. Trabalhos recentes auxiliam a compreensão dos contextos externos e das tensões que condicionam essa expansão das entidades sociais, desde a bibliografia que trata da profissionalização dos quadros dessas organizações, pela ampliação das políticas sociais, até aquela que demonstra a "onguização" e a tecnificação do associativismo civil no período democrático, dadas as mudanças estruturais da relação entre sociedade civil e Estado no período pós-autoritário.[4] Neste registro etnográfico, entretanto, o que essa expansão das entidades de atendimento ilumina são fronteiras entre as dinâmicas sociais das periferias da cidade e o âmbito da expressão pública de seus interesses. Os limites evidentes impostos à construção de vínculos, em um primeiro plano, e ao encaminhamento à rede de proteção, em um segundo, caracteriza os modos de funcionamento dessa fronteira. Em vez de produzirem mediação ascendente de demandas, os atores envolvidos nessa *expansão* se veem, a certa altura, fazendo também *gerenciamento* de populações,.

---

[4] A publicação que Dagnino; Tatagiba (2007) organizam traz, sob diversas perspectivas teóricas e analíticas, um *estado da arte* do debate sobre democracia, sociedade civil e participação no caso brasileiro. Teixeira; Tatagiba (2005) tratam da relação dos movimentos sociais paulistanos com a Prefeitura Municipal durante o Governo Marta Suplicy, levantando questões desse processo de inserção institucional no período mais recente. Para uma abordagem do papel das ONGs na interface entre sociedade civil e Estado, ver Teixeira (2003).

Convênios públicos, o que se expande é a gestão

Aos poucos fui me dando conta de que eu havia chegado ao Cedeca quando começava ali uma crise do programa de atendimento de medidas socioeducativas. Todo meu período de trabalho de campo se deu no desenrolar dessa crise. Crise porque, em uma primeira dimensão, o Partido dos Trabalhadores (PT) havia acabado de perder a Prefeitura Municipal de São Paulo para seus adversários diretos; o Cedeca petista sabia que as prioridades da nova gestão municipal não seriam destinadas para Sapopemba, reduto adversário, nem para uma concepção de atenção ao *adolescente em conflito com a lei* que privilegiasse os atendimentos em meio aberto. Isso tem se confirmado ao longo dos anos: desde 2005 o orçamento dos convênios públicos destinados ao Cedeca foi reduzido paulatinamente, e a entidade passou a sofrer com a conjuntura externa na *área da infância*, em especial no segmento de defesa de direitos de adolescentes autores de infrações. Mas crise também porque naquele momento deixava a coordenação da entidade a principal militante do Cedeca, Valdênia Paulino, que aliava como poucos o conhecimento da favela, da entidade social e da institucionalidade política. Com a saída dela, motivada por fatores que trabalharei no capítulo seguinte, era preciso reestruturar o ambiente interno da organização. De 2005 a 2008, o Cedeca conheceu quatro coordenadores gerais e diversos coordenadores de programas distintos. Foi apenas a partir de 2009 que a entidade recuperou rotinas mais estáveis para sua equipe de trabalho.

Ainda que estivesse em crise, entretanto – e é isso o que mais interessa ao argumento – o Cedeca cresceu sem parar nesses anos. A expansão da entidade social, como de uma família ou empresa, significa também a expansão de seu orçamento de custeio. Manter esse orçamento passa a ser prioritário, até para manter o emprego de quem, com muito esforço, conseguiu fazer da militância uma opção profissional e uma alternativa de vida. Passa a ser fundamental, então, articular bem suas fontes de financiamento e seus compromissos com órgãos financiadores. As atividades de escritório passam a tomar mais tempo, claro. É preciso gerenciar toda a máquina de atendimentos ao mesmo tempo que se planeja o ano seguinte, e o ciclo gerencial não tem fim. O Cedeca optou preferencialmente pela busca de financiamentos públicos para o atendimento direto, tanto porque sua rede de relações políticas permitia acesso, sobretudo, às disputas sobre os fundos públicos tanto porque, em seus princípios de atuação, considera-se que o Estado deve arcar com os atendimentos das políticas sociais. O papel da sociedade civil, na ideologia prevalecente, não é o de substituí-lo. Optar pela busca de fundos públicos significa, no entanto, aprender a negociar os *convênios* com diversas Secretarias de Estado, nos níveis municipal, estadual e federal. Essa negociação envolve disputas de poder que obedecem a lógicas bastante complexas. O caso das medidas socioeducativas, percorrido até aqui, é emblemático dessas disputas.

Em 2010, por isso, o Cedeca atendia muito menos adolescentes que em 2005, com os cortes de convênios dos núcleos socioeducativos, do NPV e do Arte e movimento. Entretanto, a gestão da entidade se tornou agora muito mais complexa. É preciso rearticular os convênios, encontrar entidades parceiras para cada negociação, religar os laços com entidades empresariais, alternativas de financiamento externo etc. O descompasso entre a tendência de crescimento da administração do Cedeca e a diminuição de seu atendimento direto foi notável, nos últimos anos, e mais recentemente tem sido problematizada. Não se tratava, entretanto, apenas de um problema interno. A característica mesma dos convênios públicos pressionava por essas mudanças:

> Os convênios públicos financiam o atendimento, eles não dão margem para a manutenção da entidade. Então a entidade tem que caçar recursos fora para manter a sede, para manter alguém para coordenar tudo, isso é um grande desafio. [Pe. Renato]

Quando os convênios de atendimento caem, o desafio aumenta e a manutenção da entidade se torna foco da prospecção por recursos. A lógica dos convênios é que a entidade é só um meio para a realização dos atendimentos, tomados como fim das políticas sociais. A entidade social então se vê obrigada a inverter essa lógica para continuar existindo e fazendo atendimento. Sabendo que os convênios são instáveis e precários, a entidade procura fortalecer sua estrutura interna, sua *missão*, financiar sua equipe central. Se é um grande desafio a manutenção da organização, ela aos poucos tem de ganhar centralidade nas lógicas da gestão financeira. Aos poucos, os atendimentos passam, na gestão cotidiana da entidade, a ser meios para que a estrutura se mantenha. Novos convênios favorecem a diversificação das formas de ação do Cedeca, que amplia assim sua legitimidade frente a diversos financiadores, e daí consegue alguns recursos específicos para manter sua estrutura interna. A entidade tende a diversificar os projetos de atendimento para que possam ser flexíveis às mudanças frequentes do ambiente externo de financiamento.

Há nova tensão evidente, nesse modelo de política pública, quando visto pela perspectiva das entidades sociais: era a demanda por ampliar o atendimento que fazia o Cedeca justificar seu crescimento, mas quando ele cresce, a instabilidade externa o faz focar em duas próprias dinâmicas internas. Os recursos recebidos para o atendimento vêm e vão, e os atendimentos efetivos não conseguem crescer na mesma proporção da entidade. Cria-se um ciclo perverso: os recursos externos para manutenção da entidade são instáveis, a ampliação do atendimento não se efetiva como se esperava, a demanda não diminui, e, portanto, continua a pressionar por crescimento. Se há demanda, há sempre novos projetos a serem tentados, ensaiados, frustrados, enfim, operados. Se a instabilidade externa é norma e a exceção é conseguir estabilidade nos atendimentos, é preciso fortalecer a estrutura interna da organização local, na tentativa de garantir que ali estejam sempre presentes os militantes responsáveis pela mobilização, que suportem os períodos de crise.

Esse ciclo de crescimento das organizações – e aqui o Cedeca é um entre milhares de outras associações que vivem tendências semelhantes – é centrado, portanto, na expansão das chamadas atividades-meio, ou seja, de *gestão*. O número e a qualidade dos atendimentos não podem acompanhar essa expansão.[5] A questão é que, tomando o Cedeca como instância media-

---

[5] "O fato da qualidade do atendimento vir à tona quando se discute este ponto, nas entrevistas, é significativo. E agora a gente já disse: 'se for nos moldes que a Prefeitura está exigindo, nós não queremos'. Porque eles querem pegar só os técnicos, colocar em um plantão que hoje atende cem adolescentes, eles querem que atenda uma região de 460 mil pessoas. Que é toda a sub-prefeitura da Vila Prudente. Nós não vamos aceitar. E é complicado porque, por exemplo, nós tivemos que discutir com outro Cedeca porque eles aceitaram aquele projeto da família [que a prefeitura propôs], em que um assistente social atende mil famílias, um educador atende oitocentas famílias... quer dizer, eu falo pra eles 'vocês vão acompanhar por teleconferência?' Só se for, porque não existe. Então veja, as entidades tem que fazer o controle. Se ele aceita uma situação dessas como é que ele vai discutir direito? Nós estamos falando de dignidade. Nós não temos interesse em manter as pessoas empregadas. Nós temos interesse em manter um projeto sério. O atendimento cria muito cabide de emprego. E se você não ficar muito em cima..." [Valdênia]

dora entre as favelas e o mundo público, quando se verifica nele a expansão de sua atividade gerencial, administrativa, estimulada pelas diretrizes estatais, infla-se também o sistema de mediações – e bloqueios – entre a favela e as esferas garantidoras de direitos da cidadania. As fronteiras entre adolescentes inscritos no crime e as instâncias públicas de direitos se tornam, então, ainda mais complexas. Analiticamente, elas pautam não apenas o problema da relação desses meninos com as entidades sociais de seu bairro, que os atendem, que os atenderiam, mas vincula esse problema à compreensão das lógicas da burocracia estatal submetida ao regime de alternância eleitoral, às práticas do sistema de justiça e à instabilidade dos financiamentos públicos de programas e políticas sociais. A complexidade cresce, e ainda não é só disso que se trata.

Outras fronteiras – o Cedeca *de Sapopemba*: o ideal da *comunidade política*

O Cedeca é *de Sapopemba*, e isso é sempre muito repetido por ali. É assim que ele é chamado. Estive algumas vezes em audiências e atos públicos em que Valdênia se pronunciou, e ela sempre iniciou suas falas dizendo que vem da periferia, da zona Leste, de Sapopemba. Reivindicar seu território, como fazem também os meninos que o Cedeca atende, quando encontram seus pares de outros lugares, é reivindicar um lugar no mundo e um ponto de vista específico, uma perspectiva a partir da qual se espera legitimar seu argumento. O Cedeca Sapopemba é parte da vida social de um território, parte de suas ações coletivas e, mais que isso, é um operador, nesse território, de uma *comunidade*. Na operação discursiva de fundação e reprodução dessa comunidade, como de qualquer outra, há tensões que se estabelecem entre diferentes normatividades. O basismo, a tendência política de esquerda e a vinculação ao território de Sapopemba, desde a entrada na vida adulta, são constitutivos das trajetórias das principais lideranças do Cedeca; essas características, de modo geral, as distinguem do perfil do corpo profissional da entidade, que chega até ela conforme os convênios de atendimento se especializam, ou seja, na passagem para os anos 2000. As redes que caracterizam esses distintos grupos de funcionários da organização são demonstrativas dessa clivagem, e merecem ser minimamente caracterizadas.

A coordenação

Lurdes, uma das ex-funcionárias do Cedeca, é militante tradicional da causa da infância e do adolescente na zona Leste. Foi, por muitos anos, conselheira tutelar de Sapopemba. Sua irmã Célia, também moradora e militante antiga do bairro, era a coordenadora das medidas socioeducativas do Cedeca, de 2005 a 2007, e depois da saída de Valdênia se tornou o principal quadro da entidade na área. Ambas foram criadas no bairro, conheceram de perto a mobilização das CEBs e se envolveram na luta que originou a fundação do Cedeca. São parceiras de infância de Valdênia. Uma de suas irmãs, idealizadora do projeto de um centro comunitário no Jardim Elba, passou a coordená-lo depois de iniciado; com isso, passou a circular mais frequentemente pela sede do Cedeca. Lucas, que esteve próximo da organização desde sua fundação, se tornou, em 2005, um dos coordenadores do programa de medidas socioeducativas, também é morador do bairro e professor da rede pública, em Sapopemba, há muitos anos. Quando deixou o Cedeca, em 2006, passou a coordenar uma marcenaria voltada para jovens portadores de deficiências, tocada a algumas quadras dali por outra entidade social. A esposa de Lucas, Juliana, é a ex-coordenadora do Arte e movimento e atual coordenadora dessa entidade, o Núcleo Assistencial Cantinho da Esperança (Nasce). O casal atua nas entidades sociais do bairro desde sua juventude, nos anos 1980. Alguns dos padres combonianos que estiveram presentes na fundação do Cedeca e em seu percurso posterior – Pe. Xavier, Pe. Valentim, Pe. Renato – também já passaram pela diretoria da organização e das seis Comunidades Eclesiais de Base (CEBs) que seguem ativas em Sapopemba. Sempre foram próximos dos moradores.

É quase uma família, me disseram logo que conheci o grupo. Parte dos laços entre eles são, como se vê, realmente familiares. Esse conjunto de trajetórias que compõem a equipe de direção do Cedeca, portanto, não circula profissionalmente por organizações da sociedade civil de caráter temático, não envia currículos em busca de emprego em outras regiões da cidade e não necessariamente tem capacitação técnica de nível superior (embora a pressão formal dos convênios para consegui-la seja cada vez mais presente). Trata-se de um conjunto de profissionais muito experientes e muito articulados que circula, sobretudo, nas interfaces entre uma rede comunitária e local de associações, cujos critérios de recrutamento são baseados no pertencimento a núcleos de relações pessoais, muitas vezes de parentesco, amizade e militância política.[6] Pertencer a essas redes, pelo histórico recente do desenvolvimento das associações de periferias, é pertencer também a uma comunidade, inclusive com perfil religioso claro.

Apesar das inúmeras mudanças dos últimos anos, é essa a comunidade que amalgama ainda hoje o núcleo-duro da equipe do Cedeca. Quem compartilha a experiência de viver essa comunidade tem acesso ao centro das discussões e decisões da organização. Os integrantes desse núcleo, mesmo que nem sempre estejam na coordenação técnica de projetos, mesmo que não estejam diretamente empregados em um período ou em outro, são, invariavelmente, os responsáveis pelas articulações externas à entidade que permitem que convênios e parcerias se firmem, que os projetos se materializem, que pessoas sejam contratadas e que novas associações locais sejam fundadas. São essas pessoas que permitem, ainda, que se estabeleça outro vínculo, agora organizacional e não individual, entre o Cedeca e a *comunidade* atendida, ou seja, basicamente a população das favelas do bairro. Esse vínculo se faz, para além do atendimento, e pelo histórico das ações coletivas desse território, a partir de dois grupos de funcionários igualmente pertencentes à comunidade, mas de perfil distinto desse anterior.

Os militantes de base: capilaridade social

Almir, um dos educadores do NPV entre 2005 e 2006, era também participante da escola de samba do bairro e amigo do *pessoal* do futebol de salão. Vindo de família muito vinculada à luta dos movimentos sociais petistas do ABC, tinha no atendimento direto que realizava, com as famílias mais pobres do distrito, tanto seu sustento como seu meio de fazer política. Participava ativamente dos momentos de formação e das manifestações do Cedeca. Tinha muito trânsito pelas favelas, conhecia todo mundo, fazia bem a ponte entre o Cedeca e o bairro. Conhecia e mantinha uma relação de respeito com os donos das *biqueiras*, com os meninos do *crime*; não julgava

---

[6] "Tem Cedeca que você tem famílias inteiras trabalhando na mesma entidade. É muito ruim. Que a gente até já discutiu no Cedeca, eu falei 'gente, se o Supremo já decidiu [contra o nepotismo], vamos acompanhar. Não podemos vacilar.' O CDHS a gente já tem como critério, família não, né? No Cedeca a gente começou a abrir a discussão. Mas nós temos que encarar, sabe, não perder o bonde. Porque isso sai no retrato, não tem jeito." [Valdênia]

ninguém e mantinha-se fora do raio das fofocas o quanto podia. Tinha clareza de que o atendimento das medidas socioeducativas não resolvia o problema dos meninos, exceto se tivesse muita estrutura externa para *enca-minhamento*. Foi ele quem me disse – o que me ajudou muito – que o Cedeca, para uma boa parte dos meninos do *crime*, era um elo de uma mesma rede de relações que incluía a polícia e a prisão. Na perspectiva de um menino atendido, pode-se narrar a aparição do Cedeca em sua trajetória a partir de um percurso bastante plausível: vive-se na favela, ingressa-se no tráfico, em outras formas de crime, e caso seja pego pela polícia, vai para a Febem, para sair de lá para cumprir uma LA no Cedeca; ao mesmo tempo, pode-se retornar ao tráfico e terminar o acompanhamento no Cedeca ganhando um dinheirinho.

Binho é outro militante de base do Cedeca e se lembra com detalhes de quando a Casa das Meninas foi criada no bairro. Via as meninas com *shorts* curtos lavando a calçada e, sabendo que se tratava de um trabalho social, me disse que não *entendia nada*. Por frequentar as reuniões do PT desde esse período, conheceu Valdênia e seu grupo, mas foi se integrar ao trabalho do Cedeca muito mais tarde. Trabalhando como educador do programa de medidas socioeducativas, dizia se importar especialmente com a dimensão política do trabalho. Contou histórias de lideranças sociais populares das favelas de Sapopemba, dos anos 1980, dos movimentos de moradia dali e sua percepção sobre como a ação política das periferias havia declinado desde então. Fomos juntos a uma manifestação política que o Cedeca integrou, era isso que o estimulava: a mobilização dos adolescentes e das famílias para a denúncia pública de sua condição e luta por direitos, a possibilidade de fazer política sobre um solo de privações.

Na atuação de profissionais como Almir e Binho é que as lideranças mais antigas do Cedeca apostavam, para manter sua capilaridade social e seu vínculo com a comunidade. A presença deles, inclusive, auxiliaria que educadores mais jovens como Daniela, moradora da favela do Jardim Elba, ou Cristiano, nascido no bairro, tivessem acesso às discussões presentes na origem do Cedeca, dessem continuidade a elas.

Os ex-atendidos

Neto era atendido pelo NPV, se deu bem na capoeira e tornou-se instrutor do grupo por cinco anos. Foi mantido no projeto enquanto havia financiamento, depois arrumou um emprego em uma loja de um shopping center do Tatuapé. Bianca, 24 anos, conheceu o Cedeca quando ainda era *público-alvo*, atendida por ser vítima de abuso sexual dos 13 aos 15 anos; passou a ser funcionária do setor administrativo e envia as mensagens que divulgam as atividades da entidade. Tem três filhos e a guarda de cinco de seus nove irmãos, todos os que têm menos de 18 anos. Michele trabalha na recepção do Cedeca e é amiga de muitos dos adolescentes atendidos; nasceu e cresceu no bairro, fez 19 anos e estava organizando um cursinho informal para ela e um grupo de amigos, em 2007; queria prestar Psicologia, mas engravidou em seguida e teve de abandonar a ideia. Cristina, cuja trajetória aparece telegraficamente no capítulo anterior, fez 40 anos em 2007, foi uma das atendidas por Valdênia e a equipe na Casa das Meninas, origem do Cedeca Sapopemba. Não teve pai nem mãe, nem tios nem avós; alternou internações e situação de rua até a maioridade, depois seguiu Valdênia e os combonianos por onde eles andaram. É mãe de um menino tímido, que se envolveu com o *crime* e se viciou no *crack*; assumiu a faxina da instituição, seu primeiro emprego com carteira assinada, em 2005, e circula pela sede do Cedeca toda semana. A organização, como se vê, também emprega ex-atendidos. Esses jovens funcionam como efeito-demonstração da viabilidade e da eficácia do atendimento.

É preciso assinalar que esses subgrupos de funcionários do Cedeca, sendo todos de Sapopemba, obedecem claramente às clivagens internas ao bairro, assinaladas já na Introdução e demonstradas pelas trajetórias dos Capítulos "De operários a trabalhadores", "De trabalhadores a bandidos" e "Bandidos e trabalhadores: coexistência". O núcleo-duro da instituição é composto de moradores antigos do distrito, quase sempre proprietários das casas em que vivem, herdeiros de uma trajetória familiar amparada no emprego industrial dos familiares, contrapartida social desse emprego e ascensão social nada desprezível. Os filhos desses militantes estudaram, trabalham em empregos mais qualificados e circulam por diversos ambientes para além de Sapopemba. O segundo grupo, de militantes de base da organização, é basicamente composto de famílias trabalhadoras que enfrentam dificuldades financeiras cotidianamente, mas não precisam viver na favela. O terceiro grupo, de ex-atendidos, é formado, praticamente todo, por moradores das favelas do bairro, cujas famílias têm trajetórias muito mais expostas ao desemprego, ao crime e à violência.

Se há distinções de concepção de mundo e de posições frente ao cargo que ocupam no Cedeca (para os primeiros, estar ali é, sobretudo, militância; para os segundos, é militância e emprego simultaneamente; e para os últimos, é fundamentalmente um emprego), todos eles diferenciam-se de outro perfil de funcionários do Cedeca, com características mais técnicas, que chega até ali graças à ampliação da entidade e dos convênios firmados para os atendimentos. Para esse próximo grupo, a caracterizar, o Cedeca é parte de um mercado de trabalho profissional.

O Cedeca dos convênios: o ideal técnico da *política social*

O Cedeca é, conforme venho afirmando, uma organização social que executa uma função pública específica (a defesa de direitos de uma parcela da população), função prevista por uma legislação específica (o ECA), segundo critérios de atendimento desenvolvidos por profissionais especializados, profissões regulamentadas. Para realizar sua *missão*, portanto, o Cedeca funciona como um espaço de produção e reprodução de saberes técnicos, regulados publicamente, que redunda em um *saber fazer* decantado por todo um campo já estabelecido de atuação profissional, notadamente ocupado por *advogados*, *assistentes sociais*, *psicólogos* e *educadores*.

Nesses anos de pesquisa no Cedeca, o número de funcionários envolvidos com os atendimentos oscilou entre 35 e 70. Em quaisquer que fossem as condições de convênio, já vimos que funcionários diretos da entidade eram só três ou quatro – coordenadores e seu secretariado. O restante da equipe foi sempre custeado pelos *atendimentos*. Lógica da gestão flexível, quase tudo é terceirizado e os empregos são instáveis. Já vimos ainda que uma equipe de gestão permanece na entidade de modo mais perene, e que os convênios de atendimentos vão e vêm. Quando começam esses convênios, e é preciso atender o público, as redes de contatos da equipe central são acionadas e chegam ao Cedeca profissionais para trabalhar em um projeto específico, com duração determinada. Esses profissionais atuam por vezes em mais dois ou três projetos, de outras entidades, simultaneamente. Os convênios terminam, os governos e as chefias das secretarias mudam, e os profissionais saem do Cedeca e circulam por seus mercados de trabalho.

Desde que a tendência da sociedade civil à profissionalização e tecnificação se estabeleceu, nos anos 1990, as ações coletivas se tornaram também um mercado de trabalho em expansão. Clarice, a psicóloga das medidas socioeducativas em 2005, saiu do Cedeca e em seu emprego seguinte produzia laudos sobre violência doméstica e abuso sexual para o judiciário, prestando serviços para uma organização da Ordem dos Advogados do Brasil (OAB); Roberta, a antiga coordenadora do programa de medidas socioeducativas e ex-diretora de uma unidade de internação da Febem, deixou o Cedeca para dedicar-se ao doutorado. Diego, antigo assistente social da entidade, especializado em violência doméstica e na questão da masculinidade, encontrou no ABC outra ONG interessada em sua atuação. Danilo, um dos advogados do Cedeca, especialista na área de direitos humanos, integrou um projeto de avaliação de políticas sociais e depois resolveu estudar para um concurso. Aurora, ex-coordenadora geral, vinha de uma experiência no terceiro setor empresarial e tinha vínculos com projetos apoiados pelos combonianos.

Trata-se então de um grupo de pessoas conectado a redes de suas profissões, notadamente do Serviço Social, da Pedagogia, da Psicologia e do Direito, que circulam entre ONGs e entidades sociais. Todos eles tendem a um posicionamento político de *esquerda*, mas poucos se identificam com a *opção preferencial pelos pobres* ou o basismo do grupo mais comunitarista, mais militante. Praticamente todos chegaram ao Cedeca por uma oportunidade profissional, enviando currículos por meio de redes de contato da organização, e a rotatividade desses profissionais é muito maior se comparada à dos funcionários locais.

Importa notar que, quando as organizações sociais das periferias tendem a crescer, esse perfil de funcionários tende a se tornar mais presente em suas dinâmicas internas. Os convênios exigem a contratação de especialistas, as entidades sociais necessitam dos convênios, e, portanto, uma série extensa de profissionais de nível superior, especializados no atendimento a essa população, passa progressivamente a ocupar os quadros de organizações como o Cedeca. Pela capacidade técnica e pelas experiências profissionais anteriores, esse grupo passa a disputar espaço e poder decisório no interior das organizações. Parte deles passa a adquirir efetivamente posições estratégicas na gestão, e então é toda uma trama de relações sociais que se mobiliza nas atuações da entidade. Simone, psicóloga da entidade há alguns anos, assumiu, em 2007, a coordenação geral do Cedeca e imprimiu ali um ritmo bem mais gerencial que a coordenação anterior. Profissionais menos marcados pela militância política de base e menos vinculados ao território em que o Cedeca se situa, como ela, quando chegam às entidades de atendimento locais, geralmente colocam em marcha um conjunto de práticas distinto daquele que originou essas organizações, o que evidentemente não se faz sem tensão.

Um conflito latente

Evidentemente, a pressão por profissionalização da sociedade civil coloca sob xeque o núcleo-duro da equipe do Cedeca, formado pelas redes militantes vinculadas às comunidades de base, sem tanta qualificação formal. A existência de funcionários de perfil comunitário no centro da organização e sua lógica de atuação baseada em redes privadas de amizade, parentesco e militância política conflitam com a lógica de atuação centrada no discurso dos especialistas, dos técnicos profissionais. Sobretudo porque, via de regra, tais especialistas estão, em princípio, submetidos hierarquicamente aos quadros comunitários, aos militantes fundadores. O contraste entre os depoimentos desses dois grupos foi muito marcante durante toda minha pesquisa, e os trechos a seguir são claros a esse respeito:

> Tem uma coisa muito de comunidade aqui... ai, essa coisa me incomoda um pouco, um pouco muito, assim. [...] Mas tudo bem. A gente vai aprendendo a lidar com isso. [...] Não sei, você que está vendo também deve ter percebido, não é? Falta, pra algumas pessoas, profissionalismo, assim. Algumas pessoas levam muito pro lado pessoal. Você faz um comentário do trabalho dele, ele acha que você está falando da pessoa dele, não do profissional dele. Então, você tem que ter muito jogo de cintura, e tem hora que cansa, você ter que ficar explicando as coisas assim. [Fernanda]
> Por exemplo, eles perceberam que fazia falta uma formação para o pessoal saber escrever relatório. Gente, isso para mim é um *a priori*, entendeu? Você

vai contratar um educador, tudo bem. Não tem nem problema se você quer contratar alguém da comunidade para dar uma chance à comunidade. Só que você tem que assumir a responsabilidade de contratar essa pessoa. Porque se essa pessoa não sabe trabalhar com certeza vai ter alguém sobrecarregado. Entendeu? Agora, para chamar educador de educador, [...] *a priori* essa pessoa tem que saber Paulo Freire de trás para frente e de frente para trás. Aí você pode começar a pensar em chamar o cara de educador. E tem que ter um critério. Não há critério de seleção no Cedeca. Houve assim: ah "fulana". "Fulana" nunca trabalhou com adolescente, não sabe se escada escreve com "s" ou com "z". Mas morre de vontade de trabalhar com adolescente. Ora, você está com vontade de trabalhar com adolescente? Então vá se capacitar e depois venha procurar o emprego. E não o contrário. É essa coisa de empregar aqui no Cedeca porque é da comunidade. [Clarice]

Na década de 1980 nós tínhamos muita formação pelas comunidades eclesiais, muita. [...] Nós aprendíamos a ler jornal. Hoje, o grupo que está não teve essa oportunidade. E nós temos um problema sério da alfabetização funcional... universitários. Hoje o Centro de defesa tem umas dez pessoas com nível universitário, ninguém é capaz de sentar à mesa e escrever um projeto com condições de ser lido. Entende? Então assim, nós conversamos e estamos preocupados no centro de formação em dar aula de português, aula de redação. [Valdênia]

E foi tudo construído com muita garra. [...] Mas foi um trabalho muito interessante, acho que nós tivemos muita sorte com as pessoas que a gente contratou, e como foram pessoas, principalmente os educadores, foram indicados pela comunidade, então as pessoas também já sabiam o que elas iam enfrentar, e estavam muito dispostas a reverter todo esse quadro [de violência] também. [Célia]

O contraste entre os depoimentos é evidente, e as acusações mútuas de inadequação às funções desempenhadas amparam-se em argumentos válidos entre os pares. Interessa pouco aqui a disputa pessoal que começa a se travar nos cotidianos da entidade, entre esses dois perfis de funcionários. Interessa muito, entretanto, delinear os condicionantes sociais e políticos dessa disputa. Sabe-se que o associativismo civil brasileiro tende a se tecnificar, a partir dos anos 1990; a disputa interna ao Cedeca é sintomática desse processo de mudança. Em muitas outras associações e em movimentos sociais de base os conteúdos das disputas internas às equipes são exatamente iguais. Sabe-se também que esse processo de tecnificação e especialização das ações coletivas de periferia é constitutivo na demanda por inserção institucional dos movimentos sociais desde a democratização do regime; e que ele interferiu significativamente no trânsito, hoje já bem estudado, de um tipo de ação social de cunho fortemente reivindicativo para outro perfil de atuação, fundado nas parcerias e na negociação de contratos e projetos, sobretudo com governos. Sabe-se, finalmente, que esse trânsito confluiu para a diminuição das discussões de tipo ideológico, de cunho mais claramente crítico e político, e favoreceu a expansão de um discurso gerencial. A *confluência perversa* de que trata Evelina Dagnino,[7] condensada na assertiva dominante nos anos 2000 de que *não há por que discutir as causas estruturais da desigualdade e da pobreza, há que se propor soluções viáveis para sua gestão,* está expressa integralmente nessa disputa interna ao Cedeca.[8]

Uma caricatura da posição desses dois grupos internos ao Cedeca, vistos agora de modo despersonalizado, seria a seguinte: o grupo de especialistas, notadamente em suas crises com a instituição, acusa a coordenação do Cedeca de obedecer a interesses particulares do grupo comunitário. As ações da organização estariam submetidas aos interesses pessoais, aos laços de amizade, familiares e religiosos presentes entre seus membros, que explicariam tanto as hierarquias internas quanto o *cabide de empregos* que garante a subsistência desses indivíduos e dessas famílias. O grupo de militantes e moradores da comunidade vê os técnicos como *outsiders*, pessoas que estão ali de passagem, até o fim do convênio, que não conhecem a favela ou a história de militância local, que não têm o mesmo compromisso com a região e seus problemas e que, no geral, promovem a despolitização das questões de fundo da missão do Cedeca, por centrarem demais o olhar no que o corpo dirigente considera como atividade-meio.[9] Se essas acusações mútuas estão amparadas em matrizes discursivas mais amplas, interessa-nos analisá-las justamente no plano discursivo que as conforma e que conforma algumas das tensões da cena política contemporânea.

---

[7] Ver Dagnino (2002; 2006). Inspirado pela autora, trabalhei esse processo em Feltran (2005; 2007).

[8] Discuto exatamente esse ponto em Feltran (2006).

[9] "Olha, como é que nós ficamos três anos com o projeto Oficinas de teatro e nós não conseguimos trabalhar o Estatuto [da Criança e do Adolescente] através do teatro? Aí a pessoa quer ir lá dar a técnica do teatro. E para nós não interessa. É por isso que muitas coisas no processo, a gente vai abrindo mão." [Valdênia]

Conflitos internos, tensões da política

No cotidiano dessas pequenas disputas, etnografadas em meu trabalho de campo, o que está em jogo é, em um primeiro plano de análise, a concepção normativa do Cedeca, ou seja, aquilo que se imagina que ele *deveria ser*. Esses pequenos embates, portanto, elaboram uma disputa pelos significados do que quer dizer Cedeca. Uma disputa pelos critérios de nomeação, conforme temos visto, guarda sempre em seus fundamentos uma disputa política. Quando um grupo diz *Cedeca* e o outro diz *Cedeca*, eles não se referem a um mesmo conjunto de significados. Nesse tipo de *desentendimento* minúsculo é que Jacques Rancière centra sua análise política:

> Por desentendimento entenderemos um tipo determinado de situação de palavra: aquela em que um dos interlocutores ao mesmo tempo entende e não entende o que diz o outro. O desentendimento não é o conflito entre aquele que diz branco e aquele que diz preto. É o conflito entre aquele que diz branco e aquele que diz branco mas não entende a mesma coisa, ou não entende de modo nenhum que o outro diz a mesma coisa com o nome de brancura. (Rancière, 1996, p.11).

O caminho do autor é perspicaz e me parece adequado aqui: no ideal normativo do primeiro grupo de militantes, mantido ao longo dos mais de vinte anos de atuação no bairro, o Cedeca *deveria ser* uma espécie de catalisador do trânsito de demandas e interesses das pessoas de Sapopemba até o espaço público. Isso propiciaria à *comunidade* uma aparição em terreno político, portanto uma subjetivação política específica dessa comunidade. Essa mediação – da privação à esfera da locução política – não seria feita exclusivamente pelo Cedeca, claro, mas por todo um conjunto de ações similares, articuladas a organizações as mais diversas, das mais periféricas às mais centrais, da sociedade civil, do sistema partidário e do Estado, que comporiam, portanto, um mesmo *projeto político*. O ponto de chegada desse trânsito seria, idealmente, a garantia dos direitos – sociais, civis e políticos – dos indivíduos e grupos atendidos. O direito, dessa forma, é compreendido normativamente como medida de sociabilidade e de existência política (resguardada por um projeto, e no limite pela lei) daqueles indivíduos adolescentes e jovens atendidos nos marcos dessa intenção.

Esse ideal, portanto, constrói a imagem do Centro de defesa como uma primeira instância de *representação política* do território em que se situa e de seus moradores. Constrói também, discursivamente, uma figuração do Cedeca como participante de uma rede mais ampla de significados e instituições que, cumpridos seus propósitos, estariam conectadas em rede e conformariam uma arena pública. Essa aparição política funcionaria para pressionar por mudanças mais amplas na relação entre a sociedade e o Estado ou, mais precisamente, no caso do Cedeca, entre as favelas – onde concentram-se os atendidos – e o Estado, entendido como guardião da lei. Esse fluxo de representação *ascendente* iria dos atendimentos à garantia dos direitos, ou seja, das privações materiais ao espaço público, das carências à afirmação de existência política, da ausência de voz à existência política de um sujeito coletivo.[10] Em suma, a ação coletiva chamada Cedeca transformaria, nessa concepção normativa, a comunidade social de Sapopemba em comunidade política, a serviço de um projeto mais amplo, que acolhe o Cedeca e lhe oferta um lugar público e político transformador.

O ideal normativo do segundo grupo de funcionários da entidade, formado menos na militância e mais no debate técnico sobre convênios e políticas sociais de atendimento, é fundamentalmente distinto desse. O ideal dos técnicos da entidade seria a gestão integrada e em rede dos atendimentos ao público-alvo, a efetiva proteção integral do adolescente. É preciso aumentar a eficiência do atendimento, torná-lo mais efetivo, eficaz. O Cedeca seria então considerado, nessa perspectiva, uma entre outras entidades sociais, concebidas como braços capilares de atendimento à demanda por direitos sociais fundamentais da população. O Estado, as ONGs, os movimentos e o terceiro setor *deveriam estar*, nessa concepção, igualmente empenhados em gerir essa rede. A rede conveniada, como é chamado o conjunto de entidades civis como o Cedeca,[11] teria como função primeira realizar a ponta de atendimento dessas políticas, sua execução. Evidentemente, essa execução das políticas

---

[10] Claramente me utilizo aqui dos referenciais analíticos consagrados no estudo dos movimentos sociais em São Paulo, desde Sader (1988) até Paoli (1995). Estes foram os referenciais que também empreguei em Feltran (2005) para pensar a continuidade dessas trajetórias sociais e políticas depois da ruptura dos anos 1990.

[11] Há muitos anos o atendimento a crianças e adolescentes financiado pela Prefeitura Municipal de São Paulo se divide entre Rede direta, formada por creches e centros educacionais diretamente vinculados à Prefeitura Municipal, e Rede indireta, ou Rede conveniada, formada pelo conjunto de entidades civis (religiosas, comunitárias, filantrópicas não governamentais etc.)

se daria segundo normas gerais, definidas pelos setores dirigentes da gestão municipal, estadual ou federal e válidas para todas as entidades similares. Para essa gestão eficiente é que são elaborados editais, processos seletivos, negociadas propostas em conselhos, fóruns, balcões etc. No final das contas, portanto, já não importa se é o Cedeca, o Instituto Daniel Comboni ou o Nasce que atende aqueles jovens. Interessa, nessa concepção normativa, que alguém se disponibilize para executar as regras de convênio, segundo os critérios de gestão previamente definidos. É desejável, ainda, que se apresente uma *contrapartida*. Interessa, portanto, à gestão, que os recursos sejam escoados, que os mercados de trabalho profissionais sejam preenchidos e que os atendimentos sejam realizados, segundo a direção central preconiza. As políticas sociais, nessa perspectiva, precisam contar com o braço de execução das entidades da sociedade civil, até porque os governos já *não podem* se responsabilizar por toda a atenção primária aos pobres.

Por três motivos principais. Não podem primeiro porque, no modelo de financiamentos de políticas públicas vigente, da direita à esquerda, "o Estado está falido para as políticas sociais", como me dizia um gestor público municipal há alguns anos.[12] No ajuste fiscal dos últimos anos, os orçamentos da área se tornaram escassos, submetidos à lógica do custo-benefício, os programas sociais atendem sempre uma demanda muito menor do que a que realmente existente. Não podem também porque, às vezes, os públicos-alvo já estão inatingíveis – como dizia há pouco, é cada vez mais difícil encontrar vínculos públicos que conectem as favelas às políticas, há sempre intermediários locais que se fazem necessários – atores de governo usualmente já não têm muita capilaridade social, precisam das organizações locais para chegar a seu público. Por fim, não podem porque solicita-se, nesse *projeto*, que a gestão das pontas seja eficiente, que a máquina esteja enxuta, que no limite os recursos aplicados sejam otimizados – há de haver recursos para o custeio, a folha de pagamento, as dívidas interna e externa, os juros de cada uma delas etc. Fundos públicos estão em questão.

---

que recebem recursos públicos para manutenção mensal de seus atendimentos. Há técnicos da Prefeitura que, precariamente, fiscalizam a qualidade dos atendimentos e avaliam sua continuidade ano a ano.

[12] Ver Feltran (2006). A noção de *democracia gerencial* formulada por Tatagiba (2003) me parece excelente chave para pensar esse processo. As mesmas dinâmicas são analisadas, sob o prisma da gestão estatal em reforma, em Paes de Paula (2005a).

Nota-se, nesse cenário, que a lógica de fundo dessa *nova gestão do social*, em expansão, institui um fluxo de caráter *descendente*, ou seja, que parte dos governos e das outras instâncias centrais nos *espaços de tomada de decisão* para chegar às entidades sociais e sua *população atendida*.[13] O Cedeca, nesse ideal normativo da gestão, é um braço executor de políticas sociais. Esse conflito entre distintas concepções do que *deveria ser* o Cedeca, então, não é nem local, nem descontextualizado: ele define a tensão entre duas formas de conceber as ações coletivas das periferias: elas devem ser sujeitos políticos representativos de uma dinâmica social específica, que deveria ter no espaço público democrático seu lugar de locução, como qualquer outra, ou devem ser braços técnicos executores de políticas *para* as populações pobres?

O conflito entre os funcionários do Cedeca, no qual subjaz essa tensão, tem por isso uma cronologia precisa em São Paulo. Ele surge desde a eleição de Luiza Erundina à Prefeitura Municipal, em 1988, quando os movimentos sociais fortemente politizados se viram obrigados a *gerenciar* a máquina estatal das políticas sociais. O conflito se desenvolve, nos debates específicos do Cedeca, ao menos desde 1998, quando o desenho político-pedagógico do atendimento de medidas socioeducativas, elaborado por Centros de defesa fortemente politizados, passa a ser financiado por governos e entidades do terceiro setor empresarial, interessados fundamentalmente em novas tecnologias sociais.

O Cedeca sempre foi atento a esse conflito. Uma decisão de direção, ainda nos anos 1990, tentou equacioná-lo inicialmente: as diretrizes militantes do Cedeca seriam centrais, predominantes, fundamentais; a dimensão profissional e técnica dos atendimentos se submeteria a ela. Mesmo da busca por convênios, também muito importante, estaria subordinada à centralidade de um *projeto político*.

> Então, o que é que nós estamos falando: nós podemos ter o atendimento, mas esse atendimento tem que estar a serviço da ideologia e da visão da entidade. Porque alguns, até coordenador, o ano passado falavam assim "mas de repente

---

[13] "O sentido do vetor é claro na fala de um dos dirigentes do Cedeca: quando o poder público começa a querer também dar respostas aos desafios sociais, à população mais pobre, vai procurar lá no bairro aquela entidade que já tem credibilidade, uma certa organização, tem uma estrutura física, e aí assina um convênio." [Pe. Renato]. Sobre a gestão da questão social como gerência de populações, a referência por todo o texto é Foucault (2008).

a gente tá com um planejamento essa semana, aí de repente a gente tem que lotar ônibus e ir pra lá [para manifestações políticas]. Isso não é massa de manobra?" Falei "Depende. Se você está só ocupando a garotada, é massa de manobra. Mas se você vem trabalhando a conjuntura com essa garotada, sem perder de vista a vida real deles, não é massa de manobra. Isso é cidadania!" [Valdênia]

Por isso, quando conheci o Cedeca, em 1999, todos consideravam-se parte de um movimento social, com todas as características que qualificaram esse conceito na bibliografia, fundamentalmente a busca por um estatuto político de locução de um sujeito coletivo.[14] Narraram-me naquela época, por exemplo, o episódio de ruptura unilateral de um convênio com a Febem, por divergências quanto ao desenho de atendimento proposto pelo Governo Estadual – princípios políticos não se negociam:

Em 1998, nós assinamos um convênio, uma parceria com a Febem para acompanhar os meninos em LA. Aí, quando foi em 2002, nós tivemos que romper com essa parceria, porque nós acreditávamos em outra proposta. A questão do convênio era até para colocar que é possível um outro trabalho de execução dessa medida, uma metodologia de trabalho diferenciada e de acordo com o ECA. E aí o que a gente percebeu, mesmo ligado ao Estado, é que a gente estava fazendo muito mais a questão burocrática do que realmente fazendo uma intervenção, e foi aonde a gente falou: não, a gente tem que rever todo o nosso trabalho. E também não tinha condições mesmo de diálogo com a Febem; foi quando nós rompemos. Uma decisão bastante difícil, porque a gente tinha todo um contato com os adolescentes, e o medo também de perder todo esse trabalho junto com os meninos... já em 2002. E aí foi para mim, pessoalmente também um momento muito difícil, porque eu não queria sair do Cedeca, e ao mesmo tempo tinha que sobreviver, que trabalhar. [Célia]

Com a Febem a gente celebrou convênio, mas chegou um ponto que as exigências burocráticas... por exemplo: te mandam uma verba pra comprar lanche, só que o irmão do adolescente, que vem com ele, não pode tomar desse lanche. Então é meio incabível... aí então nós dissemos: ou mudamos os critérios, ou então nós rompemos, porque dignidade é uma coisa que não pode se abrir

---

[14] Segundo a leitura original de Paoli (1995).

mão em hipótese nenhuma. E aí nós rompemos, ficamos quase dois anos sem convênio, agora com o processo de municipalização nós retomamos. [Valdênia]

O atendimento, concebido nessa perspectiva, seria um exercício da vocação do Centro de defesa, ou seja, resgatar os trabalhos de base autônomos, as denúncias públicas e as ações coletivas de cunho reivindicativo. Essa normativa funcionou no Cedeca enquanto Valdênia – que é militante, católica, petista, moradora do bairro, basista e, ao mesmo tempo, advogada formada, educadora, profissional da área da infância e articuladora de convênios – manteve-se na coordenação geral da entidade. Com sua saída, em 2004, que coincide com a retomada de um convênio de proporções enormes com governos municipal, estadual e federal,[15] a lógica da gestão técnica reapareceu fortemente. A tendência foi que o conflito latente se tornasse mais presente nas discussões internas ao Cedeca, a partir daí. Valdênia e o grupo movimentista mantiveram-se pouco presentes no cotidiano da entidade, entre 2005 e 2007, mas muito influentes nas decisões centrais da entidade. A diretoria passou, por isso, a questionar mais abertamente as coordenações técnicas dos projetos, e o conflito entre técnicos e militantes se explicitou progressivamente a partir daí, sobretudo nas crises geradas pelo atraso no repasse dos recursos, como no início de 2006 e entre 2009 e 2010.

Os Centros precisam retomar a sua vocação política. Então, com o Cedeca a gente tá fazendo a mesma conversa. Tem que ser profissional, não dá pra ser amador, você tem que saber o que você vai fazer, não dá pra ser só na intuição. Mas você tem que ter essa visão política e você tem que estar na comunidade. [...] Quando eu falo assim, tem o ato do "povo da rua", tem tudo a ver. Então vamos lá. Tem um problema na Febem? Os outros tem que saber, porque a criança que está na entidade é irmã da que está dentro da Febem. É uma questão de respeito com o próprio núcleo da pessoa atendida. Por exemplo, você veja os trabalhadores de uma entidade como o Cedeca e o CDHS... dia 1º de maio não é um dia de folga. Nós conseguimos, há dois anos que a gente já consegue ir pro ato no Ipiranga, como atividade pedagógica. Mas nós levamos um tempo pra dizer "Ô, escuta, a maioria dos pais tão desempregados ou tão no trabalho informal e

---

[15] O desenho desse convênio e seus desdobramentos são discutidos em detalhe no Capítulo "O atendimento" deste livro.

nós vamos pra praia porque é dia 1º de maio?" Não tem lógica. Mas não é fácil. Porque não necessariamente estas lógicas [a lógica movimentista e a profissional] apontam para a mesma direção... mas elas podem apontar. [Valdênia]

Valdênia mantém, nesse trecho, a decisão pela atuação movimentista como mote central da atuação do Cedeca; no cotidiano da entidade, os discursos mais frequentes eram outros:

> Por exemplo, tinha uma manifestação, a coordenação falava "Vamos todos os funcionários." Teve uma manifestação que eu fui que eu nem sabia o que eu tava fazendo lá, não é? "Vamos, tem que ir." Aí chegava lá e você não entendia o que você tava fazendo lá. Gente, quem tem que estar aqui é o povo que mora lá, os adolescentes, a comunidade, não a gente! [Fernanda]
>
> Eu não posso falar dos demais, mas a nossa crise é justamente essa. E essas reuniões que tão acontecendo lá no Cedeca, diretoria etc., é justamente pra discutir isso. [Valdênia]

Uma decisão bastante simbólica da mudança da configuração dessa disputa no Cedeca foi a celebração dos convênios com a Fundação Casa, em 2007 e 2009, em moldes muito semelhantes aos que a organização, cinco anos antes, havia se negado a cumprir com a Febem. "As coisas mudam, mudam rápido, e não saem do lugar", me disse Célia sobre a dança dos desenhos de convênio, a cada novo Governo, a cada novo cenário. "E assim se perde tudo e voltamos tudo para trás", me diz Ilda, funcionária do Cedeca desde 1998. A crise era sentida, sobretudo, no grupo de militantes mais tradicionais da organização, de caráter mais *politizado*. Da crítica desse grupo ao predomínio da técnica e da gestão, comuns em muitas ações coletivas das periferias da cidade nos anos 2000, surge uma iniciativa já muito mais rara entre essas entidades, contemporaneamente. A criação do CDHS é expressão dessa crítica: o grupo de militantes fundadores do Cedeca sente que precisa escapar da lógica gerencial e, para tanto, decide criar, já nos anos 2000, um novo espaço de ação militante. É essa a história contada a seguir.

Resposta à crise: o Cedeca faz atendimento, o CDHS faz política

A demanda é tão gritante, tão urgente, que todo dia é emergencial. Então não sobrava tempo para levantar a cabeça e olhar por que é que isso estava acontecendo, as causas da situação. As crianças e adolescentes estavam envolvidos [com o crime], por quê? Então fazer mais análise estrutural, as causas, e articular com as outras forças sociais, fazer formação e ser um agente de interlocução com o poder público. Mais político, menos uma extensão do poder público para as políticas de assistência, onde o Estado não está chegando, que é o Cedeca. O Cedeca hoje, basicamente... nós pretendemos ser diferentes, mas é muito difícil, exatamente pela urgência da demanda.

O que acontece? Assinando convênio você já é parceiro do poder público. Muda a relação, muda completamente, e vai diminuindo um pouco a capacidade combativa, de criticar, de denúncia do abuso e da negligência do poder público, a ausência do poder público. Que você faz uma pequena ação amenizadora da violência social com, digamos, 300 crianças, e tem 3 mil abandonadas. Então você faz uma ação que mostra o caminho mas não atende, não responde à demanda que seria precisa ali, uma política pública. Só que você está como parceiro, você acaba gastando seu tempo na burocracia da relação, [...] que é absurda, os atrasos, os pagamentos, as prestações de conta, o seu tempo acaba nisso aí, na burocracia. É uma relação às vezes muito desgastante. Você não ter mais tempo para fazer formação de lideranças, fazer análise de conjuntura, se perguntar porque é assim a situação, ir às causas e não mirar apenas os efeitos, os sintomas da violência institucionalizada. É daí então que surgiu o CDHS, e a provocação que vem para o Cedeca é não ficar simplesmente no atendimento.

Se você é um braço de atendimento, você perde sua autonomia política, perde a capacidade crítica, perde a força reivindicatória. Porque a gente assina convênios, eles passam dinheiro, pagam seu salário, então você acaba praticamente cooptado. Isso é o que acontece. Igual a qualquer outra entidade pública, seja na educação, saúde... tentar atender então a população, o menino infrator, na LA, a criança que está na rua depois da escola, e tal. Nós queríamos superar esse limite, superar a cooptação, manter a autonomia do movimento social. De fato, o Cedeca surgiu com essa característica muito clara nas pessoas que criaram o Cedeca, de ser alguém que provocasse a sociedade, a Igreja, mas [depois tornou-se sobretudo um braço de atendimento].

Quando eu cheguei aqui em Sapopemba, há seis anos, seis anos e pouco, havia uma conversa no ar, de criar um centro de direitos humanos. [...] As reuniões, para começar a pensar o CDHS, exatamente com o intuito de criar algo mais político. Então, acho que as duas coisas não podem ser separadas, o CDHS é uma evolução do Cedeca. Eu acho que você não pode ignorar o CDHS, é uma etapa importante, e o CDHS questiona o Cedeca também, agora, para não ser simplesmente uma entidade que coopera com o poder público. Mesmo que brigue com o poder público, mas que acaba sendo aquela extensão dele lá na periferia. [...] [O CDHS] surgiu a partir de uma reflexão sobre o Cedeca, e com a exigência de ampliar e qualificar a laço do Cedeca na questão estrutural, superando o simples atendimento da demanda, fazendo intervenção social.

O povo perguntava "porque criar outra entidade?". Eu vejo duas razões, uma é um pouco a inércia, a resistência a mudar, das lideranças históricas que compunham o Cedeca, que você entra numa certa rotina, depois para mudar é difícil. Então, apesar de fazer formação, de fazer essa reflexão, não se via mudanças. Então acho que uma razão é essa. Então, vamos criar algo novo. A outra questão é que o CDHS abrange toda a área dos direitos humanos, sociais e civis e não apenas de crianças e adolescentes. Uma abrangência maior.

Acho que funcionou, e o CDHS não é só uma evolução do Cedeca, mas é um elemento articulador de todo o movimento de Sapopemba. É uma referência para o movimento da saúde, movimento da moradia, o Instituto Daniel Comboni. Inclusive, hoje, graças ao CDHS que o Cedeca veio a ter essa integração maior com o Instituto Daniel Comboni.. Hoje é via CDHS que as pessoas se aproximaram, se conheceram. [...] Criou uma rede muito forte. [Pe. Renato]

Emerge do longo trecho do depoimento de Pe. Renato a solução encontrada pelo grupo militante, que fundou o Cedeca, para continuar fazendo política. Se os convênios são vitais e se o Cedeca já está inserido em sua lógica, é melhor partir para outra iniciativa que, em suas atividades, mantenha viva essas duas formas de ação e as signifique politicamente. É preciso ao menos fazer coexistirem os atendimentos e a ação política: é preciso continuar fazendo pressão e denúncia, discutindo as questões estruturais, e o CDHS teria essa função.[16]

---

[16] "Instituição que inclusive retoma um laço mais forte com a Igreja Católica: o Cedeca começou dentro do movimento da Igreja como provocação para a própria Igreja, às pessoas

Por isso, as principais lideranças da fundação do Cedeca migram para o CDHS, paulatinamente, a partir de 2001. Em 2003, essa passa a ser a entidade mais central para a mediação política do prédio que ambas compartilham no Parque Santa Madalena.[17] A partir daí, o CDHS vai assumindo mais e mais a tarefa de executar a articulação dos movimentos de base, o trabalho de formação e as denúncias contra as violações de direitos no bairro. Nega-se a obter convênios para realizar atendimentos, prioriza a manutenção de uma equipe enxuta de profissionais, pagos por doações de sócios e pela cooperação internacional, sobretudo italiana, que a proximidade com os padres combonianos permite. As ações públicas do CDHS passam a ter mais impacto público que as do Cedeca, e o foco da entidade passa a ser a denúncia do *abuso* do Estado no trato com as periferias, incluindo-se aí, com destaque, a violência e corrupção policiais.

É sobre esse ciclo de ação política, proposta pelo grupo de fundadores do Cedeca (agora no CDHS) que o capítulo seguinte vai tratar. Conclui-se nele, portanto, um percurso descritivo-analítico costurado desde o início deste livro: da trajetória de um adolescente atendido, Pedro, passei a descrever grupos familiares de jovens como ele, em sua heterogeneidade e, ocasionalmente, em suas relações com o Cedeca. O Cedeca aparecia, então, como uma instância de justiça à qual poderiam recorrer, entre outras: o próprio crime e as igrejas, sobretudo. O argumento da expansão do *mundo do crime* nas periferias desprende-se dessa constatação. Passei então, na terceira parte do livro, a descrever esse Cedeca, essa instância política. Iniciei por sua interface com os adolescentes e suas famílias, o atendimento, descrevendo desde o vínculo inicial entre educadores e adolescentes, até os conflitos profissionais e políticos que eles ensejam, muito centrados nas dificuldades de funcionamento da rede de proteção social mais ampla. Detectei, com

---

conservadoras, e depois foi se tornando mais e mais autônomo, e houve um certo distanciamento. No CDHS fizemos questão que surgisse como expressão da organização das CEBs aqui em Sapopemba. O que chamamos de *setor*, né. Apesar que este apoio, essa colaboração, é mais em princípio, mais em ideal, que efetivo. Porque depende muito de algumas pessoas comprometidas. Essa é a realidade. Nas reuniões tinha pouca gente, aquela coisa, só aqueles que realmente acreditavam. Éramos um grupinho que se reuniu por mais de um ano para pensar o CDHS. Mas hoje se firmou, o CDHS tem uma credibilidade." [Pe. Renato]

[17] Essas lideranças permanecem na assembleia de diretoria do Cedeca mas, nitidamente, a partir de 2006, cedem espaço interno para que os atendimentos funcionem segundo sua própria lógica.

a ajuda de meus interlocutores, que o debate em torno dessa rede estava inscrito em conflito político mais amplo, que se manifestava também nos conflitos internos ao Cedeca – a tensão entre as transformações nas concepções normativas dominantes na sociedade civil e nos governos acerca do que *devem ser* os movimentos sociais, a ação social e, particularmente, a gestão do social, pensada agora como gestão de uma população. Para finalizar esse percurso analítico, mergulharemos a seguir nas ações propriamente políticas do Cedeca que pretendem desarranjar as tendências estabelecidas até aqui.

AÇÃO POLÍTICA

Manhã de dezembro, 2005, em frente à sede do Cedeca [Centro de Defesa dos Direitos da Criança e do Adolescente] e do CDHS [Centro de Direitos Humanos de Sapopemba], no Madalena. Ponto de encontro. De lá, entrei no carro do Pe. Renato rumo a uma das favelas do bairro. Do meu lado uma freira negra a falar em inglês, cabelos trançados presos para trás. Ela vinha da Eritreia, eu não conhecia ninguém nem nada de lá. Os cristãos são perseguidos por lá. Ela dizia que a luta dos movimentos populares era semelhante no mundo todo, que o favelado também era negro, que se sentia em casa. Cinco minutos depois já estávamos a pé na entrada da favela, descemos as vielas fechadas, passamos por moradores que nos cumprimentaram sem entusiasmo. Um deles gritou ao longe, depois de passarmos: "quando é tempo de política vem todo mundo pagar pau!" No ponto mais baixo e central da favela, que ocupava duas encostas íngremes, uma obra recente de canalização abrira uma via de acesso onde antes havia um córrego. O mau cheiro e as palafitas cederam lugar ao cimento, e sobre o cimento já se aglomeravam umas vinte pessoas, alguns rostos conhecidos, formando uma roda.

Valdênia ao microfone. "Vamos descer, para participar dessa conversa, para mostrar que em Sapopemba a gente sabe receber as visitas com calor humano." Explicava que se tratava de um ato do CDHS, de protesto contra a violência policial, e citava nomes *de adolescentes dali que tinham sido assassinados pela polícia. "Estamos aqui em nome deles, pela memória deles." Falava com propriedade, conhecia as mães dos meninos e suas histórias. Seria lançada naquele ato uma publicação da Anistia internacional, relatório sobre o policiamento em favelas no Brasil, chamado Eles entram atirando. (Anistia internacional, 2005.) Algumas pessoas apareciam nas janelas, curiosas, outras efetivamente desceram para o ato. No centro da roda, no chão, havia cartas de solidariedade, escritas por defensores de direitos humanos e vítimas de violência de muitas partes do mundo. Num canto o grupo de samba do Arte e movimento dava o tom. Já éramos quase cem.*

Eu com meu caderno na mão, desenhando a cena e anotando trechos das falas no microfone. Liguei meu gravador, mas havia muito ruído, desliguei. Um senhor alcoolizado se aproximou, me disse seu nome completo e idade, e que queria dar seu depoimento. Enquanto eu dizia amenidades para tentar me desvencilhar, ele puxava uma jovem pelo braço, mostrando-a para mim: "escreve aí, essa daqui deu uma filha para os outros, o nome dela é Ana Maria dos Santos". Trouxe em seguida, também pelo braço, uma criança que circulava: "o pai dessa daqui é um safado sem-vergonha". Disse que a polícia "só entra em casa de vagabundo". A polícia "só invade a casa de quem merece". Apontou para uma mulher negra. "Aquela ali é prostituta." Eu a conhecia, havia entrevistado toda sua família.[1] Depois ele se sentou no chão, apontou para mais e mais pessoas, agora com discrição, e me resumiu os dramas que cada uma vivia. Dramas intensos, como muitos dos que encontrei por lá. "Um coração ferido por metro quadrado", me lembrei da letra do rap.[2]

Enquanto isso, Valdênia já começava a chamar alguns dos presentes para darem seus depoimentos públicos: o próprio Pe. Renato, coordenador das

---

[1] A história de Fabiana e de sua família, por remeter a questões semelhantes às tratadas no Capítulo "Bandidos e trabalhadores: coexistência", acabou não compondo o grupo de histórias familiares trabalhado na Parte I, "A expansão do *mundo do crime*", deste livro.

[2] Trecho da canção V. L. (Vida Loka) Parte 2; Racionais MC's.

CEBs;[3] seu Chico, o presidente de honra do CDHS; uma militante de direitos humanos do Rio de Janeiro; outra de São Bernardo do Campo; outra de Guarulhos. Parentes de vítimas de violência policial de várias cidades. O Pe. Valentim, apresentado como aquele que, num final de ano, mandara a Hebe Camargo voltar para trás com suas câmeras de TV e um caminhão de mantimentos para doação. "Muito amiga do Maluf essa Hebe Camargo", ela dizia ao microfone. Em seguida foram chamados um pastor da Igreja Evangélica de São Bernardo, representantes do Movimento dos sem-teto e de diversas entidades de direitos humanos, além dos técnicos responsáveis pelo relatório da Anistia internacional. Estavam ainda por lá Conceição Paganele, diretora da Amar, e alguns coletivos contra a tortura. Por último, anunciou-se a presença de uma série de parlamentares, todos do PT: o vereador Paulo Fiorilo, os deputados estaduais Renato Simões, Zico e Adriano Diogo, um representante do deputado Ítalo Cardoso, e o deputado federal Devanir Ribeiro. Cada uma dessas pessoas fez uma intervenção curta, seguida de aplausos. Um rapaz do movimento de moradia filmou o evento, há um circuito em que este material circula.[4]

Saí dali de novo com o Pe. Renato e, depois de almoçar com um grupo de funcionários do Cedeca, tomei meu ônibus para a rodoviária. Comprei minha passagem, dei dois passos e, sincronicidade: cruzei com Valdênia, que acompanhava o grupo de militantes cariocas que também voltava para casa. Sentamo-nos todos enquanto esperávamos os horários dos ônibus, tomamos cerveja em lata, falamos sobre favela e direitos humanos. Comentei

---

[3] "Esse é um cargo que peguei este ano [2005]. Fiquei por falta de outra opção, só para transição. A minha paróquia é a São Sebastião, tem a Nossa Senhora das Graças no Jardim Elba, a Reconciliação, que é o Parque Santa Madalena, depois tem o Divino Espírito Santo, que é bairro Planalto e Antônio Vilela, depois tem Nosso Senhor da Esperança, que é o Sinhá, e Fátima, Santuário de Fátima, lá no Jardim Sapopemba, que é o mais antigo. Santuário de Fátima existia já, acho que antigamente era uma paróquia só." [Pe. Renato]

[4] Como se sabe, desde os anos 1970 desenrolam-se iniciativas de *comunicação popular*, que instituíram entre os movimentos sociais e seus simpatizantes a circulação de material de divulgação das experiências. Esse circuito é crescente e acompanha as mudanças tecnológicas, que tornam mais simples e baratas as produções.

> *sobre a quantidade de parlamentares presentes. Valdênia falou que esperava mais participação dos moradores, mas que tinha sido bom, "é um processo". Comentamos que estavam lá moradores de favela e muitas entidades e políticos, que algo os aproximava e algo os distanciava. Voltei para casa pensando nessa mediação. [diário de campo]*

Do Cedeca ao CDHS: a retomada da vocação política

No capítulo anterior, descrevi as razões pelas quais as principais lideranças do Centro de Defesa dos Direitos da Criança e do Adolescente (Cedeca) optaram pela criação do Centro de Direitos Humanos de Sapopemba (CDHS) e, paulatinamente, migraram para ele. A argumentação dessas lideranças deixa claro que o surgimento do CDHS é consequência da trajetória do Cedeca, e dos limites à ação política que a expansão dos atendimentos impuseram ao grupo fundador. O Cedeca tinha surgido para fazer a defesa dos direitos de crianças e adolescentes, como um movimento social, mas, com o passar dos anos, teria sido limitado nessa ação por ter se tornado um braço de atendimento de programas sociais do Governo. Como a lógica da gestão desses programas e a lógica movimentista de crítica e pressão política muitas vezes são incompatíveis, na prática, o corpo dirigente do Cedeca decidiu criar o CDHS.

A função dessa nova entidade, portanto, seria basicamente a de retomar os princípios de atuação política dos movimentos sociais, a pressão da sociedade civil sobre governos, o trabalho de formação de base, a luta por políticas sociais universais e a denúncia pública da violação dos direitos no distrito. O CDHS seria assim uma reação aos constrangimentos da gestão. A nova ação política, além disso, ampliaria o escopo de atuação do Cedeca, não se restringindo mais ao tema das crianças e dos adolescentes. Agora, todos os moradores de Sapopemba teriam uma entidade de defesa, uma representação política, uma voz de defesa pública.

A ideia inicial, portanto, nunca foi a de cisão, divisão de funções, com o CDHS responsável pela política e o Cedeca pelo atendimento; as tentativas de fazer o Cedeca agir politicamente continuaram desde então e, de certa forma, continuam existindo em 2011. Por outro lado, o CDHS também faz plantão jurídico, uma versão minimalista do atendimento. Mas, nos cotidianos do edifício onde atuam o Cedeca e o CDHS, essa divisão de tarefas se processou sem ser percebida: o CDHS teve em sua equipe direta, fundadora, as lideranças mais combativas e politizadas do Cedeca; a nova entidade não tinha compromissos com convênios e, portanto, muito mais autonomia para lançar ofensivas políticas e tentar ocupar os debates públicos com o tema dos direitos humanos; o Cedeca permaneceria na retaguarda, atendendo a população, negociando os repasses de verba via convênios com os governos e fazendo uma defesa pontual dos direitos dos adolescentes atendidos, no dia a dia, com ênfase no plano local. A ação política do Cedeca que esteve contida, nos últimos anos, nos limites institucionais demarcados pelo atendimento, teria mais vazão sendo pautada na participação em eventos e mobilizações capitaneadas pelo CDHS.

Nessa divisão de tarefas progressiva, aos poucos foram se estabelecendo também duas redes distintas de contatos em torno das entidades: redes relacionadas e *complementares*. De 2005 até 2008, pode-se dizer que o Cedeca teve mais contatos cotidianos com as organizações de caráter local, em Sapopemba, e com as secretarias de Governo, na negociação dos convênios de programas sociais. Manteve-se então, e sobretudo, entre organizações de atendimento da área da infância e adolescência, órgãos financiadores e poder executivo. Já o CDHS ora atuou diretamente com famílias do bairro, na defesa de casos específicos de violação de direitos, ora em articulações temáticas, nas denúncias de violações de direitos junto a organismos civis e políticos vinculados ao debate acerca dos direitos humanos. Nessas articulações, o CDHS mobilizou atores especialmente nos poderes legislativo e judiciário, tendo como mediadores, muitas vezes, parlamentares do Partido dos Trabalhadores (PT). Além disso, e por não estar comprometido com uma rotina de atendimentos tão pesada quanto a do Cedeca, o CDHS teve mais liberdade para acompanhar com detalhe situações específicas, de conjuntura, como o julgamento, em 2005, do Coronel Ubiratan, responsável pela operação que ficou conhecida como *massacre do Carandiru* em 1992; a *quarentena* da polícia na favela do Jardim Elba, no final do mesmo ano; ou as consequências locais dos *ataques do PCC* (Primeiro Comando da Capital), em maio de 2006.

A criação do CDHS, que era uma reação às dificuldades impostas, acabou, portanto, por ampliar a capacidade de ação do grupo de militantes do Cedeca e do CDHS. Hoje, essas organizações fazem parte de uma trama – muito complexa – que liga as famílias das favelas de Sapopemba a entidades sociais locais, grupos religiosos, financiadores de projetos, distintas organizações da sociedade civil e do terceiro setor, além de diferentes atores do sistema político, incluindo aí movimentos sociais, partidos políticos e setores do Estado, nos três poderes. Essa trama, evidentemente, funciona em diferentes temporalidades e segundo uma disputa de interesses diversa: pode ser ativada tanto para acompanhar ações judiciais de longa duração quanto para participação em atos em uma única tarde, a depender das conjunturas.

Neste capítulo, inicio a descrição da ação política dessas entidades pela distinção das formas principais como a trama de atores é mobilizada. Em um segundo momento, analiso as consequências diretas do ciclo de protestos contra a violência policial no distrito, o que faz reaparecer a temática da violência – se é que ela havia desaparecido. A reação às ações políticas do CDHS é marcada por ameaças de morte, atentados, exílios e acusações, sobretudo contra Valdênia, seus familiares e as entidades em que atua. Viver à espreita de um atentado vira rotina na vida da principal liderança popular de Sapopemba, de alguns anos para cá, e de certa forma ocupa também o dia a dia do Cedeca e do CDHS. Na seção final do capítulo, desenho em linhas gerais duas frentes de ameaça que constrangem hoje a atuação do Cedeca e do CDHS: o *mundo do crime* no plano local e a violência policial, de tipo político, a partir das intervenções no mundo público.

Formas de agir politicamente

Pois bem, se o CDHS é criado justamente para fazer a crítica, reencontrar a ação autônoma movimentista e fazer política, é preciso investigar como isso se desenrola.

Levamos quase dois anos discutindo com assessores, elaborando, ouvindo outras entidades de direitos humanos, como o Centro Santo Dias, Padre Ezequiel Ramires, até chegarmos ao nosso centro, que resolveu trabalhar com o viés da formação, articulação e denúncia. Que seria a promoção [de direitos humanos]. Agora é que a gente está pensando em chamar a questão da mídia, como um quarto ponto, como pauta, pautar [a mídia].[5] Trabalhamos com plantões jurídicos, mas cada ano com uma temática. Nós trabalhamos dois anos com a temática da violência policial, este ano com a questão da mulher. [...] A gente pensou "o plantão vai ter sempre tudo". Mas vamos sempre pegar um eixo por ano pra gente poder aprofundar, trabalhar melhor". [Valdênia]

Apesar de ter sido informado e recebido algumas das cartilhas da área de formação do CDHS (entre os anos de 2005 e 2007), e de ter acompanhado à distância os trabalhos desse primeiro eixo de atividades, atenho-me aqui sobretudo aos outros dois eixos centrais de atividade da organização (articulação e denúncia), por serem eles os principais vetores da ação diretamente política da entidade. Esses eixos de ação se manifestam, na prática, em quatro formas específicas de interferir no debate público, apresentadas aqui segundo o critério da menor à maior vinculação com a institucionalidade estatal: i) rituais públicos como os atos, manifestações e passeatas; ii) as audiências públicas, que traziam para as favelas do distrito debates com representantes de diversas instâncias de poder; iii) a ação junto a comissões parlamentares e conselhos gestores de políticas públicas; e iv) a formalização de denúncias e ações de violações de direitos humanos e o acompanhamento de seu desenrolar no sistema judiciário. O CDHS e o Cedeca deram início a todas essas formas de agir politicamente durante o período de pesquisa, dando mais ênfase em uma ou outra a depender das conjunturas e das disputas de interesse a cada momento.

Rituais públicos: atos, manifestações, passeatas

Quando acontece alguma história de ir pra rua, tem a manifestação, nós vamos pra lá. Como agora com essa história do Carandiru, nós vamos pra lá. Porque a garotada, sobretudo em medida, é a próxima a ir pro Carandiru, um presídio. São as principais vítimas. Então, eu acho que a articulação externa ela tem que perceber isso, se dar conta desses reflexos. [Valdênia]

---

[5] O Cedeca e o CDHS têm buscado sensibilizar jornalistas da grande imprensa para o tema dos direitos humanos e têm obtido algum espaço para reportagens e pequenas notas relativas a eventos públicos promovidos pelas instituições. A questão da Febem é sempre explosiva e midiática, e pelo viés do *menor infrator* os editores, por vezes, enviam seus repórteres para Sapopemba. As ameaças sofridas por Valdênia nos últimos anos também têm sido noticiadas na imprensa.

Diego me contou do ato na praça da Sé, comandado pelo Pe. Júlio, que lembrava a impunidade dos responsáveis pelo massacre do Carandiru. O Cedeca e o CDHS compareceram, com os funcionários e alguns atendidos. Me disse que houve uma performance, em que 111 pessoas, cada uma com um número e o desenho de uma cruz, se deitaram no chão em frente à catedral. A imagem dava a dimensão da quantidade de gente assassinada de uma vez. O Suplicy se deitou com o número 13, e depois, no revezamento entre os presentes, foi ele, o Diego, que se deitou no chão no lugar do senador. Ao seu lado havia um morador de rua, e nos minutos que permaneceram deitados eles conversaram. Conversaram sobre a dureza do chão, da pedra dura do calçamento da praça. O morador de rua comentou que eram 111 deitados naquele momento, mas que em São Paulo havia mais de 11 mil pessoas morando na rua, dormindo no chão. "Imagina o que é isso?", ele disse. Era o senador, era o Cedeca, era o morador de rua. [diário de campo]

Mais um ato, agora de desagravo, com a presença da Anistia Internacional. Vamos lá. Saí do Cedeca de carona com uma advogada da entidade, e seguimos para o centro da cidade. Lá eram as mesmas pessoas que eu via quando trabalhava na Fundação Abrinq. O Pe. Júlio dando entrevistas e depois saindo a bater as portas, os funcionários das ONGs da área da infância e a discussão sobre a Febem. Mais uma rebelião sangrenta, com a novidade de que agora o governador atribuíra a responsabilidade do evento à presidente da associação de mães dos internos (Amar) e a um militante do Movimento Nacional de Direitos Humanos que haviam visitado a unidade de internação uma semana antes. As mesmas pessoas – do movimento da infância paulistano – reuniram-se, então, num ato de desagravo aos acusados. A imprensa estava presente, e um dos fotógrafos, se não me engano do *Estado de São Paulo*, levou cópias das imagens obtidas, mas não publicadas, da rebelião em questão. Um menino fora assassinado, e alguns foram feridos. As fotos mostravam o corpo, as formas como ele foi exposto durante a rebelião. Havia também frases pintadas em lençóis e muito sangue. Aquelas imagens ficaram impregnadas em mim por dias. Quanto mais faço pesquisa, mais fotos de gente morta vou encontrando pelos caminhos. [diário de campo]

Ainda que atos e manifestações como essas não tenham tido grande impacto público ou midiático, como tiveram em outros períodos da história política recente (de menor possibilidade de ação intrainstitucional), o Cedeca e o CDHS estiveram presentes em diversos eventos dessa natureza nos anos da pesquisa de campo. Marcaram presença em passeatas de moradores de rua, em demonstrações públicas coordenadas pelos movimentos de moradia, em ocupações de prédios públicos, em marchas contra a violência policial, pelo desarmamento, contra a violência doméstica etc. As redes de parceiros para essas ações passam pela igreja, em que, sobretudo os combonianos, mas também os diocesanos, a Pastoral do Menor e a Comissão de Justiça e paz da arquidiocese de São Paulo, são muito presentes. O Padre Júlio Lancelotti, famoso e polêmico na área da infância, responsável também por um Cedeca em sua região, apoiou a fundação do Cedeca e segue como parceiro cotidiano. Outras entidades de base local da região Leste e do ABC são bem próximas, como a Associação União da Juta (ícone dos mutirões do período Erundina, a Fazenda da Juta também se localiza em Sapopemba) e algumas organizações do movimento dos sem-teto, do movimento hip-hop e dos movimentos negro, de mulheres e da saúde.

Relendo meus diários de campo e me recordando das narrativas que obtive no campo sobre esses momentos de manifestação, emergem primeiro os impactos de caráter íntimo, e não público, que esses rituais são capazes de produzir. Participar deles é mergulhar em um universo de exposição de dramas muito intensos que, em vez de serem processados só pessoalmente, ou no plano analítico, passam a ser compartilhados por um grupo de pessoas, então como mote de locução política. Compartilhar esses dramas e transformá-los em discurso público paradoxalmente cria um vínculo de proximidade entre os presentes, que passam então a compor, durante o evento, uma comunidade efêmera. É a partir da formação dessa comunidade que ela pode se mostrar publicamente como um conjunto uno. Por isso, quem vê um ato político desses, vê uma comunidade que se manifesta em uníssono, e não um conjunto de indivíduos, cada qual com ideias próprias. No correr do ritual, o senador, o assistente social e o morador de rua compartilham a mesma posição pública e, mais que isso, acessam no plano da vivência pessoal o massacre dos presos ou a questão dos moradores de rua. Essa sensação de pertencimento comunitário cimenta uma condição de aparição densamente política, para o expectador externo, que é condicionado a ver não apenas o ritual, mas também a enunciação de um discurso político.

Evidentemente, há que compartilhar minimamente o mote do ritual para sentir-se parte da comunidade. Mas acessado esse patamar, a sensação de pertencimento tende a se consolidar. O mesmo ocorre, em proporções diferentes, em toda manifestação de massa – quem já esteve em um estádio de futebol lotado sabe o poder de persuasão e mobilização íntima de hinos entoados por milhares de pessoas ao mesmo tempo. Não é à toa que, para os movimentos sociais mais engajados com a mobilização, os rituais públicos seguem sendo estratégia fundamental de coesão ideológica entre os quadros militantes, de formação de quadros. Também é assim para o CDHS e o Cedeca.

Audiências públicas

Agora eu queria convidar vocês, vocês sabem que o Alckmin [ex-governador do Estado] está com a política de ocupar algumas favelas. Com a polícia. No que eles chamam de quarentena [Operação Saturação]. Eles ocuparam uma na zona Sul e agora estão aqui no Jardim Elba, na nossa região. E chegaram dia 28 [de agosto de 2005] pela manhã, num domingo, chegaram lá de helicóptero, descendo lá de rapel, cavalaria e etc..., e a gente, assim, nosso problema não é bater de frente com a polícia, embora estejamos relatando algumas práticas [de violação de direitos] que têm acontecido. Mas a gente está chamando uma audiência para esse sábado, 9h30 da manhã, lá mesmo na favela. A gente está chamando representantes do Ministério Público, do Poder Executivo, para dizer que se o próprio Governo manda uma tropa do Exército para cá, reconhecendo a situação da região, ele precisa mandar também a tropa da educação, da saúde e outras... então, nós queremos apresentar essa reivindicação para dizer assim: cadê as outras políticas? Então se vocês puderem, acho que vai ser um belo momento. Na rua dos Boleadeiros... agora pode deixar o e-mail que a gente passa para vocês amanhã o release, com endereço e tal, é melhor. [Valdênia]

As audiências públicas promovidas pelo CDHS, entre 2005 e 2006, faziam de modo específico uma fusão entre o ritual público e os debates institucionais. Tratava-se de eventos temáticos, organizados com maior ou menor frequência a depender das conjunturas, quase sempre no interior das favelas, em que eram convidados moradores do bairro e representantes de organizações sociais e do Estado. Quase sempre, as denúncias mais gritantes referiram-se à violência policial nas favelas do distrito, e quase sempre foi esse o mote da discussão. Eram chamados moradores, vítimas e seus parentes, testemunhas de abuso policial, representantes das ouvidorias de polícia e, às vezes, autoridades policiais, além de políticos, assessores e membros do poder judiciário. O procurador-geral do Estado chegou a participar de algumas dessas audiências, para que se tenha a dimensão de seu peso político.

Nós tivemos várias audiências e por motivos, assim, sempre envolvendo policiais. Mas situações diferentes. Essa última, por exemplo, é o que nos deu possibilidade de conversar com a Comissão Municipal [de direitos humanos], legislativa, da Câmara. Que diz assim: "poxa, vocês colocam polícia, mas essa favela não tem nada [na área social]". E aí o Secretário de Desenvolvimento e Assistência Social descobriu que os técnicos da Secretaria nunca haviam entrado naquela favela. Para isso que serve a audiência pública, pra dizer "olha...". Porque lá a coisa não tem o peso jurídico, mas tem o povo organizado. [Valdênia]

As audiências públicas, portanto, tentavam demonstrar a organização de uma população em torno de um discurso político e ritualizavam a locução desse discurso, mas não para qualquer um. O discurso tinha alvo certeiro, foco das instâncias sociais, jurídicas e executivas competentes. Além disso, o próprio momento do ritual público era seguido de debates, argumentação e encaminhamentos – compromissos verbais – que encaminhassem uma ação em concerto para a resolução dos problemas.

O que é que foram as nossas audiências públicas de Sapopemba? Porque todos eles [os convidados a participar] diziam que conheciam [a realidade do bairro]. "Então conhecem, então venham aqui conversar conosco." Porque daí em diante, veja tudo o que tá indo pra frente. No caso do delegado Antônio, que ainda tá respondendo a processo... ainda que lá na frente ele venha a ser absolvido... mas, veja, três anos o cara respondendo processo... foi por conta das audiências públicas, você cria um movimento moral, você chama os caras na moralidade. [Valdênia]

Mais uma vez, ainda que esses momentos não tivessem grande publicidade ou caráter deliberativo, era o chamamento nas convicções íntimas (na moralidade) que mantinha sua validade como discurso. Publicizar o drama, construí-lo como demonstração de injustiça inconteste, frente àqueles que seriam os responsáveis institucionais pela resolução do drama, cria sua condição de possibilidade como discurso político. Esse modo de agir politicamente é um híbrido entre uma tradição movimentista da ação direta, própria de períodos autoritários, e um processo institucional de desenvolvimento de canais de comunicação entre sociedade e Estado, próprio das construções democráticas. Aparece como inovação da prática movimentista tradicional, que só poderia vir da própria condição, também híbrida, do Cedeca e do CDHS frente a essas tradições de ação política – movimentista e institucional.[6]

Na interface sociedade civil, partido, conselhos, Estado

De carro de Sapopemba até a Assembleia Legislativa do Estado, outra vez com alguns funcionários do Cedeca. Toda uma formalidade para entrar no prédio, te fotografam e verificam teus documentos. Há que ser cidadão. Me lembrei da última vez em que estive lá, para ver o Celso Daniel, alguns dias antes de seu assassinato. Havia uma manifestação de perueiros na rampa de entrada, muito agressiva. Bom, entrei. Dali para um salão, enorme, em que a Comissão de Direitos Humanos fazia uma sessão pública. Muitas falas de juristas ilustres, entremeadas a testemunhos de sobreviventes da violência policial. Professores de Direito e Filosofia citaram artigos e leis, houve performances de militantes com flores e intervenções emocionadas. A cena pública no palco.

Nos bastidores, muita articulação. O que estava em questão era o nome do novo procurador-geral do Ministério Público. As eleições seriam em 20 de março de 2006, cada promotor ou procurador votaria em uma lista tríplice, os três mais votados formariam a lista final, que orienta então a decisão do governador. Sabe-se, portanto, que alguém vinculado ao PSDB será indicado, mas entre os nomes mais cotados há muita diferença. Valdênia se coloca publicamente no final da reunião e sua fala cita a eleição. Depois ela conversa com seus parceiros do Condepe [Conselho Estadual de Defesa dos Direitos da Pessoa Humana] e do Movimento Nacional de Direitos Humanos [MNDH]. A direção da Comissão que organiza a sessão é do Partido dos Trabalhadores, e uma série de entidades e militantes do partido marcam presença. Nas subcomissões e nas reuniões internas a estes grupos decide-se a estratégia de atuação pública, os mecanismos mais adequados de pressão e negociação com quem vota. Às vezes funciona, às vezes

---

[6] Há algumas imagens das audiências públicas na página 312.

não, mas nesse processo definem-se os contatos, e os contatos definem uma certa posição no debate público, além de uma certa proteção às entidades. Ao final do evento tive a sensação de que circular pelos ambientes em que Valdênia estava parecia ampliar nossa legitimidade com ela. Mostrava compromisso. Há sempre uma conversa aberta, uma conversa privada. [diário de campo]

Semana que vem nós temos reunião do Cedeca e CDHS no conjunto, nós vamos fazer uma reflexão maior. Mas eu posso adiantar que, enquanto diretoria e coordenação, estamos muito preocupados. Porque, veja bem, na área da infância nós temos um Ministério Público retrógrado, [...] e isso com a legislação que nós temos hoje, que é progressista. Você vê, dependendo de quem ganha... se ganha um procurador mais reacionário, nós vamos voltar vinte anos para trás. É muito perigoso. [...] E o que é mais sério... você tem hoje uma Ordem dos Advogados ligada à Força Sindical, à direita, que se elegeu dessa forma. A Comissão de Direitos Humanos da OAB, da qual eu componho, não funciona. Em um ano nós tivemos três reuniões. [...] Dependendo se a direita ganhar, nós vamos perder o Ministério Público e o Judiciário. Nós estamos ficando cada vez mais acuados. [Valdênia]

Essa modalidade de ação pública do CDHS e do Cedeca é exemplar de um tipo de atuação recorrente nas rotinas dos principais nomes da organização. Mais próximos da institucionalidade política, dos poderes estatais e da máquina de decisões da gestão, essa ação é realizada a partir de um lugar de locução situado na sociedade civil e, portanto, desde esse espaço deve ser legitimada. Esse tipo de ação intrainstitucional tem lógicas distintas daquela da negociação de convênios de financiamento. Trata-se agora de um ambiente de articulações mais amplas, de disputas ainda mais instituídas e estratégicas. O descompasso entre o ritual público e as posições defendidas por indivíduos, setores, representantes e partidos nesses locais é também muito mais claro. Os partidos políticos, aliás, são atores centrais na demarcação dos campos de polarização das disputas nesses espaços, e aí o CDHS e o Cedeca têm um lado claro.

Os quadros de direção das entidades, em seus depoimentos, sempre resgatam a necessidade de autonomia dos Centros de defesa em relação ao sistema partidário, sua postura de fazer política em posição distinta da dos partidos, a clareza que sempre tiveram de nunca apoiar um candidato como entidade etc. Mas duas décadas de contato com um sistema político como o brasileiro, em que efetivamente os partidos políticos gravitam no centro da mediação entre sociedade e política institucional,[7] ensinaram a esse grupo de militantes que uma entidade civil ou um movimento social não acessa muitas das dimensões do regime político sem passar pelo mundo partidário. A afinidade da organização com o PT é mesmo anterior a sua fundação, e a mediação desse ator aparece em praticamente todas as ações do CDHS e do Cedeca que adentraram a esfera institucional. Desde as relações de amizade até os compromissos militantes e profissionais, há uma rede que vincula os colaboradores centrais do Cedeca a militantes do partido, parlamentares, assessores e membros de governos petistas. Vereadores facilitam o acesso da coordenação aos secretários responsáveis pelos convênios, deputados apresentam experiências de boas práticas de atendimento para funcionários do Cedeca, militantes e políticos do PT dão sustentação para as lideranças das entidades. Desde a primeira vez que Valdênia foi presa em uma manifestação política – seria outras três vezes –, foi o suporte de telefonemas à delegacia de pessoas como Hélio Bicudo e Eduardo Suplicy, vinculados ao partido, que impediram que ela permanecesse detida ou fosse agredida. A presença de parlamentares petistas nos eventos do CDHS e do Cedeca não é rara. Valdenir, que já coordenou o Cedeca, saiu candidato a vereador pelo PT, apoiado pelos movimentos de moradia. Esses contatos evidentemente criam redes de reciprocidade, relações militantes de apoio mútuo e, também, de troca de favores. "Hoje são os políticos que procuram a gente [risos]. Eles se apoiam muito na gente, vivem apertados. Precisam muito das bases." [Pe. Renato]

Mas é também evidente que, se o PT é central na rede de relações dessas organizações, há muitíssimas outras que participam das ações de negociação intrainstitucional, em diferentes esferas. Os contatos da entidade com os governos se iniciam no nível da Sub-Prefeitura Vila Prudente/Sapopemba, acessada em diversos momentos tanto para apresentar reivindicações e denúncias, quanto para a promoção de debates, eventos comunitários etc. Da mesma forma, a rede de equipamentos públicos do distrito é bem conhecida pelo Cedeca e utilizada em uma série extensa de atividades (os dois CEUs – Centros Educacionais Únicos –, os CDMs – Centros Desportivos Municipais –, os postos de saúde e as escolas públicas são

---

[7] Para leitura consistente sobre o sistema partidário no Brasil, ver Meneguello (1998) e Rodrigues (2002, 2006).

espaços de relacionamento cotidiano dos projetos do Cedeca). Ainda no nível local, por exemplo, o CDHS atuou de modo decisivo na construção do Conselho Tutelar do distrito de Sapopemba, desde a formação dos candidatos a conselheiro, até o acompanhamento e a articulação dos bastidores, acirrada, pelas cinco vagas abertas à disputa.

> É, um exemplo importante disso que estamos falando é a relação com o Conselho Tutelar. O Conselho Tutelar não existia até quatro anos atrás aqui em Sapopemba, só tinha na Vila Prudente. Finalmente a administração da Marta Suplicy estendeu, ampliou o número de conselhos e nós ganhamos o nosso. Desde a primeira eleição o CDHS pegou a frente do movimento para eleger os nossos candidatos. Então, só para dizer como se tornou [importante], a existência do Conselho já é fruto dessa articulação do CDHS, que unificou várias entidades, de várias características, do PT, até conseguir. A primeira eleição nós perdemos. Fomos pegos de surpresa pela Igreja Universal, na primeiríssima votação. Mas depois [a votação] foi anulada. Eles levavam o pessoal de ônibus, eles pagavam para votar, houve muita fraude, houve muito abuso, foi flagrante, muito evidente a manipulação. Mas eles tinham levado todos os conselheiros. Quando nós nos organizamos melhor, aí nós ganhamos os cinco conselheiros. [Pe. Renato]

Essa experiência bem-sucedida fez do Cedeca e do CDHS referências no assunto, e outros candidatos e conselheiros tutelares foram formados pelas instituições. Além disso, Valdênia já foi conselheira municipal dos Direitos da Criança e do Adolescente (CMDCA) – São Paulo duas vezes, e o acompanhamento da pauta dessa instância de decisão é cotidiana no Cedeca. Há vários funcionários da entidade que acompanham as comissões e subcomissões, além de mensalmente haver os fóruns comunitários que decidem sobre posicionamentos da região em temas discutidos no conselho. É no Fórum dos Direitos da Criança e do Adolescente de Sapopemba que as entidades locais se encontram para deliberar essas decisões, e esse é um espaço sagrado de participação das entidades. Amparado pelas decisões locais, neste fórum, é que funciona também a participação do Cedeca no Conselho Municipal de Assistência Social (Comas), em que Juliana, dirigente do Nasce, é representante em uma subcomissão que assessora a comissão de conselheiros do segmento dos portadores de necessidades especiais. É toda uma trama de relações que se mobiliza, em cada instância de decisão e em cada conjuntura.

De todo modo, a informação circula e as oportunidades aparecem. Aparecem também nos planos estadual, nacional e internacional. Um parceiro frequente no Estado de São Paulo é o Conselho estadual de Defesa dos Direitos da Pessoa Humana (Condepe), órgão autônomo de representantes civis de defesa de direitos humanos, entretanto administrativamente vinculado ao Governo do Estado, via Secretaria de Estado da Justiça e Defesa da Cidadania. O Condepe é tradicionalmente ocupado por entidades combativas de defesa de direitos humanos da cidade de São Paulo, e não é raro encontrar militantes de diversas regiões da cidade utilizando esse espaço para suas reuniões. Os fóruns e conselhos municipal, estadual e nacional dos direitos da criança e do adolescente também entram na pauta da entidade sempre que é necessária uma articulação mais ampla – por exemplo, acerca da participação que as entidades de defesa de direitos teriam na Conferência Nacional da Criança e do Adolescente e coisas assim.

A Associação de Juízes para a Democracia (AJD),[8] o Movimento Nacional de Direitos Humanos (MNDH, que congrega 51 ONGs em São Paulo), a Ação dos Cristãos pela Abolição da Tortura (Acat) e o Grupo Tortura Nunca Mais (GTNM) são outros parceiros frequentes para articulações políticas que utilizam as mesmas redes de mediação partidária. É comum vê-los juntos em manifestos e ações públicas contra atos de desrespeito a direitos humanos, execuções policiais, moções de apoio a militantes perseguidos, proposição de comissões para averiguação de condições de unidades de internação da Febem e presídios, entre outros. Da mesma forma, houve momentos em que entidades profissionais como a OAB, por meio de sua Comissão de Direitos Humanos, e o Conselho Regional de Psicologia, por meio de assessorias de formação, estiveram próximas do Cedeca e do CDHS.

Fora do Brasil, para além dos combonianos, o Fundo das Nações Unidas para a Infância (Unicef) e o Instituto Latino-Americano das Nações Unidas para Prevenção do Delito e Tratamento do Delinquente (Ilanud), nas Nações Unidas, bem como ONGs ligadas aos direitos humanos como a Conectas, mas principalmente a Anistia Internacional, têm envolvimento expressivo na história recente do CDHS e do Cedeca. Essas organizações têm dado

---

[8] Ver <http://www.ajd.org.br>.

suporte internacional para as denúncias de arbitrariedades e violência policial no distrito e, sobretudo, destacado a perseguição a ativistas e militantes da causa dos direitos humanos, com destaque para a história de Valdênia.

Denúncias e ações judiciais coletivas

A ação do Cedeca e do CDHS na esfera jurídica vai além do plantão jurídico e dos atendimentos individuais e familiares, discutidos no Capítulo "O atendimento". Nos últimos anos, com a criação do CDHS, procurou-se manter o foco nas ações que envolvessem *direitos coletivos*. Para obter maior peso político nas iniciativas – o poder judiciário é evidentemente também responsivo à pressão política, embora a precisão técnica das defesas seja fundamental – as ações legais das entidades de Sapopemba são propostas, muitas vezes, articuladas a Conselhos tutelares, Conselhos de direitos, Ministério Público, AJD, Defensoria Pública e uma série de outras entidades civis com perfil jurídico qualificado (como o Movimento Nacional de Direitos Humanos, a Conectas ou a Anistia Internacional).

Enquanto estive em campo, por exemplo, havia iniciativas capitaneadas por advogados dessa rede para acompanhar processos de naturezas distintas, desde o de um dentista negro assassinado pela polícia por não se submeter aos constrangimentos usuais, após uma abordagem, até as ações de pressão para pressionar pela criação da Defensoria Pública no Estado de São Paulo (que se efetivou em 2006). De modo geral, as denúncias de abusos policiais, durante grandes operações, ocuparam muito do tempo do CDHS, mas houve ainda fôlego para pressionar pela criação do Sistema Nacional de Atendimento Socioeducativo (Sinase), para mover ações contra violações de direitos coletivos na Febem (que acessariam inclusive fóruns jurídicos internacionais), entre outras. É evidente que as ações legais não estão infensas a processos que ferem a condução normativa esperada do próprio poder judiciário, o que vem merecendo atenção da literatura e da ação política há tempos.[9] Exemplos não faltam:

---

[9] Ver, por exemplo, Sinhoretto, 2007, ou o documentário *Justiça*, de Maria Augusta Ramos (Brasil, 2004), um retrato dos diversos circuitos de reprodução da desigualdade social no sistema judiciário.

Uma adolescente, que estuda num colégio bom em São Paulo, passou no promotor por causa de uma briga no colégio: ela bateu num menino, o menino sangrou, e agora briga de colégio não estão mais resolvendo ali, mandam para o fórum, pra resolver. O promotor foi dar uma advertência pra ela, e essa menina, um pouco mais esclarecida do que é direito, do que ela tem direito, ela falou: "não quero uma advertência, não é o promotor, você não faz a acusação... eu quero ir falar com o juiz que eu vou explicar o que aconteceu. Eu não quero receber uma advertência, eu não vou receber nada. Eu não tenho culpa, eu agi em legítima defesa". Era lindo a menina, sabe? A menina com plena noção dos direitos dela. Aí pra que, não é? Ela foi para a audiência para instruir, para levar os elementos dela, ela não aceitou a advertência – porque ela podia ter feito um acordo ali. Ela e o advogado dela com o promotor, e ela não quis fazer acordo, foi pro juiz e... foi uma audiência horrível, a gente viu do corredor: [...] durante a audiência o pai descobre que a menina está grávida, por isso era a briga com o namorado. O menino foi dar um tapa nela, fazer alguma coisa, ela pegou e bateu no menino, ou seja: pai descobrindo que a menina tava grávida na audiência, o juiz vira pra menina: "não, você tem que obedecer o seu pai! Você não devia estar namorando esse rapaz", porque o pai, o pai falava: "eu não gosto desse rapaz", aquelas coisas, no meio da audiência. Aí o juiz olha pra menina: "olha, sabe o que você tem que entender? Que pra ele você é só uma bucetinha fresca!" [sic] [Júlia]

Mesmo que o ambiente jurídico seja esse, conformado por práticas que remetem às desigualdades próprias da vida social, sob o prisma de um conjunto de ações políticas, a pressão pela efetivação de direitos dentro do mundo jurídico é considerada estratégica pelo Cedeca e CDHS, e diferencia a atuação dessas entidades do perfil tradicional das ações coletivas das periferias, muito mais restritas aos atendimentos social e educativo. Até porque, argumenta-se, é preciso utilizar-se do patamar jurídico que, ainda que no plano dos princípios, resguarda um ideal de democracia. Nesse plano dos princípios, quando o Cedeca e o CDHS promovem a inserção das histórias da periferia no sistema jurídico, desde a defesa individual, mas, sobretudo, nas defesas de direitos coletivos, o que opera é efetivamente a aparição de uma comunicação, simbólica e material – os papéis, nomes, números, correspondências – entre, de um lado, as dinâmicas sociais das periferias e, de outro, a institucionalidade jurídica de um Estado democrático de direito.

Forçar essa comunicação direta entre um cotidiano de privação de direitos, de um lado, e a legislação que pressupõe a igualdade de direitos, do outro, é forçar a emergência do que Hannah Arendt (2004, p.50) chamou "mal entendido" entre a distinção social e a igualdade jurídico-política. A autora enxerga nesse mal-entendido (que não se confunde com o *desentendimento* de Rancière, já citado) um momento criador da política, pois, ao iluminar o descompasso entre sociedade e lei, impõe-se sobre a normatividade da vida social a ideia de igualdade – noção central da política.[10]

Ação política, reação violenta: ameaças e exílios

No início de 2008, Valdênia permanecia sob proteção da Secretaria Nacional de Direitos Humanos, em programa criado para defender militantes ameaçados de morte. Não são tão poucos. A partir de 2009, mudou-se de Sapopemba definitivamente, iniciando uma nova vida de militância no Nordeste do país. A cronologia dessas ameaças é longa, interessa ao argumento e merece ser bem compreendida.

A atuação na militância envolve Valdênia em situações de violência e ameaças há bastante tempo. Quando ainda era uma moradora da Casa das Meninas, trabalho que originou o Cedeca (descrito no Capítulo "Movimentos, entidades: o Cedeca Sapopemba"), houve um episódio em que Valdênia foi confundida com uma das ex-prostitutas da casa e daí assediada diversas vezes por um morador do bairro, que terminou por violentá-la sexualmente em 1990. A violência sexual marcou esse período de sua vida. Dois anos depois, Valdênia denunciou um esquema de aliciamento de crianças e adolescentes (entre 9 e 13 anos de idade) do Nordeste do Brasil para a prostituição infantil na Avenida São João, centro de São Paulo, e sofreu nova violência sexual, agora como retaliação de um dos acusados. A gravidade das agressões sofridas foi superada com *muita terapia*, ela conta.

---

[10] Talvez por isso, e pelos desdobramentos por vezes bem-sucedidos de ações sequenciais dessa natureza, o Cedeca e o CDHS sempre consideraram estratégico defender a legislação existente. Evita-se assim, ao menos, a segunda alternativa possível a esse mal-entendido, a de recriar a segregação no sistema jurídico, adequando assim a legislação à hierarquia própria da vida social. Há muita ação política sendo feita também nessa direção, como a pressão por redução da imputabilidade penal, por regimes jurídicos diferenciados etc.

Durante os anos 1980 e começo dos 1990, os movimentos de base em Sapopemba utilizaram-se algumas vezes de ações diretas, de enfrentamento, que não raro terminaram com prisões de lideranças. A *violência legítima* do Estado é rotina entre esses movimentos, como se sabe. Valdênia foi presa algumas vezes assim: uma vez tentando impedir tratores de desocupar uma favela, outra vez por ocupar um depósito público de mantimentos junto a moradores do bairro, outras tantas vezes em protestos inflamados em audiências e julgamentos públicos.[11] "Sempre por justiça", ela me diria. Entretanto, foi levando adiante as denúncias de violência policial nas favelas de Sapopemba que Valdênia comprou suas maiores brigas. Três casos gravíssimos denunciados, entre 1999 e 2003, três períodos de ameaças de morte intensas (com alguns atentados efetivamente realizados) e três períodos exilada do país.

Em 1999, nós tivemos a execução do Dedeco, que era um garoto portador de deficiência mental, e de outro rapaz, na favela do Jardim Elba. [...] E assim, o menino já tinha 20 anos, era deficiente mental, era março, um calor terrível naqueles barracos de telha brasilit, então enquanto a novela das oito não começa todo mundo fica fora. A polícia entrou na favela, segundo as características já meio doida [há inúmeras acusações de que os policiais fazem as rondas noturnas depois de usarem cocaína] e perguntou pro menino onde era "o banco". O menino, obviamente sem condição nenhuma, riu e fez um gesto... o policial achou que ele estava rindo do próprio, arrastou, e alguns dizendo: "olha, ele é doido", tal... a mãe falando: "é meu filho!" E eles deram um tiro para a mãe se afastar e executaram o menino. E executaram um rapaz que estava perto. [...] Em 1999, e o caso ainda não foi julgado [em 2005]. Os policiais ficaram presos um pouco, depois foram soltos. Aí vieram as primeiras ameaças, que me fizeram ficar um tempinho fora. E ameaças assim: carro jogado pra fora da Avenida do Estado, e eu fui parar no hospital, parada, te encontram na rua e colocam o revólver, meio pra inibir mesmo. A entidade invadida, por homens procurando "quem é Valdênia, quem é Valdênia"', então essas coisas. Aí seus próprios colegas querem que você suma, porque a entidade toda fica numa situação fragilizada.

---

[11] Em 2006, por exemplo, Valdênia foi detida por protestar, no tribunal, contra a absolvição do coronel que ordenou o massacre de 111 detentos do Carandiru, em 1994.

Depois, depois acho que já foi a de 2003 mesmo. É, que foi o caso [...] tinha um juiz, corregedor [...] que dava ordens judiciais coletivas, que a Constituição não prevê. Então com uma única ordem a polícia pode ocupar um bairro, e entrar em todas as casas. E isso acabou criando uma cultura que, graças a deus, com o atual juiz corregedor e alguns outros juízes se rompeu. E aí por conta dessa cultura [...] o pessoal da Polícia Federal e outras viviam invadindo as regiões, tanto que, em 2003, nós perdemos um senhor que acabou infartando, um outro senhor, o *seu* Agenor, que acabou ganhando um derrame por ver o filho espancado, torturado, esse que morreu a filha grávida também foi torturada, então assim, você vai vendo essas coisas. E aí em 2003 houve, segundo informações, um sequestro, que até hoje está para ser esclarecido, e o pessoal do DAS [Divisão Antissequestro] invadiu vários barracos, torturou várias pessoas, e nós denunciamos. Denunciamos quando eles entravam na favela de madrugada, e as pessoas falavam: "eles entram na favela e põem música clássica pra gente ouvir enquanto batem no povo". Mas eu achava: vocês estão confundindo com carro de gás... que faz isso. Mas uma vez ligaram à noite, nós estávamos a mais de 500 metros do local e nós ouvíamos a música. Era do Vivaldi a música clássica. Aí denunciamos. Aí no telefone de casa, celular, ligavam de madrugada e tocavam a música... pra eu ouvir, botavam a sirene pra ouvir, chegaram a jogar bola onde meu irmão joga bola e, no meio do jogo, disseram: "olha, quando acabar o jogo você vai no enterro da tua irmã..." sabe? Aí foram atingindo, de várias formas, entraram na entidade, e uma série de situações dessa natureza. Aí ficou muito evidente, e nós chegamos a dizer nomes de policiais que estavam ameaçando. [...] Aí foi desse jeito que nós pedimos mesmo a proteção [no Programa de Proteção a Testemunhas] mas eles diziam: "oh doutora, nós fazemos escolta de mulher de ministro, as madames vão no *shopping*, academia, a doutora só quer ir pra favela..." [risos] porque quando eu fui na minha antiga casa, buscar documentos, eles tiveram que disparar contra uma moto que tava me perseguindo. Então você reza pra eles não atingirem o cara, porque imagina que situação, você pra se defender matar alguém, é uma loucura... [Valdênia]

Valdênia foi a primeira defensora de direitos humanos oficialmente protegida pelo Governo Federal, e seu caso mobilizou atores nacionais e internacionais de direitos humanos. A resistência na militância fez dessa mulher franzina uma referência entre movimentos da área, e seu caso foi acompanhado por organismos como a Anistia Internacional e a Secretaria

Nacional de Direitos Humanos, além de inúmeros jornalistas de países diferentes. Ainda sob ameaças, e como estratégia de ampliação de sua legitimidade pública, diversas organizações civis, frentes parlamentares de direitos humanos e governos, nos níveis municipal, estadual e federal, têm lhe prestado homenagens.[12] Essas ações tornaram sua trajetória mais conhecida, e contribuíram para que as ameaças pessoais diminuíssem entre 2004 e 2007. Ainda assim, a preocupação passou a migrar para a família da militante, foco menos visível, e os protocolos de segurança pessoal foram então recomendados para todos eles.

Em um começo de noite, em setembro de 2007, liguei a televisão e a primeira imagem que apareceu foi a de Valdênia. Tive tempo suficiente para ouvir suas últimas frases e já sabia do que se tratava. Eu tinha acabado de voltar ao Brasil havia três semanas e já tinha passado pelo Cedeca dez dias antes, sem encontrá-la – a informação era de que ela estava na Itália. Depois vim a saber que era mais um período de ameaças que ela enfrentava. De novo a polícia. Uma adolescente de Sapopemba, que cumpria medida socioeducativa no Cedeca foi estuprada por seis policiais. O CDHS fez a denúncia formal do caso em janeiro de 2007, Valdênia acompanhou o andamento dos processos e dois dos acusados foram reconhecidos e presos. A partir daí, iniciou-se um novo período de intimidação pessoal que culminou com o episódio que aparecia na reportagem de televisão – o nome de Valdênia foi encontrado, pela polícia, em uma suposta lista de colaboradores do PCC, depois de estourado um ponto de venda de drogas. A informação foi divulgada pela grande imprensa[13] e teve de ser desmentida depois.

Coordenador do Programa de Proteção aos Defensores dos Direitos Humanos da Secretaria Nacional de Direitos Humanos, Fernando Matos esteve

---

[12] Entre outras premiações, Valdênia recebeu da Câmara de Vereadores de São Paulo o título de Cidadã Paulistana e ganhou o Prêmio Nacional de Direitos Humanos, em 2003. Em 2005, recebeu o Prêmio Santo Dias de Direitos Humanos, oferecido pela Assembleia Legislativa estadual. Ver fotografia da página 313.

[13] "Advogada aparece em suposta lista do PCC. Um centro de distribuição de drogas, supostamente controlado pelo Primeiro Comando da Capital (PCC), foi estourado anteontem pela polícia no Jardim Dona Sinhá, na zona Leste de São Paulo. Os policiais disseram que encontraram no local lista de beneficiados. Entre eles o nome de "Dra. Valdênia", que seria, segundo a polícia, a advogada Valdênia Paulino, conhecida por denunciar tortura de policiais na região. Valdênia disse ter ficado "chocada" com a informação. Ela afirmou já ter sido vítima da mesma acusação e provou sua inocência." [O Estado de São Paulo, 29 set. 2007]

FRONTEIRAS DE TENSÃO 303

ontem em São Paulo para manifestar apoio à advogada Valdênia Aparecida Paulino, do Centro de Direitos Humanos de Sapopemba, na zona Leste. Matos encontrou-se com autoridades paulistas e também definiu medidas para garantir a proteção da advogada e da entidade que ela preside.

No dia 28, policiais da 3ª Companhia do 19º Batalhão da Polícia Militar disseram ter apreendido em uma boca de drogas do Jardim Sinhá, na zona Leste, uma agenda onde estaria grafado o nome "Dra. Valdênia", com registro de valores de R$ 2 mil e R$ 3 mil. Para os policiais, era uma referência à advogada do Cedeca. Mas entidades de direitos humanos, que acompanham o trabalho da advogada em São Paulo, suspeitam de falsificação de provas, por parte da polícia. "O processo de criminalização dos movimentos sociais é uma etapa sofisticada dos opositores. Nesse caso, porém, a falsificação foi bastante tosca", afirma Matos.[14]

Uma série de acontecimentos recentes levaram entidades de direitos humanos a suspeitarem da apreensão. Desde 1999, Valdênia já denunciou mais de 20 casos de arbitrariedades envolvendo policiais do 19º Batalhão na zona Leste. Em janeiro deste ano, a advogada acompanhou uma denúncia contra dois PMs da região acusados de tortura e abuso sexual de uma estudante de 18 anos, que cumpria medida socioeducativa no Cedeca. Seis meses depois, ela foi presa em flagrante, acusada de tráfico, pelo mesmo policial que havia sido acusado de abuso sexual. A jovem só foi solta por ordem judicial. As ameaças contra a advogada Valdênia, no entanto, continuaram. [*O Estado de São Paulo*, 9 out. 2007]

Um ato de desagravo à Valdênia foi imediatamente proposto por um parlamentar apoiador do CDHS, e mais de trezentas pessoas compareceram. O evento, vinte dias depois da acusação, além de publicizar a trajetória de Valdênia e as ameaças sofridas, fez com que a acusação formal dirigida a ela fosse retirada. Nas ações judiciais geradas pelo episódio, ficou reconhecida

---

[14] Valdênia já havia, em 2005, em uma das quatro entrevistas que realizei com ela, se referido a essa possibilidade de tentativa de criminalização. "Se não fosse uma jornalista muito amiga, que acompanhou muito de perto, e disse: 'olha, Valdênia, você tem 48 horas pra barrar uma notícia que você recebe dinheiro do tráfico'. Eles conseguiram achar uma pessoa que ia declarar, tinham pago 8 mil, pra pessoa confirmar isso daí. Nós precisamos ir para a casa do Arcebispo Dom Cláudio, com várias lideranças religiosas da região, e aí o Dom Cláudio ligou direto pro Alckmin, e aí a notícia não saiu. Entre outras coisas, [...] tiveram alguns assaltos, e eles [os policiais] diziam: 'não, nós não podemos fazer nada que a advogada lá não deixa'. Toda uma situação de colocar a população contra." [Valdênia, em 2005]

304   GABRIEL DE SANTIS FELTRAN

a falsificação e a tentativa de criminalização de Valdênia, os suspeitos foram indiciados e os processos seguem em andamento. As ameaças não pararam, entretanto. A sede do Cedeca e CDHS foi novamente invadida e revirada no final de 2007. O telefone das entidades foi cortado.[15] Em janeiro de 2008, enquanto escrevia este livro, recebi uma mensagem de Valdênia que me contava que sua situação com os policiais estava cada vez mais *delicada* e que ela aguardava pronunciamento do governo espanhol para passar nova temporada no exterior, agora exilada no escritório da Anistia Internacional. Ao todo, já são oito anos de vida sob ameaças.

No fio da navalha: entre a polícia e o crime

O argumento com que iniciei esta terceira parte do livro, e que foi investigado ao longo dos últimos capítulos, indica a característica de *mediação* desempenhada pelo Cedeca, entre, de um lado, as dinâmicas sociais das favelas de Sapopemba e, de outro, o mundo público, passando pela institucionalidade que se conformou na interface sociedade-Estado nas últimas décadas. Essas formas de mediação foram percorridas em contexto, e alguns de seus condicionantes e bloqueios foram estudados. Ao final deste percurso, pode-se notar que *em ambos os polos* dessa mediação, embora prevista por lei, o Cedeca e o CDHS encontram limites impostos pela violência física. As ameaças e a violência política às lideranças das entidades sobrevêm, no polo público, da atuação da entidade, conforme os discursos alcançam visibilidade e passam a travar disputas que interferem no regime de distribuição

---

[15] Outras interferências externas na comunicação telefônica, como grampos, também são comuns entre os movimentos sociais. Em outros universos de pesquisa já encontrei esse fenômeno confirmado, e no Cedeca a suspeita sempre existiu. "Antes a coisa era mais aberta, você não tinha muita liberdade de falar, de andar, de frequentar os lugares. Hoje você faz tudo isso, mas existe [...] essa coisa escondida, feita sem aparecer, essa repressão. Por exemplo, hoje várias lideranças de movimentos estão sendo investigadas pela Polícia Federal. Por exemplo, o telefone do nosso movimento é grampeado, você num pode falar tudo. Celular também você num pode falar. Então temos tido cuidado. Ontem por exemplo [numa manifestação política do movimento de moradia] nem todos nós pudemos subir no carro de som e falar. [Pergunta: Você tem certeza que é grampeado?] Sim, na segunda-feira o próprio Secretário de Habitação ligou pra nós, querendo marcar uma reunião pra segunda, véspera do ato... ele sabia. Então assim, esse aparato aí ele continua existindo, essa repressão, só que não aparece, né?" [Valdenir, maio de 2005]

das parcelas de representação dos atores políticos. Mas há violência também na atuação capilar das entidades, nos bairros em que estão fixadas. Pois também ali é preciso disputar a legitimidade.

No Jardim Planalto, no Parque Santa Madalena e no Jardim Elba, o Cedeca e o CDHS enfrentam uma fronteira ambígua a suas intervenções e tentativas de trabalhar capilarmente, imposta pela relação necessária com o *mundo do crime* local. Ambígua, porque repleta de alianças tácitas e disputas conjunturais, que têm subjacentes a seu corpo a ameaça ou a prática de violência física. É evidente que a criminalidade local explora como mão de obra preferencial exatamente da população atendida pelo Cedeca: os adolescentes do distrito. É claro também, por outro lado, que o sucesso principal das entidades sociais, no plano dos atendimentos, é *retirar* os meninos do *mundo do crime*, ou competir preventivamente para que eles não se aproximem dele. Há, portanto, uma condição de disputa direta com o *crime* pelos adolescentes.

Essa disputa marca os depoimentos de funcionários do Cedeca e do CDHS de fora a fora. Mas não aleatoriamente. Os depoimentos citam essa disputa nos momentos de justificativa do limite estrutural imposto à efetividade dos atendimentos, como explicação de insucessos nos casos atendidos e análise de experiências não tão bem-sucedidas. É aí que os educadores e coordenadores das organizações reconhecem com nitidez que o *crime* local tem muito mais *dinheiro* que o Cedeca e o CDHS juntos, e, portanto, muito mais condição de disputar e remunerar a presença dos adolescentes em seus domínios. A disputa entre essas organizações locais e o *crime* já gerou, especialmente no começo da trajetória dessas entidades, ações violentas que assustaram os funcionários do Cedeca e do CDHS: alguns episódios de investidas do crime contra militantes das organizações, marcadas por intimidação, outras invasões à sede das entidade, pichações com ameaças a suas lideranças etc. Os casos nunca mereceram muito destaque nos depoimentos, entretanto: todos sabem que o limite entre relações pessoais, institucionais e comunitárias está mais ou menos submetido à possibilidade de emergência da violência; e mais importante, essas investidas do *crime* são coisas do passado. Com o tempo e a estabilização da atuação do Cedeca e do CDHS na região, as ameaças diminuíram. Hoje se convive pacificamente com a organização criminal. Os lugares sociais de cada um estão estabelecidos e as autoridades têm sido respeitadas, embora seja preciso negociá-las cotidianamente.

Na região nós temos muita autoridade moral. Então, por exemplo, semana passada me mandaram um bilhetinho, um garoto que disse que era mandado pelo PCC, querendo interferir [nas atividades do CDHS]. Porque teve um caso de abuso de criança, e os caras queriam saber se o cara era culpado, porque eles queriam matar. Mas queriam saber se era ele mesmo. Aí eu mandei um bilhetinho dizendo: "O direito não socorre a quem dorme: perderam o prazo, o caso já chegou até nós." E se chegou até nós eles não vão ter acesso, óbvio, não é? [risos] Mas tem um nível de diálogo. "Meu, alto lá, nós vamos apurar, que história é essa? Onde vocês tão querendo se envolver?" A gente sabe que caso de abuso sexual dentro da favela, se chega primeiro na população é linchamento. Por isso que a gente vem fazendo um trabalho contínuo, pra evitar esse tipo de atitude. Mas a nossa preocupação é que eles estão [faz gesto de ampliação, expansão]. E são os meninos mais organizados, as meninas que têm o segundo grau, é esse que é o público da organização hoje. [Valdênia]

A negociação pela autoridade é cotidiana, e embora Valdênia reconheça o crescimento e a sofisticação da organização, o equilíbrio tênue entre as organizações locais está sendo mantido. Há fatores importantes que garantem esse equilíbrio. Em primeiro lugar, o crime percebeu que a atuação do Cedeca não chegava a ameaçar seu funcionamento, especialmente pela disparidade de termos em que se dá a disputa por sua mão de obra (o Cedeca via atendimento, o crime via geração de renda). Por mais que o Cedeca crescesse no plano local e conseguisse atender mais adolescentes, ele não chegava nem de longe a ameaçar a disponibilidade de mão de obra local para os negócios ilícitos. Dos mais de 300 mil habitantes, cerca de 60 mil seriam adolescentes a disputar entre as organizações, que não envolvem diretamente em suas atividades ou seus atendimentos mais de 1,5 mil jovens. Além disso, há uma série de outros fatores que conduzem à pacificação entre as entidades locais e *mundo do crime*.

Essa *autoridade moral* a que se refere Valdênia é um deles. Ela nasce de uma tradição de respeito mútuo entre as entidades sociais locais e o crime, em uma época (os anos 1970 e 1980) em que a organização criminal local dos bairros trazia mais claramente as funções de pacificação e manutenção material da comunidade, como ocorreu em muitas outras periferias de São Paulo.[16]

---

[16] "O envolvimento era muito mais com roubo do que com droga, tanto que os grupos de jovens maiores, que roubavam, eram conhecidos porque funcionavam um pouco de Robin Hood:

Mas, no caso do Cedeca e do CDHS, essa *autoridade moral* foi construída ativamente por sua equipe fundadora, pelo histórico demonstrado de compromisso incondicional com o bairro. São mais de duas décadas de presença local, e o ponto de inflexão das relações com o crime veio da demonstração de coragem dessas lideranças para denunciar a violência policial praticada no distrito e enfrentar de cabeça erguida as retaliações que surgiram. Se o código de manutenção do respeito é a honra, o Cedeca e o CDHS têm dela de sobra. O respeito foi sempre mantido, mesmo que o perfil das atividades criminais se modificasse muito nas últimas décadas, com vistas à profissionalização e industrialização das rotinas de trabalho. Além do mais, as disputas que o Cedeca e o CDHS travam com a polícia conjunturalmente interessam ao *crime*. Se eles estão *contra a polícia*, nós estamos com eles. De modos distintos, e com intenções muito díspares, é evidente que tanto Cedeca quanto o crime local atuam para tornar a ação repressiva mais controlada e previsível – o crime por meio dos acordos financeiros ilícitos e da participação de policiais em seus negócios; o Cedeca e o CDHS por meio das denúncias sistemáticas dos abusos aos órgãos competentes e no sistema judiciário.

Mas tendo um inimigo comum nessa medida, tanto o Cedeca quanto o crime identificam-se como fazendo parte de um terceiro conjunto, que os contém e que se opõe como tal às forças da ordem: a comunidade.[17] É nitidamente o *princípio da contradição* que funciona aqui.[18] A composição não é direta (não há, por exemplo, relatos de reuniões entre traficantes e dirigentes do Cedeca para acordos, nem sobre quaisquer troca de favores ou contraprestações entre eles), mas, como em todas as periferias das grandes cidades, as entidades sociais mantêm um *acordo tácito* com o crime local, es-

---

roubavam alguma coisa e dividiam na favela, essas coisas. Então até as referências, entre aspas, 'éticas' da malandragem eram outras." [Valdênia]

[17] A comunidade inclui ambas as ações coletivas com base no território e no compartilhamento da situação familiar e redes próximas: alguns dos filhos dos traficantes locais já foram ou são atendidos pelo Cedeca, vizinhos são ajudados pelas atividades da entidade, crianças pequenas têm ali espaço de lazer e educação etc.

[18] Descrevendo o sistema político Nuer, Evans-Pritchard (1978, p.159) ressalta o princípio da contradição na estrutura política: " Existe sempre contradição na definição de um grupo político, pois ele é um grupo apenas em oposição a outros grupos. [...] Os valores políticos são relativos e o sistema político é um equilíbrio entre tendências opostas para a separação e a fusão, entre a tendência de todos os grupos a se segmentarem e a tendência de todos os grupos a se combinarem com segmentos da mesma ordem."

pecialmente para controlar a presença policial ali, que garante a coexistência dessas duas formas associativas no mesmo território e, por vezes, atuando com o mesmo público. O acordo passa pela não agressão, ainda que não implique adesão, como Valdênia exemplifica nos trechos a seguir:

> Conosco a relação [do crime] é de respeito. Eu entendo que não dá, não sou eu, não é nossa organização que tem essa responsabilidade [de combater o crime organizado], isso é um problema da Segurança Pública, que não tem interesse, não tem interesse.
>
> [De outro lado] nós não podemos ficar na mão da organização criminosa, porque ela é perversa. Quando você pede para o adolescente para ele mesmo criar as regras de um Centro Comunitário, as regras são "ah, fez errado *já era*", resolve na força, então é o educador é que tem que fazer a mediação. Nós vamos ser então cheios de regras, não é? E o Comando [PCC] reproduz a mesma coisa... é muito rígido, tudo ou nada. Quantas famílias eu conheço que, quem é filiado ao PCC e não cumpriu a regra, morreu; e morreu da forma mais perversa, que a gente sabe: eles mandam a pessoa se suicidar. É muito perverso. Nós não queremos também essa regra de condicionamento, não passa por aí. Nós queremos resgatar, ou mais produzir que resgatar, porque no Brasil nós nunca tivemos um Estado democrático de direito para todos. Queremos criar um Estado democrático. [Valdênia]

As duas organizações atuam, como Valdênia deixa claro, para tentar arbitrar as normas do conflito social latente. Nessa medida, também competem por legitimidade, atuando em um mesmo registro, embora de modos distintos. O crime arbitra com base no uso da força, o Cedeca procura encontrar formas de arbítrio centradas em um regime de ações políticas, mais ou menos institucionais, que, no entanto, não pode ser uma reprodução do que já existe – é preciso criar um Estado de direito para todos. Os acordos entre essas ações coletivas permitem que as tentativas de arbítrio de um e outro lado tenham suas esferas de autonomia, e o equilíbrio se sustenta, embora seja evidentemente instável. Em uma suposição pouco provável em que as entidades locais resolvessem efetivamente controlar o *mundo do crime* por sua ação política, e passassem a denunciar todas as violações de direitos praticadas em seu interior, o acordo tácito seguramente geraria represálias violentas. Bastaria que o Cedeca e o CDHS esticassem a corda para que esse equilíbrio se rompesse e desaguasse em saídas violentas.

Em outra suposição, também pouco provável hoje, em que o Cedeca e o CDHS tivessem um aliado no comando do policiamento (dentro de um Governo Petista Estadual, por exemplo), as críticas à polícia certamente teriam de arrefecer, condicionadas pela conjuntura política, e isso funcionaria também para modificar o equilíbrio de forças no plano local.

Não há novidade aqui, para as entidades. O grupo de integrantes do Cedeca e do CDHS já se sente há bastante tempo constrangido entre a possibilidade de retaliação violenta a suas ações propriamente políticas, e a necessidade de manter, junto do crime local, um equilíbrio centrado na *autoridade moral* que garanta alguma autonomia de ação. Mais que explicitar os conflitos, então, a disputa local entre Cedeca e o crime gera táticas típicas da *guerra de posições* gramsciana (Gramsci, 1987):

Infelizmente, no último dia das crianças, no Madalena, que nunca tinha acontecido, eles [o PCC] até lotaram um ônibus [para levar as crianças para comemorar]. Porque nosso pessoal tirou como um dia de folga. Se não tivesse tirado... porque nós temos que ocupar esse espaço. [Valdênia]

O *mundo do crime* se expande e se diversifica, age na sociabilidade e disputa a legitimidade perante a população. O Cedeca e o CDHS sentem que precisam cuidar de seus espaços, até porque, como há diversas alianças conjunturais entre a polícia e o crime, em qualquer descuido eles é que podem se tornar o inimigo comum. Valdênia deixa isso claro.

Eles [os policiais que a ameaçam] já tentaram trabalhar com o tráfico, para ver se os traficantes me matavam. Só que ocorre que os traficantes da região não são *"os"* traficantes... são traficantes que cresceram aqui, não são aos *bambambans*, são os irmãos caçulas, alguns até que tem filhos, que vão para o projeto [o atendimento do Cedeca]. E eles sabem que nós queremos uma polícia séria. Nós sabemos que eles não morrem de amores, porque uma polícia séria significa eles não poderem mais fazer acerto, então nós vivemos na berlinda, não é difícil realmente que tenhamos problema [com o crime]. Só que eu acho que a autoridade moral que nós fomos conquistando foi muito importante pra segurar. De forma que, dessa última vez [que Valdênia foi ameaçada], alguns traficantes chegaram a dizer: "olha, você sai fora, porque os caras vão te matar e ainda vão dizer que foi a gente. Porque a gente não aceita isso". Entendeu? [Valdênia]

Entendi. O Cedeca e o CDHS agem como mediadores entre as favelas de Sapopemba e o mundo público, e isso significa situar-se no *fio da navalha* entre a violência local do crime e a violência política. Os limites de sua atuação política, portanto, encontram sempre a violência. É nessa medida que, de modo geral, a etnografia faz notar que as duas categorias centrais para a discussão deste livro funcionam, em Sapopemba, no mesmo registro. Nesse sentido, minha interpretação dialoga diretamente com a hipótese de Machado da Silva (2004), com a qual concorda Misse (2006c), que aponta para uma coexistência entre dois ordenamentos na composição das relações sociais nas periferias das metrópoles, embora o sentido de disputa entre elas, aqui, seja mais evidente – a coexistência seria produto de interação baseada em disputa, que, no entanto, não se resolveria pela eliminação do outro, já que ambas oferecem vantagens relativas aos indivíduos, a depender da situação.

Ato na praça da Sé lembra o Massacre do Carandiru (2006).

FRONTEIRAS DE TENSÃO 311

Pressão pela canalização do Córrego do Oratório (favela do Jardim Elba, 2004).

Obras do Córrego em 2006.

Audiência pública denuncia abuso policial na Operação Saturação, na favela do Jardim Elba, 2005.

FRONTEIRAS DE TENSÃO   313

Lançamento do relatório da Anistia Internacional, em uma favela do Madalena, sobre a violência policial no Brasil (2005).

Valdênia recebe o Prêmio Santo Dias de Direitos Humanos e discursa na Assembleia Legislativa.

Sede do Cedeca revirada após assalto.

NOTAS FINAIS: POLÍTICA, GESTÃO E VIOLÊNCIA NAS FRONTEIRAS URBANAS

Estas notas esboçam um quadro específico de relações entre as principais categorias de análise surgidas da etnografia apresentada até aqui. O quadro que elas apresentam é, seguramente, muito preliminar. A compreensão mais geral das transformações em curso nas periferias de São Paulo nas últimas décadas, em suas fronteiras, carece de um diagrama analítico mais consistente. Limito-me, então, a recuperar os três argumentos principais apresentados no corpo do texto para verificar suas relações internas e seus significados políticos.

O primeiro argumento trata do duplo processo de *expansão do mundo do crime* nas periferias de São Paulo, e surge do estudo de trajetórias individuais e familiares apresentadas nos quatro primeiros capítulos. Para muito além do aumento do exército de criminosos nas ruas e prisões, essa expansão significa: i) a maior amplitude de circulação, interna às periferias, de um marco discursivo do *crime*, que passa a disputar espaço de legitimação nas sociabilidades locais, especialmente entre os jovens, embora não seja nem dominante nem hegemônico ali; ii) a retomada da ideologia pública da *criminalização* das periferias e das favelas de São Paulo, que tende a confrontar no senso comum outra figuração ideológica – a da periferia *trabalhadora*, ambas totalizantes e analiticamente insuficientes de produzir compreensão sobre os fenômenos em curso. Essa disputa não é apenas abstrata, entretanto. Ela supõe, como qualquer outra disputa travada tanto nos cotidianos, como nos debates públicos, a necessidade de classificação dos indivíduos e grupos que compõem o todo social, de modo a situá-los de um ou outro lado da fronteira que o constitui enquanto unidade conflituosa. A forma de fazê-lo contemporaneamente, em São Paulo, produz a representação de que há duas populações essencialmente distintas, em dois lados opostos da vida social: os *trabalhadores* e os *bandidos*.[1] A pesquisa de campo revela, radicalmente, como a violência disposta social e oficialmente contra os segundos, ainda que ilegalmente, tem sido legitimada, no senso comum e entre os grupos dominantes, como prática salutar à democracia. Essa é uma primeira dimensão constitutiva das fronteiras entre as periferias urbanas e o mundo público, perseguidas neste livro.

O segundo argumento é o da *expansão da gestão do social* nas periferias, para, justamente, mediar o conflito nas fronteiras que as delineiam. Estudar o Cedeca (Centro de Defesa dos Direitos da Criança e do Adolescente), desde a porta de entrada dos atendimentos (Capítulo "O atendimento") até a conformação de ações públicas junto a um campo movimentista (Capítulo "Ação política"), é estudar também o conflito ora latente, ora explícito, entre duas lógicas de intervenção social epistemologicamente distintas: de um lado a lógica que pressupõe um mundo social partido em dois, e propõe a gestão da fratura por meio dos convênios com diferentes esferas governamentais (além de parcerias com ONGs e terceiro setor); de outro, uma lógica que pressupõe a necessidade de uma esfera de deliberações públicas em que todos os setores sociais estejam representados, e portanto a existência de um único mundo social. Para que isso se realize, nessa lógica propriamente política, propõem-se denúncias, audiências públicas, ações judiciais e *representação* dos setores sociais *a priori* desprovidos do direito de locução política. Mesmo que tivesse a intenção expressa de reforçar essa segunda lógica, visto que ela é ativa no Cedeca, a etnografia confirma o que o próprio corpo dirigente da entidade reconhece, no Capítulo "A entidade social": que a lógica gestionária tende a prevalecer e se autonomizar a partir do estabelecimento de *atendimentos* regulados pela burocracia pública, em contextos de escassez. Até por condicionar as transformações recentes da sociedade civil, do Estado e de suas principais relações, essa lógica da gestão social impõe constrangimentos evidentes à ação propriamente *política* do Cedeca.

---

[1] Entre os nomeados como *bandidos*, como foi demonstrado com detalhe, não estão necessariamente os praticantes de atos considerados ilícitos, mas, em muitas situações, também aqueles que se parecem com *bandidos* no estigma social: jovens, moradores de periferias e favelas, que se vestem de tal maneira, que portam tais objetos, que falam de tal modo, além de suas famílias e redes de relações próximas.

O segundo conjunto de notas apresentado aqui estuda esse processo, e suas consequências teóricas na demarcação das fronteiras entre as periferias e o mundo público.

O terceiro argumento etnográfico, que me parece o mais explicitamente observável e, paradoxalmente, menos compreensível nos debates e menos comentado na literatura, é o que sugere uma relação específica entre as distintas modalidades de uso da violência que transbordam do estudo de campo, e sustentam pela força as fronteiras desenhadas em torno das periferias da cidade. Entre as múltiplas categorizações possíveis das violências encontradas na etnografia, sugiro uma muito provisória: violência massiva e violência política. A primeira designa o uso da força voltado para uma *população*, mantendo-a sob controle; e a segunda, o uso da força contra sujeitos específicos que pretendem *representar* essa população publicamente, apresentando-a, portanto, como um sujeito. Em um primeiro plano analítico elas se diferenciam nitidamente e, em um segundo plano, verifica-se o *nexo* que as sustenta como parte de um conjunto comum. É a relação desses planos que me interessa aqui. Evidencia-se, na pesquisa, que *a grande maioria* das trajetórias estudadas neste livro é marcada pela experiência da violência massiva, mais ou menos intensa a depender da posição de cada indivíduo ou família na estrutura hierárquica local. Evidencia-se ainda que, justamente quando o CDHS (Centro de Direitos Humanos de Sapopemba) reivindica para si um espaço legítimo de *representação* das vítimas dessa violência, encontra como resultado a violência política.

Da mesma forma, apenas quando o Cedeca tenta escapar da lógica gestionária e produzir um ciclo de protestos é que essa violência política aparece, surgem, então, nexos de sentido tanto entre a *expansão do crime* e a *expansão da gestão*, quanto entre ambas e a *violência política*. Essas relações, que têm como ajuste fino invariavelmente o uso de violência ilegal, em período pretensamente democrático, compõem uma terceira dimensão das fronteiras entre as periferias e o mundo público, trabalhada no terceiro conjunto de notas apresentadas a seguir. No final da apresentação discuto os limites teóricos da noção de democracia, na São Paulo e no Brasil contemporâneos, a partir dessas três dimensões das fronteiras tensas que conceituam as periferias urbanas, porque lhes ofereçem inteligibilidade social e pública.

A expansão do *mundo do crime*

De um lado da fronteira, a expansão do *mundo do crime* é operada pela ampliação do marco discursivo do *crime* internamente às periferias, e mais especificamente entre a parcela mais pobre de sua população jovem. Trata-se de um alargamento do léxico e da semântica do *crime* no tecido social local, que se nutre tanto das resignificações nas matrizes discursivas do trabalho, da família e da religião (e, portanto, do projeto de ascensão social familiar, que se individualiza), quanto da conformação de redes de relações sociais *entre* o lícito e o ilícito, que passam a disputar legitimidade e, portanto, coexistir com outros códigos de ordenamento social previamente existentes – o trabalho, a religião, os direitos etc.. A questão não é, aqui, o aumento efetivo das ações criminais ou violentas, mas de uma baliza de discursos que oferece sentido a classificações e significação a existências. Do outro lado da fronteira, e retroalimentando o mesmo processo que as erige, retoma-se a *criminalização* das periferias urbanas e suas populações, nos debates públicos e no senso comum. O processo não é novo e revive, agora, alimentado pela espetacularização dos cinemas e da imprensa que sugere, ou propicia a leitura, pelo senso comum, da periferia urbana como território homogêneo e criminal. A etnografia aponta para a constatação de que esse duplo processo impõe, como em toda situação de conflito radical, a necessidade de marcação categorial distintiva, social e pública dos indivíduos e grupos implicados em sua estruturação e manutenção.[2] Em São Paulo, as duas categorias eleitas para tanto têm sido, fundamentalmente, *trabalhadores* (cidadãos de bem, homens honrados, pais de família) e *bandidos* (vagabundos, marginais, ladrões).

Essa forma de nomear o conflito social é antiga no país, e parece se apoiar no ordenamento moral-religioso historicamente comum a esses grupos, que tinha como correspondente na organização política uma promessa de integração das periferias urbanas trabalhadoras, essas sim legítimas, na comunidade nacional. O projeto de ascensão social dos migrantes que se tornavam *operários* nutria-se desse modo de ordenar a vida. Entretanto, conforme os anos passaram, a promessa da integração universal das

---

[2] Como afirma Kofes (1976, p.98): "a uma intensa desigualdade social corresponde a necessidade de marcá-la".

FRONTEIRAS DE TENSÃO 319

periferias trabalhadoras perdeu fôlego, até pela fragmentação e incompletude das contrapartidas sociais do assalariamento (a cidadania regulada, precária mesmo para os trabalhadores estáveis, não conseguiu se legitimar frente ao exército de desempregados e informais que lotavam as periferias da cidade). Nos bairros estudados, é hoje nítida a distensão entre as famílias operárias e os favelados. Nas periferias de São Paulo, em especial para aqueles indivíduos que têm menos de 30 anos de idade, a promessa de ascensão social do grupo trabalhador perdeu parte da sua capacidade de produzir coesão social.

A novidade parece ser, então, a maior naturalização recente das formas de nomear a divisão social, dada a restrição dos horizontes concretos de universalização de direitos. Naturalizada a divisão do corpo social, surge a premência de reafirmá-la também na esfera pública. Ainda que a etnografia revele as múltiplas interfaces e composições entre as esferas sociais consideradas legítimas e o *mundo do crime*, a categorização bipolar que os significa como ambientes autônomos e opostos tem sido reforçada no debate público.

Como essa distinção se sustenta, em território no qual as leis garantem igualdade formal a *todos*? Demonstra-se um descompasso entre os ordenamentos que regem as práticas sociais e aquele que rege a política formal. Seria simples se pudéssemos ficar só com o primeiro. Mas não é possível, na medida em que o segundo também interfere nas práticas sociais, e portanto também aparece condicionando os dados etnográficos. Esse descompasso se mantém, portanto, em tensão constante; e na tese aqui defendida, conduz, com o passar dos anos, a uma pressão por repartição da legitimidade. A parcela representada publicamente, logo legítima, tende a desconsiderar como sujeito a parcela não representada. Por isso, quanto mais centralmente organizada é a ação repressiva policial nas periferias, ou seja, quanto mais ela parte da *alta* cúpula do Estado, menos específica e focada nos atos ilícitos, e mais focada nos indivíduos e grupos considerados hierarquicamente *inferiores*, ela tem se tornado.

O argumento pode ser demonstrado empiricamente, comparando três situações repressivas distintas que pude etnografar em Sapopemba: i) a repressão policial *de rotina*, focalizada nos indivíduos autores de atos criminais; ii) o perfil da repressão nas *operações policiais* mais amplas realizadas nas favelas (como a Operação Saturação, que permaneceu por 45 dias na favela do Jardim Elba durante a pesquisa de campo); e iii) o modelo repressivo utilizado em períodos de *crise* pública, como no caso dos ataques do PCC em São Paulo.

Em época de *normalidade*, em que a fronteira que mantém apartados *bandidos* e *trabalhadores* se restringe à repressão policial de rotina, praticamente só aqueles indivíduos já bem identificados como praticantes de atos criminais são reprimidos. Por isso Lázaro, Anísio e Fernando sofreram muito mais repressão da polícia que Neto, em suas vidas, embora vivessem sempre na mesma casa e fossem tão parecidos. Essa repressão é muito seletiva e específica, e, na prática, mesmo que exercida *ilegalmente* (abusos, excessos e violação de direitos praticados pela polícia), é de todo modo *legitimada social e publicamente*. Grande parte dos setores médios e das elites considera plenamente justificável, inclusive, que a polícia assassine *bandidos* em suas ações. Mesmo na favela se considera legítima a violência ilegal especificamente dirigida contra os que estão na *vida errada*.[3]

Uma segunda forma de repressão policial, identificada na etnografia, é aquela que produz uma indiferenciação entre o *ato ilícito*, prevista pela lei, e o *indivíduo que o pratica*. Essa indistinção entre indivíduo, corpo e ato ilícito se naturaliza numa subjetivação específica – a sujeição criminal (Misse, 2010), comentada anteriormente –, que reivindica marcação social clara, através de sinais diacríticos. Da naturalização da imagem de *indivíduos fora da lei*, surge uma apreensão social e pública deles que, por ser fundada sobre uma *população* concretamente demarcável, ganha critérios sensoriais de nomeação: os *bandidos* têm cor de pele escura, vestem-se e falam de maneira própria, têm modos de se portar e idade específica, enfim, quase sempre identificam-se com moradores jovens das periferias. Na outra ponta, essa mesma subjetivação, e mesma marcação diacrítica passa a ser valorada positivamente, reforçando estereótipos. Assim, quando a polícia aborda um menino favelado negro, e de bermuda, ele teme, ainda que não deva. Por isso, Neto também já foi tantas vezes abordado por policiais, embora nunca tenha *dado motivo*. Identificados os alvos, sensorialmente, a ação pública concreta se desenrola. Durante as *operações ostensivas* e organizadas centralmente das

---

[3] Categoria utilizada tanto pelos praticantes de atos criminosos quanto pelo ex-governador de São Paulo, Cláudio Lembo, durante os *ataques do PCC* em 2006. O governador também se utilizou da expressão *má-vida*.

forças da ordem, definidas sempre em instância mais central de comando que as de rotina, passam também a contar entre os *bandidos* a reprimir, também os grupos de amigos, vizinhos e familiares dos indivíduos do *crime*. As trajetórias das famílias de Maria e Ivete, e a frequência das incursões repressivas a suas casas e a todos seus entes, durante operações policiais mais amplas no bairro, são bastante esclarecedoras desse processo. Na Operação Saturação da Polícia Militar em Sapopemba, apresentada em linhas gerais no Capítulo "Ação política", essa ampliação do perfil identificado como alvo a reprimir foi muito claramente notado, até porque nessas operações vêm às favelas muitos policiais que não estão no cotidiano do trabalho local e não distinguem os moradores que têm *envolvimento com o crime* dos que não têm. Foi por isso que os moradores da favela do Elba reclamaram mais dessa operação policial, em 2005, que das rondas de rotina que diariamente adentram a favela: porque nela foram reprimidos também os *trabalhadores*.[4]

O argumento se torna mais visível nos períodos de crise da segurança pública. Durante os ataques do PCC, em maio de 2006, em São Paulo (Capítulo "Periferias no público: figurações"), esse processo foi radicalizado. Como a situação era de *guerra*, a naturalização do ato ilícito como componente natural do indivíduo e do território que o abriga foi ainda mais difundida. Passaram a estar na mira todos os que portavam em seu corpo sinais que os identificassem com as periferias da cidade. Centenas de jovens foram mortos, em uma semana, por morarem onde vivem os *suspeitos*, no senso comum. Essas mortes contribuíram decisivamente para acalmar a opinião pública e fazer a metrópole retomar as rotinas. Foram consideradas uma defesa do Estado democrático de direito, então ameaçado pelo *mundo do crime*.

Quando mais centralmente organizada a repressão, portanto, mais inespecífica, ou seja, mais politicamente orientada ela se torna. Nos três casos trata-se, quase sempre, de dispor de violência *ilegal*, mas igualmente *legitimada* como acréscimo à ordem. Legitimada, sobretudo, com o argumento,

---

[4] O perfil das operações policiais nas favelas de São Paulo e Rio de Janeiro, com grande publicidade recente, demonstram também esse fenômeno da maior inespecificidade da repressão quanto maior a organização das ações. No Rio, o desenho do *Caveirão* (veículo blindado para operações do Batalhão de Operações Policiais Especiais, da Polícia Militar, em favelas no Rio de Janeiro) talvez seja o exemplo mais notável disso: há muito pouco espaço de visibilidade de dentro para fora, mas muitos orifícios abertos na carenagem para disparar fogo em qualquer direção.

mais ou menos explícito a depender da situação, de que seu oposto (a legitimação dos *bandidos*) seria ainda menos aceitável. Política centrada no princípio da contradição, mais uma vez: a guerra contra um inimigo comum como elemento de identificação do grupo, e já que se trata de uma ofensiva dos *bandidos*, em guerra contra *nós*, identificamo-nos com a polícia, conjunturalmente. Ali se mostra, para o lado de cá da fronteira, como a polícia foi realmente percebida como *nossa* força de proteção, e da ordem legal e democrática sob a qual vivemos. Essa guerra dos homens de bem contra os *bandidos* evidentemente contrapõe *limites* (discursivos, simbólicos e objetivos) à ação criminosa. Limites legitimados por todos os defensores da democracia, porquanto contrapostos à expansão do crime. A *parcela legal da sociedade* combatia as *hordas ilegais* que a ameaçavam.

Ora, se notamos que quanto mais centralmente organizada, mais inespecífica e politicamente orientada a repressão, mais *ilegalidades* são legitimadas, há algo errado na equação acima. Se, no limite, o centro do poder de Estado age *ilegalmente* com tamanha desenvoltura, e com a justificativa de preservar a lei, o que está em jogo nesse confronto *não pode ser* a disputa entre uma parcela legal contra uma franja ilegal da "sociedade". O que parece estar em jogo nessa disputa, já normalmente alheia à legalidade, parece ser, acima de tudo, o conflito entre as parcelas *legítima* e *ilegítima* de um mundo social repartido por fronteiras ativamente construídas.

As forças de repartição dessas parcelas de legitimidade atuam com base na repressão, mais ou menos legal, mais ou menos legítima entre as partes, a depender da necessidade que têm de se afirmar. Quando o conflito entre as partes é apenas latente, dispõe-se da gestão das populações, ou no máximo da repressão especializada de rotina: mais específica, mais focada nos indivíduos praticantes de atos criminais, mais ou menos ilegal a depender do contexto, sempre legitimada por todos. Quando esse conflito tem focos de tensão mais severos, recorre-se às operações mais amplas. Quando ele é generalizado, a violência ilegal torna-se política oficial, generalizada e legitimada por todos aqueles que defendem a lei. Assim, na prática, a violência ilegal é parte constitutiva das ações de definição dos critérios de repartição da legitimidade social e pública, e portanto da própria lei. A hipótese interpretativa acerca das periferias de São Paulo, nas quais emergem novos atores socialmente legitimados, é que, quanto mais podem ser disputados os critérios empregados na repartição da legitimidade, mais tem sido preciso recorrer oficialmente à

FRONTEIRAS DE TENSÃO   323

violência ilegal, a fim de preservá-los. O recurso à violência ilegal, recorrente nas periferias, permite pensar essa disputa em termos de tensão importante.

Se a divisão entre *trabalhadores* e *bandidos* não tem se demonstrado um problema de ordem legal, mas de repartição da legitimidade, trata-se de uma divisão envolvida na formulação dos critérios pelos quais se pode obtê-la, que delineiam nada menos que o *direito a ter direitos*. O problema se torna, então, inteiramente político: define-se, então, quem pode e quem não pode estabelecer-se como sujeito nesse mundo e quem são os inimigos. É por isso que Ivete e seus filhos não temiam o PCC, mas a vingança da polícia, em maio de 2006.

Do outro lado, como uma parcela significativa da população não acessa legitimidade suficiente para ser sujeito no espaço público, esse âmbito público torna-se praticamente restrito a um lado da fronteira. Como as decisões, no mundo público, são tomadas por essa pequena parcela, ali representada como fora representante de todos, a repartição das parcelas se torna um pressuposto da ação oficial. Já que existem instituições e sujeitos efetivamente atuando no registro do Estado de direito, e já que ele *pressupõe* igualdade formal universal, supõe-se que o direito é, ou deveria ser, a medida universal de acesso à sociedade e à política. O ciclo se fecha: segue-se a reprodução da leitura dos não representados como *foras da lei*, que justifica – e legitima – tautologicamente a disposição da violência para controlá-los.

Esse ciclo tem, em Sapopemba, ao menos trinta anos de operação cotidiana. Uma geração inteira já nasceu experimentando-o. Essa experiência, evidentemente, produz uma tendência à ação em concerto – aquela que produz poder, para Hannah Arendt – *alternativa* das parcelas não representadas: acionam-se redes de parentesco, operam-se comunidades, surge associativismo civil, assistencial e religioso, aparecem os movimentos sociais. Cada uma dessas organizações disputa espaços de legitimidade da construção capilar da sociabilidade até os modos de representação política. O *mundo do crime* é também, hoje, uma dessas formas de ação coletiva, que no entanto reivindica uma tradição radicalmente distinta daquela dos movimentos sociais. Reivindica-se, em outro registro, mais como "efeito colateral que o seu sistema fez".[5]

---

[5] Verso da canção *Capítulo 4, Versículo 3*, do álbum *Sobrevivendo no Inferno*, Racionais MC's, 1997.

324   GABRIEL DE SANTIS FELTRAN

Essa é a chave, bastante preliminar, que utilizo para compreender o ciclo ascendente de violência ilegal, portanto criminosa, que se legitima social e publicamente e, assim, passa a coexistir com os mecanismos democráticos de resolução dos conflitos sociais. Se há algum sentido nisso, deve-se reconhecer que o funcionamento democrático brasileiro tem incluído, como parte constitutiva de seu desenho normativo *de fato*, o emprego de doses elevadas de violência, muitíssimas vezes ilegal, para a construção e manutenção das fronteiras de acesso à legitimidade. A restrição do *direito a ter direitos* a uma parcela significativa das periferias urbanas, que era *sustentável* pela promessa de integração futura do *trabalhador*, depois de trinta anos só parece poder ser mantida por essa violência. As saídas armadas de manutenção dessas fronteiras têm sido *legitimadas* dominantemente, nos mundos social e público, por *aparecerem* embutidas na violência contra o *crime*. Que esse cenário de legitimação oficial do ilegal, pela figuração de que se trataria de uma luta contra os bandidos, oferece espaço para que a ilegalidade violenta, que seria exclusividade do crime, seja encarada como prática rotineira, de repressão legítima. Essa violência que seria disposta para limitar a expansão do crime reforça seu registro imanente: a ilegalidade. Esse ciclo, que se retroalimenta, garante o crescimento do mundo do ilícito também para além das periferias. Essa é a definição mais precisa da expansão do *mundo do crime* neste livro, e nitidamente uma primeira dimensão das *fronteiras* que se elaboram (analítica e concretamente) entre as periferias da cidade de São Paulo e o mundo público.[6]

A expansão da gestão

No Capítulo "Movimentos, entidades: o Cedeca Sapopemba", descrevi em linhas gerais as origens institucionais e movimentistas dos Cedecas e,

---

[6] Vale a advertência: a ideia de *expansão* aqui é utilizada em seu sentido preciso, que não se confunde com *predominância, dominância, hegemonia* ou termos correlatos. Essa expansão nítida não me parece ser totalizante, nem encontrar campo ilimitado de desenvolvimento, nem mesmo é dominante se contraposta ao conjunto das dinâmicas sociais das periferias urbanas (onde, creio, os valores do *mundo do trabalho* ou do *mundo religioso*, embora em transformação, seguem sendo os *marcos discursivos* predominantes). Como atenho-me aqui especificamente à expansão do marco discursivo do crime e não a outros processos de ordenamento dessas dinâmicas sociais, pelos temas do livro e por sua abordagem, corro o risco de parecer propor interpretações mais generalizantes que as que efetivamente proponho.

em particular, como elas se fundem no histórico do Cedeca de Sapopemba. Tratava-se de todo um movimento de inserção de atores populares no quadro político institucional, sinalizando para, justamente, a possibilidade de tornar públicas demandas das periferias (com a intenção de democratizar, em conjunto, sociedade e política). No Capítulo "O atendimento", passei a descrever com mais minúcia o desenvolvimento dessas iniciativas, e as formas concretas de atuação do Cedeca. Comecei pelo *atendimento*, espaço de relação direta entre o adolescente autor de ato infracional e a institucionalidade política, da qual as organizações sociais já fazem parte. *Atender* é prestar serviços de suporte jurídico, assistencial e psicológico aos adolescentes que cumprem medida socioeducativa em meio aberto e que, portanto, chegam à organização encaminhados pelo poder judiciário, depois de já terem sido julgados e condenados.

Esse atendimento teria características, sobretudo, técnicas, e o Cedeca é considerado, no meio em que atua, uma referência de qualidade no ato de atender crianças e adolescentes. Um dos diferenciais da organização é o princípio, adquirido com a experiência, de trabalhar com o adolescente em seus grupos de sociabilidade. Assim, o rapaz (ou a menina) que chega à entidade é estimulado a não vir para as atividades previstas sozinho, mas sempre que possível na companhia de um ou alguns de seus amigos, irmãos ou vizinhos. Isso aumenta a possibilidade de o atendido efetivamente comparecer (a presença de mais pessoas próximas diminui-lhe o constrangimento ou a insegurança) e amplia o volume do atendimento *indireto* realizado pelo Cedeca.

Há algo a notar aqui. Esse conjunto de atendimentos indiretos, ao grupo de amigos, não é menos relevante que os diretos, na concepção da entidade, pois o princípio é que *todo o grupo* de sociabilidade desses adolescentes está basicamente submetido a uma mesma *vulnerabilidade à violência*. O amigo do rapaz que cumpre medida pode não estar encaminhado judicialmente, mas frequentemente compartilha das mesmas redes de relação dos meninos envolvidos com o crime local e, às vezes, apenas ainda não foi preso a primeira vez. Ambos, por compartilharem dessas redes, estão no que se convencionou chamar no Cedeca de *ciclo da violência*. Para a entidade, portanto, a violência é a categoria central de descrição dessa rede de sociabilidade jovem, próxima das atividades ilícitas.

Foi por esse pressuposto do atendimento que a principal personalidade do programa de medidas socioeducativas do Cedeca, Célia, me disse que "no 'ciclo de violência' estão todos os adolescentes do bairro". Convém notar, se é assim, que a expansão do *mundo do crime* expressa-se no atendimento como forma de sociabilidade, pois verifica-se, nesse contato direto com os adolescentes, que não apenas o autor de atos infracionais mas toda sua rede de sociabilidade (e no limite todos os adolescentes do bairro) estão submetidos a uma sociabilidade cuja categoria descritiva central é a violência. O Cedeca também tenta interpor, por seu atendimento, limites à expansão da violência.

Entretanto, os princípios para fazê-lo, por via do atendimento, são radicalmente distintos da *criminalização* das periferias, também muito recorrente nos dias que correm. Em vez de impor a esse ciclo de violência a limitação *repressiva*, o atendimento propõe a lógica da *proteção integral* aos adolescentes, na expressão dos advogados da entidade. Nessa forma de atuar, em primeiro lugar é operada uma separação clara entre o ato infracional e o indivíduo que o cometeu. Nenhum adolescente é bandido. O acompanhamento às sanções e *punições adequadas ao ato infracional* é realizado simultaneamente à proteção (jurídica, assistencial e psicológica) dos *direitos do indivíduo*. Inibe-se a lógica interna da criminalização, portanto. As consequências para o desenho da política social são imediatas: o atendimento consiste em acompanhar a medida socioeducativa determinada (Liberdade Assistida ou Prestação de Serviços à Comunidade) e encaminhar o adolescente para outras instâncias institucionais de efetivação de direitos que, no ideal da política social, ofereceriam retaguarda ao Cedeca.

Nesse desenho formal do atendimento, entidades como o Cedeca estariam na linha de frente, para fazer uma *triagem* e em seguida um *encaminhamento* das demandas dos adolescentes para instâncias mais amplas da rede de proteção social. Essa rede de proteção é materializada no sistema de educação formal e complementar, na rede de saúde pública, nas entidades de assistência social e jurídica públicas ou não governamentais, além dos conselhos tutelares e conselhos de direitos de crianças e adolescentes, nos três níveis de Governo. Nessa rede de relações é que se formulam os programas, projetos e serviços destinados a esse público, que compõem as *políticas públicas da área da infância*. A ação articulada dessa rede, a partir de uma demanda captada no tecido social, seria a concretização da *intersetorialidade* prevista pelo Estatuto da Criança e do Adolescente (ECA). Essa intersetorialidade, e apenas ela, garantiria os *direitos* desse público. Trata-se, portanto, de todo um sistema centrado na noção normativa de igualdade, baseada na construção de canais efetivos entre as figuras de crianças e adolescentes portadoras de direitos e o espaço público formal.

O Cedeca procura integrar essa rede, e nela seu atendimento deveria funcionar como uma porta de entrada que, atravessada, levaria o adolescente autor de ato infracional ao mundo dos direitos da cidadania. O fluxo que se iniciaria nos atendimentos, portanto, seria aquele que deveria vincular a vida dos meninos das periferias ao espaço público, no qual suas *privações* poderiam ser narradas e lidas como *violação de direitos*. Quando esse fluxo se estabelece, interfere-se claramente na conformação do mundo público (expandindo-o para conter nele aqueles que não tinham ali sua parcela). O fluxo *ascendente* dessa demonstração da privação social no público, prevista em lei, é inteiramente político. O que o atendimento possibilitaria ao adolescente, nesse desenho normativo, seria o acesso ao direito a ter direitos, um patamar de existência individual e simbólica em uma comunidade política organizada em torno da cidadania universal.

Entretanto, como se sabe que essa universalidade não existe de fato, no mundo social, o que o atendimento propõe pode ser entendido, inicialmente, como a abertura de um universo que o indivíduo poderia habitar *como se fosse cidadão*.[7] Em uma sociedade reconhecidamente hierárquica e desigual, a intromissão dessa dimensão de igualdade universal como norma reguladora é, ainda que artificial, invariavelmente produtora de desentendimento. O conflito que surge desse dissenso é evidentemente político, nos termos de Rancière.

O que a pressuposição de um atendimento a esses adolescentes propõe, então, em termos teóricos, é uma *tensão* entre as forças de manutenção das hierarquias sociais, de um lado, e as forças de sustentação da igualdade, imanente à noção normativa de mundo público, de outro. Tensão, portanto, entre a desigualdade social e o princípio de igualdade política da democracia. Mais que isso, o atendimento propõe que essa tensão seja resolvida não pela lei do mais forte, pela repressão violenta, mas arbitrada segundo a lei

---

[7] "No espaço público, superiores e inferiores expressam seus interesses sob a forma de opiniões divergentes e reivindicam como se fossem iguais. É exatamente isso que quer dizer cidadão e cidadania." (Machado da Silva, 2003, p.3-4)

que rege, formalmente, o regime político democrático.[8] Situada, portanto, na fronteira entre sociedade e sistema jurídico-político, essa tensão trazida pelo atendimento geraria outros conflitos ordenados, segundo os parâmetros que regem as relações entre Estado democrático e sociedade. Seriam, assim, tensões de um tipo muito distinto da violência ilegal, pois agora gerariam negociações de tipo institucional e argumentativo. Essas tensões seriam, então, indicativas da presença de outro modo de resolução dos mesmos conflitos tratados há pouco. Mas aqui, elas alimentariam a construção de critérios políticos e democráticos, e não a expansão do *mundo do crime* e sua violência.

A coexistência de tensões que geram argumentação pública, contida ou não em dinâmicas institucionais, de um lado, e tensões geram aumento da resolução armada dos conflitos sociais indica nitidamente como se constroem, entre lógicas distintas, as fronteiras entre as periferias urbanas e o mundo público. Essa coexistência controla também a análise, pois não permite que ela ceda aos impulsos de generalização excessiva (nem da hipótese da violência total nem de seu oposto, o império da resolução democrática dos conflitos). Em suma, seria possível dizer que, teoricamente, a existência política do Cedeca introduz no debate tensões de tipo político, em um cenário de relações entre os adolescentes das periferias e o mundo público que, sem tensões desse tipo, tenderiam hoje muito mais fortemente ao arbítrio violento.

No plano empírico, entretanto, é evidente que o desenho normativo do atendimento não opera tal como pensado. Se o desenho propõe mediação política entre os adolescentes e o mundo em que seus direitos podem ser garantidos, há uma série de dificuldades que se interpõem concretamente, diminuindo o impacto da mediação. A primeira dessas dificuldades aparece antes mesmo de o adolescente chegar à entidade: a informação de que é imperativo que ele vá ao Cedeca, um centro de defesa de direitos responsável por sua medida socioeducativa, não circula claramente.[9]

Uma segunda dificuldade é a criação de relações de confiança entre o adolescente e o Cedeca. Estando fora de casa, sempre foi raro que alguém lhe defendesse, e agora que ele foi preso, tudo agiu para reprimi-lo. A primeira

---

[8] Sobre o regime político democrático, ou mais precisamente poliárquico, ver Dahl (1989, 1997). Para uma crítica dos limites da poliarquia em promover democracia, interna ao debate, ver Lindblom (1979).

[9] "Quando ele saiu da Febem não explicaram sobre Liberdade Assistida, não explicaram nada." [Maria]

FRONTEIRAS DE TENSÃO 329

medida a se tomar no atendimento, portanto, é o estabelecimento do que se chama de *vínculo* entre os técnicos e os adolescentes. Vínculo de confiança pessoal e de ordem privada, que funcionaria como uma chave para abrir a porta do mundo dos direitos. Em alguns casos, a distensão entre e o ciclo de violência do crime e essa lógica de proteção é tão radical, que mesmo esse vínculo de confiança inicial entre técnicos e adolescentes é difícil de se estabelecer. Nesses casos, não cumprida a medida socioeducativa em meio aberto, o adolescente retorna a uma unidade de internação. Mesmo quando o vínculo se estabelece, e o atendimento efetivamente é realizado, há ainda outras dificuldades que surgem: o menino não tem escolaridade suficiente para o curso de informática; seus antecedentes criminais e tatuagens impedem a inserção no trabalho formal; ele é viciado em *crack* e não há tratamento público disponível no sistema de saúde; o pai está desempregado há três anos e a mãe sofre violência em casa; o rapaz está endividado e ameaçado de morte. Não há, portanto, na rede de proteção *realmente existente*, possibilidade de encaminhamento desse adolescente.[10]

Mas há como mantê-lo nos limites do Cedeca. Há um voluntário que pode dar aulas de pintura a óleo no fundo da entidade, há uma psicóloga para conversar sobre o problema do vício e a relação da família com o problema do pai, há um assistente social que montou um grupo terapêutico para pais agressores, e ele vai tentar cadastrar a família em um programa de transferência de renda. Há ainda um advogado para acompanhar a medida socioeducativa e fazer a defesa formal do adolescente, em seu julgamento e nos encaminhamentos posteriores. Há, no limite, uma rede de amigos e militantes para, em caso de necessidade, hospedar o adolescente por um tempo no interior do estado, enquanto as ameaças de morte estiverem sérias. A tensão entre a privação social e a possibilidade dos direitos iguais emerge, e resultante dela, na maioria dos casos, é a tradução do ideal de *proteção integral* em *proteção mínima*. Nessa situação, mesmo esse mínimo atenua o problema enfrentado e torna o direito a ter direitos mais atingível.[11] Contorna-se a alternativa do imobilismo e da inescapabilidade do homicídio anunciado,

---

[10] Trata-se aqui de um resumo da descrição de como Diogo, um caso que estudei em campo, mas não apresentei em detalhe neste livro, chegou ao Cedeca em 2004.

[11] Almeida; d'Andrea; De Lucca (2008) defendem a tese de que há um mecanismo que opera nas políticas sociais nas *situações periféricas*, em que atenuação dos problemas e reprodução das hierarquias coexistem.

e o direito fundamental à vida é protegido. As fronteiras *periferia-público* são atravessadas minimamente, mas os propósitos do atendimento ficam limitados. O adolescente atinge o outro lado da fronteira, mas ali é como um imigrante clandestino (modifica-se seu estatuto perante a lei, mas seus direitos não estão assegurados).[12]

A tensão política permanece viva, portanto. A pressão por efetivação de outros direitos não cessa. O atendimento se realiza como é possível, mas os constrangimentos internos que lhe são impostos mantêm a demanda existente. Mais que isso, mantém a demanda represada no interior do Cedeca, como no âmbito interno a tantas outras entidades sociais de atendimento.

É justamente nesse cenário que, como demonstra o Capítulo "O atendimento", aparece a tendência à expansão da gestão do social. Nas últimas décadas, o Cedeca se expandiu enormemente, mas a demanda hoje é muito maior que a que ele tinha para atender em 1991, quando foi criado.[13] Enfrentando durante duas décadas situações como a que acabo de descrever, o Cedeca se viu, como se veem comumente as entidades de periferia, enxugando gelo. A demanda por atendimento nunca cessa, e quando o atendimento se estabelece, em vez de funcionar como instância de triagem e encaminhamento, a organização atua ela própria como instância de resolução de problemas, o que nitidamente atenua a distensão social mas não chega a equacioná-la nos termos do direito. A entidade é submetida então a uma tendência regular ao *crescimento*.

O Capítulo "A entidade social" qualifica essa expansão, a partir da investigação das disputas internas ao grupo de colaboradores do Cedeca, que explicitam um conflito pelos parâmetros – mais militantes ou mais

---

[12] Sob o prisma individual dos atendimentos estudados, como demonstram as trajetórias dos quatro primeiros capítulos, os desdobramentos são variados: Pedro e Sérgio viveram experiências-limite e deixaram a sociabilidade do crime conforme a idade avançava, conseguiram trabalho e se viram como podem, o que é relativamente frequente; Raul, Lázaro, Anísio, Fernando, Marcela e Michel (e mais alguns casos estudados, mas não apresentados) entraram de vez nas atividades do crime, que para os mais velhos inclui o circuito de idas e vindas entre o tráfico e a prisão, o que não tem sido incomum; Jonatas e Robson foram assassinados aos 17 anos de idade, o que tem sido mais raro nos últimos anos entre o público do Cedeca, mas segue sendo fenômeno observável.

[13] Como apresento no Capítulo "Ação política", a presença do Cedeca em Sapopemba não supre nem de longe a demanda por universalização dos atendimentos, embora torne o distrito um dos territórios em que há maior atendimento para adolescentes em medidas socioeducativas em meio aberto na cidade de São Paulo.

técnico-gestionários – do funcionamento da entidade. A descrição etnográfica desse conflito latente e de seu desenvolvimento na dimensão interna do Cedeca demonstra como as atividades de gestão da entidade tendem a um crescimento relativamente muito superior tanto ao dos atendimentos efetivos, quanto ao das atividades propriamente políticas (comentadas adiante). São também múltiplos os fatores envolvidos nessa *expansão da gestão*.

Em primeiro lugar, está a dificuldade, já assinalada, de encaminhar os adolescentes atendidos para outras dimensões da rede de proteção; e daí surgem também formas alternativas de resolução do problema. Se o rapaz não tem escolaridade suficiente para ingressar no curso do Serviço Nacional de Aprendizagem Industrial (Senai), internaliza-se seu atendimento: tenta-se fazer outro curso profissionalizante no bairro mesmo, no fundo da entidade. Aumenta aí a necessidade de espaço físico e administração de pessoal, obtém-se um novo convênio, e ele permanece sob responsabilidade da entidade.

Em segundo lugar, está a tendência à profissionalização de toda a sociedade civil, que chegou às entidades sociais já nos anos 1990 com muita força: atender significa atuar em campos profissionais específicos que incluem, por exemplo, relação direta com o poder judiciário, com a Fundação Casa (ex-Fundação Estadual para o Bem-Estar do Menor (Febem), responsável pelas pastas de documentos dos adolescentes em medida), com os órgãos financiadores, com as decisões legislativas e dos espaços de cogestão de políticas sociais etc.[14] Há nitidamente um estímulo estatal para a profissionalização da gestão social das entidades de atendimento, colocado em marcha com muita ênfase desde os anos 1990. Um dos efeitos colaterais da tecnificação é nitidamente o aumento da burocratização das relações e da especialização das funções gestionárias.[15]

Em terceiro lugar, está a enorme instabilidade no plano dos financiamentos públicos para essas organizações (o dinheiro sempre existe, ainda que seja sempre pouco, mas os desenhos dos convênios para financiar os atendimentos variam ao sabor das mudanças de Governo, da lógica eleitoral,

---

[14] "Tem que ser profissional, não dá pra ser amador, você tem que saber o que você vai fazer, não dá pra ser só na intuição." [Valdênia]

[15] Mais uma advertência: não se trata aqui de negar a relevância desses processos sob o ponto de vista técnico e de gestão das políticas públicas, mas de apenas assinalar seu processo de expansão no plano estudado.

dos interesses partidários, dos modelos de gestão empresarial do terceiro setor etc.) Como estratégia de resistência, as entidades tendem a autonomizar os projetos de atendimento das atividades centrais de sua manutenção. Os projetos financiados iniciam-se e terminam com a aleatoriedade dos convênios, mas a entidade vai se mantendo perene quando consegue essa autonomia. Evidentemente, a equipe que permanece na organização está, frequentemente, submetida à instabilidade de seus próprios empregos, e dedica-se com prioridade à redação de novos projetos e, com a experiência, torna-se, sobretudo, especialista em gerir essa dinâmica. Se é ela que permanece, o centro irradiador dos parâmetros de organização da ação coletiva torna-se também mais gerencial. Essa dupla tendência, de ampliação do associativismo popular de um lado e do marco gestionário que regula o associativismo na sociedade civil de outro, foi amplamente discutida na literatura brasileira recente.[16] O foco desse debate, tratado sob o prisma do Cedeca, está nas tensões que surgem da articulação desse modelo gerencial a um modelo de relações entre sociedade e Estado que se propunha, em sua formulação, a agir segundo a pressuposição movimentista da ampliação dos direitos, nos termos tratados aqui.

A análise das fronteiras entre os adolescentes das periferias e o mundo público, nesse cenário de práticas políticas em tensão, se torna muito mais complexa, portanto. Não há espaço para simplificação, pois se a violência transborda das descrições como constitutiva da manutenção de fronteiras entre as periferias e a esfera pública, a própria existência do Cedeca e de seus atendimentos demonstra que essas fronteiras são atravessadas em outro plano. A resistência do Cedeca em fazer coexistirem, agora, a lógica da gestão e a da ação propriamente política (Capítulo "Ação política") é notável. Ao mesmo tempo, verifica-se que na tensão entre essas lógicas têm predominado a expansão da *gestão social*, que também funciona para arbitrar

---

[16] De modos divergentes, inclusive: a crítica ao modelo gestionário de formulação da questão social é feita há bastante tempo e sob perspectivas analíticas variadas, nos diversos trabalhos do Centro de Estudos dos Direitos da Cidadania (Cenedic) – FFLCH/USP, compilados, por exemplo, em Oliveira; Paoli (2000) e Oliveira; Rizek (2007). Resenhei este último trabalho em Feltran (2008b). Um contraponto a essas análises é elaborado sob a ótica das tensões que se estabelecem na construção democrática em Dagnino (2002, mas, sobretudo, 2006) e Dagnino; Tatagiba (2007). Tatagiba (2003) propõe uma coexistência tensa entre esses modelos, configurada na noção de *democracia gerencial*.

conflitos longe da resolução violenta, mas que simultaneamente limita o direito a seu patamar mínimo.

Sentidos políticos da violência

No Capítulo "Ação política", apresentei as formas pelas quais o grupo de militantes fundador do Cedeca conseguiu contornar os obstáculos impostos pela expansão da gestão, e lidar com ela, ao mesmo tempo que resistiam em uma frente de atuação propriamente política. Na prática, o grupo decidiu dividir as tarefas e autonomizá-las, deixando para o Cedeca a função de atendimentos (inserida na lógica gestionária) e criando, já em 2001, o CDHS, que inicia um novo ciclo de ações críticas e protestos políticos. A nova organização, para evitar os percalços da gestão, evita também os convênios públicos; trabalha então com mais autonomia em relação aos governos e foca suas atividades na denúncia da violência policial do distrito de diversas formas: na realização de rituais e audiências públicas, em ações de pressão na interface sociedade-Estado e na proposição de processos judiciais de defesa de direitos coletivos.

Na penúltima seção do referido capítulo, explorei as consequências da imposição desse ciclo de ações propriamente políticas, tanto para o Cedeca quanto para o CDHS: as entidades foram invadidas algumas vezes por homens encapuzados, suas principais lideranças começaram a sofrer ameaças de morte e, no caso de Valdênia, as ameaças seguem ativas por toda a década, seguindo até hoje. Alternam-se, para ela, períodos muito intensos de insegurança, ameaças e atentados, e outros de pacificação. No final de 2007, intensificaram-se as ameaças novamente e, no início de 2008, Valdênia seguia sob proteção federal, aguardando a posição de um Governo europeu sobre o pedido de asilo político. Confirmada a condição, a partir de março de 2008, ela ingressava no quarto período de exílio no exterior durante os anos 2000.

Na seção final do mesmo capítulo, descrevi dois dos limitantes da atuação propriamente política do Cedeca e do CDHS hoje, ambos baseados na violência. Nas favelas de Sapopemba, trata-se da ameaça sempre presente da violência do *mundo do crime* local, que já investiu sobre o Cedeca há alguns anos, mas que ultimamente se mantém respeitoso ao acordo tácito de não agressão (fundado na *autoridade moral* que a entidade conquistou nas décadas de denúncias de violência policial, logo, na construção da polícia como adversário comum). Já no outro extremo de sua atuação, o mundo público, a violência que limita a atuação do Cedeca e do CDHS é a de tipo político. Valdênia diz, naquele capítulo, o que se confirma nos cotidianos: as entidades andam sempre *na berlinda*, no *fio da navalha*, entre essas duas ameaças de emergência de força violenta contra seus integrantes: a violência do crime e a violência política.

Argumento inicialmente que, em suas trajetórias, tanto o Cedeca quanto o CDHS realizaram duas inflexões específicas, com a finalidade clara de evitar tanto a violência do *crime* local, quanto os limites da gestão (ambos em expansão). Por conta dessas duas inflexões ativas, eles conseguiram seguir fazendo política e, ao mesmo tempo, expuseram-se mais ainda à lógica policial, no sentido de Rancière. Com relação ao *crime*, o Cedeca e o CDHS estabeleceram um acordo tácito de não agressão, que continuará estável, enquanto as ações públicas da entidade, para tentar controlar as atividades da polícia, permanecerem ativas. Com relação à *gestão*, a criação do CDHS escapou dos limites impostos pelos convênios e, mantendo-se com uma equipe reduzida, de características muito combativas, conseguiu garantir protestos políticos frequentes.

Em seguida, argumento que nesse cenário de práticas efetivamente políticas é que surge a violência política como limitante às ações. Escapando dos canais localmente regulados pela coação do crime e dos espaços controlados sistemicamente pela gestão, os militantes centrais do Cedeca e do CDHS passaram a agir publicamente e, portanto, a estar muito mais visíveis no mundo público. Como ali não era seu lugar *natural*, para os atores dominantes desse mundo público, ficaram expostos também à violência de tipo político, que pretende desbastar, de modo específico, sua capacidade de locução. A essa altura, é preciso então qualificar as distinções entre o que chamo aqui de violência massiva e violência política.

A expressão *violência massiva* designa, aqui, aquela modalidade de uso da força que é imanente ao processo de expansão do *mundo do crime* e a resistência repressiva estatal ao que se considera ser esse mundo. Essa violência é, portanto, quase sempre ilegal. Suas características são vinculadas à hierarquização e à distribuição dos lugares sociais, e ela é praticada tanto pelos autores de atos ilícitos na dimensão local, quanto pela repressão policial (que *legal* ou *ilegal*, é igualmente legitimada quando vista como combate ao *crime*). Essa violência massiva torna-se então, em contextos específicos de resistência, centro irradiador também de sociabilidades que alimentam a expansão do marco discursivo do *crime*. Violência massiva é, em suma, aquela praticada contra pessoas e grupos considerados ilegítimos que, de tanto ser disposta contra eles, acaba por caracterizar as relações sociais entre esses grupos. Como já argumentei ao longo das páginas deste livro, e procurei demonstrar nestas notas finais, não há nada de banal ou aleatório na disposição dessa violência.

A expressão *violência política* é, a seu turno, um tipo de uso da força dirigido àqueles indivíduos que portam conjuntos de valores, crenças ou projetos políticos contrários ao programa político oficial, ou dominante. Nos Estados autoritários, a violência política é computada entre as formas de exercício legítimo da força e, nos Estados democráticos, ela é sempre ilegal. Essa modalidade violenta se diferencia de outras formas de uso da força, por ser centralmente dirigida à locução política, às palavras, e não apenas aos corpos dos indivíduos que a sofrem (matá-los tem por função estrita *silenciá-los*).[17] No caso em questão aqui, trata-se ainda do uso da força especificamente voltado àquele que *representa* no mundo público não apenas seus interesses privados, mas também aqueles dos que não obtêm ali estatuto de locução definido. A violência política é voltada, então, para desbastar a existência política não apenas de quem a sofre, mas daqueles representados por ele. Ela tenta manter fora da arena pública não apenas o sujeito a quem ela se dirige diretamente, mas também aqueles que suas palavras representariam.

Qualquer etnografia realizada em Sapopemba, que estivesse atenta às ações coletivas locais, permitiria conhecer bem cada uma dessas formas de violência e suas distinções. Uma etnografia atenta às relações entre política e violência, em Sapopemba, não poderia deixar de relacioná-las; e a esta altura da argumentação, a relação entre elas já é evidente.

De um lado, os adolescentes que o Cedeca atende estão submetidos a um ciclo de *violência massiva*, retroalimentado pela violência da sociabilidade do *mundo do crime* e pela repressão igualmente ilegal que a acompanha. A presença dessa violência instrumentaliza a ordenação social local e expande

---

[17] Daí evidencia-se como o componente discursivo é constitutivo da própria noção de política.

ali a legitimidade do ilícito, alimentando fora dali a criminalização. As trajetórias trabalhadas no corpo do texto demonstram como essa violência impõe fronteiras nítidas entre esse grupo de indivíduos e o mundo público. De outro lado, Valdênia e outras lideranças do Cedeca e do CDHS passam a se ver submetidos à *violência política* exatamente quando acessam efetivamente o mundo público para *representar* politicamente, nesse terreno de locução, o grupo de adolescentes atendidos.

Se o público atendido pelo Cedeca, ou seja, adolescentes e jovens como Pedro, Marcela e Jonatas, está submetido à violência massiva e se quem o representa, como Valdênia, sofre violência política recorrente, é porque ambas as modalidades violentas atuam, politicamente, em um mesmo registro: ambas inibem a representação das periferias, em especial de seus setores jovens, no mundo de debates públicos. Ambas funcionam, portanto, de diferentes maneiras, para manter a restrição do direito a ter direitos. Ambas inibem a representação do todo social no espaço público e são, assim, igualmente políticas (por se inscreverem diretamente na disputa pela conformação desse mundo público, e de quem tem ali lugar de locução definido).

Tensões da coexistência

Na Apresentação deste livro afirmei que no primeiro olhar para a relação entre as periferias e outras esferas do mundo social saltavam aos olhos do analista *divisões* que, na literatura, foram tratadas a partir de categorias como segregação, exclusão e pobreza. Argumentei que procuro tratar dessas clivagens do modo mais relacional possível, já que elas encerram, em si mesmas, diversos processos sociais que *conectam* as periferias urbanas a diversas instâncias do mundo social e dos debates públicos. Em seguida, defini a noção de fronteira e justifiquei sua eleição como categoria analítica, preliminar certamente, que auxilia a demarcação dessas divisões e clivagens, o que me parece ser necessário, ao mesmo tempo que preserva a ideia de atravessamentos e fluxos por entre elas, controlados por atores específicos. Justifiquei que a metáfora da fronteira interessa, analiticamente, por preservar ainda a noção de conflito, latente em condições de estabilidade da linha que a demarca, mas passível de se tornar violência caso ela seja passível de disputa efetiva.

Passei a estudar então as relações entre, de um lado, adolescentes e jovens das periferias de São Paulo e, de outro, conformações do mundo público em São Paulo. Essa escolha tentou explorar os limites da distensão entre periferias e público e, portanto, as tendências de seu desenvolvimento. Durante todo o livro, descrevi situações que me levaram a uma síntese baseada em três argumentos desenvolvidos nestas notas finais: i) a expansão do *mundo do crime* nas periferias urbanas, e se levado a sério o argumento, também para além delas, como marco de disputa de legitimidade social; ii) a expansão da gestão do social nas periferias como forma de modificar o registro da expansão do *mundo do crime*, regulando o conflito político que ela expõe; e iii) as distinções e correlações entre a violência massiva e a violência política.

Justifiquei, então, porque creio que, atualmente, esses três processos sociais contribuem para a demarcação de fronteiras entre as periferias urbanas e o mundo público, e apontei o que seria a característica política fundamental que as sustenta: a de propiciar a restrição de fato do acesso universal ao direito a ter direitos, embutida na consolidação de um regime político formal universalista. Assim, as periferias não estariam *segregadas* de outras dimensões do mundo social nem do mundo político (o Cedeca e a miríade de associações como ele são expressão disso), embora em diferentes situações seu acesso a ele seja efetivamente limitado e os critérios dominantes de distribuição da legitimidade social e pública sejam controlados pela gestão e pela violência (inclusive ilegal), que desbastam parte significativa da possibilidade de indivíduos e ações coletivas dessas periferias constituírem-se como sujeitos políticos.

Sugiro então um argumento de síntese, bastante preliminar. O trabalho analítico parece sugerir, neste momento, um tipo específico de coexistência, no plano do regime político e no plano das relações sociais, entre ordenamentos de lógicas internas distintas. O primeiro é o código universalista da política e o segundo, o código instrumental da violência, ambos constitutivos e necessários para a reprodução de um modelo de funcionamento institucional e social marcado pela manutenção de um mundo público formalmente democrático, e uma dinâmica de distribuição dos lugares sociais marcada por extrema hierarquização.

O modo de fazer esses sistemas coexistirem foi, historicamente, o de limitar a vida política *de fato* a uma parcela da sociedade que, no entanto, age como é próprio de toda ação de dominação, como se representasse o todo social. Esse limite à legitimidade desenha uma fronteira não apenas do direito (o que forçaria o regime político a mostrar-se autoritário), mas do direito a ter direitos, o que preserva *em seu interior* a possibilidade da igualdade e da cidadania. As relações entre as periferias urbanas e o mundo público são reguladas por essa fronteira, e a disputa social pela legitimidade controla o quanto os atores dominantes podem empregar de força, legal e ilegal, em sua manutenção.

O desenvolvimento histórico dessas fronteiras não é infenso a tensões, evidentemente. Em São Paulo e em outras periferias urbanas brasileiras, essas tensões têm sido controladas pela coexistência de estratégias de gestão social e, em caso de necessidade, da violência. Nas últimas décadas, o emprego rotineiro da violência ilegal como modo de arbítrio dos conflitos sociais que condicionam essas tensões, tanto pelo *mundo do crime* quanto pelo Estado, indica a dimensão mais constitutivamente arraigada da violência no funcionamento político brasileiro.

Anexo
Perfis dos entrevistados e personagens citados

Perfis dos entrevistados e personagens citados

A intenção de apresentar estes perfis, telegráficos, é unicamente contextualizar para o leitor pouco familiarizado com o universo específico estudado, algumas das citações literais de trechos de transcrições ou descrições apresentadas no corpo do texto, acrescentando a elas um mínimo de informações descritivas sobre seus locutores ou personagens. Limito-me a fazê-lo acerca dos entrevistados que tiveram seus depoimentos gravados em entrevista ou personagens de relatos dessas entrevistas que tiveram suas trajetórias utilizadas neste livro.

Invariavelmente, montar um perfil telegráfico de trajetórias sempre muito complexas é por demais arbitrário. A escolha para esta apresentação, então, foi a de não padronizar os resumos das existências das personagens a seguir, para utilizar neles somente categorias que os próprios entrevistados utilizaram como elementos centrais de sua descrição pessoal ou daquele a quem se referiam. É por isso que, em alguns casos, a ênfase do resumo recai sobre a idade, em outros sobre a trajetória pessoal e familiar, em outros sobre os lugares de moradia ou atuação profissional e, em alguns casos, sobre a participação no *mundo do crime* de Sapopemba.

Em ordem alfabética:

Alex: Funcionário precário de uma pequena fábrica de peças de bicicleta, depois arrendatário de um bar na favela do Elba, 20-25 anos, filho de Ivete, descasado e pai de um filho. Antes desse emprego, tentou gerar renda com duas máquinas de videogame alugadas para crianças na favela, mas o negócio não vingou. A trajetória da família é analisada no Capítulo "Bandidos e trabalhadores: coexistência".

Aline: Adolescente, 15-20 anos, filha de Fabiana, moradora de uma das favelas de Sapopemba. A mãe se prostituiu durante os três primeiros anos que sucederam a morte do pai, quando ela tinha 10 anos de idade. Usuária de maconha e viciada em *crack* desde os 13 anos de idade, é explorada sexualmente desde então no circuito do tráfico de drogas local. Em 2010, teve sua primeira filha e se mudou de casa para viver com o pai da criança.

Allan: 24 anos em 2011, teve o pai assassinado na adolescência, vive com mãe e os irmãos em uma das favelas do Madalena. Envolveu-se com o *mundo do crime* local desde o início da adolescência, teve doze internações na Fundação Estadual para o Bem-Estar do Menor (Febem) e duas passagens pelo sistema carcerário até 2007. Foi atendido diversas vezes pelo Centro de Defesa dos Direitos da Criança e do Adolescente (Cedeca), criando vínculos fortes com Lucas e Juliana. Teve problemas com o *crime* local, chegou a ser julgado em um *debate*, escapou com vida, mas perdeu seu posto de trabalho no tráfico. Juliana e Lucas tentavam inseri-lo como auxiliar de serviços gerais do Nasce. Ensino fundamental incompleto.

Almir: Educador social do Cedeca até 2007, 35-40 anos, morador do bairro. Solteiro, um filho, origem em família operária e sindicalista do ABC. Simpatizante dos movimentos sociais de Sapopemba desde os anos 1980. Conhece muito bem diversas associações locais e participa de várias delas. *Bom malandro* da periferia.

Aurora: Estudante de Direito, 25-30 anos, nascida no interior de Minas Gerais, migrou com a família para São Paulo em meados dos anos 1990. Desde a adolescência participou das atividades sociais da Igreja católica, o que lhe possibilitou redes de relação que a conduziram a empregos em projetos sociais voltados para adolescentes. Essas mesmas redes a vincularam a alguns dos diretores do Cedeca. Foi coordenadora operacional do Cedeca entre 2005 e 2006, atuou no setor jurídico da instituição e, posteriormente, na coordenação dos cursos de Qualificação Profissional de Jovens.

Bianca: Auxiliar administrativo do Cedeca, 20-25 anos, três filhos, moradòra do bairro, já foi atendida pela organização na adolescência. Além de seus filhos, tem a guarda de cinco de seus oito irmãos mais novos, os que têm menos de 18 anos. A mãe é dependente química e o pai vive no Rio de Janeiro. Alguns dos irmãos têm envolvimento com atividades ilícitas,

FRONTEIRAS DE TENSÃO 341

sobretudo participação no tráfico de drogas e prostituição. Sofreu violência doméstica e abuso sexual durante a adolescência.

Célia: Educadora social de formação, 40-45 anos, moradora do bairro desde a infância e participante ativa de toda a trajetória do Cedeca, bem como dos movimentos da área da infância. Seus pais já militavam no movimento comunitário local e tinham envolvimento com as organizações de esquerda clandestinas dos anos 1960 e 1970. Lidera o atendimento a medidas socioeducativas do Cedeca.

Cida: Assistente social do Cedeca entre 2004 e 2006, 40-45 anos, teve trajetória profissional inteiramente construída na área da infância em São Paulo, atuando profissionalmente em diversos atendimentos diretos, em diversos arranjos e desenhos de políticas públicas entre organizações sociais, empresas e órgãos públicos.

Clarice: Psicóloga, 35-40 anos, solteira, filha de família operária de Sapopemba. Trabalhou no Cedeca durante dois anos, no programa de atendimento a medidas socioeducativas. A trajetória da família é trabalhada no Capítulo "De operários a trabalhadores".

"Seu" Cláudio: Operário aposentado, 65-70 anos, filho de imigrantes europeus que trabalhavam fazendo carretos de areia e tijolo, mudou-se para Sapopemba depois de casado, no início dos anos 1970. Pai de Clarice, Márcio e Sérgio. A trajetória da família é trabalhada no Capítulo "De operários a trabalhadores".

Cristina: Auxiliar de limpeza do Cedeca, 35-40 anos, não conheceu os pais, trajetória marcada desde a infância remota por situação de rua e internações, alternadas, até a acolhida na Casa das Meninas. Vive próxima da rede de relações locais do Cedeca, que oferece suporte para seu filho (13 anos) e para que ela deixe o vício no álcool. Atualmente, vive sozinha em sua casa, em uma das favelas do Madalena.

D. Sílvia: Dona de casa, aposentada, 60-65 anos, mãe de Clarice. Trabalhou como diarista quando o marido teve problemas de saúde. A trajetória da família é trabalhada no Capítulo "Bandidos e trabalhadores: coexistência".

David: Professor, 35-40 anos, família de professores universitários, foi militante de base de organizações ligadas ao Partido dos Trabalhadores (PT) em sua adolescência e juventude, no final dos anos 1980. Seu espaço de militância no período era o PT de Sapopemba e, por ser consumidor de cocaína, na época, também conheceu de perto a estruturação do tráfico de drogas local. Assíduo leitor da Sociologia e Ciência Política marxista.

Diego: Assistente social, 30-35 anos, solteiro, natural de Santos, especialista nos temas da violência doméstica e masculinidade. Trabalhou no Cedeca (Nasci para Voar – NPV) entre 2003 e 2006, onde coordenou um grupo de discussão sobre masculinidade entre homens agressores.

Douglas: Filho de Fabiana, 18-23 anos, em 2008 serviu as Forças Armadas. Participou das atividades do NPV e foi conselheiro da Cidade Bacana. Um menino extremamente gentil. Durante dois anos, entre os 14 e os 15, praticou esporadicamente roubos de carro, e daí passou a integrar as redes de subcontratação de adolescentes do *crime* local, quando executou assaltos à mão armada. Traficou e consumiu drogas no período. Foi ameaçado de morte, participou de tiroteios com a polícia, mas nunca chegou a ser preso. Em 2011, seguia no tráfico de drogas.

Ernesto: Educador social do Cedeca, 30-35 anos, atuou no atendimento às medidas socioeducativas de 2004 a 2010. Mexicano, ex-seminarista comboniano, estudou Filosofia e tentava entrar em uma universidade brasileira para validar seu diploma. Morador do bairro desde que deixou a carreira sacerdotal para se casar. Pai de três filhos.

Fabiana: Dona de casa, 40-45 anos, mãe de nove filhos, entre 3 e 18 anos. Moradora de uma das favelas do bairro, perdeu o marido quando os filhos eram pequenos e trabalhou como prostituta durante os dois anos seguintes. Casou-se novamente, com um pintor, e teve mais dois filhos. Entre os mais velhos, três participam das redes de subcontratação do narcotráfico local e uma das filhas é viciada em *crack* e explorada sexualmente. Doou uma de suas filhas (recém-nascida) para uma das vizinhas, que a adotou legalmente em seguida.

Fernanda: Psicóloga do Cedeca entre 2004-2006, 35-40 anos, trabalhou em clínicas e ONGs voltadas para o tema da sexualidade e das disfunções sexuais, além de unidades de internação da Febem.

Fernando: Filho mais novo de Ivete, 19 anos em 2008, nascido em São Paulo, ensino fundamental incompleto, pai de um filho, teve uma internação recente na Febem (roubo de carro, em 2005). A trajetória da família é trabalhada no Capítulo "Bandidos e trabalhadores: coexistência".

Ivete: Pensionista (auxílio-doença), ex-agente comunitária de saúde da favela onde vive; 50-55 anos. Mãe de oito filhos. Nascida em Salvador, na

Bahia, migrou para São Paulo no final dos anos 1980 para escapar da violência doméstica. Deixou para trás sete filhos, que resgatou oito anos depois. Moradora de uma das favelas do bairro desde 1995, sofreu depressão depois do ingresso de cinco de seus filhos no *mundo do crime* local. Trajetória narrada no Capítulo "Bandidos e trabalhadores: coexistência".

Ivonete: Funcionária de pequena empresa de fabricação de componentes eletrônicos, na linha de montagem, 30-35 anos, filha mais velha de Ivete, vive em uma das favelas de Sapopemba desde 1995, solteira, mãe de um filho (15 anos), evangélica neopentecostal. Nascida na Bahia, sofreu abuso sexual durante toda a adolescência. A trajetória da família é trabalhada no Capítulo "Bandidos e trabalhadores: coexistência".

Joana: Psicóloga, 35-40 anos, nascida na Mooca em família de migrantes europeus. Teve alguns empregos técnicos na área de recursos humanos antes de ser contratada pelo Cedeca, no fim dos anos 1990. Foi coordenadora do projeto Nasci para Voar durante sete anos, até 2006.

Júlia: Advogada do Cedeca, 25-30 anos, nascida na Bahia, migrou já nos anos 2000 para São Paulo, para estudar. Ainda na universidade, participou de movimentos sociais da área de direitos humanos e da infância, o que a levou ao Cedeca, onde permaneceu por dois anos (2004-2006).

Juliana: Fisioterapeuta, 35-40 anos, moradora de Sapopemba desde a infância, participou ativamente de todo o histórico do Cedeca e do Nasce (que faz atendimento diário a portadores de necessidades especiais), entidade que coordena atualmente. Casada com Lucas, mãe de dois filhos.

Lázaro: Desempregado, 20-25 anos, filho de Ivete, irmão gêmeo de Alex, morador de favela. Foi professor de vôlei no Cedeca no final da adolescência e chegou a ter 32 alunos. Esteve preso três vezes, por envolvimento com roubos, assaltos à residência e tráfico de drogas. Foi expulso da favela em que vivia, em 2009. A trajetória da família é trabalhada no Capítulo "Bandidos e trabalhadores: coexistência".

Lucas: Educador social e professor da rede pública (História e Geografia), 40-45 anos, morador do bairro desde a infância, casado com Juliana. Foi funcionário do Cedeca durante anos e chegou a coordenar o atendimento das medidas socioeducativas entre 2004 e 2005. Deixou a instituição depois disso e, atualmente, além das aulas, é coordenador de uma oficina de marcenaria para adolescentes e adultos portadores de deficiência, vinculada ao Nasce.

Luiza: Pedagoga, 25-30 anos, educadora social do Cedeca pelo NPV por cinco anos. Deixou o curso de Direito para dedicar-se aos projetos sociais. Faz teatro e vive diariamente a fronteira entre sua vida de classe média da Vila Mariana e as favelas de Sapopemba. É a educadora de referência da família de Fabiana e de seus filhos Douglas, Wesley e Aline.

Marcela: Desempregada, viciada em *crack* desde a adolescência, analfabeta, 30-35 anos, segunda filha de Ivete, mãe de dois filhos. Presa três vezes por assaltos a ônibus na Avenida Sapopemba. Enem uma das saídas da prisão, decidida a deixar o vício, aproximou-se das redes de prostituição do bairro e, em seguida, do centro da cidade. Atualmente vive na cracolândia, no centro de São Paulo. A trajetória da família é trabalhada no Capítulo "Bandidos e trabalhadores: coexistência".

Márcio: Eletricista das Casas Bahia, 30-35 anos, casado, pai de um filho. Nascido em Sapopemba, irmão gêmeo de Sérgio, sonha em ser *chef* de cozinha ou empreender um negócio próprio. A trajetória da família é trabalhada no Capítulo "De operários a trabalhadores".

Maria: Educadora social do Cedeca, no programa de atendimento a medidas socioeducativas; 40-45 anos. Trabalhou como manicure. Nascida na zona Leste, vive em Sapopemba desde seu casamento, aos 18 anos de idade. Os três filhos cresceram lá, envolveram-se com o crime local no início da adolescência, e dois deles foram assassinados aos 17 anos, em 2001 e 2003. O terceiro alterna internações e prisões há dez anos, desde quando tinha 13. A trajetória da família é trabalhada no Capítulo "De trabalhadores a bandidos".

Neto: Balconista de uma loja de departamento, ex-professor de capoeira do Cedeca, onde permaneceu durante seis anos. Filho de Ivete. Trabalhou com seus irmãos desde a infância nas ruas (cuidando de carros, pedindo dinheiro) e depois descarregando caminhões em um depósito de cana-de-açúcar. A trajetória da família é trabalhada no Capítulo "Bandidos e trabalhadores: coexistência".

Pe. Renato: Missionário comboniano, 40-45 anos, italiano, com formação realizada na Itália e nos Estados Unidos e experiência de atuação missionária na África do Sul, em Fortaleza e em São Paulo (Sapopemba), onde está há oito anos. Um dos fundadores do Centro de Direitos Humanos de Sapopemba (CDHS).

Pedro: 20-25 anos, funcionário do Nasce há quatro anos. Nascido na Aclimação, bairro de classe média em São Paulo, foi obrigado a se mudar para uma das favelas de Sapopemba após a morte da mãe, que estruturava sua casa. Tem um irmão e uma irmã, e uma passagem bastante intensa pelo *mundo do crime* dos bairros estudados durante a adolescência. Trajetória trabalhada em detalhe no Capítulo "As fronteiras do *mundo do crime*".

Rafael: Advogado, 25-30 anos, coordenador do setor jurídico do Cedeca, torcedor do Corinthians. Nascido na zona Leste de São Paulo, fez estágio em um Centro de Direitos Humanos parceiro do Cedeca já durante a faculdade, o que lhe conferiu o emprego como advogado, depois como coordenador do setor. Seus dois irmãos também se formaram em Direito.

Roberta: Socióloga, mestre e doutoranda em Sociologia, 35-40 anos, foi coordenadora das medidas socioeducativas substituindo Lucas em 2005, até 2006. Trabalhou em unidades de internação da Febem e foi coordenadora de uma política pública de habitação popular no município de São Paulo.

Sérgio: Supervisor de qualidade em uma empresa de móveis, 30-35 anos, casado, pai de duas filhas, irmão de Clarice. Morador de Sapopemba desde a infância, foi consumidor e traficou drogas durante alguns anos, na adolescência e juventude. A trajetória da família é trabalhada no Capítulo "De operários a trabalhadores".

Valdênia: Advogada e pedagoga, mestre em Direito, 40-45 anos, fundadora do Cedeca e do CDHS, em Sapopemba. Desde a adolescência envolvida na militância por direitos humanos, tem a trajetória estudada com detalhe na Parte II, "As margens da política", deste livro, marcada tanto por expansão da atuação política quanto pelas retaliações violentas que sofreu.

Valdenir: Militante dos movimentos de moradia da zona Leste, vinculado às redes petistas da Igreja Católica, 45-50 anos, foi duas vezes candidato a vereador pelo PT. Coordenou a articulação externa do Cedeca durante um ano, entre 2004 e 2005.

Valter: Doutorando em Ciências Sociais, 25-30 anos, trabalhou como agente penitenciário em presídio no interior do estado de São Paulo, concursado, durante dois anos. Descreveu em entrevista e conversas informais, com os detalhes da observação participante, a formulação e os deslocamentos de sentido do modelo atual de política penitenciária paulista.

Wesley: Filho de Fabiana, adolescente, 20 anos em 2011. Envolvido nas atividades do tráfico de drogas local desde os 13, foi preso assim que completou a maioridade. Esteve livre por alguns meses, e retornou à cadeia recentemente.

Referências

ADORNO, S. *A gestão urbana do medo e da insegurança*: violência, crime e justiça penal na sociedade brasileira contemporânea. Tese (Livre-docência) – Faculdade de Filosofia, Letras e Ciências Humanas, Universidade de São Paulo, São Paulo, 1996.

_____. A violência na sociedade brasileira: um painel inconcluso em uma democracia não consolidada. *Sociedade e Estado*, Brasília, v.10, n.2, jul./dez. 1995.

_____.; SALLA, Fernando. Criminalidade organizada nas prisões e os ataques do PCC. *Estudos avançados*, Dossiê crime organizado, São Paulo, n.61, 2007.

ADORNO, S.; CARDIA, N. *Dilemas do controle democrático da violência*: execuções primárias e grupos de extermínio em São Paulo. São Paulo: Núcleo de Estudos da Violência/USP, 1997, mimeo.

AGAMBEN, G. *Homo sacer*: o poder soberano e a vida nua. Belo Horizonte: Editora UFMG, 2002.

AGIER, M. *Esquisses d'une anthropologie de la ville*: lieux, situations, mouvements. Paris, Academia-Bruylant, 2009.

_____. *L'invention de la ville*: townships, banlieues, invasions et favelas. Paris, Éditions des Archives Contemporaines, 1999.

ALMEIDA, R. *A Igreja Universal e seus demônios*: um estudo etnográfico. São Paulo: Terceiro Nome/Fapesp, 2009.

_____. Religião na metrópole paulista. *Revista Brasileira de Ciências Sociais*, v.19, n.56, 2004.

ALMEIDA, R.; D'ANDREA, T.; DE LUCCA, D. *Situações periféricas*: etnografia comparada de pobrezas urbanas. 2008, mimeo.

ALMEIDA, R.; D'ANDREA, T. Estrutura de oportunidades em uma favela de São Paulo. In: MARQUES, E.; TORRES, H. (Orgs.). *São Paulo*: segregação, pobreza e desigualdades sociais. São Paulo: Editora Senac, 2005.

AMORIM, C. *CV-PCC*: a irmandade do crime. São Paulo: Editora Record, 2003.

ANISTIA INTERNACIONAL. Eles entram atirando: policiamento de comunidades socialmente excluídas no Brasil. *Relatório 19 fev. 2005*, Londres: Anistia internacional, 2005.

ARENDT, H. *La tradición oculta*. Barcelona: Paidós, 2004.

_____. Reflexões sobre Little Rock. In: _____. *Responsabilidade e julgamento*. São Paulo: Companhia das Letras, 2003.

_____. *Sobre a violência*. Rio de Janeiro: Relume Dumará, 2001a.

_____. A crise na educação. In: _____. *Entre o passado e o futuro*. São Paulo: Perspectiva. 2001b.

_____. Que é liberdade? In: _____. *Entre o passado e o futuro*. São Paulo: Perspectiva. 2001c.

_____. *A condição humana*. Rio de Janeiro: Forense Universitária, 2001d.

_____. *Origens do totalitarismo*: anti-semitismo, imperialismo, totalitarismo. São Paulo: Companhia das Letras, 2000a.

_____. *Eichmann em Jerusalém*: um relato sobre a banalidade do mal. São Paulo: Companhia das letras, 2000b.

_____. *Crises da República*. São Paulo: Perspectiva, 1999.

_____. *Homens em tempos sombrios*. São Paulo: Companhia das Letras, 1987.

AUYERO, J. *Vidas beligerantes:* dos mujeres argentinas, dos protestas y la búsqueda por reconocimiento. Buenos Aires: Universidad Nacional de Quilmes Editorial, 2004.

_____. *La política de los pobres*: las prácticas clientelistas del peronismo. Buenos Aires: Manantial, 2001.

AVRITZER, L.; NAVARRO, Z.. (Orgs.) *A inovação democrática no Brasil*. São Paulo: Cortez Editora, 2003.

BAIERLE, S. G. *Um novo princípio ético político*: prática social e sujeito nos movimentos populares urbanos em Porto Alegre nos anos 1980. Dissertação (Mestrado) – Instituto de Filosofia e Ciências Humanas, Universidade Estadual de Campinas, Campinas, 1992.

BARCELLOS, C. *Abusado*: o dono do morro Dona Marta. Rio de Janeiro: Record, 2004.

BARROS, J. S. *Moradores de rua – pobreza e trabalho*: interrogações sobre a exceção e a experiência política brasileira. Dissertação (Mestrado) – Faculdade de Filosofia, Letras e Ciências Humanas, Universidade de São Paulo, São Paulo, 2004.

BEAUD, S.; PIALOUX, M. La "racaille" et les "vrais jeunes": critique d'une vision binaire du monde des cités. *Liens Socio*, nov. 2005. Disponível em: <http://www.liens-socio.org/article.php3?id_article=977>. Acesso em 20 mar. 2010.

_____. *Violences urbaines, violence sociale*. Genèse des nouvelles classes dangereuses. Paris: Fayard, 2003.

BECKER, H. *Outsiders:* Studies in the Sociology of Deviance. New York: The Free Press, 1963.

BILL, MV; ATHAYDE, C. *Falcão*: meninos do tráfico. São Paulo: Objetiva, 2006.

_____. *Falcão*: mulheres e o tráfico. São Paulo: Objetiva, 2007.

FRONTEIRAS DE TENSÃO 349

BIONDI, K. *Junto e misturado*: uma etnografia do PCC. São Paulo: Terceiro Nome/Fapesp, 2010.

_____. *A ética evangélica e o espírito do crime*. In: 26ª Reunião brasileira de Sociologia, Goiânia. Anais da 26ª Reunião da Associação Brasileira de Antropologia, 2008.

BONDUKI, N.; ROLNIK, R. Periferia da Grande São Paulo: reprodução do espaço como expediente de reprodução da força de trabalho. In: MARICATO, E. (Org.) *A produção capitalista da casa e da cidade do Brasil industrial*. São Paulo: Alfa-ômega, 1982.

BOURGOIS, P. Pensando la pobreza en el gueto: resistencia y autodestrucción em el apartheid norteamericano. *Etnografias contemporâneas*, ano 2, n.2, 2006.

BRASIL. Constituição. *Constituição da República Federativa do Brasil*. Brasília, DF: Senado, 1988.

_____. Estatuto da Criança e do Adolescente. Brasília, DF, 1990.

BRESSER PEREIRA, L. C. Réplica: comparação impossível. *RAE – Revista de Administração de Empresas*, v.45, n.1, jan./mar. 2005.

BREVIGLIERI, M.; TROM, D. Troubles et tensions en milieu urbain: les épreuves citadines et habitantes de la ville. In: CEFAÏ, D. ; PASQUIER, D. (Dir.). *Les sens du public*: publics politiques, publics médiatiques. Paris: Presses Universitaires de France, 2003.

CABANES, R. Espaço privado e espaço público: o jogo de suas relações. In: TELLES, V. da S.; CABANES, R. (Orgs.) *Nas tramas da cidade*: trajetórias urbanas e seus territórios. São Paulo: Associação Editorial Humanitas, IRD, 2006.

_____. *Travail, famille, mondialisation*: récits de la vie ouvrière, São Paulo, Brésil. Paris: IRD – Karthala, 2002.

CAMARGO, C. P. F. de. et al. *São Paulo 1975*: crescimento e pobreza. São Paulo: Edições Loyola, 1975.

CALDEIRA, T. P. do R. *Cidade de muros*: crime, segregação e cidadania em São Paulo. São Paulo: Edusp, 2000.

_____. *A política dos outros:* o cotidiano dos moradores da periferia e o que pensam do poder e dos poderosos. São Paulo: Brasiliense, 1984.

CAMPOS, A. et al. (Orgs.) *Atlas da exclusão social no Brasil*. v.2. São Paulo: Cortez Editora, 2003.

CARVALHO, J. M. de. *Cidadania no Brasil*: o longo caminho. Rio de Janeiro: Civilização Brasileira, 2003.

CARVALHO, M. do C. *"EPPUR SI MUOVE..." Os movimentos sociais e a construção da democracia no Brasil*. Dissertação (Mestrado) – Instituto de Filosofia e Ciências Humanas, Universidade Estadual de Campinas, Campinas, 1997.

CASTEL, R. *As metamorfoses da questão social*. Petrópolis: Vozes, 1998.

CDHS (Cartilha de Direitos Humanos). Série Construindo a cidadania. São Paulo: Centro de Direitos Humanos de Sapopemba, 2005. Disponível em: <http://www.ovp-sp.org/indice_cartilhas_cdhs.htm>. Acesso em 20 mar. 2010.

_____. *Cartilha – abordagem policial*. Série Construindo a cidadania. São Paulo: Centro de Direitos Humanos de Sapopemba, 2006. Disponível em: <http://www.ovp-sp.org/indice_cartilhas_cdhs.htm>. Acesso em 20 mar. 2010.

_____. *Cartilha – abordagem policial*. Série Construindo a cidadania. São Paulo: Centro de Direitos Humanos de Sapopemba, 2007. Disponível em: <http://www.ovp-sp.org/indice_cartilhas_cdhs.htm>. Acesso em 20 mar. 2010.

CEFAÏ, D. *Pourquoi se mobilise-t-on?* Les théories de l'action collective. Paris: La Découverte, 2007.

_____. Le quartier comme contexte, ressource, enjeu et produit de l'action collective: les ancrages de proximité d'une arène publique. In: VITALE, T. (Ed.), *Partecipazione e rappresentanza nelle mobilitazioni locali*. Milan: Mondadori, 2006.

_____. Qu'est-ce qu'une arène publique? Quelques pistes pour une approche pragmatiste. In: _____; JOSEPH, I. (Dir.). *L'Héritage du pragmatisme*. Paris: Éditions de l'Aube, 2002.

_____. La construction des problèmes publics. Définitions de situations dans des arènes publiques. *Reseaux*, n.75, 1996.

_____; PASQUIER, D. (Dir.). *Les sens du public*: publics politiques, publics médiatiques. Paris: Presses Universitaires de France, 2003.

CEFAÏ, D.; SATURNO, C. (Dir.). Itinéraires d'un pragmatiste: Autour d'Isaac Joseph. Paris: Économica, 2007.

CHALHOUB, S. *Cidade febril*: cortiços e epidemias na Corte Imperial. São Paulo: Companhia das Letras, 1996.

CLASTRES, P. *Arqueologia da violência*. São Paulo: Cosac Naify, 2004.

_____. *A sociedade contra o Estado*. São Paulo: Cosac Naify, 2003.

CLAUSEWITZ, C.V. *On War*. New York: Penguin Books, 1968.

COSTA, S. Contextos de construção do espaço público no Brasil. *Novos estudos Cebrap*, n.47. São Paulo, 1997.

CRUZ, A. P. G.; FELTRAN, G. de S. ; SILVA, M. T. *Avaliação de processo. Programa Fica Vivo! Pedreira Prado Lopes*. Belo Horizonte. Cebrap. Relatório final, 2005a.

_____. *Avaliação de processo. Programa Fica Vivo! Leste*. Belo Horizonte. Cebrap. Relatório final, 2005b.

DAGNINO, E. Sociedade Civil, Espaços públicos e a construção democrática no Brasil: limites e possibilidades In: DAGNINO, E. (Org.) *Sociedade civil e espaços públicos no Brasil*. São Paulo: Paz e Terra, 2002.

_____. Cultura, cidadania e democracia. In: ALVAREZ, S.; DAGNINO, E.; ESCOBAR, A. (Orgs.). *Cultura e política nos movimentos sociais latino-americanos*. Belo Horizonte: Editora UFMG, 2000.

_____. Os movimentos sociais e a emergência de uma nova noção de cidadania. In: DAGNINO, E. (Org.). *Os anos 90*: política e sociedade no Brasil. São Paulo: Brasiliense, 1994.

DAGNINO, E.; OLVERA, A.; PANFICHI, A.. (Orgs.). *A disputa pela construção democrática na América Latina*. São Paulo: Paz e Terra, 2006.

DAGNINO, E.; TATAGIBA, L. *Democracia, sociedade civil e participação.* Chapecó: Argos, 2007.

DAHL, R. *Poliarquia.* São Paulo: Edusp, 1997.

_____. *Prefácio a uma teoria democrática.* Rio de Janeiro: Zahar, 1989.

DAVIS, M. *Cidade de Quartzo*: escavando o futuro em Los Angeles. São Paulo: Scritta Editorial, 1993.

_____. *Planeta favela.* São Paulo: Boitempo Editorial, 2006.

DEBORD, G. *A sociedade do espetáculo* (e comentários sobre a sociedade do espetáculo). Rio de Janeiro: Contraponto, 2004.

DE LUCCA, D. *A rua em movimento*: experiências urbanas e jogos sociais em torno da população de rua. Dissertação (Mestrado) – Faculdade de Filosofia, Letras e Ciências Humanas, Universidade de São Paulo, São Paulo, 2007.

DICIONÁRIO BRASILEIRO DA LÍNGUA PORTUGUESA (Mirador Internacional). 4.ed. São Paulo: Cia. Melhoramentos, 1980.

DOIMO, A. M. *A vez e a voz do popular*: movimentos sociais e participação política no Brasil pós-1970. Rio de Janeiro: Relume Dumará/Anpocs, 1995.

DOWDNEY, L. *Neither War nor Peace*: International Comparisons of Children and Youth in Organized Armed Violence. Rio de Janeiro: Iser/Viva Rio, 2005.

_____. *Crianças do tráfico*: um estudo de caso de crianças em violência armada organizada no Rio de Janeiro. Rio de Janeiro: Sete Letras, 2004.

DRUMMOND DE ANDRADE, C. *Claro enigma.* Rio de Janeiro: Record, 1991a.

_____. Cantiga de ninar. In: _____. *Claro enigma.* Rio de Janeiro: Record, 1991b.

DURHAM, E. R. *A dinâmica da cultura.* São Paulo: Cosac Naify, 2005.

_____. A família operária: consciência e ideologia. *Dados.* Revista de Ciências Sociais, Rio de Janeiro, vol. 23, n. 2, 1980.

_____. *A caminho da cidade*: a vida rural e a migração para São Paulo. São Paulo: Perspectiva, 1973.

ELIAS, N.; SCOTSON, J. L. *Os estabelecidos e os* outsiders. Rio de Janeiro: Jorge Zahar, 2000.

ESTUDOS AVANÇADOS. Dossiê crime organizado, São Paulo, n.61, 2007.

EVANS-PRITCHARD, E. E. *Os nuer.* São Paulo: Perspectiva, 1978.

EVERS, T. Identidade: a face oculta dos movimentos sociais. *Novos estudos Cebrap,* São Paulo, n.4, abr. 1984.

FEFFERMAN, M. *Vidas arriscadas*: um estudo sobre os jovens inscritos no tráfico de drogas em São Paulo. Tese (Doutorado) – Instituto de Psicologia, Universidade de São Paulo, São Paulo, 2004.

FELTRAN, G. de S. Diário intensivo: a questão do 'adolescente em conflito com a lei', em contexto. *Revista Brasileira Adolescência e Conflitualidade*, v. 1, p.1-44, 2011.

_____. Periferias, direito e diferença: notas de uma etnografia urbana. *Revista de Antropologia.* n.53, v.2, Universidade de São Paulo, 2010a.

_____. Crime e castigo na cidade: os repertórios da justiça e a questão do homicídio nas periferias de São Paulo. *Cadernos CRH.* Salvador (UFBA), 2010b.

352 GABRIEL DE SANTIS FELTRAN

————. The Management of Violence on the Periphery of São Paulo: a Normative Apparatus Repertoire in the "PCC era". *Vibrant Virtual Brazilian Anthropology*, n.2, v.7, 2010c.

————. O legítimo em disputa: as fronteiras do mundo do crime nas periferias de São Paulo. *Dilemas – Revista de estudos de conflito e controle social*. Rio de Janeiro (UFRJ). v.1, n.1, 2009.

————. Vinte anos depois: a construção democrática brasileira, vista da periferia de São Paulo. *Lua nova revista de cultura e política*. São Paulo, 2007.

————. Resenha. Revista brasileira de estudos urbanos e regionais, v.9, n.1, 2008b. Resenha de OLIVEIRA, F. de; RIZEK, C. S. (Orgs.). *A era da indeterminação*. São Paulo: Boitempo, 2007.

————. Deslocamentos: trajetórias individuais entre sociedade civil e Estado no Brasil. In: DAGNINO, E. OLVERA, A. ; PANFICHI, A. (Orgs.). *A disputa pela construção democrática na América Latina*. São Paulo: Paz e Terra, 2006.

————. A fronteira do direito: política e violência na periferia de São Paulo. In: DAGNINO, E.; TATAGIBA, L. *Democracia, sociedade civil e participação*. Chapecó: Argos, 2007.

————. *Desvelar a política na periferia:* histórias de movimentos sociais em São Paulo. São Paulo: Associação Editorial Humanitas/Fapesp, 2005.

————. Isolamento, solidão e superfluidade: sobre abismos cotidianos. In: KOFES, S. (Org.) *Histórias de vida, biografias e trajetórias*. Cadernos IFCH, n.31. Campinas: IFCH/Unicamp, 2004.

FERNANDEZ, J. *Delincuencia y exclusión social*: estructuras sociales y procesos de socialización imbricados. 2004, mimeo.

FERREIRA, M. I. C. A ronda da pobreza: violência e morte na solidariedade. *Novos estudos Cebrap*, n.63, jul. 2002.

————. *Trajetórias urbanas de moradores de uma favela de um distrito de elite da capital paulista*. Tese (Doutorado) – Faculdade de Filosofia, Letras e Ciências Humanas, Universidade de São Paulo, São Paulo, 2003.

FERRÉZ. *Capão Pecado*. São Paulo: Labortexto Editorial, 2000.

FIORE, M. *Uso de «drogas»*: controvérsias médicas e debate público. Campinas: Mercado de Letras/Fapesp, 2007.

FONSECA, C. L. W. Da circulação de crianças à adoção internacional: questões de pertencimento e posse. *Cadernos Pagu*, n.26, 2006.

————. *Caminhos da adoção*. São Paulo: Cortez, 2002.

————. *Família, fofoca e honra*: etnografia de violência e relações de gênero em grupos populares. Porto Alegre: Editora da UFRGS, 2000.

FOUCAULT, M. *Segurança, território, população*: curso dado no Collège de France (1977-1978). São Paulo: Martins Fontes, 2008.

————. *Naissance de la biopolitique*: Cours au Collège de France (1978-1979), Paris: Seuil, 2004.

————. *Defender la sociedad*. México DF: Fondo de Cultura Economica, 2000.

FRONTEIRAS DE TENSÃO 353

_____. *Vigiar e punir*: história da violência nas prisões. Petrópolis: Vozes, 1987.

FRASER, N. Rethinking Public Sphere: a Contribution to the Critique of Actually Existing Democracy. In: ROBBINS, B. (Eed.). *The Phantom Public Sphere*. Minnesota: University of Minesota Press, 1995.

FREYRE, G. *Casa-grande e senzala*. São Paulo: Global, 2003.

GIMENO, P. C. *Poética Versão*: a construção da periferia no rap. Dissertação (Antropologia) Universidade Estadual de Campinas, Campinas, 2009.

GOFFMAN. E. *Manicômios, prisões e conventos*. São Paulo: Perspectiva, 2003.

_____. Estigma: notas sobre a manipulação da identidade adulterada. Rio de Janeiro: LTC, 1988.

GOLDMAN, M. *Como funciona a democracia*: uma teoria etnográfica da política. Rio de Janeiro: Sete Letras, 2006.

_____. Os tambores dos mortos e os tambores dos vivos: etnografia, antropologia e política em Ilhéus, Bahia. *Revista de Antropologia*, v.46, n.2, 2003.

GRAFMEYER, Y.; JOSEPH, I. *L'École de Chicago*: naissance de l'écologie urbaine. Paris: Champs, Flammarion, 2004.

GRAMSCI, A. *A questão meridional*. Rio de Janeiro: Paz e Terra, 1987.

GREGORI, M. F. *Viração*: Experiências de meninos nas ruas. São Paulo: Companhia das Letras, 2000.

GRILLO, C. C. *Fazendo o doze na pista*: um estudo de caso do mercado ilegal de drogas na classe média. Dissertação (Mestrado em Antropologia e Sociologia). Universidade Federal do Rio de Janeiro, 2008.

GUIMARÃES, N. A. *Caminhos cruzados:* estratégias de empresas e trajetórias de trabalhadores. São Paulo: Editora 34, 2004.

_____. *Desemprego, uma construção social*. São Paulo, Paris, Tóquio. Belo Horizonte: Editora Argvmentvn. 2009.

GURZA LAVALLE, A.; HOUTZAGER, P.; CASTELLO, G.. Representação Política e Organizações Civis: Novas Instâncias de Mediação e os Desafios da Legitimidade. *Revista brasileira de Ciências Sociais*, v.21, n.60, 2006.

GUSFIELD, J. *La Culture des problèmes publics.* Paris: Économica, 2006.

HABERMAS, J. L'espace public, 30 ans après. *Quaderni*, n.18, 1992.

HIRATA, D. V. Sobreviver na adversidade: entre o mercado e a vida. Tese de Doutorado (Sociologia). Universidade de São Paulo, 2010.

HOLANDA, C. B. de. O problema do controle de polícia em contextos de violência extrema. *Sinais sociais*, Rio de Janeiro, v.3, 2007.

_____. *Polícia e direitos humanos*: política de segurança pública no primeiro governo Brizola (Rio de Janeiro: 1983-1986). Rio de Janeiro: Revan, 2005.

JOSEPH, I. L'Athlète moral et l'enquêteur modeste. Paris: Économica, 2007.

_____. *La ville sans qualités*. Paris: Éditions de L'aube, 1998.

_____. Élements pour l'analyse de l'experience de la vie publique. *Espaces et societés*. Vie privée, vie publique. n. 38-9, 1981.

JUSTIÇA GLOBAL BRASIL. *São Paulo sob achaque:* corrupção, crime organizado e violência institucional em maio de 2006. Relatório de Pesquisa. 2011.

KESSLER, G. *Sociología del delito amateur.* Buenos Aires: Paidós, 2004.

_____. *En torno a la juventud:* delito, trabajo y ley . 2006, mimeo.

KOFES, S. *Entre nós, os pobres, eles, os negros.* Dissertação (Mestrado) – Instituto de Filosofia e Ciências Humanas, Universidade Estadual de Campinas, Campinas, 1976.

_____. *Histórias de vida, biografias e trajetórias.* Cadernos IFCH, n.31. Campinas: IFCH/Unicamp, 2004.

KOWARICK, L. *A espoliação urbana.* Rio de Janeiro: Paz e Terra, 1975.

LATOUR, B. *La fabrique du droit:* une ethnographie du Conseil d'État. Paris: La Découverte, 2002.

LINDBLOM, C. *Política e mercados.* Rio de Janeiro: Zahar Editores, 1979.

LINS, P. *Cidade de Deus.* São Paulo: Companhia das Letras, 1997.

MACHADO DA SILVA, L. A. Sociabilidade violenta: por uma interpretação da criminalidade contemporânea no Brasil urbano. *Sociedade e Estado,* Brasília, v.19, n.1, 2004.

_____. *Política social:* o dilema da democratização brasileira. Texto apresentado no Seminário "Cidade, democracia e justiça social", Rio de Janeiro: FASE; Fundação Rosa Luxemburg, 2003.

_____. Violência urbana: representação de uma ordem social. In: NASCIMENTO, E. P.; BARREIRA, I. (Orgs.) *Brasil urbano:* cenários da ordem e da desordem. Rio de Janeiro: Notrya, 1993.

MAGALHÃES, M. *O narcotráfico.* São Paulo: Publifolha, 2000.

MALVASI, P. Entre a frieza, o cálculo e a 'vida loka': violência e sofrimento no trajeto de um adolescente cumprindo medida socioeducativa. *Saúde e Sociedade.* São Paulo, v.20, n.1, p.156-70, 2011.

MAMDANI, M. *When Victims Become Killers:* Colonialism, Nativism and the Genocide in Ruanda. Princeton University Press, 2001.

MANSO, B. P. et al. *Um debate sobre o PCC:* entrevista com Camila Nunes Dias, Gabriel de Santis Feltran, Adalton Marques e Karina Biondi. *Revista de Antropologia Social dos Alunos do PPGAS-UFSCAR,* v.1, p.154-75, 2009.

MARANHÃO, T. *Fundo municipal dos direitos da criança e do adolescente de São Paulo.* (Observatório dos direitos do cidadão: acompanhamento e análise das políticas públicas de São Paulo), n.15, São Paulo: Instituto Polis/PUC-SP 2003.

MARQUES, A. *Crime, proceder, convívio-seguro:* um experimento antropológico a partir de relações entre ladrões. Dissertação de mestrado (Antropologia Social). USP, 2010.

MARQUES, E.; TORRES, H. (Orgs.). *São Paulo:* segregação, pobreza e desigualdades sociais. São Paulo: Editora Senac, 2005.

MENEGUELLO, R. Partidos e governos no Brasil contemporâneo (1985-1997). São Paulo: Paz e Terra, 1998.

MESQUITA NETO, P. D. *Mortes a esclarecer, crises a evitar.* São Paulo: NEV-USP, 2007, mimeo.

MISSE, M. Crime, sujeito e sujeição criminal: aspectos de uma contribuição analítica sobre a categoria "bandido". *Lua Nova Revista de Cultura e Política.* n.79, 2010.

_____. *Mercados ilegais, redes de proteção e organização do crime no Rio de Janeiro.* Estudos avançados: dossiê crime organizado, n.61. São Paulo, IEA/USP, 2007.

_____. *As ligações perigosas*: mercado informal ilegal, narcotráfico e violência no Rio. In: _____. *Crime e violência no Brasil contemporâneo*: estudos de Sociologia do crime e da violência urbana. Rio de Janeiro, Lumen Júris, 2006a.

_____. O Rio como um bazar: a conversão da ilegalidade em mercadoria política. In: _____. *Crime e violência no Brasil contemporâneo*: estudos de Sociologia do crime e da violência urbana. Rio de Janeiro, Lumen Júris, 2006b.

_____. *Sobre uma sociabilidade violenta.* In: _____. *Crime e violência no Brasil contemporâneo*: estudos de Sociologia do crime e da violência urbana. Rio de Janeiro, Lumen Juris, 2006c.

_____. Crime e pobreza: velhos enfoques, novos problemas. In: VILLAS BOAS, G.; GONÇALVES, M. (Orgs.). *O Brasil na virada do século.* Rio de Janeiro: Relume Dumará, 1995.

MUCCHIELLI, L. L'évolution de la délinquance juvénile: essai de bilan critique. *Vie sociale,* n.3, 2002.

NEV (Núcleo de Estudos da Violência). *Continuidade autoritária e construção da democracia.* Relatório Final Fapesp, 1999.

PAOLI, M. C. Movimentos sociais no Brasil: em busca de um estatuto político. In: HELLMANN, M. (Org.) *Movimentos sociais e democracia no Brasil.* São Paulo: Marco Zero/Ildesfes, 1995.

OBSERVATÓRIO DAS VIOLÊNCIAS POLICIAIS. Disponível em: <http://www.ovp-sp.org>. Acesso em: 10 dez. 2007.

OLIVEIRA, F. de. O espaço e o urbano no Brasil. *Espaço e debates,* São Paulo, n.6, 1982.

_____.; PAOLI, M. C. (Org.) *Os sentidos da democracia*: políticas do dissenso e hegemonia global. Petrópolis: Vozes, 2000.

OLIVEIRA, F.; RIZEK, C. S. (Orgs.). *A era da indeterminação.* São Paulo: Boitempo, 2007.

ORGANIZAÇÃO INTERNACIONAL DO TRABALHO. Convenção 182 da Organização Internacional do Trabalho sobre as piores formas de trabalho infantil, 1999.

OTTMANN, Göttz. Movimentos sociais urbanos e democracia no Brasil. *Novos estudos Cebrap,* São Paulo, n.41, mar. 1995.

PAES DE PAULA, A. P. *Por uma nova gestão pública*: limites e potencialidades da experiência contemporânea. Rio de Janeiro: Editora da Fundação Getúlio Vargas, 2005a.

_____. Administração brasileira entre o gerencialismo e a gestão social. *RAE Revista de Administração de Empresas,* v.45, n.1, jan./mar. 2005b.

_____. Tréplica: comparação possível. *RAE Revista de Administração de Empresas*, v.45, n.1, jan./mar. 2005c.

PAIM, H. H. S. Políticas institucionais e participação de usuários: etnografia em espaços de disputa pelas atribuições do Estado entre moradores da periferia de Porto Alegre e agentes estatais. Tese de Doutorado (Antropologia). Universidade Federal Fluminense, 2009.

PAOLI, M. C. Movimentos sociais no Brasil: em busca de um estatuto político. In: HELLMANN, M. (Org.) *Movimentos sociais e democracia no Brasil*. São Paulo: Marco Zero/Ildesfes, 1995.

_____.; TELLES, V. da S. Direitos sociais: conflitos e negociações no Brasil contemporâneo. In: ALVAREZ, S.; DAGNINO, E.; ESCOBAR, A.. (Orgs.). *Cultura e política nos movimentos sociais latino-americanos*. Belo Horizonte: UFMG, 2000.

PINHEIRO, P. S. Polícia e crise política: o caso das polícias militares. In: _____. *A violência brasileira*. São Paulo: Brasiliense. 1982.

_____. Violência, crime e sistemas policiais em países de novas democracias. *Tempo social, Revista de Sociologia da USP*, São Paulo, v.9, n.1, 1997.

RANCIÈRE, J. *A partilha do sensível*: estética e política. São Paulo: Ed. 34, 2005a.

_____. *La haine de la démocratie*. Paris: La Fabrique Éditions, 2005b.

_____. *O mestre ignorante*: cinco lições sobre a emancipação intelectual. Belo Horizonte: Autêntica, 2002.

_____. *O desentendimento*. São Paulo: Editora 34. 1996a.

_____. O dissenso. In: NOVAES, A. (Org). *A crise da razão*. São Paulo: Companhia das Letras, 1996b.

_____. *Políticas da escrita*. São Paulo: Editora 34, 1995.

RIBEIRO, A. C. T. ; GRAZIA, G. . *Experiências de orçamento participativo no Brasil*. São Paulo: Vozes, 2003.

RIFIOTIS, T. ; VIEIRA, D.; DASSI, T. *Vivendo no veneno*: ensaio sobre regimes de moralidade entre adolescentes em conflito com a lei cumprindo medida socioeducativa em Santa Catarina. In: Anais do 34º Encontro Anual da Anpocs, Caxambu, 2010.

RODGERS, D. Cuando la pandilla se pone mala: violência juvenil y cambio social en Nicarágua. *Etnografias contemporâneas*, ano 2, n.2, 2006.

RODRIGUES, L. M. *Mudanças na classe política brasileira*. São Paulo: Publifolha, 2006.

_____. Partidos políticos, ideologia e composição social. São Paulo: Edusp, 2002.

RODRIGUES, T. Tráfico e campos de concentração. *Sexta-feira*, São Paulo, v.8, 2006.

ROSA, T. T. Produção e apropriação do espaço em periferias urbanas: construindo algumas questões. In: REUNIÃO BRASILEIRA DE ANTROPOLOGIA, 25, 2006, Goiânia. *Anais*. Goiânia, ABA.

RUI, T. *A inconstância do tratamento*: no interior de uma comunidade terapêutica. Revista Dilemas IFCS-UFRJ, v.3, p.1-22, 2010a.

FRONTEIRAS DE TENSÃO   357

_____. *Corpos abjetos: etnografia de cenários de uso de* crack. Exame de Qualificação de Doutorado (Antropologia). Universidade Estadual de Campinas. 2010b, mimeo.

SADER, E. *Quando novos personagens entraram em cena*: experiências, falas e lutas dos trabalhadores da Grande São Paulo, 1970-80. Rio de Janeiro: Paz e Terra, 1988.

SANTOS, B. de S. *Pela mão de Alice*: o social e o político na pós-modernidade. Porto: Afrontamento, 1994.

SANTOS, W. G. dos. *Cidadania e justiça*. Rio de Janeiro: Campus, 1979.

SCOTT, J. W. Experiência. In: LEITE DA SILVA, A. et al. (Orgs.). *Falas de gênero*. São Paulo: Mulheres, 1999.

SILVA, M. K. *Criminalidade, violência e movimentos sociais*: novos obstáculos à organização popular. Comunicação apresentada no II Seminário Internacional de Educação Intercultural, Gênero e Movimentos Sociais, Florianópolis, 2003, mimeo.

SILVA, M. T. ; FELTRAN, G. de S.; CRUZ, A. P. G. *Juventude, violência e políticas públicas em contextos urbanos pós-autoritários*: São Paulo/Joanesburgo. Cebrap. Relatório de pesquisa, 2006.

SINHORETTO, J. *Ir aonde o povo está*: etnografia de uma reforma da justiça. Tese de doutorado (Sociologia). Universidade de São Paulo, 2007.

SOARES, L. E. ; BILL, MV; ATHAÍDE, C.. *Cabeça de porco*, Rio de Janeiro: Objetiva, 2005.

SOARES, L. E.; BATISTA, A.; PIMENTEL, R.. *Elite da tropa*. São Paulo: Objetiva, 2006.

TATAGIBA, L.*Participação, cultura política e modelos de gestão*: a democracia gerencial e suas ambivalências. Tese (Doutorado) – Instituto de Filosofia e Ciências Humanas, Universidade Estadual de Campinas, Campinas, 2003.

TEIXEIRA, A. C. C. *Identidades em construção*: as organizações não governamentais no processo brasileiro de democratização. São Paulo: Annablume, 2003.

_____.; TATAGIBA, L. *Movimentos sociais*: o desafio da participação. São Paulo: Instituto Polis/PUC-SP (Observatório dos Direitos do Cidadão: acompanhamento e análise das políticas públicas de São Paulo), n.25, 2005.

TELLES, V. da S. *Pobreza e cidadania*. São Paulo: Editora 34, 2001.

_____. Trajetórias urbanas: fios de uma descrição da cidade. In: _____, CABANES, R. (Orgs.) *Nas tramas da cidade*: trajetórias urbanas e seus territórios. São Paulo: Associação Editorial Humanitas, IRD, 2006.

_____. Sociedade civil e a construção de espaços públicos. In: DAGNINO, Evelina. (Org.) *Anos 90*: política e sociedade no Brasil. São Paulo: Brasiliense, 1994.

_____; HIRATA, D. V.. Cidades e práticas urbanas: nas fronteiras incertas entre o ilegal, o informal e o ilícito. *Estudos avançados*, Dossiê crime organizado, São Paulo, n. 61, 2007.

TELLES, V. da S.; CABANES, R. (Orgs.) *Nas tramas da cidade*: trajetórias urbanas e seus territórios. São Paulo: Associação Editorial Humanitas, IRD, 2006.

THÉVENOT, L. L'action au pluriel: sociologie des régimes d'engagement. Paris: La Découverte, 2006.

THIEROLDT, J. L. *Pandillas juveniles*: ¿límites cotidianos a la construcción de igualdades? 2003, mimeo.

THOMPSON, E. P. La sociedad inglesa del siglo XVIII: Lucha de clases sin clases? In: _____. *Tradición, revuelta y consciencia de clase*. Barcelona: Editorial Crítica, 1989.

Veja São Paulo. Os donos da rua. São Paulo, 30 jan. 2008.

VIEIRA, D. Histórias de homicídios entre jovens: mundo do crime e comensurabilidade. *Dilemas – Revista de estudos de conflito e controle social*. Rio de Janeiro (UFRJ). v.2, n.4, 2011.

VILLAÇA, F. *Espaço intraurbano no Brasil*. São Paulo: Studio Nobel, Fapesp, Lincoln Institute, 2001.

V.L. (Vida Loka) Parte 2; Racionais MC's – álbum Nada como um dia após o outro dia, 2002.

WACQUANT, L. *Parias urbains*: Ghetto, banlieues, État. Paris: La Découverte, 2006.

_____. *Os condenados da cidade*. Rio de Janeiro: Revan Editora, 2001.

_____. A Zona. In: BOURDIEU, P. (Coord.) *A miséria do mundo*. Petrópolis: Vozes, 1997.

WEBER, M. A política como vocação [1919]. In: _____. *Ciência e política, duas vocações*. São Paulo: Cultrix, 1972.

WHYTE, W. F. *Sociedade de esquina*. Rio de Janeiro: Zahar, 2005.

WOLF, E. R. *Antropologia e poder*: contribuições de Eric R. Wolf. Organização e seleção de Bela Feldman-Bianco e Gustavo Lins Ribeiro. Brasília: Editora Universidade de Brasília. São Paulo: Imprensa Oficial do Estado de São Paulo. Campinas: Editora Unicamp, 2003.

ZALUAR, A. *Integração perversa*: pobreza e tráfico de drogas. Rio de Janeiro: Editora Fundação Getúlio Vargas, 2004.

_____. Condomínio do diabo: as classes populares urbanas e a lógica do ferro e do fumo. In: PINHEIRO, P. S. (Org.). *Crime, violência e poder*. São Paulo: Brasiliense, 1983.

_____. *A máquina e a revolta*. São Paulo: Brasiliense, 1985.

_____. *Cidadãos não vão ao paraíso*. Campinas: Editora da Unicamp/Escuta, 1994.

Lista de sites consultados

incubadora.fapesp.br/projects/amar

pages.apis.com.br/mnmmr

portal.prefeitura.sp.gov.br/cidadania/conselhosecoordenadorias/cmdca

portal.prefeitura.sp.gov.br/secretarias/assistencia_social/comas

www.ajd.org.br/

www.al.sp.gov.br

www.amnesty.org

www.anced.org.br

www.andi.org.br

www.brasil.gov.br

www.camara.gov.br

www.camara.sp.gov.br

www.cedecampt.org.br

www.centrodametropole.org.br

www.claudioamancio.com.br

www.coav.org.br

www.combonianos.org.br

www.condeca.sp.gov.br/

www.conectas.org

www.crpsp.org.br

www.cut.org.br

www.dhnet.org.br/denunciar/tortura/acat

www.dhnet.org.br/dhnet

www.estadao.com.br

www.febem.sp.gov.br

www.fundabrinq.org.br

www.hrw.org

www.ilanud.org.br

www.justica.sp.gov.br
www.mj.gov.br/sedh/conanda/
www.oabsp.org.br
www.pastoraldomenor.org.br
www.prefeitura.sp.gov.br
www.pt.org.br
www.saopaulo.sp.gov.br/
www.seade.gov.br
www.torturanuncamais-rj.org.br
www.travessia.org.br
www.unicef.org/brazil
www1.folha.uol.com.br/fsp

SOBRE O LIVRO

Formato: 16 x 23 cm
Mancha: 27,7 x 44,5 paicas
Tipografia: Horley Old Style 11/15
Papel: Off-white 80 g/m² (miolo)
Cartão Supremo 250 g/m² (capa)
1ª edição: 2011
1ª reimpressão: 2017

EQUIPE DE REALIZAÇÃO

Assistência Editorial
Olivia Frade Zambone

Edição de Texto
Aline Marques (Copidesque)
Marina S. Lupinetti (Preparação de original)
Rosani Andreani (Revisão)

Capa
Diagrama editorial

Editoração Eletrônica
Sergio Gzeschnik

Fotografias
(p. 63-4, 310-4)
Renato Lanfranchi